UTB 1960

W0264711

Eine Arbeitsgemeinschaft der Verlage

Beltz Verlag Weinheim und Basel
Böhlau Verlag Köln · Weimar · Wien
Wilhelm Fink Verlag München
A. Francke Verlag Tübingen und Basel
Paul Haupt Verlag Bern · Stuttgart · Wien
Verlag Leske + Budrich Opladen
Lucius & Lucius Verlagsgesellschaft Stuttgart
Mohr Siebeck Tübingen
C. F. Müller Verlag Heidelberg
Ernst Reinhardt Verlag München und Basel
Ferdinand Schöningh Verlag Paderborn · München · Wien · Zürich
Eugen Ulmer Verlag Stuttgart
UVK Verlagsgesellschaft Konstanz
Vandenhoeck & Ruprecht Göttingen
WUV Facultas · Wien

Manfred Faßler

Was ist Kommunikation?

2. Auflage

Wilhelm Fink Verlag · München

Bibliografische Information Der Deutschen Bibliothek

Die Deutsche Bibliothek verzeichnet diese Publikation in der Deutschen Nationalbibliografie; detaillierte bibliografische Daten sind im Internet über http://dnb.ddb.de abrufbar.

Jühenplatz 1-3, 33098 Paderborn
ISBN 3-7705-3167-1

Printed in Germany.
Einbandgestaltung: Atelier Reichert, Stuttgart
Herstellung: Ferdinand Schöningh, Paderborn

UTB-Bestellnummer: ISBN 3-8252-1960-7

Für Dagmar & Liam-Adelmo

INHALTSVERZEICHNIS

MEDIENREALITÄTEN

STRUKTUREN

VORWORT ZUR ÜBERARBEITETEN NEUAUFLAGE

Die medien-industriellen Ökonomien haben Konjunktur, wirtschaftlich und evolutionär. Mit ihnen verändern sich die Standards, Inhalte und Zielsetzungen von Kommunikation.

Im Einzugsbereich globaler netzgestützter Ideenökonomien und Wissenskulturen entstehen ebenso *globale Kommunikationsökonomien*. Sie geben den Ideen, Kommunikation vorrangig über den Interaktionsformalismus ′von Angesicht zu Angesicht / face to face / f2f″ zu bestimmen, immer geringere Chancen. Daß wir gerne anderen Menschen beim Sprechen ins Gesicht schauen ändert nichts daran, daß das Angesicht längst von elektronischen Dokumentenstandards, Übertragungsprotokollen und Office-Programmen in seiner kommunikativen Leistungsbreite drastisch eingeengt ist. Das 'offene Gesicht' steht in Konkurrenz zu 'open source' und 'offenem Dokumentenformat' und diese wiederum in Konkurrenz zu Codes als Privateigentum. Zugleich wird deutlich, daß aus Codelines, Programmen, Dateiformaten ebenso wenig Kultur 'herleitbar' ist, wie aus Gesichtsausdrücken, Handschlag oder Körperhaltung. Unter den gemachten Voraussetzungen bleibt die Fragerichtung des Buches selbstverständlich erhalten: es geht vorrangig um *Kommunikation* unter den Bedingungen, daß 'Sender' und 'Empfänger' in gleicher Weise *abhängige Akteure in medialen Landschaften* sind, unbeschadet unterschiedlicher Kompetenzen. Mit Worten wie 'Fernseh-', 'Medien-' oder 'Informationsgesellschaft' wird versucht, dieser Generalisierung nahe zu kommen. Über Kommunikationsverfahren zu reden, heißt immer auch, über *technologische*, *instrumentelle*, *abstrakte*, *künstliche*, *symbolische*, *angesichtige* und *virtuelle Umwelten* zu reden, die für diese Verfahren erforderlich sind und durch sie erzeugt werden. Wir benötigen zunehmend mehr Wissen über die vielfältigen Kommunikationsbedingungen sowie eine medientheoretisch aussagekräftige Kommunikations-Folgeabschätzung.

Das Konzept der medialen Landschaften ist eng verbunden mit den globalen Kommunikationsökonomien. Erste verzeichnen eine starke Bedeutungsstabilität. Ambivalenzen gehören dazu. In welchen Spekulationshöhen oder –tiefen die Aktienkurse liegen, welche Konkurrenzwellen mit neuen Prozessoren oder Materialien erzeugt werden, hat damit ebenso zu tun, wie die massive Unterversorgung öffentlicher Schulen und Universitäten mit medientechnologischer Infrastruktur. Kaum vergeht ein Tag, an dem nicht über die mediale Zukunftsvergessenheit der 'offiziellen' Gesellschaft berichtet wird, während sich die Bevölkerung längst darauf eingestellt hat, sich ihre Welt- und Realitätssicherheit 'aus den Medien zu holen' (73 % verlassen sich auf TV-Berichte) oder sie 'in Medien zu erfragen' (29% suchen im Internet, um sich umfangreich über Themen zu informieren, - laut Allensbach). Grundfunktionen von Kommunikation sind damit angesprochen, Grundbedingungen der Kommerzialisierung ebenso.

Kommunikation (= sinnliche, sinnlich-abstrakte, materiale, technologische, infrastrukturelle Voraussetzungen, Nutzungsprofile der Medien, Ergonomie der Medien, Kompetenzen, Verständnis, Erwartungen, innergesellschaftliche und transsoziale Reichweiten von Informationsangeboten, absichtsvolle Selektion von Informationen, strukturell notwendige Selektion von Informationen, Anwendungsentscheidungen) ist längst als das *dynamische Programmensemble* entdeckt, mit dessen Hilfe Menschen zusammenfinden und –halten. In der absichtlich ungeordneten Reihenfolge der in Klammer gesetzten Ebenen ist die *fuzzy logic* angesprochen, die Unmöglichkeit, eine eindeutige, scharfe Abgrenzung für einen kulturwissenschaftlich sinnvollen Kommunikationsbegriff zu wählen. Man kann in einer zirkulär anmutenden Bestimmung sagen:

Kommunikation koordiniert sich immer wieder die Bedingungen neu, in denen sie möglich wird. Dies ist in einem Vorwort sicherlich eine schwierige Aussage.

Aufmerksamkeit soll dadurch erzeugt werden: Aufmerksamkeit gegenüber all jenen Theorien, die den mathematischen Codes und technologischen Strukturen einen Vorrat an Communio zu schreiben, und gegenüber jenen Theorien, die Kommunikation abstammungstheoretisch in irgendwelche Identitätsmodelle verschieben.

Ist Kommunikation ein Programm, das seine kulturelle Bedeutung und Funktion erst in der Nutzung erzeugt und verändert, stehen wir mitten in einem *Beobachtungsdilemma*, das inzwischen von vielen wissenschaftlichen Theorien anerkannt ist. Der schöne Ausdruck der *Autopoiesis*, der Selbsterzeugung und Selbsterhaltung, und der der *Autopoetik*, das sich selbst zum Produkt Machen, kommentieren diese Situation. Sie binden in sich den gegenwärtigen Erkenntnisverlauf, also die Modelle, nach denen sich Wissenschaftlerinnen und

Wissenschaftler zu erklären versuchen, wie der Sach- und Gegenstandsbereich von Kommunikation beobachtbar gemacht werden kann. Das Dilemma verwandelt sich in eine *erkenntnistheoretische Paradoxie*: wir erzeugen durch wissenschaftliche Beobachtung erst das nicht-empirische und empirische Profil des Beobachtungs-Gegenstands. Das heißt nun nicht, daß wir den Gegenstand erst erzeugen. Den müssen wir realistisch voraussetzen. Beobachten und erkennen sind folglich zirkulär und änderungsintensiv.

Wie radikal dies formuliert wird und wie radikal dies auf Erkenntnis (als gemachte, strukturell gekoppelte, als gewonnene, gefundene, entdeckte) angewendet wird, und warum spezifische Radikalität zum Selbstverständnis mancher Theorien gehört, wird in diesem Büchlein nicht diskutiert werden. Dennoch ist es wichtig, in der Lesart der Arbeitsfrage „Was ist Kommunikation?“ sich dieser Paradoxie immer mal wieder zu erinnern.

Ich sprach eingangs von ökonomisch gebundener Konjunktur der medientechnologischen und der informations- und wissensökonomischen Marktsegmente 'Kommunikation'. Diese ist eng vernetzt mit der wissenschaftlichen Konjunktur des Themas 'Kommunikation'. Die Fragen danach, *was* Kommunikation ist, *welche* materialen, sozialen, abstrakten, körperlichen Bedingungen sie ermöglichen und *wie* sie machbar ist, sind zu aktuellen Anfragen an wissenschaftliche Disziplinen geworden, die in ihrer Entstehung anderen Anforderungen folgten: z.B. Literatur- und Sprachwissenschaften, Kunstgeschichte, Anthropologie, angewandte Mathematik bis zur Informatik.

Die Fähigkeiten des Menschen, sich über Sichtbares und Unsichtbares, Faß- und Denkbares, Hör- oder Komponierbares beschreibend, wertend, ordnend zu verständigen, sind nicht nur ein Wachstumsfaktur wissenschaftlicher Forschung. Mehr hierüber zu wissen, ist Wachstums- und Erhaltungsbedingung spät- oder cybermoderner Kulturen. In der Formulierung „die Fähigkeiten des Menschen“ ist ein Bündel von wissenschaftlich brisanten Fragen enthalten: a) die biologisch genetischen Fähigkeiten, neurophysischen Bedingungen des Gehirns, b) die grafischen, zeichenhaften, zahligen, schriftlichen Abstraktionsfähigkeiten, c) die Fähigkeiten, unsichtbare und glaubwürdige unsichtbare Zusammenhänge zu produzieren, d) die Fähigkeiten, Verläufe und Dimensionen menschlicher Selbstorganisation oder deren mediale Technisierung zu erzeugen und dauerhaft zu organisieren.

In der überarbeiteten und erweiterten Wiederauflage des Bandes „Was ist Kommunikation?“ geht es vorrangig um die Fragenprofile, die sich mit kultureller Selbstorganisation, mit Erzeugung, Erhaltung und Weitergabe der *kulturellen Praxis Kommunikation* beschäftigen, und um Fragen nach den verdichteten Zusammenhängen von Mensch – Medientechnik – künstlichen Umgebungen – binäre Vernetzung. Dabei kann nicht übersehen werden, daß die 'Fähigkeiten', von denen ich sprach, nicht ohne ihre biogenetische Grundlage, nicht ohne „mediamorphosis“, wie Roger Fidler das medienevolutionäre Geschehen nennt, nicht ohne Abstraktions- und Technogenese betrachtet werden können. Interessante und wichtige Ergebnisse gilt es zu bedenken.

Zwei Aspekte sollen hier nur angesprochen werden. Das von britischen Forschern entdeckte Gen FoxP2, das vermutlich für die Sprachentwicklung (Sprache denken, Sprechmotorik organisieren, Sprechen) zuständig ist, wurde von Leipziger Evolutions-Anthropologen auf sein Erstaufkommen in einer Zeitphase vor ca. 200.000 Jahren zurückgerechnet, - ungefähr der Zeitpunkt, zu dem das Auftreten des *homo sapiens* vermutet wird. Änderte sich damals das Gruppenverhalten und wenn ja wie? War diese genetische Neuerung Basis für einen *medial turn* der menschlichen Gruppen? Wie lernten Menschen diese Fähigkeit zu nutzen? Und: in welcher Weise ist dies heute noch wichtig? Ein zweiter Aspekt, der damit eng verbunden ist, kommt aus der gegenwärtigen Zukunft. Man spricht nicht nur von Cyborgisierung, von den körperlichen high end / high tech - Prothesen der Herzchirurgie und Biomechanik, sondern auch von der Fusion der Cyborgisierung, wearable technology (smart suite) und der evolutionären Adaption von gentechnologischen und medientechnologischen Programmen.

Gegenwärtig nehmen die Erforschungen und Erprobungen weiterer Drehungen in der Spirale gen- und medientechnologischer Voraussetzungen von Kommunikation einen zunehmend größeren Raum ein. Dies wird noch einige Zeit so bleiben, denn die biologische und evolutions-anthropologische Suche nach den Potentialen menschlicher Selbstentwicklung hat gerade erst begonnen. Die ökonomischen Interessen an der Wertschöpfungskette Mensch – Medien – Information – Wissen – Kommunikation – Mensch^{I} - Medien^{I} -... organisieren sich gerade erst. Es stellt sich dennoch die Frage, ob und wie es Menschen gelingt oder gelingen soll, diese Kommunikation für sich als dichte kulturelle Praxis, als Intelligenzbestätigung oder –verstärkung, als hinreichend komplexe, als beteiligungsoffene, als demokratietheoretisch bedeutende, als lernverstärkende Praxis zu entwickeln und zu nutzen. Mithin kommt man kulturwissenschaftlich nicht um die Frage nach den Vergemeindungs- und den Globalisierungsdimensionen dieser Prozesse herum.

Dabei ist Vergemeindung nicht als 'Wert an sich' gedacht. Aufzucht- und Jagdgemeinschaften, Fahr- oder Sportgemeinschaften, Kriegsgemeinschaften oder Wirtschaftsgemeinschaften, Lernräume oder Büros, die als Mischung aus on-line / off-line-Vernetzung existieren, stellen einen spezifischen intentionalen, technologischen und arbeitsorganisatorischen Formalismus für 'Gemeinschaft / community' dar. Im Frühjahr 2002 rückten die virtuellen (Kampf-)Spielgemeinschaften, die sich als CLANs bezeichnenden Gruppen von Computerspielern, und im Rahmen von LAN-Parties zum Beispiel *Counterstrike* spielen, in das öffentliche Interesse. Mordanschläge in einer Schule sollten durch das Spiel 'angestoßen' worden sein. Die Bild-Zeitung, die FAZ und andere Medien versuchten den Counterstrike gegen *Counterstrike* in der Verteufelung der Communities, die sich über Clans und Clubs organisierten, die Netzwerke für 200 – 300 Spielern entwickeln, die „mit Freude ballern / MFB“, und die gegen Drogen sind, weil diese die Reaktionsgeschwindigkeiten senken, die sich im World Wide Championship of LAN Gaming / WWCL locker organisieren und eine Community von fast 3 Mio. darstellen. Die Hohe Politik zeigte sich entsetzt, Verbotsraunen ging durch den Medienwald. Zum Glück besann man sich, - auf Altersbeschränkung. In den Diskussionen wurde klar, daß Medien zum Schlüssel aktueller und zukünftiger Kommunalisierung geworden sind und sehr wenig darüber gewusst wird, wie sich unter spezifischer kommunikativer Mediennutzung Vergemeindung herausbildet, erhält oder verändert. In der Verbindung von Medien, Kommunikation, Mensch-Medien-Interaktivität stellt sich *Vergemeindung als wichtiger transsozialer Formalismus* dar.

Wie dieser mit den Formalismen der informellen, formellen, halbprivaten, freundschaftlichen, projektbezogenen, konkurrenziellen Verständigung verbunden wird, bleibt eine wichtige Forschungsfrage. Millionen solcher Situationen und Strukturen gibt es. Interessant ist, nach ihren Mustern, Standards, Verabredungen, Konventionen, Normierungen, Aushandlungsverfahren zu fragen. Wir stehen also vor der Aufgabe, biologische, anthropologische, abstraktions- und technoevolutionäre Prozesse, mit ökonomischen Regelungsmechanismen, politischen Formen und Ansprüchen sowie Individualisierungs- und Vergemeindungsprozessen zusammen zu denken. Einfach ist´s nicht. Manche Aspekte sind von mir an anderen Stellen, in anderen Büchern bearbeitet worden, die seit 1996 erschienen sind. Ich werde noch darauf hinweisen. Dort ist dann auch die Fülle aktueller Forschungsliteratur zu finden, die ich hier nur auszugsweise zitieren werde.

Aus den wenigen Zeilen wird schon erkennbar geworden sein, daß Kommunikation weder ein *monomediales* Geschehen ist, noch ein *monosensorisches*, noch ein *monologisches*. Alle Sinne des Menschen sind beteiligt, gleichwohl hierarchisiert. Und heute muß man sagen: alle Sinne und alle Medienfunktionen (Hören: Radio, Konzert, CD, Mündlichkeit, Audiovisualität; Sehen: nicht mediales Sehen von Bäumen, Menschen, Fernsehen, Bilder sehen, Audiovisualität; Sprechen, Schreiben, Zeigen; teleteaching, e-commerce, e-learning...) sind beteiligt, und dies mit wechselnden Hierarchisierungen. Der Medienswitch vom Büro zum Einkaufszentrum gehört ebenso dazu, wie der switch von e-mail zum Computerspiel am selben Terminal. Kommunikation ist polylogisch und gründsätzlich nur noch als polylogische zu beschreiben.

Daß '*Kommunikation als Verfahren*' und '*Vergemeindung als Verfahren*' nicht Dasselbe beschreiben, scheint dabei klar zu sein, ebenso wie die Tatsache, daß sie nicht ohne den jeweils anderen Terminus beschreibbar sind. Die *normativen Erwartungen* an das Integrations- und interpersonelle Fassungsvermögen von Vergemeindung sind nicht zu verwechseln mit den *Codierungen, Standardisierungen* und Erwartungen gegenüber den 'leistungsfähigen' Verfahren der Informationsübermittlung. Dabei sind die *Freiheitsgrade von Kommunikation als Verfahren* mitunter größer oder vielfältiger, als die der Vergemeindung.

Die erste wie die zweite überarbeitete Ausgabe des UTB-Bandes orientiert sich grundlagentheoretisch und empirisch an diesem Spannungsfeld. Das Buch ist vor dem Hintergrund der etablierten Computer-Technologien als Medien-Technologien geschrieben worden. An wissenschaftlichen Erklärungsstrategien wurde verdeutlicht, wie viel Vorbewertung und Vorverständnis in die Beschreibung von Kommunikation als kulturerzeugendem, - erhaltendem und – reproduzierendem Handeln einfließen. Es wurde eine grundlegende Unterscheidung eröffnet zwischen *Medien*, in denen die formalen (Codes, Verwendungsregeln, Nutzeroberflächen, Zugangsbedingungen) verdichtet sind, und *Kommunikation*, die die immer wieder neue Aktualisierung dieser Voraussetzungen darstellt, deren Ergebnisse allerdings erst im Rückblick beschreibbar sind. Dieser zeit-räumliche Unterschied des ex ante (Medium) und ex post (Kommunikation) wurde von mir an anderer Stelle als *mediale Interaktion und Kopplung* (Faßler 1996) untersucht.

Wo, wie, mit welcher Zielsetzung, mit welchen Absichten, mit welchen Koalitionen und Allianzen, mit welchen Techniken und Zeichensystemen eine dichte *systemische und strukturelle Verfassung zwischen Menschen und Medien* entsteht, ist sicher nicht intersubjektiv, sozial, kulturell, ökonomisch beliebig. Aber es wird immer deutlicher, daß *Kommunikation als mediale Selbstbefähigung von Menschen*, mittels medialer Systeme eigenständig Informationsgruppen zu bilden, jede sich relativ *geschlossen denkende Gruppe oder Sozialität überschritten* hat. Kommunikationskapazitäten haben die lokalen Bindungen überschritten. Gesellschaften hegen nicht mehr Kommunikation ein, sondern dynamische *Kommunikationsensembles* schaffen sich für relativ kurze Zeiten ihre spezifischen Verständigungszusammenhänge.

Anders formuliert: mittels der Mediensysteme stehen der Menschheit nicht-territoriale Strukturen der Verständigung und der (Aner-)Kennung zur Verfügung. Sie sind dazu angetan, Kultur weitgehend von den Identitätsimperativen zu lösen und *als föderatives Prinzip der Assoziation* weltweit zu etablieren. An anderer Stelle habe ich dies unter dem Aspekt der verstreuten Öffentlichkeit behandelt. Diese *Kulturen-Föderationen* sind keine unbegrenzten Freiheitsräume, wie es manche Cyber-Philosophie nahe legt. Ihnen liegt das durchaus widersprüchliche und in langer Sicht sogar unaufhebbar widersprüchliche Verhältnis von *Individualisierung* der Kommunikationsbedingungen, *Kommerzialisierung* und ökonomische *Privatisierung* der Informations- und Medienkapazitäten zu Grunde. (Faßler 1999) Damit wird Kommunikation in einer sehr grundlegenden Weise von individualisierender Konkurrenz durchwoben. Eine Situation, die bislang wenig bedacht oder erforscht wird. Ein anderer Aspekt ist ebenso wichtig: Föderation heißt wechselseitige Verpflichtung auf die gemeinsamen Funktionen der *medial gekoppelten föderativen Kultur*. Derzeit versuchen zahlreiche Forscherinnen und Forscher diesem globalen Prozess der Neuverfassung von Kulturen auf der Basis von universalen Medienstrukturen durch das Konzept von Netz, Netzwerken, Netzkulturen näher zu kommen. (Faßler 2001)

Die Kopplung findet unter den Bedingungen weiterer Ausdifferenzierung der medialen Strukturen und der technologischen Medien-Konvergenz und nutzungskulturellen Medien-Integration statt. So erhöht sich seit Jahren der Anteil visueller und audiovisueller Informationsbereiche im Vergleich zu den textuellen; die Bild-Text-Integration und Visualisierungen werden in die kulturellen Selbsterklärungen eingebracht und transformatieren diese (Faßler 2002); fiberoptische Übertragungstechniken, Universal Media Technology System /UMTS, Breitbandübertragungen usw. garantieren zeitnahe oder zeitidentische Multimedialität; Lern- und Medienkompetenzen verändern sich; ein Sektor der *Medien-Pragmatik* ist entstanden (Handbücher, Zeitschriften, Begleituntersuchungen und Systemkritiken), der die Individualisierung ebenso aufgreift, wie die Anwendungs- und Präsenzkonkurrenzen im Netz. (Faßler, Hentschläger, Wiener 2003) Diese und eine Fülle anderer Phänomene geben kurze Auskunft über die *Intensivierung des medialen Geschehens*. Obwohl dies alles auf der Basis ständig weiter entwickelter Medientechnologie stattfindet, geht es kultur- und kommunikationswissenschaftlich um die *Neuaufstellung von virtuellen Medienräumen*, - erfolgt sie nun im Kinder- oder Klassenzimmer, im smarten Kühlschrank oder in *wearable technologies*, also dem smarten Daten-Anzug von z.B. Infineon.

Die Vorstellungen von Kulturen über sich selbst werden durch Föderalisierung und erweiterter medialer Virtualität neu gruppiert. Andere 'Gruppen' als in der Fernseh-, Radio- oder Zeitungskultur entscheiden über die Art von Öffentlichkeit, von Wissensverteilung, über die Ökonomie der Präsenz und die Ökonomie der Aufmerksamkeit. Macht und Herrschaft werden neu verteilt. Manchen Kolleginnen und Kollegen scheint es, daß Gesellschaft und Kulturen abstrakter werden. Berücksichtigt man Zahlentheorie, mathematische Spieltheorien, Wahrscheinlichkeitsrechnung oder Algorithmen, hat diese Vermutung etwas für sich. Die Zeichen- und Symbolsteuerung von Kommunikation und Kultur ist aber keineswegs neu. Die Reflexivität von Zahligkeit, Abstraktion und Künstlichkeit ist allerdings neu. Sie begründet sich in der vehementen Anwendungsbreite. Angewandte Mathematik, angewandte Physik, angewandte Kunst, angewandte Kultur: das *Abstrakte bekommt eine techno-medialen Sinnlichkeitshaut*, eine medial *tiefe Oberfläche*, die gesteuert wird von individuellen Kompetenzen und von Medientechnologie als abgelagerte Abstraktionen. Und diese Oberflächen-Landschaft wirft die Fragen nach Kommunikation neu auf. Wie?

Nun, ein Aspekt sei hier hervorgehoben, auf den ich später noch eingehen werde. Sind die Argumente der *Individualisierung*, der globalen *Föderalisierung* und der *erweiterten Virtualisierung* schlüssig und zu dem auch noch empirisch zu unterlegen, stellt sich für eine klassisch systemtheoretisch argumentierende Kommunikationsidee (siehe N. Luhmann) die Frage danach, wie dies theoretisch bedacht werden kann. Das Grenzregime zwischen (sozialen) Systemen ist nicht mehr ohne jene Prozesse beschreibbar. Dies könnte bedeuten, daß das *psychische System* (nennen wir dies einfach: der einzelne Mensch), das vom sozialen strikt getrennt wird, *neu gegenüber dem sozialen System bestimmt wird*, oder aber, daß die Trennung als fuzzy, grau, chaotisch, kontingent angenommen wird. Damit wären wir wieder bei dem Aspekt der Kopplung angekommen.

Diese Kopplungssituation ist das, was mich in vielen Gesprächen mit Studierenden und Kollegen zur Frage führte, ob das Buch nicht „Wie ist Kommunikation?“ heißen müsste. Denn die dargestellte Verschiedenheit der beiden prozeßtheoretisch getrennten Felder ist nur dann weiterführend hilfreich, wenn Kommunikation als kulturelle Praxis wissenschaftlich beobachtbar und beschreibbar ist. Ich habe diese Grundfrage in der ersten Ausgabe des Buches in verschiedenen Argumentationsschritten aufgenommen. Dennoch scheint es mir sinnvoll, an dieser Stelle den unhintergehbaren Zusammenhang zwischen den Konzepten der *medialen Kopplung*, *Kommunikation als kulturelle Praxis* und einer *Interfacetheorie* hervorzuheben. Interessant ist, daß alle drei Konzepte zeittheoretisch auf eine mehr oder minder *gestreckte Gegenwart* zielen: 'Kopplung' weist auf die verbindende Aktivität hin, die Struktur, Materialität, Technologie, Nutzungsinteressen, Kompetenzen, absichtsvolles Handeln für einen kurzen Moment fusionieren; 'Praxis' (kulturelle) weist auf ein Feld möglicher Zusammenhänge hin, in die die konkrete Kommunikation weder restlos aufgeht, noch ein irgendwie einheitliches Verständnis des Kommunikationsverlaufes oder –inhaltes entstehen muss; 'Interface' weist auf die immersive Situation zwischen Belebtem und Unbelebtem hin und auf die erheblichen Wissensmängel, die über die

Art der Verbindungsverläufe, die wir leichthin als Kommunikation beschreiben, bestehen.

Worüber wir immer noch fast gar nichts wissen sind *Mischwesen aus Materie, Bezeichnung, Form, Morph* = die kulturell geformten materialen Zeichen, ob gemeißelt, mit Tinten oder Farben dargestellt, als 'Heliografie' oder 'Fotografie', als audiovisuelle farbdifferenzierte Fernsehnachricht, gedruckt oder gebrannt, in denen (materiale und kulturelle) Kapazität mit (individueller und kultureller) Kompetenz gekoppelt sind und wieder entkoppelt werden. Diese 'Mischwesen' zwischen der *Körperlichkeit* des Menschen und der von ihm geschaffenen *Außer-Körperlichkeit (vom geschriebenen Zeichen, über gedruckte oder mechanische bis zu digitalen, fiberoptischen komplexen Speichern)*, zwischen gesetzmäßiger Materieordnung und den Regeln ihrer Formvariationen, beschäftigen etliche Forschungen. Sie sind nicht direkt als Arbeiten an Kommunikationstheorie erkennbar, haben aber grundlegend damit zu tun: gemeint ist die nicht zur Ruhe kommende Forschung und wissenschaftliche Theoriearbeit zu *Hybridität* und *Virtualität*.

Nicht wenig produktive Irritation ist durch die Debatte darum entstanden, ob der Mensch durch die Produktion von medialen Artefakten die *Bereiche des Unbeobachtbaren* immer mehr ausdehnt? Oder ob sich die Fragen nach Hybridität und Virtualität noch hinter dem Schleier der *Unsicht- und Unbeschreibbarkeit* verstecken, da uns die Beobachtungssprache für das 'Selbstgemachte' fehlt? Eines scheint klar zu sein, oder ist mir etwas klarer geworden: im wissenschaftlichen Wettbewerb um die Beschreibung von Kommunikation wird mit vielen Jokern gespielt, und ihre Zahl scheint sich zu vermehren. Etwas seriöser formuliert: es wird uns wohl auf absehbare Zeit nicht gelingen, ein 'handfestes', 'empirisch abgesichertes' wissenschaftliches Wissen über die soeben angedeuteten Fragen vorlegen zu können. Nicht auszuschließen ist, daß die Suche danach auf ein positivistisch enges Mißverständnis hindeutet. Diese Einsicht darein, daß Kommunikation weder ein restlos empirisches Feld ist, noch die damit verbundene kulturelle Praxis restlos ethnografisierbar, bestätigt den Bedarf an empirie-orientierter, nicht aber hierüber gesteuerter wissenschaftlicher Theorie. Die Neuauflage des Bandes „Was ist Kommunikation?“ ist, neben der erfreulichen Nachfrage, hierin begründet.

Dies führt uns noch mal zurück zu dem angedeuteten Spannungsverhältnis von Medien und Kommunikation. Man könnte auch sagen, daß Medien das materiale Gefüge darstellen, mit dessen Hilfe Menschen sich die ihnen wichtige Welt zur Verfügung halten. Damit wären Medien bereits ausgewählte, vorsortierte, durchdachte, herrschaftlich oder konventionell verfestigte Weltzugänge. Ihre 'Kanal'-kapazität, ihre 'Fenster'-funktion (von der Renaissance bis zu MS-Windows), ihre 'Thematisierungsleistungen' u.ä. zeigen auf, daß sie evolutionäre Produkte sind. Und sie sind dies, weil sie an selektiven und weiterhin auswählenden Prozessen beteiligt sind, die *Deutungen in Bedeutungen*, und *Bedeutungen in Erwartungsordnungen* überführen / -setzen. Kommunikation käme dann immer ein wenig zu spät, weil sie sich auf Vorgefertigtes, auf bereits gemachte Sichtbarkeit, gemachte Hörbarkeit, gemachte Denkbarkeit bezieht. Sie hat aber zugleich einen eigenen Status, da sich in ihr der Prozeß der Sinn- und Bedeutungs-Auswahl ausbildet und ablagert. 'Ausbildet' meint, daß Menschen sich über eine Menge von vermuteten und erwartbaren Bedeutungskonvention verständigen und bestimmte Anteile davon für die nächste Runde reservieren: „Darauf komme ich noch zurück“; „Vertagen wir dies“ oder: „Halten wir dies als Zwischenergebnis fest“. 'Ablagern' meint, daß die Ergebnis des kommunikativen Aktes 'nach Außen' dargestellt werden, ob gedruckt, gemalt, skizziert, gesendet usw. Schwierig wird diese Unterscheidung dann, wenn der Vorgang der Kommunikation medial gesendet und darüber beobachtbar wird, der Unterschied zwischen medialem Format und Kommunikation zu verwischen droht. Besonders schräg wird dies, wenn Politiker im Fernsehen über ihre Positionen eine mediengerechte telegene Diskussion in der *prime time* unter Bedingungen der Kameraführung, der Regieentscheidungen führen.

Unbeschadet solcher publizistik- und politikwissenschaftlich interessanten Situationen, bleiben die Fragen nach dem Verhältnis von Medium und Kommunikation, Menschen und ihren Kulturen auf der kommunikations- und kulturwissenschaftlichen Tagesordnung. Sind Medientechnologien ein ökonomischer Wachstumsfaktor, so ist *Kommunikation der kulturelle Wachstumsfaktor*, wie Colin Cherry (1957: 4) schon vor langer Zeit feststellte:

> „The development of human language was a tremendous step in evolution; its power for organizing thoughts, and the resulting growth of social organization of all kinds, has given man, wars or no wars, street accidents or no street accidents, vastly increased potential for survival.”

Verwendet man 'language' in dem von mir vorgeschlagenen Sinne der Zeichen-, Bild-, Zahlen-, Körper-, Symbol-, Ton-, phonetischen und schriftlichen Sprachen, wird der *evolutionäre Charakter der medialen Selbstbefähigung des Menschen* sehr deutlich. Verbindet man dies mit medientechnologischen Entwicklungen, so werden neben den Dimensionen der territorialen kulturellen Selbstorganisation auch die des *transkulturellen Änderungsgeschehens* deutlich.

Der Übergang vom Jagdzeichen zur Idee des Zeichenspeichers, zur Bedeutung, zur Sinnform, die kommunikative Begleitung der neolithischen Revolution, d. h. der Revolution des Seßhaftwerdens des Menschen in gebauten Hütten, Häusern, die Verstädterungsprozesse, die Navigationen in Wüste, Busch und auf dem Meer usw. sind phantastische Einzelereignisse in nichtlinearen, absichtlichen *und* nicht-absichtlichen Prozessen von Auswahl, Variation, Vergessen, Erfindung, Entwurf, Selektion, also von Evolution.

Kommunikation ist „event", also *Ereignis* (Edmond Leach) und *Evolution, Antwort und Erfindung, Konvention und Innovation.* Es ist schwer zu beziffern, in welchem zahlenwertigen Verhältnis diese Bereiche zueinander stehen. Um eine Einstiegsirritation zu erzeugen, behaupte ich: 99% des Kommunikationsgeschehens sind bereits entschieden. Es ist mir egal, ob es 'real' 95, 90, 83,6 oder 75% sind. Entscheidbar ist dies wahrscheinlich nicht. Dieser hohe Prozentsatz soll nur darauf hinweisen, daß wir gerade auch in Kommunikationstheorie mit einer unbezifferbaren Größe zu tun haben, die je nach Theoriebezug als Unbeobachtbarkeit, blinder Fleck, black box, zirkuläre Determination, Unerkennbarkeit oder Relativität des Wissens bezeichnet wird. Die Forderung, die hieraus entsteht ist die, sich um die Widerlegbarkeit der Argumente zu bemühen („Falsifizierbarkeit" nannte dies Sir Karl Popper), also sich um jene Bereiche zu bemühen, die nachprüfbar sind, ob empirisch oder nicht-empirisch, grundlagentheoretisch oder ideengeschichtlich.

Von einigen Konzepten, die erklären, warum und wie das kommunikative Geschehen medial, zeichenhaft, signalgebunden, symbolisch, material 'eingebettet' sein muss, um im Sinne kultureller Evolution stattfinden zu können, berichtet das nun erneut vorgelegte Buch. Die Verführung war groß, die in der Erstausgabe von 1996 vorgestellten Theorien durch andere zu erweitern. Ich habe darauf weitgehend verzichtet und bin den Weg der zusätzlichen Gedanken innerhalb der Textteile gegangen. Lediglich das 10. Kapitel ist hinzugekommen.

Mit jedem Akt der Darstellung und Verständigung wird Gegenwart redigiert. Wer kommuniziert, gibt Gegenwart 'heraus'. Dies ist wohl der wichtigste Grundsatz, der sich formulieren lässt, ohne gegen die wissenschaftlichen Beobachtungs- und Beschreibungsregeln zu verstoßen. In einem etwas abgewandelten Sinne ist der Vorgang der Vergegenwärtigung von Kapazität und Kompetenz, Intention und Interesse, Thema und Täuschung abhängig von kulturellen „design features" (Jean Aitchison) der Kommunikation. Wie man diese beobachtbar machen kann, darum handelt die Frage: „Was ist Kommunikation?" Es bleibt eine *Hinführung*, wie ich 1996 schrieb; es ist keine Einführung.

* *

Danken möchte ich auch in diesem Vorwort Raimar Zons, der mir die reichliche Zeit ließ, erst einmal andere Veröffentlichungsprojekte abzuschließen, um dann auf dieses Buch zurückzukommen.

Vielen anderen wäre hier noch zu danken. Nach sieben intensiven Lehr- und Forschungsjahren an der Universität für angewandte Kunst Wien wechselte ich 2000 an die Johann Wolfgang Goethe – Universität Frankfurt / M. All meinen dortigen Kolleginnen und Kollegen sei Dank für die erneute Diskussion der Frage „Was ist Kommunikation?".

Frankfurt / Schwerte 2002

DANKSAGUNG

Es mehren sich die Gesprächspartner, die bestätigen, daß längst nicht alles über Kommunikation gesagt ist. Auch ist nicht selten zu hören, dies sei ein unabschließbarer Gegenstandsbereich, ein technisch, subjektiv, medial oder auch normativ dynamischer Bereich. Damit verbindet sich die Aussage, die kulturellen Bedingungen für Kommunikation änderten sich ständig und damit auch die Formen und Aufgabenstellungen von Kommunikation. Die

Ideen hierzu sind vielfältig. Sie reichen von der Konversation, über Dialog, Gespräch, Befehl, Nachricht bis zum Maschinencode. Ob Kommunikation nun Weltkunst (N. Luhmann) oder ein Unterfall der digitalen Universalmaschine (F. Kittler) ist, dies ist bei weitem nicht entschieden. In etlichen Gesprächen mit Kolleginnen und Kollegen schälte sich für mich das Interesse heraus, einmal einige Erklärungsvarianten näher zu betrachten, sie auf ihre Körnigkeit und Reichweite zu befragen. In Vorlesungen und Vorträgen der zurückliegenden Semester beschäftigte mich dieser Unterscheidungsreichtum der anzutreffenden Erklärungen. Dabei war, neben der Frage nach den Theorien, immer auch mit am Tisch die Frage nach einer Verständigungsfiktion, nach einer 'Utopie' der unbehinderten, freien Verständigung und des ungehinderten Entwurfes. Diese Kommunikations-Fiktion verstand ich als eine Erweiterung der Science Fiction oder der Social Fiction, als eine Idee der offenen Netze, letztlich der Kunst der Kommunikation. Diese Überlegungen finden in den vorliegenden mehr erklärenden Texten nur selten ihren Niederschlag. Sie sind aber vielleicht eine wichtige Information, um manche 'fiktionären' Überlegungen zuordnen zu können.

Danken möchte ich zuvörderst Raimar Zons, der rasch die Idee dieses Buches aufgriff und seine Verwirklichung beförderte. Danken möchte ich meinen Wiener Studentinnen und Studenten, sowie meinen Kollegen, die mich darin bekräftigten, Kommunikation als eine Bedingung wissenschaftlichen und künstlerischen Entwerfens zu bearbeiten. Nennen möchte ich Carl Aigner, Eva Blimlinger, Rudolf Burger, Brigitte Felderer, Herbert Lachmayer, Christian Reder, Ruth Schnell, Mario Terzic, Vera Vogelsberger, Ina Wagner und Peter Weibel. Insbesondere danke ich meinen Mitarbeitern Mathias Fuchs und Zelko Wiener.

Wien / Villigst August 1996

EINFÜHRUNG

Derzeit gibt es wohl kein Wort, das so häufig als Chiffre für Vermittlung, Zusammenhang oder Verständigung verwendet wird, wie 'Kommunikation'. Der subjektive und soziale Bedarf, durch 'Kommunikation' Zusammenhänge herzustellen und einigermaßen stabil zu halten, ist unübersehbar. Dieser Bedarf ist vor dem Hintergrund zu verstehen, daß der vielfältig begründete soziale Unterschiedsreichtum (Ausdifferenzierung), die vielfältigen Positionen (Pluralisierung) und die Ablösung des einzelnen Menschen von dauerhaft festen sozialen Institutionen (Individualisierung) neue Regelungen der Vermittlung und der Integration erfordern. Zu diesen zentralen Aspekten sozialer Ordnungen des begonnenen 21. Jahrhunderts tritt eine grundsätzliche Veränderung der materialen Kommunikationsbedingungen und der damit verbundenen Kompetenzen. Das Wort, das dies ausdrückt, ist „Tele" (P. Flichy 1994). 'Tele' steht für die mediale Erschließung der Ferne (Tele-scope, Tele-graph, Telegramm, Tele-vision); es steht dafür, daß der Kommunikationspartner gerade auch für das gesprochene Wort nicht am selben Ort anwesend sein muß (Tele-Phon), oder auch dafür, daß man über tausende Kilometer Entfernung zeiteinheitlich in einem Medium z.B. an dem Entwurf eines Wohnhauses arbeiten kann (computerbasierte Tele-Aktion). 'Tele' bezeichnet insofern: medial gebundene Kommunikation mit 'einem anderen Ort', ganz gleich wo er sich auf der Erde befindet.

Die Spanne des Themas 'Kommunikation' ist also schon sehr groß, betrachtet man die angesprochenen Ebenen. Die Arbeitsfrage des vorliegenden Buches wird in der Beantwortung noch komplexer, widmet man sich intensiver den Kontroversen, die mit den jeweiligen Bereichen verbunden sind. Ziel dieses Textes ist es, wissenschaftliche Erklärungsansätze darzulegen, die die sozialen, individuellen, technologischen und medialen Zusammenhänge beobachtbar machen. Der Anspruch einer vollständigen Darstellung ist nicht erhoben.

Die Grundthese ist, daß unter den genannten Bedingungen die Anstrengungen des einzelnen Menschen für Teilnahme an Kommunikationsverläufen, an Informationsgemeinschaften, an Wissensfeldern zunehmen. Man kann auch sagen, daß die funktionale Bedeutung des einzelnen Menschen zunimmt. Dies erfolgt aber in einer widersprüchlichen Weise. Es lassen sich globale Standardisierungen (von Maschinencodes bis zu Datenformaten im Internet) gleichzeitig mit der Individualisierung des medialen Verständigungsrisikos beschreiben, weltweite Kommunalisierungen (in chatrooms, game communities, open source communities) und gleichzeitig massive Kommerzialisierung.

Diese Widersprüche sind in allen Themenfeldern gegenwärtiger medienstruktureller Transformationen zu beschreiben: ob es um *Interfaces*, *Benutzeroberflächen* oder *Ergonomie* geht, ob man von *medialen Freiheitsgraden* spricht (gemeint sind die Zugriffsmöglichkeiten auf die geschichteten Softwarebenen) oder von *hacker culture*, ob *Partizipation* und *Transparenz*, *Ökonomien der Aufmerksamkeit* oder *Ökonomisierung der Aufmerksamkeit* meint, ob man von *Medienkompetenz* und *Individualisierung der Kommunikationsleistungen* oder von Linux und *open source* spricht.

Die Spannungen zwischen Standardisierungen und Individualisierungen sind enorm, wie man vermuten kann. Sie liegen nicht so sehr darin, daß es einzelnen Menschen, Generationsgruppen oder spezifischen Schichten leichter oder schwerer fällt, die Medientechniken zu handhaben, die Fach-Termini zu lernen, eine neu gekaufte Software zu installieren oder sich als Benutzer nicht 'führen zu lassen'. Dies sind auch Probleme, unbestritten. Aber die Spannungen und Widersprüche, um die es mir hier geht, liegen in den kulturell unterbestimmten Feldern der verallgemeinerbaren Sinnbezüge, der kulturellen Bedeutungserwartungen, der Zukunftsbilder, der Integrations- und Freiheitserwartungen, also in dem, was man klassisch die *soziokulturelle Integriertheit* und die *Integrität der Persönlichkeit* nennt.

Die Chancen, die mächtigen medienevolutionären Veränderungen als kulturelle und transkulturelle Praxen auf- und anzunehmen, werden kaum ausdrücklich und konzeptionell aufgenommen. Man muß schon fast jeder Hackerin und jedem Hacker dankbar sein, der und dem es gelingt, durch das Knacken von Codes darauf aufmerksam zu machen, daß Codes nicht der Logik von Zahlen, sondern der Logik von individuellen, schichtenspezifischen oder professionellen Ordnungsphantasien folgen. Wenn zum 'Verschlüsseln' von Festplatten und Programmen z.B. Geburtsdaten, Namen von Ehefrau, Ehemann,

Vater, Mutter, Kindern, Geliebten, Sternzeichen, Automarken, Lieblingsessen, Hunde- oder Hamsternamen, sog. wichtige historische Ereignisse oder Gegenstände auf dem Schreibtisch vor einem verwendet werden, zeigt dies die *programmatische Bindung* der Codierungen an individuelle Auffind-, Erinner- oder Wiedererkennbarkeit. Etwas anders ausgedrückt: wir organisieren unsere Anwesenheit innerhalb der medialen Räume über virtuelle Knoten in virtuellen Taschentüchern, über unsere Lokalisierung und Relokalisierung in abstrakten Räumen, über eine immer *feinkörnigere kulturelle Praxis der Kommunikation und Künstlichkeit.*

Diese (Fein-)Körnigkeit (N. Luhmann spricht von Granularität der Selbstorganisation) von Kommunikation läßt sich auch übersetzen mit dem Funktions- und Bedeutungswandel von Schrift, Ton, Bild, Zahl, Bewegung, räumliche Tiefe, Audiovisualität. Zur Bildungs- und Erziehungsgeschichte moderner schwer- und chemieindustrieller, bürokratischer Gesellschaften gehört die Reduktion der medialen Funktionen Schrift auf eine zu erlernende „Kulturtechnik" (übrigens ein Ausdruck, der sich durch alle technikfeindliche Literatur hindurchzieht). Wer diese Kulturtechnik beherrscht, rückt in´s Prämierungssystem dieser Kultur ein. Solange sich diese Kultur vorherrschend über Schrift-Medialität organisiert, ist es für freie Wissenschaften unwichtig, Schrift als autoaggressive kulturelle Praxis sowie mediale Realität dieser Kultur zu untersuchen. Auf die Tatsache, daß moderne Gesellschaften kaum Willens oder kaum in der Lage waren, Schrift als ihre „kulturelle Strategie" zu beschreiben, wies zwischen 1930 und 1950 Harald A. Innis hin (1997) und beeinflußte damit Marshall McLuhan, der dann in den 1960ern die gewaltige Schriftepoche im Wort von der „Gutenberg Galaxy" faßte. Mediale Standardisierung, Kulturtechnik, mediale Räume, kulturelle Praxis wurden unter dem programmatischen Begriff der *mediengebundenen Kommunikation* wissenschaftlich zugänglich.

Mit dieser Neubestimmung von mediengebundener Kommunikation werden die *materialen Formate von Medien* wichtig. Für den Terminus Gutenberg Galaxy war es das Buch, seine Aufbewahrung, seine kulturelle Funktion, seine Bedeutung, die buchbezogene Pädagogik, die buchbezogene Wahrheitskonstruktion u.ä. mehr. Für die Medienentwicklungen der letzten vier Jahrzehnte müssen Fernsehgeräte, Video, Überwachungskameras, Rechenzentren, Computer, Netztechnologien, video on demand, webcams mit einbezogen werden.

Die Kulturtechnik des Lesens wird programmatisch eingebunden in die des Sehens, Text entsteht auf dem Bildschirm (Apparatus der Sichtbarkeit, nicht der Lesbarkeit), Texte, Bilder, Töne werden elektronisch geschaltet, optisch übertragen, binär sinnlich verfügbar gemacht. Dies ist bekannt und in etlichen Details untersucht.

Der mir hier wichtige Aspekt – im Zusammenhang der These wachsender Spannungen zwischen Standardisierung und Individualisierung – besteht nun darin: die kulturellen Praxen des Sehens, der Visualisierung, der audiovisuellen Erzählungen (in Pädagogik, Medienkompetenzdebatten) werden kaum wirklich ernst genommen. Und dies ist fatal, bedenkt man, daß der Individualisierungsprozeß auf der Basis einer medialen Visualisierungspraxis erfolgt, die immer mehr Realitäts-, Wahrheits- und Kommunikationsfunktionen in sich vereinigt. Wann endlich beginnen die Wissens- und Bildungstheorien mit grundlegender Revision des textlichen Wahrheitspostulats? Und dies betrifft nicht nur die Visualität und Audiovisualität als zentrale Formatbereiche für Unterscheidungsfähigkeit, Musterbildung, Wissensentwicklung, Intelligenzentwicklung bei der Nutzung binärer Medialität; dies betrifft auch die *kulturelle Programmatik*, die in der Systematik angewandter Mathematik enthalten ist. Die Debatten um multisensorische computer literacy ('Computer-/ Medeinkompetenz') wären also zu verbinden mit denen um globale mathematische Standardisierungspraxen und um medienkulturellen „mathematischen Analphabetismus" (innumeracy). Dies würde in das Zentrum der mediengebundenen kommunikativen Praxen führen.

Es wirkt zunehmend wie eine schriftkulturelle Selbstironie, daß ein *medialer Kult der audiovisuellen Individualisierung* unter den Bedingungen einer *globalen Kultur der cybernetischen Medialität* gefestigt wird.

Der mediale Kult der Individualisierung ist durch die gegenwärtig vorherrschende Eingrenzung der Mensch-Medien-Interaktivität auf die Einzelnutzungsperspektive gestützt. *Immersion* (=Eintauchen in die Fiktionalität virtuellen medialen Geschehens) in den Medienraum ist auf den einzelnen Menschen ausgerichtet. Daß sich jenseits des immersiven Schrittes Gruppen mit hoher Eigeninitiative zusammen finden, eine historische neue Form der zeiteinheitlichen aber pseudonymen Gemeinschaft bilden können, hat mit dieser *medialen Individualisierung* zu tun (Kap. 10).

Mit ihr ist das weltweite Faktum verbunden, daß die kulturellen Kommunikationskosten zunehmend an die familialen und individuellen Konsumtionsfonds adressiert werden, ohne daß die Familien und einzelnen Menschen eine direkte oder politisch geleitete Einflussmöglichkeit auf Standardisierungen und Formate haben. Markt ersetzt zunehmend Politik, Netzmedialität ersetzt herkömmlich Bildungs- oder Vermittlungsinstitutionen. Solche Prozesse der *Deregulierung* (= Rückbaus oder der Abschaffung von legitimationspflichtigen gesellschaftlichen und kulturellen Aktivitäten) beschreiben nicht nur, daß Staat 'sich' zurückzieht, also bislang wichtige bundesstaatliche oder länderspezifische institutionelle Bedingungen der Kommunalisierung abbaut. Sie bedeuten, daß zwischen medialen Umwelten und den Menschen neue Verteilungs-, Teilungs-, Kooperations-Bedingungen entstehen.

Nun sagte ich, daß sich innerhalb des mediengebundenen Kommunikationsgeschehens nicht nur die sinnlich-reflexive Ansprache des einzelnen Menschen verändert, sondern auch seine Bedeutung für den medialen Kommunikationsverlauf. „Der einzelne entscheidet für sich im Netz“, wann er welche Daten verwendet, sie zu Informationen verdichtet, diese kommentiert als Wissensbasis anbietet. Er strukturiert Entscheidungssituationen innerhalb der Kommunikationsnetze. Dies ist nicht zu verwechseln mit objekt- oder strukturcodierenden Entscheidungen darüber, was für die weiteren Entwicklungen an Daten gespeichert wird. Gleichwohl ist es wichtig, die nutzungsorientierte Individualisierung und das Risiko der materialen und symbolische Kommunikationskosten zu betonen.

Kommunikation ist Gebrauchskultur des Medialen. Sie verbindet large scale technology mit den Gesetzen der Großen Zahl (was nicht gleichbedeutend ist mit unschönen Wort der 'Massenmedien') und der angesprochenen Individualisierung. Schon die hierin steckenden Übersetzungs- und Ausgleichleistungen, die die Beteiligten erbringen müssen, deuten darauf hin: *Kommunikation ist gleichzeitig ein mediales und individuelles Experiment.* Diese Position bringt die *Transformations-* und *Interpretationsanforderungen* jeder Verständigung innerhalb medialer Landschaften zur Geltung. Womit Lebenswelt teilweise in den Bedeutungszusammenhang von Cyberspaces und virtuellen Räumen verlagert wird. Sie steht damit in der Spannung von on-line / off-line, zu der es bislang auch nur äußerst spärliche wissenschaftliche Forschungsansätze gibt. In dieser Verbindung von

- Medien als kulturelle Praxis der Speicherung, Verbreitung und Verarbeitung von symbolischen Codierungen,
- Kommunikation als Kultur des Gebrauchs von Medien, Transformation der Informationen und Variation oder Neubestimmung der Bedeutungsbreiten codierten Wissens, Blödsinns oder Erproben von Sinnexperimenten und
- mediengestützter Welterwartung und damit verbundener permanenter Ungleichzeitigkeiten

wird der einzelne Mensch in dem Netzwerk der Medienwelten beobachtbar.

Jede kommunikative Situation ist unterschiedlich medial ausgestattet und aufbereitet und erfordert verschiedenste Kompetenzen von den Beteiligten, um die Realitätsebenen von Ferne und Nähe, Überprüfbarkeit, Ausrede, Sachlichkeit, charmantem Geplauder oder vertragsrelevanten Aussagen zu ko-ordinieren. Das heißt, daß Kommunikation 'an sich' kein Ordnungsverfahren ist, sondern jede und jeder Beteiligte sich ihre / seine Ordnung, also Zu-Ordnung zur gegenwärtigen Situation oder zur Sozialität bildet. Wie jemand ein Medium, eine kommunikative Situation, ein System sprachlicher oder bildlicher Darstellung einsetzt, nutzt oder Medien kombiniert, ist in sich schon sehr verschieden. Dies unterscheidet sich nochmals grundlegend davon, was jemand mit den Inhalten tut, die er oder sie im Kommunikationsprozeß 'erkennt' und 'herauszieht'. Auch wenn man also von der funktional wichtigen Annahme ausgehen muß, daß es wenigstens eine Ebene der formal möglichen Verständigung geben muß, damit Kommunikation stattfinden kann, besagt dies wenig über den medialen Stil der Verständigung und noch weniger über die wahrgenommenen Inhalte.

Die aktuellen Forschungen um Medienformate, Sendeprofile, Rezeptionsbedingungen und -verläufe gehen aus unterschiedlichen Perspektiven auf diese Fragen ein. Einige möchte ich hier nur kurz aufgreifen. In den zurückliegenden fünf Jahren wurden immer mehr überblickshafte Arbeiten zu Medienrealitäten angeboten. Die Unterschiede zwischen Medien- und Kommunikationstheorien wurden dabei mehr betont, als es aus meiner Sicht erforderlich wäre. Daß die materiale Aufstellung von Medienrealitäten (also von Papier, Silicium, Druckerpressen, Fotoapparaten, Radiogeräten, CD-Playern, Netzanschlüssen, DVD-Playern) eine andere Bearbeitung erfordert, als deren Nutzungsvoraussetzungen (Alphabetisierung, Computer literacy, Abstraktionsfähigkeit) und absichtlichen Nutzungsverläufe (Kommunikation), ist damit nicht bestritten. Aber wie so oft im Leben, ist das eine nicht ohne das andere wirklich sinnvoll zu beschreiben oder gar zu entwerfen.

Medien verändern ständig die Grundmodule der Kommunikationsbedingungen und Kommunikation verändert ständig die Akzeptanz von Medien. Sie prüft alte und erzeugt neue Bedeutungsofferten, de- und relokalisiert den einzelnen Menschen, Gruppen oder abstrakte Prozesse im Medienumfeld, setzt Standardisierungen und Normierungen durch, vernetzt, verwebt, koppelt oder trennt Menschen von den 'medientechnologischen Gegebenheiten'. Es ist wirklich unsinnig, die Trennungen so aufrecht zu erhalten, daß Medien als Submenge der Physik oder der Mathematik erscheinen, und daß Kommunikation in die Sackgasse zwischenmenschlichen Verstehens geführt wird. Wissenschaftlich weiterführende Annäherungen von Medientheorien und Kommunikationstheorien sind wenig gelungen. Die Felder sind unproduktiv und strikt geschieden nach *Materialität und Medien* einerseits und *Interaktion und Kommunikation* andererseits.

Geht man die Vielzahl der aktuellen Veröffentlichungen durch, so liest man viel von Anwendungsbezug. Ich halte dies für wichtig. Forschung bleibt dadurch in der Nähe des kleinen Fensters eines kommunikationsbezogenen Medienauftritts. Für die Diffusions- und Gebrauchskultur-Thematik genügt dies aus meiner Sicht aber nicht. Die Fragen nach den Reichweiten der unterlegten Medienkonzepte, der Stabilität der erhobenen Bereiche und ihrer Empirien, Fragen nach den theoretischen Grundlagen, nach den Realitätskonstruktionen und den Gesellschaftsvermutungen lassen sich nicht umgehen.

Nicht ganz von der Hand zu weisen ist die These der wissenschaftssoziologischen Arbeit von Jürgen Güdler über die Dynamik der Medienforschung, in der er feststellte: „Die zunehmende Anwendungsorientierung ist Reflex eines steigenden Anwendungsbedarfes. Dieser Bedarf wird jedoch in nur sehr geringem Umfang durch theoretisch fundierte Forschung befriedigt.“(1996:XI)

Zieht man die Arbeiten von Niklas Luhmann (1996), S. J. Schmidt (2000), K. Merten (1994) oder verschiedene Ausprägungen der Cultural Studies[1] hinzu, so liegen sowohl interessante Theorieangebote als auch theoretisch fundierte Forschungen vor. Nun wird mancher sagen, daß die systemtheoretische und vor allem radikal konstruktivistische Theorie wenig bis nicht empiriefähig sei. Das ist kaum widerlegbar. Es führt aber eher zu der Frage, warum gerade in den Bereichen der Mediensoziologie und der Kommunikationssoziologie die Debatten um das Theorie-Empirie-Verhältnis nur lustlos geführt werden. Dies gilt, obwohl durch unbestrittene Prozesse der medialen Entterritorialisierung, der Entgegenständlichung (nicht selten auch Entmaterialisierung genannt), durch globale Ideenökonomien und Beschleunigung, das zu Beobachtende für Theorie und Empirie gleichermaßen diffus oder opak wird, flüchtig, zerstreut. Verläßt man allerdings den engeren Bereich der Einzelmedienforschung, was gerade bei Medien- und Kommunikationstheorie anzuraten ist, so erweitert sich das Theoriespektrum um Einiges.

Trotz differenzierter, feinkörniger soziologischer Theorieangebote, sollte die Aufmerksamkeit jenen Theorien gelten, die

a) die gegenwärtigen Prozesse der Konvergenz aller von einander getrennten analogen Medienfunktionen in einem medientechnologischen System (Medienkonvergenz) beobachten,
b) die damit einhergehende hypermediale Vermischung der kognitiven und kommunikativen Ebenen in multisensorischen, interaktiven Nutzungssituationen (Medienintegration) analysieren und
c) die Mensch-Medien-Mensch-Interaktivitäten sowohl von Massenmedien-Theorien absetzen können, als auch von nur technologischen Konzepten der push- and pull-Communication. Solche Theorien müssten

---

[1] Damit sind die forschungspragmatischen und theoretischen Schritte weg von der Analyse der *Volkskultur* zur urbanen, industriellen *Massenkultur* und deren (nicht selten nostalgisch verklärenden) Verbindungen zu *Massenmedien* gemeint. Autoren: Thompson, E. P.(1991[1963]): The Making of the English Working Class, Harmondsworth; Williams, Raymond (1981): culture, Glasgow; Morley, David (1992): Television, Audiences and Cultural Studies, London New York; Morley, David / Robins, Kevin (1995): spaces of identity, London New York; Hebdige, Dick (1997): Subculture. The meaning of style, London New York

d) als Netzwerk-Theorien aufgebaut sein, um Konvergenz, Integration und Interaktivität dynamisch aufeinander beziehen zu können und um medienentsprechende Konzepte veränderter Zeit-Raum-Konstruktionen beschreiben, entwerfen und bewerten zu können.

Selbst wenn man mit N. Luhmann annimmt, daß Massenmedien durch die Erzeugung allgemeiner Irritation eine gemeinsame Gegenwart herstellen, bleibt dieser Gedanke der Realität individualisierter, medial gekoppelter, interaktiver Kommunikation in offenen medialen Netzwerken fern. Diese lokalen, metropolitanen, globalen Netzwerke bieten keine Sinnform an, die der Verbreitung von monologischen Sinnformen durch Massenmedien vergleichbar wäre. Die *Interaktivitätsparameter der medialen Netzwerke* sind *nicht dialogisch*, sondern *polylogisch*. Dies wird im Terminus Matrix schon gut gefaßt.

Kulturelle Produktion kann aus dem Schatten der aufgebrauchten Kultur-Geschenke heraustreten und ein an Informationen, Medien und Kommunikation gebundenes explizites Modell der Autopoiesis schaffen. Will man die „vielstimmige Sinnproduktion“ (A. Keppler) durch Medien nicht der Medienökonomie und der medialen Ideenökonomie allein überlassen, ist eine Unterscheidung von Medien und Kommunikation unumgänglich und ein übergreifender Zusammenhalt (mitunter entwicklungstheoretisch, technikgenetisch, medienanthropologisch) dringend erforderlich.

Mit dem Thema Netzwerke verbindet sich der wissenschaftlich kaum berücksichtigte Gedanke *medialer Verfassung von Kommunikationsumgebungen*. Ich erachte es für dringend, daß jene Forschungen, die sich auf Medien und Kommunikation beziehen, neben der Radio-, Zeitungs-, Fernsehen-, Video-Realität, sich dem Thema der *strukturalen Medienökologie* und *kulturell zerstreuten Kommunikationsökologie* widmen. Diese Umgebungs- / Umweltorientierung ist längst noch nicht als Beobachtungsterminologie ausgereizt, die Gesellschaft und Kultur auf Abstand hält.

Strukturale Medienökologie könnte sich dabei auf lokale Kommunalisierungen ebenso beziehen, wie auf nicht-lokale zerstreute gesellschaftsähnliche Kommunikationsräume. Die damit eingebrachte Leitthese, daß Medien soziale Zusammenhänge 'verfassen', bildet das vorrangige Auswahlmuster meiner Darstellung.

Daniela Kloock und Angela Spahr gaben 1997 einen guten Überblick zum Stand der Medientheorien. S. J. Schmidt legte mit seinem Buch „Kalte Faszination“ (2000) eine interessante Problematisierung des geschilderten Gegensatzes vor und schlug den Terminus *Fiktion* als Differenz- und Annäherungsbegriff zwischen Medien und Kommunikation vor. Mit Arbeiten von H. Bonfadelli (2000) (Medienwirkungsforschung), N. Borstnar (2001) u.a. (Film- und Fernsehwissenschaft) oder durch die Arbeiten von H.-W. Stuiber (2000) (Handbuch zum Rundfunk) oder K. Hickethier (2000) (Struktur der Medienproduktion) sind einige aktuelle und gut differenzierte Bestandsaufnahmen auf dem Markt der professionellen Aufmerksamkeit, zuzüglich der verschiedenen Versuche, das Universum der kommunikationstheoretischen Ausdifferenzierungen darzustellen. Parallel dazu hat die über 1000 Seiten umfassende Große Medienchronik von H. H. Hiebel u.a. (1999) ebenso beeindruckt, wie Arbeiten zur „Geschichte der Stimme“ von K.-H. Göttert (1998) oder die „Geschichte der optischen Medien“ von U. Hick (1999).

Sie alle zeigen auf, daß sich die 'Standorte' z.B. vom einzelnen Menschen, von Verlagen, Sendeanstalten, Städten im Kommunikationssystem ändern. Gründe hierfür gibt es zahlreiche. Vorrangig scheint dieser Wandel von Kommunikationsumgebungen an den spezifischen raum-zeitlichen Anwesenheits- und Erreichbarkeitsformen elektronischer Mediensysteme zu liegen. Schon des längeren spricht man von ent-territorialisierter Kommunikation, schon länger von ent-gegenständlichter oder auch von entmaterialisierter Kommunikationsumgebung. Je komplexer diese werden, um so öfter wird der Traum von der Beherrschbarkeit dieser Komplexitäten lanciert. Ein titanischer, im Kern auch ein anti-demokratischer Traum.

Notierten G. Maier und A. Wildberger für die Netzkommunikation „In 8 Sekunden um die Welt“ (1994) und sprachen H.G. Göhring und F.-J. Kauffels (1993) von verteilter Datenverarbeitung und von jedweder Kommunikations-Zukunft als „Netz von Netzen“, ein Netz von verteilter Gesellschaftlichkeit, individuellem Kommunikationsverhalten, von verteilten Erreichbarkeiten und Anwesenheiten, hofften Soziologen noch, daß ihnen das Referenzobjekt ihrer Theoriebildung nicht verstürbe: die Gesellschaft.

Die Medienentwicklungen sind mehrdeutig. Die Präsenz und Präsentation von medialen Funktionen sind nicht mehr auf ein materiales und formales Ausgangsmedium begrenzt, und dies schon etwas länger. Musikkanäle sind im Fernsehen präsent seit ca. 20 Jahren, Sender mit Medienmixen (Radio und Fernsehen) bewerben wechselseitig ihre Medien, Fernseh-Zeitungen strukturieren Aufmerksamkeiten vor, Computer-Zeitschriften haben binnen weniger Jahre in Bahnhofs-Kiosken und sog. seriösen Buchhandlungen stetig steigende Stell- und Auslageflächen erobert. Die strategische Kommerzialisierung und Diffusion von Leitmedien scheint nicht ohne mehrfache Absicherung durch andere Medien möglich zu sein. Die mediale Ökonomisierung der Aufmerksamkeit ist längst multimedial, auch in analogen Feldern.

Nur wenig wird diese Vermischung medien- oder kommunikationstheoretisch untersucht. (K. Neumann-Braun: 1999) Theorie- oder fachprägende Schlußfolgerungen liegen scheinbar nicht nahe, z.B. die einer *'Multimedia-Soziologie'*. Sie könnte sich in Kooperation mit medienanthropologischer Forschung und ethnologischer Erforschung der gesellschaftseigenen medialen Gebrauchskulturen mit „Tendenzen der Kommunikation" befassen, wie dies Harold A. Innis (1997) tat, und damit die Arbeiten von Marshall McLuhan prägte.

Die eingeteilten Frageordnungen sind nach wie vor klassisch: Massenmedien, Printmedien, Television, Musikmedien, selten genug geht´s um computerbasierte Netzwerke mit Medienfunktionen, sehr karg ist das Forschungsfeld im Bereich Medium Computer, Netzwerke als Medien. Kann man bei herkömmlicher Unterteilung von Medien noch Gruppen von Zeitungs-, Buch-, Fernsehforschern und –forscherinnen bilden, so wird dies schwierig, berücksichtigt man den Auftritt von computerbasierten Netzwerken als Medien, - seit Anfang der 1990er Jahre.

Nun ist dies gerade einer der Scheitelpunkte der Fachdiskussion. Akzeptiert man die Idee 'Netzwerke sind Medien', so ist eine materiale Beschreibung der Medienfelder nach Zeitung, Fernsehen oder Rundfunk nicht als 'scharfe Unterscheidung' möglich, sondern als unscharfe Differenz von Medienfunktionen innerhalb der binären Medialität. Diese 'Unschärfe' unterfüttert auch die Debatte um Hybridisierung und um boundary management. Sie verweist auf Links, Hyperstrukturen, Medien-Mix. Ein subtile und hoch interessante Zusammenstellung zum Netzthema ist Peter Gendolla (2001) mit dem Diagonal-Heft zum Thema „Netz" gelungen.

Lehnt man die These 'Netzwerke sind Medien' ab, kann man die überlieferte Trennung nach Medienfunktionen theoretisch aufrechterhalten, steht dann aber den Reichweiten binärer Netze, den verteilten Informationsknoten, den spezifischen Formen informationeller Selbstversorgung, der Mensch-Medien-Interaktivität u.v.a.m. ohne adäquate Beobachtersprache gegenüber.

Dies wird noch schwieriger, wendet man sich der Kommunikationsbegrifflichkeit zu. Dabei wird es wichtig, ob ein mehr oder minder komplexer Zustand von Kommunikation als

- medial ermöglicht (Medien als Katalysator),
- mediengestützt und -verstärkt (Medien als Absicherung der nachbarschaftlich, beruflich, politisch-öffentlich erforderlichen Informationsfülle; oder als Attraktor für Gruppenverhalten), oder als
- medienkonstituiert (Medien schaffen erst den sozialen Raum, die Umgebungen für Kommunikation) verstanden wird.

Geht man demgegenüber von einem Kulturkonzept aus, das Medien und Kommunikation als 'unter anderem wichtige Dimension' ansetzt, - wie dies im Bereich der Cultural Studies geschieht-, sind diese Überlegungen zweitrangig. Dasselbe gilt dann auch für theoretische Positionen, die Kommunikation unter Aspekten zwischenmenschlicher Beziehungen oder Intersubjektivität betrachten.

Mein wissenschaftliches Interesse gilt hier den *Verfahren der Verständigung*, nicht der vorrangigen Bedeutung 'verstehbarer' Angesichtigkeit und Textlichkeit, nicht der Struktur einfacher sozialer Systeme oder der Dominanz typografischer Kommunikationsmodelle, sondern den Prozessen, die mit *Telepräsenz* benannt werden.

Meine Fragestellungen an Kommunikationstheorien durchlaufen also den Filter der Erforschung medialer Bedingungen telematischer Kultur, nennt man sie nun Wissens-, Informationsgesellschaft oder globale Ideenökonomien.

Dies führt die Beobachtung von medientechnologischen und kommunikationsstrukturellen Sachständen etwas weg in Richtung der Umgebungen / Umwelten der Wahrnehmung, Verständigung, Aktion. Oder genauer: die medialen und kommunikationslogischen Dimensionen werden eingebettet in ein Umgebungskonzept. *Umgebungen* sind die sozio-kulturellen Quellen und Speicher von Unterschieden. Sie sind sozusagen die veränderbaren Kompaktanlagen für Wahrnehmung, Aktionalität, Partizipation, Macht. Sie sind imaginative und materiale, funktionale und projektive Gegenwart. An keinen geographischen Ort gebunden, sind ihnen sehr unterschiedliche politische, ökonomische, gruppenkulturelle, ethnische, regionale, globale Integrationsleistungen eigen.

Es wird sich noch zeigen, wie hilfreich die Wörter Umgebung / Umwelt sind. Ich vertrete mit ihnen den Gedanken, daß sich durch medientechnologische Prozesse die formalen und informellen Medienangebote verändern und diese neue gebrauchskulturelle Felder (Telepräsenz, verändert Raum-Zeitverhältnisse, veränderte Anwesenheits- und Erreichbarkeitsmuster, Nähe- und Ferne-Konzepte, Verlässlichkeits- und Vertrauenskonstrukte) erzeugen.

Die individuellen, kollektiven, institutionellen Standorte im Kommunikationssystem ändern sich, wie schon gesagt. Schule ist nicht mehr dieselbe, wenn binäre Netzmedialität in die Lehre eintritt; Universität ist nicht mehr dieselbe, wenn virtuelle Seminare als asynchrone Lehr- und Qualifikationsangebote für das Netz gespeichert sind; Verlage sind nicht mehr dasselbe...usw. nicht einmal Städte, Wohnungen, Häuser behalten ihren Standort in den Kommunikationssystemen. Weil sich der Durchfluß von kommunikationsrelevanten Informationen verringert, abschwächt, verändert, über den sie sich beschrieben, werden ihre kulturell-symbolischen Standorte, ihre Funktionen und ihre Leistungsabfrage andere.

In der vorliegenden Darstellung einiger Aspekte gegenwärtiger Kommunikationstheorien wird unterschieden zwischen (a) der funktionalen Idee, daß Vermittlung möglich ist, (b) den medialen Vermittlungsverfahren, (c) den wahrgenommenen Inhalten und letztlich, (d) der Art und Weise, wie ein Mensch das Wahrgenommene für sich verarbeitet. Kommunikation ist also nicht nur in den möglichen Inhalten unterscheidungsreich. Sie ist dies auch als Verfahren der Verständigung.

Selbst, Gegenstand oder Information?

Worauf bezieht sich 'Verfahren'? Vorausgesetzt ist hier, daß Kommunikation zwischen (wenigstens) zwei Akteuren stattfindet. Diese (logische) Grundfigur ist aber nur dann beobachtbare Kommunikation, wenn die 'Aktionen' vermittels beobachtbarer und begreifbarer Medien stattfinden. Jede Kommunikation zeichnet eine besondere Zusammensetzung von Kompetenzen, Medien, Absichten und Strukturen aus. Diese Zusammensetzung kann mit dem Maßstab eines hohen / niedrigen Persönlichkeitsgrades (hoch: angesichtige, an die leibliche Anwesenheit gebundene Kommunikation; niedrig: z.B. Anrufbeantworter) oder mit einem hohen / niedrigen Medienstatus versehen werden. Hinterläßt man aber auf dem Anrufbeantworter eine Liebeserklärung, so kann der inhaltlich bestimmte Persönlichkeitsgrad höher sein als der von vis à vis-Arbeitsgesprächen. Fast könnte man sagen, daß für Kommunikation auch ein interpretierender Akteur ausreicht, wenn dieser sich auf eine lange Zeit des Wartens und auf eine medial oder technisch vermittelte Nachricht einläßt. Warten, Ungeduld, sich verlassen auf die Briefpost, das Funktionieren der Wiedergabeeinheit beim Anrufbeantworter u.v.a.m. gehören auch zur Kommunikation. 'Verfahren' bezieht sich demnach auf die 'Gestaltung' des Verhältnisses zwischen dem Interpreten und dem Gegenüber. Zwei Fragerichtungen lassen sich anführen. (1.) Wie, warum und worüber nimmt ein Mensch einen anderen Menschen als ein anderes (psychisches, biologisches, soziales) System wahr? (2.) Wie, warum und worüber nimmt er ein nicht-menschliches (technomediales) System wahr und erkennt die Möglichkeit oder Notwendigkeit, diesem als 'anderem System' etwas mitzuteilen? Wie also wird das (menschlich, medial, technisch) Andere wahrgenommen und erhalten? Die Antworten hierauf sind sehr verschieden. Zwei offene Antwortgruppen, die die vorliegende Kapitel beeinflussten, können unterschieden werden: die, die vom Selbstverständnis (Identität; Individualität) des jeweiligen Akteurs aus denken und die, die vom Zusammenhangs- und Gegenstandsverständnis (Bestandsbegriff; System-Umwelt-Unterschied) aus ihre Erklärungen entwerfen.

Zur ersten Gruppe gehören, neben den Autoren, auf die wir noch eingehen werden, z.B. H. R. Maturana und F. Varela (1990). Sie gehen von der biologisch-sozialen Wirklichkeit der Individuen aus. Diese bedingt die körperliche Unterschiedserfahrung und zugleich das Selbstverständnis des Menschen. Der Stoff der Selbsterfahrung muß danach mit dem sozialen Medium der Selbsterfahrung verbunden werden, um die Chance auf 'das Selbst' dauerhaft herzustellen und damit Kommunikation zu ermöglichen. Beides wird möglich durch eine, im weitesten Sinne, sprachliche Vermittlung. 'Dialog' und 'Gespräch' bilden auch bei I. Prigogine (1979) die Grundlage für ein verändertes biologisches Verständnis des Austausches zwischen System und Umwelt. Beide Ansätze gehen davon aus, daß Unterschiede sozusagen vorsprachlich erkannt werden und dann sprachlich bearbeitet werden. Dieser Ausdruck ´vorsprachlich´ meint: „auf dem Weg“ zu einer ausdrücklichen, wiederholbaren, verabredeten, konventionalisierten Bezeichnungs- und Bedeutungsordnung. Er beschreibt einen sinnlich-abstrakten Status primärer Unterscheidungsfähigkeit. Diese führt zum eigenwertigen Zeichen, wenn die Abstraktion bedenkbar, wenn die Unterscheidungsfähigkeit reflektierbar 'gemacht' wird. Diese kann Zahl, Bild, lautliche und schriftliche Sprache beinhalten. Dafür muß die Abstarktion

- vom Augenblick gelöst und zur (inneren aber darstellbaren) Sichtbarkeit,
- vom Tasten abgezogen und zum Körpermodell,
- vom Ding abstrahiert und zum Un-Ding (Gregory Bateson),
- vom Eindruck zum bedachten Ausdruck,
- vom Geräusch zum Klangzeichen werden.

Sprache wird hier in einem sinnlichen und abstrakt-differenzierten (primärer Virtualisierungsvorgang) Verständnis eingeführt, als Zahlen-, Bild-, Zeichen-, Schrift-, Bewegungskörper-, Ton-Sprache. Sprache meint die künstliche Erzeugung eines Anwesenheitsereignisses und eines Immersionsraumes, in dem alles mögliche geschehen kann.

In den meisten wissenschaftlichen Traditionen wird allerdings Sprache im exklusiven phonetischen und schriftsprachlichen Sinne verstanden, was aus meiner Sicht eine schwierige Einschränkung darstellt. Die Orientierung an Sprache ist theoriegeschichtlich eng mit dem Vorgang verbunden, den R. Rorty die „linguistische Wende“(1964) nannte. Hiervon unterscheidet sich die Position E. v. Glasersfeld, dessen Grundthese es ist, daß nicht der Unterschied primär sei, sondern der/die Andere als etwas erfahren werde, das ichgleich operiere. In der Fortsetzung der Operation entstünde dann die Unterschiedserfahrung.

Im Gegensatz zu den dialogischen und sprachlichen Konzepten des Selbstverständnisses entwickelt N. Luhmann (1984/1987) die Position, die Selbstorganisation des Systems erfolge über das Gegenstandsverständnis. Damit werden die Bedingungen für Kommunikation in das Spannungsverhältnis von innnen/außen verlegt, unter der eindeutigen Prägung des Gegenstandsverständnisses. Hierin verschiebt sich das sozialwissenschaftliche Kommunikationsverständnis vom rationalen und geisteswissenschaftlichen Erbe hin zu einem Verständnis, das auf die Wahrnehmung von Unterschieden setzt, die nur als gegenständliches Außen (Umwelt) bedacht werden können, nicht als psychisch begründetes Selbstverständnis, nicht als historisch-anthropologische Dimension (B. Morris 1994).

Der Weg, der hier eingeschlagen wird, versucht, die Positionen zu verbinden. Erschwert wird dies dadurch, daß Kommunikation längst auch ein Konzept geworden ist, mit dem die Verarbeitung von Daten und Information zwischen technisch artifiziellen Systemen beschrieben wird. Umgehen wir diese Problematik zunächst durch die Markierung eines Unterschiedes: *Information* im informatisch-technologischen Sinne bezieht sich auf materielle (elektromagnetisch geordnete und prozessierte) *Spannungsunterschiede*. Informationen sind ausgewählte (selektierte) und verdichtete (aggregierte) Daten, die so platziert sind, daß eine Steuerungs- oder Wissens'wirkung' von ihnen erwartet werden kann. Information im human- oder sozialwissenschaftlichen Sinne bezieht sich auf die *selektive Interpretation* der Daten, die hierdurch erst zu bedeutenden (auf etwas hinweisende) Informationen werden. Werden sie von menschlichen Akteuren aufgenommen, so werden sie zu Wissen, Erkenntnis und bilden die Grundlage für Reflexion und Entscheidung. Das *logisch-abstrakte und physikalisch gebaute* Informationskonzept ist von dem *semantisch-abstrakten* Informationskonzept zu unterscheiden; allerdings sind sie inzwischen über netztechnologischer Umgebungen medial integriert.

Unter diesen Bedingungen ist Kommunikation zu einem Querschnittsbegriff geworden, zu einem rätselhaften, weil allzuoft ungenauen Anziehungspunkt für Erklärungsangebote - oder zu einem allgemein gültigen Integrationsvorgang. Sie bezeichnet das direkte Gespräch zwischen zwei Menschen, das Telefongespräch, die innerbetrieblichen formellen und informellen Beziehungen ebenso wie Mensch-Computer-Relationen oder gar die elektronische Steuerung von Intercontinentalraketen (Communication Command Control/ C3) oder die 'intelligente' Selbststeuerung der Cruise Missile (C3 + Intelligence). Die einen reservieren sie für die Mensch-Mensch-Beziehungen; andere beziehen Computer-Computer-Beziehungen mit ein. In allen Fällen ist Kommunikation ein verhältnismäßiges Ereignis, eine 'Relationalität'. So kann man zwar die Definition geben: Kommunikation ist im Idealfall ein symmetrischer (gleichmäßiger, spiegelgleicher) Austausch von Informationen. Aber dieser Idealfall ist ein Schreibtischgebilde. Der Austausch steht in keinem machtfreien Sozialraum. Er ist stets mit Macht verbunden, auch mit Heterogenität und Hierarchien. Am leichtesten läßt sich dies an der 'Medienmacht' von Berlusconi, Kirch oder Murdock darlegen. Aber man redet auch von dem Kampf zwischen den Betriebssystemen MicroSoft/DOS und IBM/OS2 und meint damit nicht die manipulative Macht der Bilder, sondern die Zugriffssystematik und -rechte auf alles ausdrückliche gespeicherte Wissen.

Drei Grundideen

Kommunikation, wie sie hier dargelegt werden soll, ist über die Verbindung von Struktur, Medium und Akteur, von Gegenstand, Interpretation und Selbstverständnis bestimmt. Gegenstand und Struktur meint: es geht nicht ohne dieses banale 'reden wir mal drüber'. D.h. beides ist prozessgebunden, zeitlich und funktional nicht stabil. Ob der Gegenstand bindend, verbindlich, zwingend, gewünscht, befohlen, verpflichtend, innovativ oder erzieherisch seinem Umfeld eingeordnet ist, ist für die Bestimmung von Status und Funktion der Kommunikation sehr wichtig.

1. Gegenstands- und Selbstverständnis sind, - in dem hier zugrundeliegenen Interpretationsmuster -, nicht ohne Schaden für die Erklärungsfähigkeit voneinander zu lösen. Dasselbe gilt für Medium/ Interpretation. Jedem sind die krassen Unterschiede zwischen einem fachlich erklärenden Gespräch, einer *militärischen* Befehlssituation oder einem Arbeitsauftrag einsichtig. Die 'Lokalisierung' des Gegenstands, 'um den es geht', prägt also die Form, die Dauer, die Intensität der kommunikativen Beziehungen, ihre Alternativlosigkeit oder ihre Entwurfskraft. Diese Gegenstandsbindung ist *unkündbar*.

2. Ebenso wichtig ist die Frage, in welcher Weise die beteiligten Menschen in ihrem Selbstverständnis durch den gegenständlichen Zusammenhang gebunden sind, welche Bedeutung er für sie hat. Die Zuordnung des Gegenstandes im nachbarschaftlichen, ökonomischen, firmenspezifischen, regionalkulturellen oder familiären Zusammenhang und die wertende Haltung des Subjektes ihm gegenüber, ist ein weiteres Element, das von Kommunikationstheorie be-

dacht werden sollte. Dieser Bedeutungs- oder Zusammenhangsbezug ist *unhintergehbar*.

3. Die Art und Weise, wie Gegenstand und Bedeutung aufeinander bezogen werden, welchen subjektiven oder sozialen Abstand, welche Nähe man eingeht, hängt von dem Medium (gesprochene Sprache, Zeitung, Buch, Video) ab, das einem 'die Sache nahebringt' oder 'vom Leib hält'. Gerade die Medialität ist in letzter Zeit zunehmend in das Forschungsinteresse der Kommunikationstheorie gerückt; oft scheint es auch, als werde sie gleichbedeutend eingesetzt. Hier wird Medialität eine hohe Bedeutung, aber keine ersetzende Funktion zugerechnet. Diese Medienbindung ist *unauflösbar*.

Alle drei Hauptsätze sind dem Gedanken zugeordnet, daß Kommunikation ein Produkt des Menschen ist, also auch eingewoben ist in das sinnliche und sinnproduzierende Lebenwesen Mensch (D. Kamper 1995). Bindung hat wenigstens zwei Pole. Löst man sich von der idealisierten 'Urform' der angesichtigen Kommunikation zwischen zwei Menschen und betrachtet die medialen Entwicklungen, mit denen der Mensch sich umgibt, so ist erkennbar, daß immer mehr nicht-persönliche Kommunikationsbedingungen in das Bindungs-Netz eingebracht wurden. Wie diese Bindungen in verschiedenen Theorien dargestellt und beforscht werden, davon handelt dieses Buch.

Kommunikation oder Institution

Es ist also nicht 'die Kommunikation', die die Realität erzeugt, sondern mittels ihrer wird Realität als Gegenwart, als Moment, als erinnerungswürdiges Ereignis oder als flüchtiges Ereignis bestimmbar. Kommunikation ist zu großen Teilen ein autologischer Lernprozeß. Dies schließt ein, daß in ihrem Fortgang die Bedingungen dafür, wie Realität bestimmt wird, vom einzelnen Menschen und von sozialen Gruppen konstruiert werden. Kommunikation ist mit diesem Vorgang nicht ineinszusetzen. Daß sie, neben Gedächtnis (S. J. Schmidt 1991), Wahrnehmung (V. Riegas, Ch. Vetter 1990), Erinnerung und kultureller Überlieferung eine wesentliche Voraussetzung für 'Vergegenwärtigung' ist, macht sie in manchen Erklärungsweisen zu einem bevorrechtigten und allgemeingültigen Erklärungsansatz. In der

Systemtheorie nimmt sie den Charakter eines „generalisierten Mediums“ an (N. Luhmann).

Mit 'Generalisierung' reagiert N. Luhmann auf die Tatsache, daß auch Systeme, die gern von ihm unter dem Aspekt der *black box* bedacht werden, so etwas wie *interne Verständigungsregeln über die Chancen der Verständigung* zu erzeugen. Dies ist theoriegeschichtlich interessant, bedenkt man, daß es gerade Luhmann war, der sich gegen den alten philosophischen Dualismus von Allgemeinem - Besonderem wandte und den neuen Dualismus von System-Umwelt einsetzte. Mit 'Generalisierung' beschrieb er einen Formalismus, mit dessen Hilfe sich Systeme dauerhaft selbst organisierten: sei es über Liebe, Macht, Geld, Wissen, Kunst. Über deren Inhalte oder die Bedeutung der verallgemeinerten Bindungsverfahren ist damit nichts gesagt. Kommunikation nimmt den Grundzug eines Tauschverfahrens an, für das sich Systeme auf eine spezifische Währung, nicht aber auf irgendwelche Preise geeinigt haben. In Kommunikation reichert sich sozusagen das materiale, mediale Interface mit den Ereignissen der Nutzung an. So betrachtet ist *Kommunikation eine eher flüssige Generalisierung*, keine Festsetzung von Expression und Bedeutung. Gehören unterscheidungsscharfe *Notationen und Denotationen* eher auf die Seite des Medialen, so gehört *Konnotation*, also Unterscheidungen auf einander zu beziehen, auf die Seite der Kommunikation. Erst diese flüssige, bewegliche, variationsfähige Generalisierungsebene eröffnet Menschen, sich mit ihren Affekten, Emotionen, Absichten und Zielsetzung, Fähigkeiten und Unfähigkeiten, an den Prozessen der Selbstorganisation zu beteiligen.

Diese generelle Absetzung von Kommunikation hebt sie nicht nur für jeden Beobachter aus der Fülle der strukturellen Aspekte hervor. Kommunikation erhält so einen Eigenwert, der dem von Institutionen sehr gleicht, mit den herkömmlichen körperschaftlichen Ideen von Institution aber nicht zusammenpaßt.

Hierfür gilt sicher auch der Satz von D. Claessens:

> der Mensch ist "zur Organisation größerer gesellschaftlicher Formationen nur imstande, indem er komplizierte Konstruktionen, wie 'Institutionen', erfindet, durch die die fehlende direkte emotional getragene Motivation zur Organisation größerer Bevölkerungsgruppen oder Ereignismassen resp. großer technologischer

oder organisatorisch-bürokratischer Konstruktionen indirekt erbracht werden soll."[1]

Begreift man Kommunikation in ihrer allgemeinen Gestaltung so, wie D. Claessens die Funktion von Institution bestimmt, so wird deutlich, daß sie dazu dient, *komplexitätsreduzierende*, *ordnungserhöhende* und *bestandssichernde Funktionen* zu erfüllen. Damit wird Kommunikation auch als ein entemotionalisiertes, auf indirekte Prozesse und auf komplexe Vermittlungs- und Darstellungsformen bezogenes Verfahren diskutierbar.

Institution wurde als Begriff mit hinzugezogen, um das derzeit allgemeinste soziale Gegengewicht zur 'Urform' der Rede von Angesicht-zu-Angesicht mit zu bedenken. Erweitern müssen wir dies um Technik, technomediale Prozesse, um Zeitung, Rundfunk, Fernfunk, Telegraphie, Telegramm, Television, elektronische Virtualität und elektronische Netze. Damit ist die moderne Spannung von Institution und Individuum medien- und kommunikationstheoretisch eingebracht. Sie wird bei den strukturellen Aspekten von Kommunikation ('Mediengesellschaft; 'Informationsgesellschaft; 'Öffentlichkeiten) zu berücksichtigen sein. In Verbindung mit den drei obigen Hauptsätzen wird aber auch deutlich, daß Kommunikation längst ein integrativer und bestandsbestimmender Eigenwert zukommt. Ihre Bedeutung wächst in dem Maße, wie in kommunikativ eingesetzter und nutzbarer Medialität die (objektiven) Bedingungen erzeugt werden, Wirklichkeit (objektiv und subjektiv) zu bestimmen. Da aber Medialität fast nichts mehr mit hoheitlich-staatlichem Handeln zu tun hat, sondern der Privatökonomie und dem Erfinderreichtum unterliegt, ist die *Verbindung von Medium und Institution* getrennt. W. v. Bredow (1990) sieht schlüssig, wie ich meine, die Verbindung zwischen Medium und Industrie, und nicht mehr zwischen Medium und Institution.

---

[1] D. Claessens, Das Konkrete und das Abstrakte - Soziologische Skizzen zur Anthropologie, Frankfurt/M 1980, S. 18

Gegenstandsbereich 'Kommunikation'?

Daß die Bestimmung von Kommunikation ein bisweilen uferlos scheinendes Abgrenzungsvorhaben sein kann, hat K. Merten (1977) dadurch dokumentiert, daß er 160 Definitionen von Kommunikation aufgeschrieben hat. Der Schwerpunkt der vorgelegten Argumentation besteht darin, Kommunikation als einen sozialen, d.h. für mich immer auch menschenbezogenen Vorgang zu begreifen, in dessen Verlauf Verständigung organisiert und hergestellt werden soll. Allerdings ist dieser Vorgang in vielen Details materiell, formal, sprach- oder bildsymbolisch u.a. vorbestimmt. Die Menschen, die sich kommunikativ aufeinander beziehen, bedienen sich einer anonymen Herkunftsgeschichte der Kommunikationsbedingungen. Sie zu entziffern, sie sozial zu 'benennen', ist im Normalfall nicht möglich. Wir setzen vieles als selbstverständlich voraus, erklären oder verklären es als kulturell 'gegeben' und meinen es stünde 'in unserer Verfügung', nur weil wir gelernt haben, ein Radio, ein Buch, eine Richtantenne, ein elektronisches Betriebssystem oder die Tafelkreide zu benutzen. Die 'namentliche' Kommunikation hat also eine Menge gerätetechnischer, medientechnischer oder sozialer Voraussetzungen. Wie 'nahe' kommen sie einem, wenn man sie benutzt? Die Antwort hängt davon ab, wie der Erkenntnisgegenstand entworfen wird,ob

a) der Gegenstandsbereich die sozial geordnete Materialität von Büchern, Zeitungen, Rundfunk, Video, Film oder Fernsehen ist,

b) das rezeptive und lernende Verhalten, das sich mit dieser Materialität verbindet,

c) ob Kommunikation der beobachtbare Anteil von Verständigungsverfahren ist, oder ob

d) unter Kommunikation zwischenmenschliches Verstehen aufgezeigt und untersucht wird.

Diesen und noch einigen anderen Forschungshinsichten ist die Frage nach dem sozialen und theoretischen Status von Kommunikation unterlegt. Wird sie aus der 'Urform' des angesichtigen Gespräches hergeleitet? Wird sie über die verwendeten Medien (gesprochene, gedruckte Sprache, Musik, Textgattungen, Bilder, Computer) bestimmt? Wird sie als ein vom einzelnen Menschen abzusetzendes

Verfahren der Selbstorganisation sozialer Systeme beobachtet? Oder auch: Wird sie über ihr 'Gelingen' bestimmt?

Bezieht man die letzt genannten Fragen auf die alltäglichen Feststellungen von Kommunikationsdefiziten, - störungen, -mängeln, -einbrüchen, von Kommunikationsangeboten, -trainings und -übungen, so wird erkennbar, daß es in vielen Bereichen vorrangig um die Perspektive auf eine sogenannte 'gelingende Kommunikation' geht. Unbeschadet der Frage, ob man 'Gelingen' bei zwischenmenschlicher Kommunikation beobachten kann, ist bei dieser Perspektive eine Norm unterlegt, die Verständigung so auslegt, daß „im Moment der Kommunikation sowohl die sprachlichen Zeichenkombinationen als auch die gesetzten sprachlichen Handlungen identisch interpretiert" (R. Burkart 1995:79) werden. Aber es ist gerade diese Vorstellung von „identischer Interpretation" die zunehmend angefragt wird. Dabei ist nicht infragegestellt, ob es von den 'Kommunikationspartern' geteilte, wechselseitig anschlußfähige Darstellungs- und Vermittlungsebenen gibt. Es geht um die Gewichtung des 'Identischen', den Beobachtungszeitpunkt und prinzipiell um die Beobachtbarkeit.

Wie oft reden wir mit jemandem, der nickt, verständig und verständlich reagiert und wir dennoch den Eindruck haben, aneinander vorbei zu reden oder nicht dasselbe zu verstehen. Selbst wenn wir mit Kollegen oder Freunden gleicher formaler Qualifikation, gleicher sozialer Herkunft oder gleicher Interessenlage reden, - also die Voraussetzungen für eine eventuell 'identische Interpretation' gut scheinen, werden Deutung, Bedeutung und Verwendung nie 'identisch' sein. G. Bateson spricht von „Arten der Wahrheit bei verschiedenen Arten von Mitteilungen" (1994: 193) und unterstreicht damit nicht nur die Verschiedenheit in Reichweite und Verbindlichkeit von Aussagen über das Wetter, die Politik, den Glauben, über Kunst oder praktische Regelungen des Alltags. Er spricht damit auch an, daß die Gesprächsgegenstände von jedem und jeder Beteiligten in ihrer oder seiner besonderen Sicht als wahrhaftig oder wahrheitsfähig angenommen werden. Will man nicht zuviel in die Interpretation des Gegenübers hinein geheimnissen oder kultur-normativ voraussetzen, so bleibt allein die Chance, über das nach der Interpretation geäußerte Verhalten eine Ähnlichkeit oder gar eine Gleichheit der Verwendung, des Gebrauchs des Gesagten, Gehörten oder Gesehenen festzustellen. W. Schulz hat dies zum Anlaß genommen darauf aufmerksam zu machen, daß man den Kommunikationsbegriff „genaugenommen nur ex post, nach Vollzug des Kommunikationsaktes verwenden kann". Ex ante ließe sich allenfalls „ein Kommunikationsvorsatz oder -versuch feststellen, denn die Verständigung kann ja ausbleiben" (1971: 90).

N. Luhmann geht in seiner systemtheoretischen Argumentation noch weiter und fragt, ob Menschen überhaupt kommunizieren (können). Für ihn ist klar, daß „der Fortgang von Gedanke zu Gedanke und der Fortgang von Kommunikation zu Kommunikation (...) nicht im selben System ab(laufen)."(1986: 54) Denken, wahrnehmen, Sinnbezüge herstellen finden im psychischen System statt; „Kommunikation ist Kommunikation im sozialen System der Gesellschaft" (1990a: 31).

Normative oder pragmatische Sichtweisen

Diese kurzen Skizzen reichen hin, um deutlich zu machen, daß die wissenschaftlichen Dispute über 'Kommunikation' (i) an der Klärung des Zusammenhanges von menschlicher Absicht, Interessen, Zielsetzung, (ii) sozialen Bedingungen der Verteilung von Aufmerksamkeits- und Nutzungsmöglichkeiten von Medien und (iii) an Mitteln der Kommunikation orientiert sind. Sie beziehen sich, vor allem im europäischen Kontext, sehr stark auf großräumige Integrationsleistungen von Kommunikation, ganz gleich wie diese definiert wird. Ob 'Identität' vorausgesetzt wird, ob 'gelingende Kommunikation' als eine normative Zielsetzung formuliert wird, oder aber ob Kommunikation auf die Garantie des 'Systembestands' ausgerichtet ist: immer haftet ihr eine Bewertung an, die den pragmatischen Verlauf und die Medialität übersteigert.

Wissenschaftliche Kommunikationstheorie muß sich für schlechte und gute Vermittlung, für „vollkommen originale Nachrichten" und „vollkommen banale" interessieren (A. Moles 1993: 433). Kommunikation mit Wertvorstellungen vorzubelasten ist nicht nur wissenschaftlich heikel. Es verstellt die Sicht auf die schlichten sozialen Verbindungen, auf die gar nicht originellen, gar nicht authentischen oder autonomen Bezugssysteme, letztlich auf die unterscheidungsreichen und kaum vorher bestimmbaren Situationen von Mensch-Maschine, Mensch-Mediennetz-Interaktivität.

Aus der breiten Verschiedenheit der Erklärungen kann man zunächst herauslesen, daß Kommunikationstheorie es immer mit der sozialen (letztlich universalen) Menge von wahrnehmbaren Ausdrucks-, Darstellungs- und Mitteilungs-Formen zu tun hat und zugleich mit dem Maß für die wahrgenommenen Formen. Menge und Maß sind keine objektiven, für sich stehenden Größen. Ob ich die Menge von Fernsehsendungen, nur Fernsehnachrichtensendungen, die Summe aller Telefongespräche, die nicht-sprachlichen Ausdrükke des Gesichts, der Handbewegung oder der Körperhaltung mit einbeziehe und vor allem wie ich sie mit einbeziehe, ist nochmals ein eigenständiger Vorgang, oder wie man heute sagt: eine Konstruktion. Sie hängt sehr davon ab, welche soziale Aufgabe man Kommunikation zuweist. Diese kann durchaus sehr konkret verstanden werden, zum Beispiel als

- einfacher Unterscheidungsvorgang, oder als Verständigungsmittel. In einem weiteren Schritt kann Kommunikation als
- Mittel der Verhaltenskoordination verstanden werden oder auch als Aufforderungen oder Erleichterung für Anpassung.

Noch eine Stufe abstrakter wird ihre Funktion verstanden, wenn mit ihr

- Kreativität, Innovation, Entwurfshorizont oder Intelligenz befördert werden soll.

Eine hohe Stufe der Allgemeinheit ist betreten, wenn Kommunikation die Aufgabe zugewiesen bekommt,

- Grenzen des System zu benennen, sie zu sichern, die Selbstorganisation des sozialen Verbundes zu garantieren oder den Bestand langfristig zu sichern.

Dies ermöglicht eine allgemeine Arbeitsthese:

Durch Kommunikation werden Unterscheidungen erzeugt und in bestimmter Weise über den Moment der Erzeugung hinaus erhalten. Dies ist möglich in physikalischen Festspeichern, in institutionell geregelten Systemen des Erhalts von getroffenen Entscheidungen, in Codesystemen oder im Gedächtnis der Menschen.

Diese Bestimmung beschreibt das Grundmuster der vorliegenden Argumentation. Es geht nicht darum, allen Ansätzen ausführlich gerecht zu werden. Vielmehr sollen einige Aspekte in dem Wechselverhältnis von *Kommunikation* (als Verfahren der Verständigungsorganisation), *Kapazitäten* (zeichenhaft, symbolisch, technologisch und medial) und *Kompetenzen* (anerzogen, erfahren und angeeigneten) am Beispiel unterschiedlicher theoretischer Zugänge dargelegt werden.

Wie ist Kommunikation beobachtbar?

Nun stellt sich die Frage, was mit dem Begriff 'Kommunikation' beschrieben wird oder womit sie beschrieben wird? Ist es das Medium (verbale, angesichtig verwendete Sprache, gedruckter Text, gesendete Sprache)? Oder werden die konkreten Familienerzählungen, die Kollektiverzählungen, der Roman, die Propaganda, die Liebeserklärung berücksichtigt? Ist es die Verbindung von Sinnlichkeit, Sinn, physischer Materialität des Mediums und seine Verwendbarkeit? Oder meint Kommunikation eine metaphysische Verständigung zwischen den Menschen, letztlich Versöhnung und Ausgleich?

Die vorliegende Darstellung hält an dem Gedanken fest, daß Kommunikation nicht von Bedeutung zu lösen ist. Sie ist an Bedeutungszusammenhänge gebunden; erst diese informationellen und inhaltlichen Auswahlentscheidungen führen zur Dynamik kommunikativer Prozesse. Zugleich heißt dies aber auch, daß Kommunikation nicht in Bedeutung allein aufgeht. Sie ist ein struktureller, höchst formalisierter und vom einzelnen Menschen unabhängig funktionierender Prozeß. Ihm sind die Prinzipien der Rückkoppelung, Information, Erinnerung, Selbststeuerung, der selbstverständlichen / routinisierten / automatischen Identifizierung zugrundegelegt.[1]

Aktuell, - um es vereinfacht zu fassen -, geht der wissenschaftliche und kulturelle Streit darum, ob Kommunikation als bedeutungsschwere Einzelleistung oder bedeutungsloser aber zustandserzeugender Informationsaustausch verstanden wird. Die Gründe liegen zum Teil in der experimentellen Begriffssuche für die sozio-kulturelle Bedeutung von Computertechnologie. Dabei liegen die Kernfragen gerade dort, wo nach der Bedeutung von Fernanwesenheit, von Interfaces, von simultanen (=im gleichen Moment) am Computer vorzunehmenden Mehrfachdecodierungen (Text, Bild, Ton, Bewegung, Raum) gesucht wird. Es wird noch einige Zeit in Anspruch

---

[1] vgl. Karl W. Deutsch, Politische Kybernetik, Freiburg i. Breisgau 1969, S.27

nehmen, bis diese Fragen im Zusammenhang einer materialen Medientheorie zu beantworten sein werden.

Ein allgemeines Problem liegt darin, daß es offensichtlich schwer fällt, Kommunikation als einen Gebrauchszusammenhang zu verstehen, der eine besondere Form sozialer, kultureller oder ästhetischer Kohärenz darstellt. Gebrauch setzt im überlieferten Sinn einen gegenständlichen Zusammenhang, dessen kulturelle und individuelle Gebrauchsversprechen sowie die Fähigkeit des einzelnen Menschen voraus, dies alles 'für sich zu verwirklichen'. Gebrauch schließt herkömmlich immer auch die Zeit ein, in der 'souverän' der Gegenstand 'angeeignet' wird. Es ist gerade dieser zeit-räumliche Rückzug des subjektiven Gebrauches, der für die elektronischen Formen der Anwesenheit nicht mehr gilt.

Das elektronische Ereignis ist zugleich das Ergebnis hochgeschwinder Übertragungsprozesse und ein Gegenstandsbereich unserer Wahrnehmung, der sich dem 'Zugriff' entzieht: d.h. der dem taktilen Zugriff entzogen ist, wie der material-gegenständlichen Ablagerung (es sei denn, man wechselt das Medium, und läßt sich Texte, Graphiken, Bilder ausdrucken). So entsteht auch keine Zeitkonstanz im überliefert-dinglich-räumlichen Sinne, keine Chance der beobachtbaren Zwischenlagerung, des Depots der Wahrnehmung. Die Dinge sind scheinbar nicht mehr (orts)ansässig. Man trifft sie im *interfacialen Moment*: am Punkt der Mensch-Computer-Begegnung. Sie sind elektronische Hobos (Selbstbezeichnung wohnungsloser Menschen, die ihr Leben auf den Güterwagons der Usamerikanischen Eisenbahnen verbringen), deren Heimat die Netz-Kanäle sind.

Das elektronische Wechselbad der Bilder, Töne, Texte, Räume, dieses kulturelle Hypertexting, erfordert hohe mentale Aufmerksamkeit und erzeugt den Eindruck der Instabilität, der Rasanz. Nur in einem bildhaften Sinne sind diese Prozesse 'immateriell'. Sie sind dies weder elektromagnetisch, noch gilt dies in einem exakten Sinne für ihren Gebrauch. Der geläufige Unterscheidungsgewinn zwischen materiell/immateriell verblaßt, bedenkt man, daß jede Bedeutung, jedes Gebrauchswertversprechen, jede (über-)zeitliche Behauptung Hypothesen sind, hilfreiche Illusionen. Kulturen sind reflexiv in dem angekommen, von dem sie stets ausgehen: dem Virtuellen. (Faßler, 2001) Es gibt keine Ausflucht mehr in die Depots des Vergangenen, in die Museen der nicht einmal mehr ironischen Zitation, oder in die

Materialität des 'an sich seienden' (von Natur, Kultur, Arbeiterklasse oder Staat).

Kommunikation oszilliert gegenwärtig zwischen Mediengebrauch, Verständigungszwang und Erlebnis. Die Erlebnisform von Kommunikation ist die von Instabilität. Sie ist eng verbunden mit den immer rascher und öfter wechselnden Sendeinhalten und Empfängermotivationen. Wenn weltweit 11.000 Zeitungen in elektronischen Netzen zur Verfügung stehen, 1992 weltweit 76.000 Jahre telefoniert wurden, wenn 2002 mehrere Milliarden Seiten unter hunderten Millionen von Web-sites liegen, wenn elektronische Speicher in 10^{-12} sec. digital schalten, wenn optische Fasern 2.5 Gigabaud je Faser übertragen können (das entspricht dem Inhalt eines 30bändigen Lexikons pro sec.), so entwickelt sich als Stil des Gebrauchs der kommunikativen Mittel immer mehr das *Virtualitäts-Management*. Dies löst die Kontrolle von Kommunikation als Verfahren und als Verstehensvorgang ab. Der Gebrauch von Kommunikationsmitteln erfordert, Kommunikation pragmatisch und entwerfend zu refomulieren. Umgekehrt heißt dies, daß im Verlauf von Kommunikation nicht fertig interpretierte 'Verstehens-Packete' hin und her geschoben werden noch von einer vorab gültigen generalisiert-einheitlichen Interpretationsgemeinschaft ausgegangen werden kann: Kommunikation ist für jeden Beteiligten und für jedes angesprochene Teilsystem ein Prozeß der gegenwärtigen Selbstbeschreibung; sie ist konkrete *Synthese*. Insofern entwirft sich jedes System im Moment der Mediennutzung und des Gebrauchs von Kommunikation teilweise 'neu'. Es reagiert auf 'einkommende' Informationen, denen es sich (im Idealfall) lernend anpaßt.

Man kann also sagen: Kommunikation muß bedeutungsoffen und bedeutungsfreudig sein, wenn mit ihr eine nicht-regressive, nicht-herrische Vergegenwärtigung von Wissen, Wollen, Können, Verstehen und Gestalten erreicht werden soll. Kommunikation ist nur dann ein Verfahren der Re-Konkretisierung, wenn sie nicht instruktiv ist und auch nicht ausschließlich auf unabänderlichen Repräsentationen beharrt. Hieran ist erkennbar, daß Kommunikation sowohl

- ein Operationsmodus (bei Konstruktion, Verteilung und Verbreitung von Aufmerksamkeitsmustern)

als auch

- ein Erhaltungsmodus

- ein Wahrnehmungsmodus
- ein Bestätigungsmodus
- ein Ordnungsmodus
- und ein Entwurfsmodus der 'sozialen' Verständigung ist.

In keinem Fall ist vorher 'endgültig' umschreibbar, wie das Ergebnis eines Kommunikationsprozesses aussieht oder sich anhört oder wie dieses Ergebnis zustandekommen wird. Immer sind es getroffene Auswahlen, die etwas bedeuten. Nicht selten sind es 'Überraschungen', (kontingente Ereignisse). N. Luhmann, für den Kommunikation der Prozeß ist, über den sich Systeme in ihrem Bestand erhalten, also an Umgebungen anpassen können, spricht in Kunst der Gesellschaft (1995) vom "Mysterium der Kommunikation".

Er nimmt damit Bezug auf die 'Überraschung', daß trotz fortdauernder Ausdifferenzierungen, selbstorganisierende (also neu-ordnende) Bestandsbeschreibungen erfolgen. R. Lanham spricht dies in *The electronic Word* ähnlich an, wenn er sagt, daß Literatur und Kommunikation kein "keyboard business" sind, sich also nicht allein in der funktionalen Bedienung der Medialität herstellen. Diese 'Selbstorganisation' ist die 'hohe Kunst der Kommunikation'. Um die 'Regeln' dieser Kunst geht es hier. Künstlichkeit und Kunst der Kommunikation lassen sich schlüssig aufeinander beziehen, wenn die raum-zeitlichen Umgebungen, die sie beschreiben, auch als Bedeutungsordnungen verstanden werden. Bedeutung ist an die reflektierte Intimität von Sinnen und Sinn gebunden. Aus ihr entsteht die Fähigkeit, Realität zu gestalten. Dabei ist die Sinnlichkeit die Magd des Sinns und die Vernunft der Diener der Ästhetik. Insofern ist Kommunikation stets eingelassen in die gleichzeitige und rückbezügliche Entwicklung von Sinnlichkeit und Sinn, materiale Form und Bedeutung, Medialität und Perspektive.

Gerade dann, wenn Vermittlung, Mitteilung, Übertragung, Verstehen und Auswahlentscheidung im Zusammenhang computertechnologischer Kommunikationsumgebungen zu besprechen sein werden, wird sich die subjektive Bedeutung und die strukturelle Geltung dieser Verhältnisse, also von Sinnlichkeit und Sinn wie auch von Künstlichkeit und Kunst, verdeutlichen lassen.

Obgleich dieses Buch auch in Theorien einführt, ist es nicht vorrangig als Einführung, sondern als Weiterführung gemeint. Einführungen spielen einem oft vor, einige Grundlegungen eines kompletten Systems zu liefern. Dies ist bei Darstellungen von Theorie-Autoren möglich. Für einen Fragebereich, dessen empirische Nutzungsgefüge in einem sehr dynamischen Umbruch stehen, ist dies nicht möglich. Die Darstellung der empirischen und begrifflichen Probleme von Kommunikationstheorie ist gelungen, wenn am Schluß eines jeden Kapitels Forschungs- und Theoriefragen offenliegen. Kommunikationstheorien befinden sich in einer der interessantesten Umbruchphasen. Sie beinhalten eine kaum zählbare Menge grundlagentheoretischer aber auch medien- und interaktionstheoretischer Probleme. Hierauf, über die Darstellung spezifischer Fragestellungen aufmerksam zu machen ist Zielsetzung dieses Buches. Ein kleiner Lesehinweis: Das Buch ist nach drei Hauptkapiteln gegliedert: MODELLE - MEDIENREALITÄTEN - STRUKTUREN. Der erste Teil geht von einigen derzeit bedeutenden theoretischen Kommunikationskonzepten aus und beschäftigt sich vor diesem Hintergrund mit einigen überlieferten Vermittlungskonzepten. Der zweite Teil geht auf medien- und informationstheoretische Modelle und deren Bedeutung für Kommunikationstheorie ein. Der dritte Teil beschäftigt sich mit strukturellen Problemen, die im Zusammenhang der computertechnologischen Transformation der Kommunikationsbedingungen entstanden sind. Diese Kapitel können auch für sich gelesen werden. Hinweise auf andere Kapitel, in denen Thesen oder Gedankengänge vertieft werden sind mit „→„ gekennzeichnet, wie z.B. → 'Interaktion' oder → ' Hyridsysteme'.

MODELLE

1. Theorien zur Beobachtung von Kommunikation

„...„daß kein Mensch eine Insel ist.“
N. Goodman 1982

1.1. Mitte: eine funktionale Abstraktion

Die Einstiegsfrage dieses Kapitels lautet: Was wird derzeit unter Kommunikation verstanden? 1981 stellte N. Luhmann die prinzipielle Anfrage, ob Kommunikation *wahrscheinlich* oder *unwahrscheinlich* sei. Diese auf den ersten Blick irritierende Frage gibt einen guten Einblick in die Kontroverse zwischen ihm und J. Habermas darüber, ob sich Menschen überhaupt sinngleich oder sinnähnlich verstehen können. Welche Aufgabe kommt Kommunikation überhaupt zu? Soll sie Sinn 'vermitteln'? Soll sie identische Interpretationen nahelegen? Soll sie einen Teil der Aufgabenstellungen von Institutionen übernehmen, deren überlieferte (Ein-)Bindungsfähigkeit erkennbar nachläßt? Soll Kommunikation überhaupt etwas? Oder ist Kommunikation ein Verfahren, 'Botschaften' zu überbringen oder ein Rahmenwerk für Systemerhalt darzustellen? In jeder gestellten Frage ist die Sorge um die Kommunikationsfreiheit enthalten, um die aktive und passive informationelle Selbstbestimmung, aber auch die Unsicherheit über den Zusammenhalt sozialer Systeme. Dies legt offen, wie schwierig es in antitraditionellen, nach-kollektivistischen Gesellschaften geworden ist, die Aufgabe von Kommunikation, ihre Bedeutung oder ihre Empirie (= ihr beobachtbares Erscheinungsbild) zu bestimmen.

Ein anderes Ereignis aus dieser Zeit (1982) macht die Beantwortung der Arbeitsfrage noch schwerer: die Einführung des Personal Computers (PC) und dessen rasante globale Verbreitung. Mit der Durchsetzungsgeschichte des PC's in Verwaltungen, Planungsbüros, im wissenschaftlichen und privaten Umfeld wird die Durchführung von echtzeitiger (also im direkten zeitlichen Bezug erfolgende) Kommunikation von der Notwendigkeit entlastet, am selben Ort, auf dem selben Territorium stattfinden zu müssen. Was zuvor der Telefon-Kommunikation als sprachgebundener Vermittlung oder auch dem Kurzwellen-Funk vorbehalten war, konnte nun auf Texte, Bilder, Graphiken, Statistiken usw. ausgedehnt werden. Es entwickelte sich ein ziviles, allmählich kommerzialisiertes Netzwerk globaler Informationskapazitäten. Mit ihm tritt ein expansiver und überaus produktiver Bereich von Kommunikation auf die Tagesordnung der Welt: die transkulturelle Kommunikation (H. Reimann 1992).

Ein weiterer, keineswegs weniger wichtiger Fragerahmen ist dadurch begründet, daß eine „Individualisierung sozialer Ungleichheit“ (U. Beck 1986) erfolgt und diese mit immer mehr „Lebensstilen“ (J. Dangschat & J. Blasius 1994) zusammenfällt. Diese medialen, ökonomischen und kulturellen Prozesse lassen es fraglich erscheinen, ob es in Kommunikationsverläufen überhaupt noch vorrangig um Bedeutungs- und Sinnvermittlung für soziale Großgruppen oder Kollektivordnungen geht (oder gehen sollte). Allenfalls scheint sicher zu sein, daß der formale, inhaltliche, taktische oder spielerische Bezug von Menschen auf Menschen die Welt-Interpretationen beeinflußt, nicht aber deren Weltbild unausweichlich festlegt. Was also stellt Kommunikation bereit? Unter Berücksichtigung dieser wenigen kritischen Prozesse kann man zunächst nur sagen, daß Kommunikation die Verteilung, und die Durchsicht von themenbezogenen Inhalten ermöglicht, deren Rezeption und Verarbeitung bedingt, aber keine Interpretation frei Haus liefert. Kommunikation ist weder medial noch normativ uniform.

Daß sich Menschen (formal) verständigen müssen, um an einer Sache arbeiten zu können oder um zusammen leben zu können ist unstrittig. Diese Erklärung reicht aber nicht mehr aus, um den starken Zweifeln am (inhaltlichen) identischen Verstehen zu begegnen. Vor allem die *überlieferten europäischen Kulturmuster des sprachlich geregelten Verstehens* büßten in den letzten Jahrzehnten an Erklärungs- und Bindungsfähigkeit ein. Die Leitidee, Subjekte griffen relativ einheitlich auf die Deutungsordnungen von Sprach-Logiken und Text-Gattungen zu und würden so identisches Verstehen fortsetzen, weicht zusehends prozeßhaften, mehrwertigen, multimedialen und vielzentrischen Konzepten der Kommunikation. In den Vordergrund rückt die enge Bindung von Bild-Text-Intelligenz unter elektronisch-medialen Bedingungen, das heißt die Verbindung von informatischen Konzepten der Abstraktion und mentalen Modellen von Prozessen und Zusammenhängen. Je schwieriger es wird, *Verstehen in normativen Bezügen festzuschreiben*, weil die Rahmen für diese Bezüge komplexer werden oder herkunftsungleich (wegen ihrer globalen Vernetzung, siehe Kap. 10), umso dringlicher wird die *Neufassung eines gesellschaftlich erklärungsfähigen Kommunikationskonzeptes*. Nun sind es nicht nur die genannten Gründe postkollektivistischer Strukturen, Individualisierung und 'immaterieller' Netz-Kommunikation, die zu diesem Erklärungsbedarf führten.

Gründe liegen auch in neuen neurobiologischen, neurophysiologischen Erkenntnissen darüber, daß jeder einzelne Mensch mit seinen Wahrnehmungen und Gedanken alleine ist, weil er diese nach den nur *ihm zugänglichen (und oft nicht einmal dies) Mustern der Aufmerksamkeit und Bedeutung* gruppiert. So sind zwar die biologischen 'Eingabe- und Ausgabekanäle' bestimmbar: der visuelle, auditive, der sensorische Kanal, die körperliche Bewegung als physiologische Erfahrung; daneben lassen sich Beobachtungsebenen wie sensorisches Gedächtnis, Kurzzeit- und Langzeitgedächtnis als Speicherstrukturen benennen. Aber wie die körperliche und soziale Unterschiedserfahrung 'aussehen', wie sie erfahren, erinnert, erneuert oder vergessen werden, ist im Prinzip nicht beobachtbar. Diese, als *operative Geschlossenheit* bezeichnete Ebene unseres Wahrnehmens heißt nicht, daß wir uns nur mit uns selbst beschäftigen. Das 'Selbst' ist eine Folge des Außen, des nicht-identischen Umfeldes. Unsere Wahrnehmung ist grundsätzlich offen für jeden Eindruck, für jede Information. Die operative Geschlossenheit ist also gleichzeitig mit der *kognitiven Offenheit* zu nennen. Diese Zwillingsgestalt menschlichen Denkens versieht jede Aussage eines Beobachters über Sinn, Zielsetzung oder Absicht einer kommunikativen Handlung mit einem Bündel von Fragen. Allgemein läßt sich sagen: Wie wir die ausgewählte Information mit Erinnerungen, mit Wissen oder Phantasie verbinden? und: Was wir zu einer bedeutenden Information für uns machen? ist nicht zu vereinheitlichen. (P. Watzlawik 1990; K. R. Popper & J. C. Eccles 1996) Zweifel, Unsicherheit, neue Strukturen und neues Wissen bilden gute Gründe, um vor den „Fallstricken eines Uniformitätsglaubens“ (B. Nelson 1977: VII) von Kommunikation zu warnen, sei er nun normativ-institutionell bestimmt oder informatisch-technologisch.

Die Frage nach *wahrscheinlicher Kommunikation* enthält zwei Ebenen: den sozialen Maßstab, der durch das Spannungsverhältnis von Verstehen und Verständigen beschreibbar ist, und den technomedialen Maßstab, bei dem es um ungestörte Übertragung in einem Hin- und Rückkanal geht. Bleiben wir zunächst bei dem sozialen Maßstab und seinen Unterebenen: der *Norm und Kultur des Verstehens* oder einer *Kultur, die sich aus dem Nicht-Verstehen-Können heraus begreift*.

Es wäre also verfehlt, Kommunikation auf ein einheitliches Verstehen hin zu bestimmen. Ebensowenig gibt es Einigkeit darüber, was Wirklichkeit, was Identität, was Bewußtsein und letztlich Kommunikation ist. Und auch darauf soll am Anfang hingewiesen werden: die Einzahl, in der hier von Kommunikation gesprochen wird, gibt es nicht. Sie ist ein sprachliches Gebilde, um das Reden über einen Gegenstandsbereich zu vereinfachen, der zunehmend komplexere und unbeobachtbarere Strukturen zwischen menschlichen und nicht-menschlichen Kommunikationselementen aufweist. Kommunikation ist eine Reduktion (=erklärende Vereinfachung) und nicht mit dem Singular eines identitätslogischen Begriffes zu verwechseln, unter dem dann alles gefaßt werden muß. Jede Situation der *Vermitt(e)lung*, ob sie durch Zwischenmenschlichkeit, durch Geräte geprägt ist, oder in elektronischen Kommunikationsnetzen stattfindet, weist viele Kanäle auf, wie Augen, Ohren, Geruch, Farben, Erzählungsweise, Rede- oder Textgattung, Vortrag, Musik uvam. Vermittlung verwende ich hier als den kommunikationstheoretischen Hintergrundsbegriff. Über den kommunikativen Akt, also über Darstellungs- und Zuordnungsverfahren, bilden Akteure einen *Zwischenraum* (Kap. 8), in den sie Informationen (für andere) investieren und aus dem sie Informationen gewinnen können. Dieses Investieren und Herausnehmen ist das, was formal Vermittlung beinhaltet. Was ist aber mehr in diesem Konzept enthalten?

Vermitt(e)lung ist das, was Kommunikation zu erbringen hat. Dies ist die geläufige sozialtheoretische Anforderung. Sie muß die 'Mitte' herstellen, den *Zwischenraum* erzeugen, in dem sich Menschen bildlich, sprachlich, tonlich, ästhetisch *treffen*. Welche Bedeutung dieses 'sich treffen' für z.B. persönliche oder soziale Identität haben kann, ist hier zunächst zu übersehen. Der so entstehende *Zwischenraum ist also eine grundlegende Abstraktion*, ein menschliches Mitbringsel, das aus der *körperlich-sinnlichen Verschiedenheit* jedes einzelnen Menschen entsteht. Die körperliche Verschiedenheit ist sozusagen der anthropologische (=menschheitsgeschichtliche) Grund dafür, daß etwas *Abstraktes*, vom bloßen Leib abgezogenes, erfunden werden muß, um mit dem anderen Menschen etwas zu teilen, ihm etwas mitzuteilen. Aus ihr entsteht Wahrnehmung, in der Unterschiede erfahren, verstanden, erinnert und bestätigt werden. Die *körperliche Verschiedenheit wird in die Abstraktionen der Abstände zwischen den Menschen überführt, in den Raum.* Insofern kann man sagen, daß der wahrgenommene räumliche Abstand zwischen Sinnlichkeit und Gegenstand eine Grundbedingungen für Mitteilungs- und Aneignungsbedürfnisse ist. Es sind diese Abstände, die in der Kulturanthropologie E. T. Hall (1963/1966) unter dem Begriff 'Proxemik' systematisiert und bis auf den Zentimeter bestimmt wurden. Unabhängig von den etwas kurios anmutenden Meter-/Zentimeter-Angaben für intime, private oder öffentliche Räume, bestimmt dies den Menschen zurecht als ein proxemisches (abstands- und annäherungsorientiertes) Wesen.

Nun wird der Zwischenraum nicht nur durch die symbolischen Grenzziehungen zwischen 'eigenem' und 'andrem/fremdem' Territorium bestimmt. In diese Diskussion um die Abstraktion der Mitte gehört auch die hohe Bewertung, die die Angesichtigkeit für überlieferte Konzepte der Interaktion und Kommunikation hat.

Uns ist die alltägliche Formulierung geläufig, daß 'jemand etwas darstellt', daß er ein 'verschlossenes Gesicht hat', daß die 'Körperhaltung abwehrend' ist. Hieran lehnt sich die Idee von M. Argyle (1972) an, der menschliche Körper sei der hauptsächliche Übermittler von „präsentationalen Codes". Gemeint ist damit, daß der menschliche Körper in seinen nicht-verbalen Ausdrucksmöglichkeiten als ein Zeichenträger genutzt wird. Dabei werden diese Zeichen stets in Anlehnung an das 'übliche Verständnis' eingesetzt, als Zeichen-Konventionen, d.h. als Codes. Diese non-verbalen Konventionen erlauben auch von Körpersprache zu reden.

M. Argyle legt eine Liste von zehn Codes vor:

- Körper-Kontakt: die Wahrnehmung der Vorlieben, der Zurückhaltung oder der Ablehnung von Körperkontakten, zwischen Umarmen (auch das verräterische Umarmen), Schulterklopfen, Handschütteln oder Verweigern des Handschlages

- Abstände (Proxemics): das Einhalten von persönlichen, sozialen, institutionellen Abständen, deren Funktion in der Signalisierung von Vertrautheit oder auch von unüberwindbaren sozialen Unterschieden besteht. Dies geht bis zu symbolischen Grenzen zwischen Privatgrundstücken, Innenarchitekturen von Chef-Büros usw.

- Körperstellung: die Stellung unseres Körpers gegenüber anwesenden Gesprächspartnern, die darlegt, ob ich mich auf jemanden beziehe, mich an ihm 'orientiere', oder ob ich die 'kalte Schulter' zeige.

- Auftreten / Erscheinungsbild: ein über Kleidung, Hautbräune, Lippenstift, Schmuck, festem Auftreten und sonstigem bestimmtes Bild der zu berücksichtigenden Anwesenheit einer (bescheidenen, bescheiden wirkenden, aufdringlichen oder so wirkenden) Person

- Kopf-Zeichen: dies bezieht sich auf die 'Lenkung' eines Gespräches durch Kopfnicken, -schütteln oder -drehen, was eine Gesprächsaufforderung, eine Unterbrechnung oder ein Weiterführen bewirken kann

- Gesichtsausdrücke: ermutigende oder abschreckende Mimiken gehören hierzu, die Art, wie Augen geöffnet oder geschlossen werden, wie der Mund geformt ist, ob man 'an die Decke' schaut, wenn jemand bestimmtes redet oder ihn aufmerksam beobachtet.

- Gesten: dies bezieht sich auf die Bewegungen der Hände und Arme, ihre erklärende oder abweisende 'Unterstreichung' des Gesagten oder Gehörten, des Gemeinten oder nicht Gewollten

- Körperhaltung: dies bezieht sich auf das Sitzen, wie offen man die 'Runde' gestaltet, wem man sich zuwendet, wie das Verhältnis von Sitzhaltung und Kopfstellung ist.

- Augenbewegung und Augenkontakte

- unterschwellige, nicht ausdrückliche Aspekte der Rede: dies bezieht sich auf die 'nervöse Stimme', auf ihre Festigkeit, auf die Lautstärke, auf die fragende Bekundung der Unglaubwürdigkeit.

Diese *präsentationalen Codes* sind uns durch lebensgeschichtliche Prägungen 'selbstverständlich' bekannt. Jeder Mensch stellt für sich ein erinnerbares Ensemble dieser Ausdrücke zusammen oder nutzt routiniert die 'en passant' gelernten aber unbewußt präsenten Schemata der Selbstdarstellung oder Beeinflussung: er bildet einen Ausdrucks-Körper, der sich von anderen klar unterscheidet. Es handelt sich um anerzogene Muster sozialen Verhaltens, die gerade für die 'Atmosphäre', für das 'Gesprächsklima' wichtig sind. Sie stellen soziale Regulative dar, derer sich jeder von uns bedient, um in angesichtigen Gesprächs-Situationen das subjektiv Gemeinte zu 'unterstreichen'. In diesen Situationen finden also immer Mehrfachcodierungen statt. Sie verweisen aufeinander, sind im konkreten Fall aneinander gebunden.

Die sozialwissenschaftliche Forschung zu Interaktion geht, wie an anderer Stelle angesprochen (→ Kommunikation versus Interaktion) sehr ausführlich auf diese präsentationale Angesichtigkeit zurück, um menschliche Kommunikation beobachtbar zu machen. Daneben verbindet sie diese mit *repräsentationalen Codes* der ausdrücklichen Sprache, Architektur usw. Nun sind im Zuge der wissenschaftlichen, kulturellen und vor allem industriell-medialen Entwicklungen soziale Anteile hinzugetreten: Konzepte der Abstraktion, Modelle, repräsentationale Aussagen, Maschinen, diverse Wissenspeicher, Telefon oder Computer. Sie verändern in jeweils besonderer Weise die Rahmungen für Verständigung und beeinflussen die subjektiven Bedingungen, etwas zu verstehen. Allgemein kann man sagen: Die präsentationalen und repräsentationellen Verhaltenscodes werden durch jeden neu hinzutretenden Vermittlungsaufwand / Vermittlungsmodus verändert.

In diesem Sinne führt das Verhältnis von Körperlichkeit und Raum auf die Notwendigkeit zu, etwas zwischen den Körpern herzustellen, das nicht zum Verteidigungs-, Raub- oder Jagdverhalten gehört. Dieses 'etwas dazwischen' ist jene *Abstraktion der Mitte* zwischen den Menschen, die das angesichtige Verhalten bis heute prägt. 'Abstraktion' deshalb, weil es ja nie um die geometrische Mitte geht (die ja auch eine Abstraktion ist), sondern um den symbolischen Mittelpunkt, um den Auflagepunkt für die auf beiden Seiten gleichlange und gleich schwere 'bilancia'. Es ist die Abstraktion der Balance oder der Symmetrie.

Es ist eine geistige und kulturelle Leistung, aus der Verschiedenheit, den erfahrenen Abständen und aus der Notwendigkeit heraus, etwas zusammen zu tun, einen geistigen oder idealen Bereich zu erzeugen, dem die *Mitte* (also eine nicht übervorteilende Raum- und Gegenstandsaufteilung) *als Abstraktum* eingeordnet wird. Diese Abstraktion ist die Grundlage jeder funktionalen Bestimmung eines Mediums. Die ideale Gestalt in der Vermittlung besteht also darin, daß sich Menschen in der gleichen Weise, mit demselben oder vergleichbarem *erwarteten* Abstand aufeinander beziehen, den *Raum zwischen sich und den anderen teilen.* Aber diese geometrisch-körperliche Argumentation reicht nicht, um den Prozeß der Vermitt(e)lung zu bestimmen. Eine weitere Abstraktion ist erforderlich, um die Mitte (also die gegenständliche Ausdehnung, das Territorium des anderen) nicht nur vor sich zu sehen, sondern sie auch zu erinnern und *Vermittlung in einer anderen Zeit* anzusprechen. Das heißt aber, daß Vermittlung nicht nur auf *situationsbezogene* Verdeutlichung zielt, sondern auf *prozeß- und letztlich zeit-raumunabhängige* Vermittlungen gerichtet ist, auf *abstrakte Codierungen*

(= Verschlüsselungen). Und eben dieser weitere Abstraktionsschritt erschwert es immer mehr, von Kommunikation im Sinne einer Vermittlung zu sprechen, in deren Verlauf man sich auf dieselbe ideale (geometrische oder symbolische) Mitte bezieht. Anerkennt man, daß bereits in diesen Vermittlungsebenen ein hohes Maß an kultureller Abstraktion enthalten ist, so ist eine 'unmittelbare Kommunikation' eine leere Formulierung.

Wie werden diese Entwicklungen in Theorien verarbeitet und welche Modelle werden gebildet? Betrachten wir in diesem ersten Abschnitt die Konzepte der (systemtheoretisch) unwahrscheinlichen, der (mathematisch) wahrscheinlichen, der (normativ) gelingenden und der (pragmatisch) unzuverlässigen Kommunikation.

1.2. Modelle von Kommunikation

1.2.1.Unwahrscheinliche Kommunikation

Ausgerufen hatte N. Luhmann 1981 in „Soziologische Aufklärung 3" die „Unwahrscheinlichkeit der Kommunikation". Mit seinem Urteil, Kommunikation sei „unwahrscheinlich, obwohl wir sie jeden Tag erleben, praktizieren und ohne sie nicht leben würden"(1981: 26), lieferte er die Umrisse für eine immer noch andauernde Debatte. In ihr geht es weniger um die Verfahren der Verständigungsorganisation, als darum, das Ideal abzuwehren, Kommunikation beruhe auf identischem Sinnverstehen. Mit seiner systemtheoretischen Position benannte N. Luhmann eine Bruchstelle zwischen dem normativen (= wertbezogenen und auf im Gespräch herzustellende Identität ausgerichteten) Ideal einer „gelingenden Kommunikation", wie sie J. Habermas vertritt, und einem Modell, das von der autopoietischen (selbstorganisierenden) Leistung der einzelmenschlichen Wahrnehmung ausgeht. N. Luhmann verneint nicht, daß Menschen und soziale Systeme kommunizieren können. Während diese wegen ihrer dinglich-strukturellen Performanz beobachtbar sind, bleiben Menschen als psychische Systeme der Beobachtung entzogen. Da jedes System in einer Innen-Außen-Differenz besteht, ist durch die 'Differenz' bereits die uneinheitliche Verwendung von Informationen angesprochen. Was beobachtbar ist, sind die Verhaltensereignisse, „...doch wie's da drinnen aussieht, geht niemand was an" (Land des Lächelns).

Die 'kommunikativen' Beziehungen der Systeme sind dabei keineswegs zuverlässig, da der Sinn, den jedes System in einer bestimmten Kommunikation sieht, nicht nur vom Sinn der Umwelt-Systeme verschieden ist, sondern im Grunde nicht durchsichtig. Reflexion, Idee, Wissen usw. werden nur in bestimmten 'Formen' nach außen dargestellt. Es sind sozusagen vorzeigbare Ergebnisse, die die Anpassung der Umwelt herausfordern. Dabei enthalten sie nur das, was in den Zwischenraum unter den Bedingungen des (bei Menschen) Selbst- oder (bei Systemen) des Bestandsschutzes adressierbar ist. Diese *defensive Geschlossenheit* (dieser Begriff ist von mir hier eingeführt, mafa) verstärkt die operativen Grenzen. Insgesamt verhindert dies, nach N. Luhmann, Kommunikation als einen sinnvermittelnden Prozeß beobachten zu können oder ihn als einen Prozeß zu beschreiben, der Sinn 'transportiert'. In seinen Worten: „Zwei black boxes bekommen es, aufgrund welcher Zufälle auch immer, miteinander zu tun. Jedes bestimmt ihr eigenes Verhalten durch komplexe selbstreferentielle Operationen innerhalb ihrer Grenzen. Das, was von ihr sichtbar wird, ist deshalb notwendig Reduktion. Jede unterstellt das gleiche der anderen. Deshalb bleiben die black boxes bei aller Bemühung und bei allem Zeitaufwand ...füreinander undurchsichtig.“(1985: 156)

Die Unwahrscheinlichkeit ergibt sich also aus der Intransparenz von Absicht, Zielsetzung, Bedeutung und Sinn. Systeme kommunizieren also mit 'undurchdringlichem, verschlossenem Antlitz'. So kann sich dasselbe Sinnverstehen zwischen wenigsten zwei Beteiligten nicht herstellen. Zwar gehören Sinnofferten auch zum Systemverhalten, was aber wie und warum herausgegriffen wird, bleibt im Dunkel. Sinnverstehen ist nach N. Luhmann nicht beobachtbar und vor allem auch dadurch ausgeschlossen, daß Systeme nur ein Selbstverständnis, nie aber ein Fremdverständnis entwickeln können, ganz gleich wie sie sich bemühen. Selbst dann, wenn sie Verstehen des anderen behaupten, sind sie an die eigenen Verfahren gebunden, in denen Verstehen organisiert und mit Bedeutung verbunden wird. Dies ist die Grundlage des Konzepts der doppelten Kontingenz (=beidseitigen Überraschung darüber, was der Anfangskommunikation folgt).

Das Modell wird noch etwas schwieriger, da N. Luhmann Kommunikation nicht nur als ein Verfahren entwirft, das die mehr oder weniger zufälligen Beziehungen zweier Systeme darstellt. Er entwirft Kommunikation als ein eigenes System, als eine Einheit, die nach internen Regeln sich selbst beschreibt und die Grenzen des eigenen Bestandes erzeugt (= autopoietisches System). Dies ist dadurch möglich, daß Kommunikation in der Zusammenfügung von drei Auswahlformen (= Selektionen) besteht: *Information, Mitteilen, Verstehen. Information* ist 'Neues' im Sinne einer von Außen kommenden Nachricht; und sie ist zugleich eine Ordnungsbestätigung, da sie 'konservative' Elemente enthält, die sie überhaupt lesbar, aneignungsfähig machen. *Mitteilen* erfolgt über die zur Verfügung stehenden Kanäle (gesprochene, geschriebene, gesendete Nachricht) und *Verstehen* ist die Einfügung des Mitgeteilten in den Sinn-Rahmen. Diese drei Ebenen bilden den Status der Selbstorganisation. Jede der drei genannten Selektionsebenen ist durch das Interesse des Systems 'Gesellschaft' bestimmt, den Bestand zu erhalten, Kommunikation also erfolgreich zu organisieren. Nach N. Luhmann sichert das soziale System den Kommunikationserfolg über zwei Eigenschaften, die wie ein 'Selbstanstoß des Verfahrens' wirken (Luhmann spricht von Autokatalysatoren). Sie werden „in Kommunikationsystemen erzeugt ... und (verstärken) dann die Chancen kommunikativen Erfolgs im Prozeß der Selbstselektionen des Systems (...): das sind symbolische Generalisierung und binäre Schematisierung (Code-Bildung)." (1975: 177) Mit „symbolischer Generalisierung" spricht er Vorstellungen, Orientierungen und Werte an, die von allen geteilt werden und auch die „Kommunikation und Interaktion mit Unbekannten sichern". (S. J. Schmidt 1994: 108) Mit „binärer Schematisierung" sind Codierung angesprochen, die die Entscheidung zwischen wahr und unwahr, „wert oder unwert" (N. Luhmann 1975: 175) ermöglichen. Erfolgreiche Kommunikation ist also durch systemisch-funktionale Bestimmung erklärt. Nicht bedacht ist dabei, daß es soziale Gruppen oder einzelne Menschen geben kann, die die angesprochenen Auswahlformen und deren Bestätigungsregeln ablehnen (M. Faßler 1992), sich der formativen Wirkung von Information, Mitteilen und adaptivem Verstehen entziehen.

Konnte man bei dem black-box-Modell noch vermuten, daß das Verfahren 'Kommunikation' auf dem Verhalten der einzelnen 'boxes' (= Systeme, Menschen, Institutionen) beruht, so ist dieser Bezug zu irgendwie gearteter 'Subjektivität' dann gelöscht, wenn Kommunikation ein eigenes, sich selbst bewertendes System ist. Man kann sagen: die Unwahrscheinlichkeit hat einen Ort gefunden, eine Heimat. Kommunikationstheoretisch erklären kann man damit nicht viel.

Denn das System 'Kommunikation' ist in seinem Sinnbezug dann ebenso 'geschlossen' wie die anderen Systeme.

Dies ähnelt alltäglichen Formulierungen oder trotzigen Haltungen, wie dieser: „Ich weiß was ich weiß"; oder auch: „Was ich denke, kannst Du sowieso nicht begreifen". Was hier als willkürliche Grenzziehung erscheint, ist im systemtheoretischen Modell strukturell gegeben. Die Unvermittelbarkeit von Inhalten (= Bedeutung oder Sinn, Gefühlen und Absichten) beschreibt Kommunikation, nicht die Vermittelbarkeit. S. J. Schmidt spricht zurecht von einer „strikten Parallelisierung von kognitivem und kommunikativem System" (1994: 50), aus der sich „gravierende Probleme" ergeben. Existieren Wahrnehmung und Kommunikation brückenlos nebeneinander, bilden sie nicht einmal Stellen aus, von denen aus 'Einsicht' oder 'Vermittlung' möglich ist, so ist es schwer, überhaupt das Verhältnis von Mensch, Sozialsystem und Kommunikationssystem zu bestimmen. Für eine medienwissenschaftliche Theoriebildung eignet sich dieses Konzept also nicht.

Dennoch stellt der theoretische Einstieg N. Luhmann's, dessen Rezeption und kritische Erweiterung durch P. Fuchs, D. Baecker u.a. erfolgte, einen wichtigen Schritt dar: sie lösen Kommunikation aus der überlieferten Bindung an die subjektive Handlungsabsicht und die kulturelle, sprachliche und sinnbestimmte Identität. Hierdurch werden die Prozesse der ökonomischen, gegenständlichen, sprachlichen oder institutionellen Vermittlung beobachtbar, ohne daß ihnen von vornherein eine Überlast auferlegt wird.

Kommunikation wird als eine Form sozialer Vermittlung beobachtbar, als eine Kunstform sozialen Verhaltens. Zugleich wird offengelegt, daß diese Form ein flüchtiger Zustand der Vermittlung ist, fehlerhaft, mangelhaft, nur für bestimmte endliche Bereiche nützlich. Kommunikation ist Kunstform, Prozeß und zugleich Gebrauchsgegenstand und Machtmittel. Sie ist nicht 'unwahrscheinlich', sondern, wie G. Ungeheur schrieb, "unzuverlässig": „Alle zwischenmenschlichen Kommunikationsprozesse funktionieren unzuverlässig." Störungen sind „nicht einfach nur negative, lästige Erscheinungen". „Entscheidend ist...die Entdeckung, daß neben zufälligen Fehlern und Störungen, die grundsätzlich beseitigt werden können, systematische Defekte auftreten, die in der Natur des Menschen und der Struktur sozialer Kommunikationssysteme begründet und daher irreparabel sind".(1969: 251)

1.2.2. Wahrscheinliche Kommunikation

Dieses Verhältnis von Fehlern, die behoben werden können, und Störungen, die aus den fehlerhaften Erinnerung des Menschen, der spontanen Umwidmung von Bedeutungen, innovativen Phantasien, aus Kalkülen der Ausdrucksweise und des Verschweigens entstehen, ist,– so will es mir scheinen– in's Hintertreffen geraten: nicht nur bei systemtheoretischer Kommunikationstheorie.

Dabei kann man eine Art thematische Koalition beobachten zwischen der These der „unwahrscheinlichen Kommunikation" und der technologisch-informatischen Forschungsrichtung, „wahrscheinliche Kommunikation" zu erreichen. Hierbei handelt es sich um mathematische und physikalische Modelle, die das 'ungestörte' Eintreffen eines Signals beim Empfänger zum Gegenstand haben. Nun kann man fragen, was dies mit sozial- oder humanwissenschaftlicher Kommunikationstheorie zu tun hat? Wir werden dies an Begriffen der 'black box', der Störung, der Information u.a. zeigen.

Was meint nun 'wahrscheinliche Kommunikation'? Sie bezieht sich auf die mathematische und technologische Idee, die (physikalischen) Kanäle der Kommunikation effizienter (= nutzbringender und störungsärmer) zu nutzen. Grundlage bilden die Arbeiten von C. E. Shannon und W. Weaver. In ihrer „Mathematical Theory of Communication" (1949) entwarfen sie ein vielgliedriges 'Sender-Transmitter-Empfänger-Nachrichtensenke'- Modell, das bis heute noch zur Erklärung von publizistischen Phänomenen aber auch zur Produktplanung von netztechnischen Strukturen eingesetzt wird.

SENDER → Text/Nachricht ⇔ EMPFÄNGER

Sender→Kontext/Nachricht/Kontakt (zum Kanal)/Kode→Empfänger

An dem Schaubild sind zwei Aspekte verdeutlicht:

der erste besteht darin, daß die jeweiligen Teileinheiten als geschlossene Systemmomente, als black-boxes dargestellt sind. Ihre Beziehung ist als eine lineare Reihung (= Sequenz) dargestellt;

der zweite besteht darin, daß theoretisch unterstellt wird, Information sei in einem Behältnis (= container) 'übertragbar'. Dieser Behälter muß durch die Stationen der Übertragung und die Kanäle zum Empfänger 'getragen' werden.

Dies ist abhängig von der Physik des Transportsysteme, von der Störungsfreiheit (Rauscharmut) und der exakten mathematischen Berechnung der Art und Intensität des Signals. Das Signal ist die physikalische Form der Nachricht. Ihm gilt die hohe Aufmerksamkeit der Forschung und der Ingenieure. Ohne Signal gibt es in diesem Modell keine Kommunikation. Bestimmte Mengen von Signalen, gepresst in ein Informationspaket, sind als 'Bedeutungen' transportierbar und damit zwischen Sender und Empfänger vermittelbar. Für Shannon & Weaver gibt es drei Problembereiche: die *technischen Probleme*, die sich daraus ergeben, daß Symbole (= die sichtbaren Signalformen, Sprachen, Worte) nicht akkurat übertragen werden; die *semantischen Probleme*, die dadurch entstehen, daß die verwendeten Symbole nicht auf exakt dasselbe Verständnis beim Empfänger trifft; die *Effektivitätsprobleme*, die dann entstehen, wenn die übertragene Bedeutung nicht vom Empfänger verwendet wird, wie sie vom Sender gedacht war.

Alle drei Problemkreise gehören physikalisch-mathematisch eng zusammen, obgleich gerade der letzte Aspekt den Autoren die kritische Frage bescherte, ob sie ein manipulatives Verständnis von 'Effektivität' besäßen (J. Fiske 1985: 8). Kommunikation findet für Shannon & Weaver dann statt, wenn es einen Informationsfluß gibt. Information ist für sie zunächst ein technischer Maßstab der Vorhersagbarkeit, der mit Inhalten nichts zu tun hat. Er besagt, ob aufeinanderfolgende Signale erwartbar sind oder nicht. In einem weiteren, bedeutungsbezogenen Sinne meinen sie mit Information die Art und Weise, wie inhaltliche Erwartungen bestätigt oder überrascht werden. Im dritten Sinne beziehen sie Information auf das Verhältnis von inhaltsgleicher Wiederholung (= Redundanz) zu unerwarteten Neuigkeiten, die die Unruhe innerhalb eines Systems erzeugen (= Entropie).

Ziel dieses Modells ist es, Kommunikation 'wahrscheinlich' zu machen. Das unterlegte mathematische Wahrscheinlichkeitsverständnis setzt darauf, daß das Ereignis 'Kommunikation' eingetreten ist und es noch eine Anzahl gleicher Ereignisse gibt, die eintreten können (sog. Laplace-Ereignisse). Wahrscheinlichkeit (W) ist mathematisch in der Formel ausgedrückt:

$$W = \frac{\text{Zahl der günstigen Fälle}}{\text{Zahl der möglichen Fälle}}$$

Obgleich die mathematisch-physikalische Grundlage dieses Kommunikations-Konzeptes offenliegt, hat das Modell der Informationsübertragung und der 'wahrscheinlichen Kommunikation' eine große Popularität; und dies nicht nur in der Informatik, sondern auch in sozialwissenschaftlichen Theorien und publizistischen Modellen der Wirkungsforschung. Dabei stellen sich gerade durch die sprachähnliche Verwendung von Information, Redundanz, Sender, Empfänger oder Entropie merkwürdige Fehlstellungen ein. Es ist an dieser Stelle nicht nötig, den Informationsbegriff medien- und kommunikationstheoretisch zu vertiefen. Dies wird in Kap.5 & 6. erfolgen.

Betrachten wir die ersten beiden Ansätze nochmal kurz:

- das Modell der 'wahrscheinlichen Kommunikation' betont das störungsfreie Verschicken von Signal- und Informationspaketen und deren Ablegen in der Informationssenke des Empfängers. In dieser interpretationsfreien 'Übertragung' ist die Kommunikation erfüllt;

- das Modell der 'unwahrscheinlichen Kommunikation' betont die unvermittelbaren Bedeutungen und Sinnverwendungen und schließt aus, daß irgendeine Information übertragbar ist. Information wird vom empfangenden System aufgenommen und verarbeitet, aus Umwelt zum Systembestand. Oder: aus der Potential-Information, die durch die Vorsortierung seitens eines 'Senders' entsteht, wird durch die Annahme seitens des 'Empfängers' eine Art Aktual-Information. Eine wie immer reduzierte (aber letztlich zwischen Sender und Empäfnger identische) Bedeutungsvermittlung findet nicht statt.

Beide Modelle weisen vergleichbare Vereinfachungen auf: sie berücksichtigen nicht die Tatsache, daß Kanäle nur als integrale Teile medialer Systeme und kommunikativer Verläufe beobachtbar sind und daß Kommunikation immer an Übersetzung, an Vergegenwärtigung gebunden ist. Ob Kommunikation im skizzierten Sinne als wahrscheinlich, unwahrscheinlich oder unzuverlässig bestimmt wird, entscheidet also darüber, ob und wie der einzelne Mensch mit einbezogen wird.

Ein Problem besteht zudem darin, daß Kommunikation als linearer Prozeß entworfen wird. Bei Shannon & Weaver liegt dies in dem senderseits gerichteten Prozeß; bei Luhmann in der durch das System selbstthematisierten Erfordernis, auf Umwelt unter Anpassungsdruck zu reagieren. Dies schließt in beiden Fällen nicht aus, daß jeweils auch die 'andere Seite' mit bedacht wird. Dennoch entwirft keines der beiden Modelle *Kommunikation als von anbeginn interaktiven Prozeß*. Zudem werden Zeichen als Behälter verstanden, in denen Bedeutung im Wartestand 'transportiert' wird. Daß Kommunikation ein simultan (= im selben Moment) stattfindender Übersetzungsvorgang mit verschiedenem Ausgang ist, bleibt unberücksichtigt. (K. Krippendorf 1990; S. J. Schmidt 1995)

1.2.3. Gelingende Kommunikation

Im Rahmen der Modell-Sicht soll nun auf den theoretischen Ansatz von J. Habermas eingegangen werden. Für ihn ist Kommunikationstheorie ein zentraler Teil einer Theorie der Moderne (1981). Sie wird u.a. konkret in der Theorie kommunikativen Handelns. Diese ist eingefügt in ein Modell allgemein gültiger Prinzipien des sprachlichen Handelns, der sog. *Universalpragmatik.* Diese bestimmt J. Habermas auch als allgemeine Theorie der „kommunikativen Kompetenz". Ihm geht es darum, die „universalen Bedingungen möglicher Verständigung zu identifizieren und nachzukonstruieren"(1976: 174). Verständigung bestimmt J. Habermas als einen Prozeß der „Herbeiführung eines Einverständnisses, welches in der intersubjektiven Gemeinsamkeit des wechselseitigen Verstehens, des geteilten Wissens, des gegenseitigen Vertrauens und des miteinander Übereinstimmens terminiert" (1976: 176). Der daran gebundene 'gelungene' Sprechakt stellt immer Bezüge zur *objektiven Welt* (Dinge, Ereignisse, Sachverhalte), zur *sozialen Welt* („Gesamtheit aller legitim geregelten interpersonalen Beziehungen") und zur *subjektiven Welt* („Gesamtheit der privilegiert zugänglichen Erlebnisse des Sprechers") her (1981/ Bd.1: 148f). Der verständigungsorientiert Handelnde erhebt nach J. Habermas immer drei Geltungsansprüche, deren Verwirklichung erst das Gelingen des Sprechaktes bestimmen. Die Ansprüche sind: Wahrheit der Aussage, Richtigkeit des Sprechaktes und Wahrhaftigkeit der geäußerten subjektiven Erlebnisse. Damit behauptet er für das Gelingen von Kommunikation nicht nur, „daß zwei Subjekte einen sprachlichen Ausdruck identisch verstehen“ (1976: 177). Er fordert für jede kommunikative Interaktion, daß jeder die Geltungsansprüche erheben muß, daß jeder sie erfüllen kann und daß sie, wenn nicht bereits erfüllt, so doch jederzeit eingelöst werden können.

Gelingende Kommunikation wird bei J. Habermas an ein normatives Modell der Verständigung gekoppelt. Letztlich sind die scheinbar als Verfahrensanteile geordneten drei Ebenen des Weltbezugs und die Niveaus der Geltungsansprüche keine allen frei verfügbaren Elemente von Kommunikation. Sie sind die Muster, über die Kommunikation als Erzeugung von 'identischem Verstehen' erfolgt. Die subjektive Absicht, sich verständlich zu machen, wird in die Bekenntnisrolle gedrängt, Gemeinsamkeit herzustellen, bevor die Unterschiede ausgelebt und ausgesprochen sind. Kommunikation wird vor dem Dissensrisiko geschützt.

Die Abstraktion der Mitte, der Vermitt(e)lung, die oben angesprochen wurde, wird unter diesem Gedankengang zu einem Zentrum, auf das sich Verständigung zubewegt, in dem sie nur verwirklicht werden kann. Dieses 'Zentrum' ist 'identisches Verstehen', letztlich auch identischer Einsatz der Ebenen des Sprachhandelns. Um eine zu 'zentristische', d.h. einseitige Theorieauslegung zu umgehen, fügt J. Habermas in das Kommunikations-Modell einen ergebnisoffenen, nicht zielbestimmten Gesprächsverlauf ein, den Diskurs. Der kann aber wieder nur gelingen, wenn sich alle Beteiligten auf die idealen Verständigungsebenen beziehen. Hierfür müssen sie ihnen aber ausdrücklich bekannt sein und im Sprechakt bewußt bleiben, auch wenn dies gegen alle Gewohnheit oder Machtförmigkeit der Diskursbedingungen gerichtet ist, sog. „kontrafaktische Situation“. Dies hat ihm u.a. den Vorwurf eingebracht, diese Theorie sei nur gut für philosophische Seminare. Habermas selbst sieht in seinem Konzept ein „normatives Fundament sprachlicher Verständigung“, das in jeder verständigungsorientierten sprachlichen Kommunikation das Ideal „antizipiert“ (gedanklich vorweg nimmt) und die „antizipierte Grundlage auch wirksam“ wird. (1971: 140) Wenden wir die hier vorgeschlagene Unterscheidung zwischen Verständigung und Verstehen an, so richtet sich J. Habermas' Modell über die sprachliche Verständigung auf das „normative Fundament“ des Verstehens aus. Für eine medientheoretische Reformulierung von Kommunikation ist dieses Konzept zu eng gefaßt.

B. Nelson kritisierte an dieser normativen Bestimmung gelingender Kommunikation nicht nur das enge Sprachmodell, das Konstrukt und Konstruktion, historisches Gedächtnis, unbeabsichtigte falsche Erinnerung, Farce, Tragödie oder Komödie nicht mit einbezieht. Er kritisiert zurecht auch die, nicht nur bei J. Habermas, zu enge Bindung sozialwissenschaftlicher Modelle an *eine* Kultur. „Schon jetzt zeichnet sich mit aller Deutlichkeit ab, daß man vielen der wichtigsten Anforderungen, vor die die Soziologie heute gestellt ist, nur durch einen Rückgriff auf die zivilisatorische und interzivilisatorische Perspektive gerecht werden kann".(1977: XVI)

1.2.4. Kommunikation: analog/digital?

Die angesprochenen Konzepte unwahrscheinlicher, wahrscheinlicher oder gelingender Kommunikation zeigen, daß der Bezug zwischen Kommunikation und gesamtgesellschaftlicher rsp. globaler Ordnung von Vermittlungsprozesses sehr eng ist. Kommunikation ist längst zu dem allgemeinsten sozialen oder systemischen Bereich der Selbstthematisierung geworden und hat, wie N. Luhmann zurecht sagt, Arbeit und Kapital als Beschreibungsebene zurückgedrängt.

Stimmt dies, so ist es dringlich, sich die Fülle sehr verschiedener Verständigungsebenen, die mit jeder modelltheoretischen Erklärung zusammengefaßt werden, nochmals genauer anzusehen. G. Bateson ist ein Autor, der dies versucht. Für ihn ist Kommunikation weder an die eine oder andere Wahrheit gebunden, noch ist sie völlig ohne „gewisses Vertrauen in die Wahrheitsliebe" (1994: 187) möglich. Dies richtet die Aufmerksam anders als bei B. Nelson nicht auf die Stile und Gattungsarten von Sprache und deren modellhafte Abgrenzung zur Komödie und Tragödie u.ä. G. Bateson fragt nach den Regeln, nach denen in den jeweiligen Situationen z.B. sprachlicher, bildlicher, nicht-sprachlicher Austausch erfolgt, und nicht nach der Bedeutung der Botschaft. Das Wechselspiel fehlender fester Wahrheitsbindung und einem Vertrauen darin, daß mich mein Gesprächspartner nicht übervorteilen, austricksen oder hintergehen will, ermöglich ihm, Kommunikation als Test, Experiment, an Regeln gebundenes Spiel 'Verständigung zu machen' zu begreifen. Kommunikation ist wahr-machen (= verifizieren), ein im Ergebnis subjektiver Vorgang, der nach „Regeln der Transformation" (184) des wahrgenommenen Unterschiedes in eine beständige Aussage erfolgt. Erst durch diese Überführung von Eindrücken, Erfahrungen, Wahrnehmungen in eine zeitliche, die Dinge erinnernde Dauer, entsteht Bedeutung, der Vorhof von Wahrheitswünschen und -absichten. 'Wahr gemacht' bleibt etwas mit irgendeiner Bedeutung erhalten. Bedeutung ist das Kleingeld der Wahrheitsliebe, die 'Währung', um im Bild zu bleiben, ist Kommunikation. Dabei ist Bedeutung nicht irritationsfrei; sie ist Muster, Redundanz (Wiederholung derselben Deutung, Nachricht), Information und Einschränkung. (185)

In diesem Horizont formuliert er eine – in meinen Augen sehr hilfreiche – Bestimmung von Kommunikation: „ Das Wesen und die raison d'être der Kommunikation ist die Erzeugung von Redundanz, Bedeutung, Muster, Voraussagbarkeit, Information und/oder die Reduktion des Zufalls durch 'Einschränkung'." (186) Wichtig ist dabei der Begriff „Erzeugung", da mit dieser Sicht Kommunikation in die Ebene der Prozeduren, der Produktion gebracht wird, in den pragmatischen Zeit-Raum sozialen und individuellen Handelns. Ihr Maßstab ist der Gebrauch der kommunikationsermöglichenden Medien mit dem Ziel, die Transformation zu ermöglichen, und nicht Bedeutung vorzuschreiben (was G. Bateson prinzipiell ablehnt). Subjektseits wird die Transformation durch Interpretation, also durch deutende Auslegung, die die Wahrnehmungs- und Reflexionsfähigkeit des einzelnen Menschen ergänzt.

Mir scheint die Aussage Batesons, daß ihn gerade die *Regeln der Transformation*, also die Codes interessieren, und nicht die Botschaft, ein sehr wichtiger Gedanke zu sein. Ich übernehme ihn für die Argumentation dieses Buches, um nicht die Schlachten um Bedeutungen zu führen, sondern den *Regeln des Gebrauchs von Kommunikation* etwas auf die Spur zu kommen– und nicht den Befindlichkeiten der Sprecherinnen und Sprecher. Dies bedeutet nicht, daß die Absichten der Nutzerinnen und Nutzer außeracht gelassen würden. Vielmehr werden sie auf Verteilungsmuster der Aufmerksamkeit bezogen, die durch Sprach-, Bild-, Gegenstands-, Umgebungserfahrungen ebenso geprägt sind wie durch das Erlernen von sehr verschiedenen Konzepten der Abstraktion (sprachlich, bildlich, theoretisch, körperlich, sozial) und der Schematisierung von Umgebungen. Dabei hat es keinen Erklärungswert, wenn man das Modell analoger (fließend hintereinander verarbeitender) Kommunikation, wie zum Beispiel den Rede-Fluß, der digitalen Kommunikation entgegenstellt, so als ginge es einmal mehr um den unaufhebbaren Widerspruch von Natur (natürliche Sprache, natürliche Zahlen) und Technik. In diesem Streit zwischen Natur und Kultur (Ch. S. Peirce) oder belebt/unbelebt (J. v. Uexküll) ist es aus meiner Sicht schlüssig,

Uexküll weiterzudenken. Ich denke, daß das folgende Zitat von G. Bateson für die nachstehenden Arbeitschritte eine hinreichende erste Präzisierung darstellt:

„In der natürlichen Welt ist Kommunikation nur selten rein digital oder rein analog. Oft werden diskrete digitale Kerne zu analogen Bildern verbunden, wie im Druckstock für die photomechanische Reproduktion; und manchmal gibt es,..., eine kontinuierliche Abstufung vom Ostensiven über das Bildliche zum rein Digitalen. Am digitalen Ende dieser Skala besitzen alle Theoreme der Informationstheorie ihre volle Stärke, am ostensiven und analogen Ende sind sie dagegen bedeutungslos...

Anscheinend ist die analoge Kommunikation in gewissem Sinne primitiver als die digitale, und es gibt einen starken evolutionären Trend in Richtung auf die Ersetzung analoger durch digitale Mechanismen." (1994: 376/377)

Im Verlaufe dieses Buches werden einige Aspekte dieser These vertieft werden (→ Hybrid-Systeme; → Interaktion; → Informationsgesellschaft; → Kybernetik).

1.2.5. Erfolgreiche Kommunikation

Ist nun Kommunikation unwahrscheinlich oder unzuverlässig? Die gezeigten Alternativen weisen alle einen Mangel auf: sie gehen kaum auf die formalen und materialen Bedingungen von Kommunikation ein, oder in anderen Worten gehen sie nicht darauf ein, daß Kommunikation ja nur dadurch beobachtbar ist, daß in ihrem Verlauf Muster, Wiederholungen, Einschränkungen, Auswahlen von wenigstens zwei Partnern (Akteuren) mittels eines Mediums verarbeitet werden. Ungewiß ist immer der Ausgang, es sei denn, man nimmt auch einen militärischen Befehlsvorgang in die Liste von Kommunikation auf. Selbst wenn man dies tut, sind die Modelle einer (diskursiv gebundenen) abschließbaren, gelingenden oder einer (militärisch-instruktiven) wahrscheinlichen Kommunikation darauf verwiesen, daß es einen nicht überschreitbaren normativen Rahmen gibt. Und: damit wären nur zwei Typen benannt.

Bestimmt man *Kommunikation als Verfahren*, wie es vorschlagen wird, so erlaubt dies, sie als andauernden Prozeß-Mix zu beobachten und zugleich als unterscheidungsreichen Gebrauch von formalen und materialen Voraussetzungen zu bestimmen. Prozeß-Mix meint hier eine fortdauernde, und nur willkürlich zu 'beendende' Kombination von persönlichen Anteilen und ausgewählten 'funktionalen' Anteilen von Geräten, Medien, Logiken (Modellen), Logistiken (Verteilungsmustern), von Symbolen oder Zeichensystemen. Insofern ist Kommunikation ein Verfahren, in dem personale und nicht-personale Anteile gesellschaftlicher Realität mit einander verbunden sind. Kommunikation ist heute – wie mir scheinen will – gar nicht anders entwerfbar als in dieser *Verbindung von gebilligten mechanischen, unemotionalen Ausführungen* (G. Bateson) der *Verfahren, von gerätetechnischen Unterstützungen, emotionalen und intellektuellen Einstellungen und sozial-anonymen Entscheidungsregeln.* Hieraus ziehe ich den Schluß, Kommunikation *systemisch* zu bestimmen, sie als ein vorläufiges, auf sich verweisendes Ereignis (= Performanz) und als Moment der Re-Interpretation beobachtbar zu machen. Sie verbindet verschiedene Bedeutungs-Zeiten durch aktuelle Übersetzung. Sie ist so gesehen ein *Prozeß der Selbstorganisation* und zugleich ein Moment, in dem zeitüberschreitende Bedeutung und Identität entstehen können (→ Selbstorganisation und Identität). Mit einem Argument von G. Bateson erweitere ich diese Modellskizze. Er betont gegenüber jedem theoretischen Versuch, Bedeutung oder Charakteristik zu vereinseitigen, daß „die geistigen Charakteristika des Systems (...) nicht einem Teil immanent (sind), sondern dem System als ganzem".(1994: 407)

Mit dieser Annahme läßt sich eine Position von J. Shotter (1984) verbinden, auf die S. J. Schmidt (1994: 105) ausführlich eingeht. Nach Schmidt entwickelt Shotter das Konzept der 'social accountability'. Danach kann jeder Beteiligte an einem Gespräch u.a. das Gesagte (und damit die Information, die Mitteilung und die Verstehensanforderungen) in Frage stellen; umgekehrt muß er hierauf reagieren können, wenn ihm ein Kommunikationspartner diese Haltung entgegenbringt. Dabei geht es nicht nur um die herkömmlichen Mechanismen der Legitimation, die die Positionen bestätigen. Es geht darum, mit einer eigenwilligen Auslegung eines Themas einen *thematischen Raum* zu erzeugen, der anderes ausgelegt ist oder weiter erscheint, als der angebotene. Über diese thematische (Ver-)Änderung wird der Zusammenhalt der Kommunikation unter Bedingungen der Individualisierung erhalten und jeder Beteiligte / jede Beteiligte hat die Chance, über die Handhabung thematischer Unterschiede Aspekte von Identität zu markieren. S. J. Schmidt verwendet für diesen Vorgang das Konzept der „erfolgreichen Kommunikation" und verbindet damit die objektiven, systemischen Bedingungen mit den subjektiven Einschätzungen des optimierten Gebrauchs der Kommunikationsmittel. (→ Thematisierung und Identität)

1.2.6. Einige erste Schlußfolgerungen

Mit diesen kurzen Modellskizzen konnte gezeigt werden, daß der 'Markt der Möglichkeiten', Kommunikation zu bestimmen, bereits seine theoretische Landkarte aufweist. Die Eckwerte sind dabei bestimmt über die physikalisch-mathematischen, systemtheoretischen, universalpragmatischen oder konstruktivistischen Parameter. Dabei konnte gezeigt werden, daß die normativ gemeinte 'gelingende Kommunikation' (= identisches Sinnverstehen) unter den Bedingungen sozialer Ausdifferenzierung und Globalisierung von Informationsvermittlung eher unwahrscheinlich ist. D.h. aber auch, daß Kommunikation vermutlich nicht die Integrationsgewalt entwickeln kann und wird, die die pädagogisch-institutionellen Ordnungen zurückliegender Jahrhunderte besaßen. Hieraus folgt aber, sich sehr präzise mit dem *Unterschied von Institutions- und Kommunikationstheorie* zu beschäftigen. Etliches liegt da noch brach. Ist *normative Kommunikation als Institutionsersatz sozial unwahrscheinlich*, so gilt dies mit anderen Vorzeichen auch für die mathematisch wahrscheinliche Kommunikation. In beiden Fällen geschieht nämlich dasgleiche. Sie grenzen sich von Störungen ab: entweder durch die nicht empiriefähige Betonung identischen Sinns oder durch das physikalisch zu unterdrückende Rauschen, – wobei letzteres ja auch im technischen Sinne richtig ist.

Überträgt man die Argumente wahrscheinlich/unwahrscheinlich auf die Medialität, so wird die Dimension dieser Unterscheidung sehr deutlich. Die Systemanteile (mathematisch-physikalisch) wahrscheinlicher Kommunikation nehmen in computergestützten Sozialsystemen immer mehr zu; zugleich schwächt dies die personalen Anteile von Kommunikation; dennoch sind die gerätetechnisch verstärkten, komplexen medientechnischen und elektronisch geführten (= cybernetischen) Kommunikationsverfahren unverzichtbar für jede Form hoch-informierter sozialer Verständigung. Ohne sie wäre der Sinn von sozialen Systemen nicht mehr be- und entzifferbar. Dies schließt die Formulierung von Identität nicht aus (→ Selbstorganisation und Identität), führt ihre Entstehung aber zurück in die dynamischen Zwischenräume, d.h. in kurzfristige Vermittlung, Verortung und Interpretation und den damit verbunden Mustern von Dauerhaftigkeit, Gedächtnis, Überlieferung.

Bleibt die Frage nach dem *Verhältnis von Verstehen und Verständigung*. Für die weitere Darstellung wird vorgeschlagen, *Verstehen für die subjektive Leistung der Interpretation* vorzubehalten und *Verständigung als ein personenunabhängiges Verfahren* zu bestimmen, in dessen Verlauf über verbale, nicht-verbale Sprache (→ Interaktion), über Medien, über ökonomische oder andere Machtmechanismen die Verteilung von Aufmerksamkeitsmustern und Sinnofferten erfolgt. N. Goodman formulierte: „Symbole werden über das unmittelbar Notwendige hinaus nicht um der Übung willen, sondern um des Verstehens willen gebraucht; was uns antreibt, ist der Drang zu wissen; was Freude macht, ist die Entdeckung; und Kommunikation ist sekundär gegenüber dem Verstehen und der Formulierung dessen, was kommuniziert werden soll.“(1982: 584) Dennoch ist kommunikationstheoretisch eben dieses 'sekundäre', die soziale, mediale, materiale Verständigungsordnung, wichtig.

Einige Zuschreibungen sollen überleitend festgehalten werden:

Kommunikation ist

- *ein Verfahren zur Koordination von Medien, sozialen Bestandsanforderungen, subjektiven Interessen*
- *eine soziale Kunstform*
- *Kalkül der Anpassung*
- *Verteilungsprozeß von Aufmerksamkeit und Sinnofferten*
- *Gegenwartsallianz*
- *nie störungsfrei (weder im informationstheoretischen Sinne noch im normativ-institutionellen Sinne)*
- *hält Rezeptions- und Interpretationschancen bereit, legt sie aber kaum mehr fest.*

Das heißt auch, Kommunikation ist als sozialwissenschaftlicher Begriff nur schlüssig zu führen, wenn er mit Medientheorie, Mediengeschichte, Interaktionstheorie und Interaktionsgeschichte verbunden wird. Um die intersubjektive *Abstraktion der Mitte* adäquat beobachten zu können ist es dringlich, sie mit den *Konzepten der Abstraktion* zu verbinden, die den computertechnologischen Netzwerken eingebaut ist. Dies bleibt ein dringendes Erfordernis für die Kommunikations- und Medientheorie ebenso wie für Kulturtheorien und Publizistik.

2. GEBRAUCH VON KOMMUNIKATION ALS VERFAHREN DER VERSTÄNDIGUNG

2.1. Ars memoriae

Oft wird von Kommunikation gesprochen, als sei sie ein selbständiger Bereich sozialer Ausdifferenzierung. Wir sprachen an, daß dies bei N. Luhmann sogar soweit geführt ist, daß Kommunikation einen eigenen systemischen Status einnimmt. In ihr wird die ansonsten „unentwegt sich fortspinnende Dreiheit der Selektionen von Information, Mitteilung und Verstehen...zum Zweck der Schaffung von Beobachtungsmöglichkeiten“ entlang der Auswahl von Mitteilungen geordnet, wie P. Fuchs formuliert (1992: 225). Die Konstruktion von Beobachtung und Mitteilung stoppt sozusagen die Dynamik, die durch unterschiedliche Kommunikationsperiodiken (Kap.4) entsteht. Kommunikation unterbricht diesen andauernden Ansturm von externen Datenströmen und wandelt sie in Informationen oder Mitteilungen um. Mit ihr wird gerade unter der Anpassungs- und Erhaltsanforderung, die mögliche Reichweite der Umwelt-Informationen für das System verkürzt. Kommunikation ist so gesehen das hauptsächliche Reduktionsverfahren eines Systemes, um das auf sich anwenden zu können, was es als 'Außen' wahrnimmt. Für N. Luhmann nimmt diese Reduktion das Kommunikationssystem *selbst* vor und läßt sich durch die anderen Systeme in dieser besonderen Funktion bestätigen. Hier wird hingegen die Position vertreten, daß Kommunikation ein Teil, wenngleich der allgemeinstes Teil systemischen Handelns ist. Handeln ist dabei immer Äußerung, ob sprachlich, körperlich, skulptural, ökonomisch, liebend, trauernd. Nicht Kommunikation schafft „Adressen der Zurechenbarkeit“ (P. Fuchs 1992: 225). Diese werden erst durch die Zielrichtung des kommunikativen Handelns hergestellt, sind die Endpunkte der in eindeutige Codes verkürzte Mitteilungsabsichten. So gesehen ist Kommunikation stets Verkürzung, Eingrenzung der Vielfalt, Anfang für neue kombinatorische Erweiterungen.

Eine andere Reduktionsvariante für überschüssige Interpretation wird durch die scheinbar unbegrenzten, entweder textsprachlichen oder algorithmisch-informatischen, Verarbeitungen erzeugt. Es handelt sich um Entwicklungen elektronischer Kommunikationstechnologien, deren Propagierung und deren Nutzung in sozialen Teilbereichen befördert wird. Dies sollte nicht davon ablenken, daß diesen Entwicklungen selbstverständlich Gebrauchs- und Verwendungsentscheidungen vorgelagert (wie die Textbasis, die CPU-Monitor-Tastatur-Einheit) oder eingebaut sind (wie Random Acces Memory/ Machine -RAM; Read Only Memory-ROM) oder aber die Medialität auf die einzelmenschlichen oder sozial-kollektiven Nutzungskompetenzen bezogen bleiben. Ob nun System- oder Ingenieursmodell (oder Textmodell wie im nächsten Kapitel): sie stellen den *stand-by-Modus* der Vermittlungs- und Verteilungsformen dar, in denen sich die Kulturentwicklung der Aufmerksamkeit, der Sprach-, Sprech-, Seh- und Hörfähigkeit in ihren bisherigen Ergebnissen organisiert. Dieser stand-by-Modus wird erst durch den Gebrauch, also durch die Benutzung der gespeicherten Unterschiede oder durch die Nutzung des elektronischen Speichers als Unterschied zu anderen Speichern vergegenwärtigt, in reale Zeit eingeführt. *Gebrauch von Kommunikation* bezieht sich also sowohl auf die menschliche Körperlichkeit, wie auf die nicht-menschlichen Speicherungen bisheriger kultureller Selektionen und Nutzungsentscheidungen. Damit ist betont, daß das *Kommunikations-Verfahren sich nicht selbst erzeugt*. Eher scheint es, als sei es ein Teil der ökonomisierten und sozialisierten Kultur und Kunst der Erinnerung, da es selbstverständliche Systeminhalte vergegenwärtigt und gegenwärtige Information in erinnerbare Unterschiede umformt.

Die damit eingeführte Spannung besagt, daß weder Subjekt noch Technik sozial 'frei' sind, noch stehen sie in unmittelbarer, d.h. unvermittelter Beziehung. Sie halten in grundverschiedener Weise Erinnerung und Strukturen bereit: als hochselektives, 'vergeßliches' und produktives kombinatorisches Gedächtnis des Menschen; und als technologische Allesspeicher. Gleichwohl sei hier betont, daß, ganz gleich wie groß die Technologien in ihrer Reichweite ausgelegt sind (man spricht auch auf die Computernetze bezogen von Large Scale Technology), die Reintegration der technisch gespeicherten Handlungsmuster oder die Re-Konstruktion der entworfenen Produktionsverläufe durch einzelne Menschen oder soziale Gruppen erfolgt. Auch dann, wenn eine (Medien-)Technologie als universal oder hoch-automatisiert eingestuft wird, ist ihre (soziale, kulturelle, normative, politische) Bedeutung an situativ umgesetzte Bewertungsmuster gebunden, ganz gleich ob diese Situation auf einem realen Territorium oder im virtuellen Raum der Netze stattfindet. Damit ist hier bereits angesprochen, daß *Kommunikation und Interaktion* sich nicht sinnvoll voneinander trennen lassen. Eine wechselseitige Trennung oder auch die Aufhebung des Unterschiedes führt zu Pathologien im Kommunikationsprozeß, d.h. dem Zusammenbruch kreativer, informationsbegründeter und intelligenter Kommunikation (→ Hybride Ordnungen). Dies gilt auch für die 'Universalmaschine' oder das 'Universalmedium' Computer.

Man sollte sich nicht von dem beeindruckenden Wort der 'Universalität' eines Mediums oder einer Kommunikationstechnologie ablenken lassen. Die sogenannte 'Einsetzbarkeit' oder 'Verwendbarkeit' als Universalmedium bedeutet nicht Universal-Gebrauch oder Universal-Sinn. Anders gesagt: ich lehne ich die kritische oder positiv-bestätigende These einer einseitigen Determination durch nichtmenschliche Speicher ab. Die Pfade, die zu einem einseitigen Determinationsverständnis führen, sind breit getreten. Sie beginnen in der jüngeren Geschichte mit der Universalschrift von G. W. Leibniz, führen zur Universal-Maschine A. Turings und zu dem universalen Kommunikationsystem C. Shannons. In diesen wird Kommunikation einmal mehr als abhängige Größe eines Universalschlüssels, der globalen *ars memoriae* vorgestellt. J. F. Lyotard zieht aus den elektronischen Speichern und ihrer tendenziellen Vollständigkeit die Folgerung, es gehe nicht mehr darum, Neues zu erzeugen, sondern überraschende Verknüpfungen zu schaffen. Abgesehen von der überholten Idee, Wissen könne *vollständig* gemacht werden, wird der Spaß mit der Neukombination bekannten Wissen mehr oder weniger schnell ermüden, d.h. unproduktiv und unkreativ werden. Ich halte es – auf diese Universalitäts-Phantasmen bezogen – mit D. Kamper, der dem theoretischen und universalisierenden Denken die Wahrnehmung als Störenfried in den Pelz setzt. "Denken, das im Wahrnehmen seine Grenze erfahren kann", so Kamper, denkt anders. Diese Grenze ist Unterscheidung, Unterbrechung, Neuanfang. Zur Tagesordnung wissensindustrieller Gesellschaften gehört, neu zu befragen, ob Kommunikation unter dem Vorrang von Erfahrung und Experiment steht, oder ob sie unter dem Vorrang der Universalität allgemeiner Sinn- und Deutungsstrukturen zu verstehen ist. Das Menu des Tages wird dabei von der globalen Durchsetzung computergestützter und computerverstärkter Kommunikationsumgebungen geschrieben. Was heißt dies für Text und Sprache(n)?

2.2. Sprache und das Andere

R. Rorty schrieb in 'Kontingenz, Ironie und Solidarität'(1991):

> "Die Welt spricht überhaupt nicht. Nur wir sprechen. Die Welt kann, wenn wir uns eine Sprache einprogrammiert haben, die Ursache dafür sein, daß wir Meinungen vertreten. Aber eine Sprache kann sie uns nicht vorschlagen. Das können nur andere Menschen tun."

Diese Sätze sind in der Tradition der pragmatischen Philosophie formuliert. Sie enthalten zwei Aspekte, die mir sehr wichtig sind: (a) die Wendung gegen die Idee, der einzelne Mensch sei der Ursprung/ Ausgang aller sprachlichen und gestalterischen Prozesse; (b) die Idee, das Sprache immer vom Anderen kommt.

Sprache ist für Rorty zwar auch Medium, aber dies nur als eine sich ständig verändernde, weil gebrauchte Voraussetzung. Sie ist keine fixe Verbindung zwischen dem Selbst und der nicht-menschlichen Realität, kein Puffer zwischen Subjekt und Objekt. Sie ist als Prozeß der Wahrnehmung, der Strukturierung ebenso zu verstehen, wie als Selbstbeschreibung des menschlichen Körpers. Sie ist dabei nur ein Moment eines pragmatischen Zustands, in dem die Gesamtheit der Beschreibungs-, Darstellungs- und Veränderungsmöglichkeiten aufeinander wirken. Sprache wird als Mittel das anvertraut, was nicht aus der Hörwelt stammt, sondern aus der Welt des Sichtbaren, der körperlichen Gegenstands- und Geschwindigkeitserfahrungen sowie der emotionalen, psychischen Erfahrungen. Die Sprachspiele, als welche R. Rorty das Sprechen nach allen Regeln der Sprachkunst darstellt, sind nicht willkürlich einsetzbar oder als Ausdruck von etwas tief in unserem Inneren zu deuten. Ebenso ist, so Rorty, ausgeschlossen, objektive Kriterien durch subjektive, Vernunft durch Willen oder Gefühl zu ersetzen.

Aus diesem Gedankengang können zwei allgemeingültige Aussagen gewonnen werden:

i. – die Einsicht, daß die Selbstwahrnehmung des Einzelnen, die ihm oder ihr erlaubt, Ich zu sagen, immer vom Anderen her kommt. Bevor wir 'ich' sagen können hat schon unbezifferbar viel unsere Fähigkeiten herausgebildet, ist Anderes in unsere Wahrnehmungen, Denkweisen und Abstands- Nähererfahrungen abgelegt. Das sich kommunizierende Ich ist ein geprägtes Ergebnis. Es hat schon non-verbale, körperliche, verbale Geschichte, bevor es über sich selbst erzählen kann. J. Piaget nennt dies in seinen entwicklungspsychologischen und erkenntnistheoretischen Arbeiten die 'Schemata' der Wahrnehmung; in ähnlicher Weise, aber im Sinne von bis in feine Unterschiede reichender Festlegungen, spricht P. Bourdieu von 'Habitus'.

ii. – Die andere damit eng verbundene Aussage ist in dem Gedanken enthalten, daß nur wir sprechen. Es ist dies eine Bestimmung der conditio humana, die an A. Gehlens These erinnert, die Menschen seien Wesen der Selbstdeutung.

"Die Welt spricht überhaupt nicht. Nur wir sprechen." Aber wie? Versteht man dieses 'nur wir' als eine universalistische Aussage, so ließe sich ein Kommunikationsmodell herleiten, das eine gemeinsam geteilte Welt und einen für alle gleichermaßen sinnhaft strukturierten Bedeutungszusammenhang unterstellt. Bedeutung würde dann intersubjektiv vergemeinschaftet, festgeschrieben. Und in der Tat gibt es eine Vielzahl von theoretischen Entwürfen, die Kommunikation so beschreiben. Die Subjekte sind sprachkompetent und vollziehen ihre Darstellung in den Feldern eines von allen geteilten Vorstellungsraums. *Verstehen ist nicht garantiert, aber ideal vorausgesetzt.* Wer sich unverständlich macht, fällt aus dieser Gemeinschaft heraus. Die Gemeinschaft, jenes *communio*-Fragment, das noch in Kommunikation enthalten ist, wird als Zwangsdeutung erfahren. Symmetrische Kommunikation wird in diesem Modell nicht als 'Balance' verstanden, sondern als Zwangsgleichheit. Ihr abstraktester Rahmen ist Kultur und diese ist, in dieser Auslegung, kriegerisch, wie B. Brock einmal in einem Gespräch darstellte. Sie ist eine auf Dauer gestellte Wiederholung des Gleichen; sie ist nicht nur Verkürzung durch die Handhabung von Unterschieden, sondern Gewalt. J. Lacan (1973) hat in seinen Arbeiten diese Ummauerung des Hörens und Sprechens als "leeres Sprechen" entziffert und es in seiner Herkunft und Stabilität psychoanalytisch aufgedeckt.

2.3. Das Große Ohr– Leeres Hören

Nun geht es R. Rorty sicher nicht um '*leeres Sprechen*'. Sein Ironie-Konzept will gerade durch die Pragmatik, also das experimentell, testende, regelhafte Handeln mit kurzzeitigen Zielen und Mitteln geringer zeitlicher und normativer Reichweite, das harte Gemäuer der immer identischen Verstehensleistungen umgehen. Der Hinweis auf die strikte Bedeutungsymmetrie, die sich auch im Modell des 'identischen Verstehens' wiederfindet, zeigt, daß es immer erforderlich ist, den Vorstellungsraum zu klären, auf den Sprache oder Kommunikation bezogen werden. Nun ist Sprache für Menschen nicht ohne Hören und Sehen denkbar. Was hören wir? Wendete man die Bedeutungssymmetrie an, so wäre Hören gleichbedeutend mit Gedankenlesen, es wäre, in Anlehnung an J. Lacan, 'leeres Hören'. Verwenden wir etwas Zeit auf's Hören. 'Hören' ist, wie W. Welsch (1993) sagt, der Sinn der Sozietät, Sehen ist der Sinn der Individualität.

Im Verlauf des Hörens entsteht eine Vorstellung dessen, was der Redner oder die Rednerin sagt. Das Hören organisiert das vorstellende Verstehen, während im Sehen ein Bild entsteht. Das Gehör verschafft dem Menschen Einsicht, macht ihn einsichtig. Wie oft reden wir mit jemandem, um ihn einsichtig zu machen, um von ihm Rücksicht zu fordern, oder ihn zur Vorsicht zu mahnen. Hören, im Sinne der angesprochenen Transformation des Gehörten, macht unsichtbare Zusammenhänge 'denkbar'. Etwas, das sich 'hören lassen kann' hat die bereits festgestellte Qualität, zu Vorstellungen zu führen, die für eine größere Anzahl von Menschen bedeutsam sind; manches 'will man nicht hören' oder 'man kann es nicht hören'. Dies sind willkürliche Akte. Es gibt kein Ohrlid, wie es ein Augenlid gibt. Das Ohr ist– ohne zusätzliche Hilfsmittel– unabschließbar. "Ton dringt ein, ohne Abstand" sagte H. Plessner in 'Anthropologie der Sinne' (1980: 344).

Dabei ist es physikalisch unwichtig, über welche Quellen und Kanäle der Ton zu uns kommt. Allerdings ist dies kulturell und sozial keineswegs unbedeutend. Die Quelle von Tönen, ebenso deren Reihenfolge wie auch deren Empfängersituation ist hochgradig geregelt: so ist die Stille im Klassenzimmer, im Gerichtssaal, im Museum, in der Leichenhalle, im Bergwald jeweils anders belegt. Ähnliches gilt für den Lärm auf dem Schulhof, bei Demonstrationen, auf Autobahnen, in Bahnhöfen. Interessant wird es, wenn die Signale aus der Ferne kommen, Ferne nahebringen, wie bei Telefon, Radio, Fernsehen usw. Das Ohr ist allerdings nur ein an unserer Wahrnehmung beteiligter physiologisch-kognitiver Zustand. Zudem hat der Hörsinn eine eigene Kulturgeschichte. Man sollte das Hören nicht überbetonen. Friedrich Nietzsche drückte dies in "Also sprach Zarathustra" gewohnt deutlich aus. Ein Mensch, der ganz Ohr ist, sei nicht ganz Mensch, sondern, wie er sagt, "ein umgekehrter Krüppel, der an allem zu wenig und an einem zu viel" hat. Er plädiert für das kleine Ohr des Dionysos und gegen das Große Ohr, das nur 'nach oben' hört.

Die Dressur der Sinne ist direkt verbunden mit dem Diktat des Sinns. Beides, die Dressur des Gesichts- oder Hörsinns und das Diktat der Befolgung von Befohlenem, hat nur eine Befehlsrichtung. Sie ist auf Vollstreckung bezogen. Es sind Strategien, die das Spiel der Sinne unterbinden, Interpretationen und Übersetzungen als störend verhindern müssen. Dressur und Diktat, das 'Große Ohr', das nach oben hört, und die 'niedergeschlagenen Augen', die dem Kontrollblick entgehen wollen, sind sozial nicht mehr erforderlich. Medialität ist reichhaltiger geworden, Integrations- und Ordnungsforderungen feingliedriger. Sie beziehen sich auf alle Sinne, durchdringen alle Sinnlichkeitsfelder. Bei Sprechen, Lesen, Sehen und Hören müssen folglich nicht nur die Speicherform, die Fähigkeit der Aufnahme oder Wiedergabe, sondern vor allem die der Übersetzung und der deutenden Auswahl berücksichtigt werden. Dies wird umso wichtiger, je mächtiger die computergestützte Medialität wird. Dies sei noch an einem anderen Aspekt vertieft:

Die immer häufiger durch elektronische Medien vermittelten graphischen Informationen und räumlich-sozialen Situationen weisen mit der angesichtigen Interaktion weit mehr Ähnlichkeiten auf als mit Information in Form von Niedergeschriebenem und Gedrucktem. Sehen, Hören, Sprechen oder Schreiben werden in einer neuen Art und Weise in die Organisation von Handeln eingebunden. Sie müssen neu interpretiert und kulturell verdeutlicht werden.

Kommunikationstheorie, wie sie hier mitgedacht ist, sollte sich mit der Bedeutsamkeit der Schnittstellen von Wahrnehmung und Handeln beschäftigen, nicht mit der Suche nach Universalia oder strukturellen oder physikalischen Stabilitäten. Deutlich geworden ist, wie ich mir wünsche, noch etwas anderes: für die Analyse des Gebrauchs von Kommunikation, ist eine Betrachtung eines Mediums, eines Nutzungsverlaufes und eines Sinnes nicht ausreichend. Indem Sprache nicht nur als mehrdeutiges Medium verstanden wird, sondern als ein Gebrauchsgut, kann sie aus der Tendenz der übersteigerten Deutung von (diskursiver und schriftlicher) Sprache herausgelöst werden. Sie wird ein Medium unter vielen. Sprechen, Hören, Lesen usw. ist das, was man in Anlehnung an Stanislaw Lem die

"Kodierung auf lebendem Trägermaterial" nennen könnte,[1] nur, daß das Trägermaterial nicht passiv ist, nicht semiotisch unveränderbar. Der Mensch, dieses kulturelle Trägermaterial, ist ein Wesen der Selbstdeutung. Für die weiterführenden Überlegungen erlaubt dies die These:

kein Medium vermittelt Welt als etwas, was außerhalb seiner selbst liegt. Kommunikation muß demnach als Interpretations- und als Übersetzungsvorgang entworfen werden.

Damit sind bereits vier Beschreibungsebenen genannt, die ich nochmal kurz wiederholen möchte:

i. es ist dies die *Aussage, die Menschen sind Wesen der Selbstdeutung,*
ii. es ist die Aussage, daß die Selbstdeutung ihre *lebensgeschichtliche und soziale Herkunft im Anderen* hat
iii. daß es ein *ausschließliches multisensorisches Sprachenattestat für den Menschen* gibt, und zuletzt,
iiii. daß *Medien Welt nicht vermitteln, als läge sie außerhalb* ihrer selbst.

Kommunikationstheoretisch gewendet heißt dies, daß jede Selbstbeschreibung des Menschen Teil von Kommunikationsprozessen ist. Oder, umgekehrt formuliert: Kommunikation ist die vorrangig soziale Möglichkeit des Menschen, sich als Selbst zu beschreiben. Dabei gilt der Satz von E. Zeitter: "Mitteilen kann man nur etwas, zu dem Kommunikator wie Kommunikant gleichermaßen Zugang haben." (1995: 156) Damit sind Sprechen, Mitteilen und Kommunikation auf die Frage nach der Art der Gleichzeitigkeit und Gleichanwesenheit von Form und Inhalt verwiesen. Dieser weit in die europäische Philosophiegeschichte zurückweisenden Frage hatte E. Cassirer 1953 dahingehend gedacht, daß "'Inhalt' und 'Form'...von Anfang an so gefaßt werden, daß beide...als miteinander gegeben und in wechselseitiger Determination gedacht erscheinen."[2]

Wenn ich von *Kommunikation als der vorrangigen sozialen Möglichkeit spreche, sich selbst als Selbst zu beschreiben*, so meint dies auch, daß sich hierüber ein sozialer Zusammenhang erschließt und

---

[1] Stanislaw Lem, Kodierung auf lebendem Trägermaterial, in: R. Posner (Hg.), Wanrnungen an die ferne Zukunft, München 1990, 79

[2] Ernst Cassirer, Philosophie der symbolischen Formen, Darmstadt 1953

neu bildet. Das Kommunikations-Spiel, das jeder von uns durchführt, erzeugt nicht nur einen eigenen verbalsprachlichen Text oder eine körperliche Skulptur (Performanz) der Selbst-Darstellung. Text und Performanz müssen sich, um erkennbar zu sein, von anderen unterscheiden, müssen, wie es in der Semiotik heißt, ein Ko-Text sein (oder eine Ko-Form), eine Text- und Form-Verschiedenheit. Ko-Text meint zunächst nichts anderes, als daß jeder und jede etwas darstellt, das nebeneinander existiert, ohne sich inhaltlich aufeinander zu beziehen. Will man etwas voneinander, will man etwas erreichen, den anderen verstehen, so muß das sich unterscheidende Nebeneinander sich aufeinander beziehen. Es muß ein gemeinsamer 'Nenner' gefunden werden, wie es in Anlehnung an die Bruchrechnung alltagsprachlich genannt wird, oder ein Kon-Text gebildet werden.

Kontext setzt also die Unterscheidungsfähigkeit und beobachtbare Unterschiede voraus. Er ist ein Ergebnis erheblicher Interpretationsanstrengungen und medial sehr unterschiedlicher Kommunikation. Finden der Text, die Skulptur, der architektonische Entwurf, die Liebesbekundung oder die Software keine Rezeption, so sind sie Brachlandschaft, liegen gebliebene Entwürfe, kuriose Einzelleistungen oder aus ökonomischem Interesse, aus künstlerischer Begutachtung abgelehnte Vorhaben. Sie bleiben im sozialen Sinne unfigürlich, werden so unerkannt und unentdeckt zum Verschwinden gebracht, ohne jemals 'Täter' gewesen zu sein, – die ja bekanntlich von sich aus unerkannt verschwinden. Kon-Text ist also keineswegs dieses friedlich, sachliche Gebilde, sondern harte soziale Differenzierung.

Dies kann man an dem heute zwiespältigen Wort '*eigentümlich*' darlegen. Es entsteht im 18. Jahrhundert aus der juristischen Notwendigkeit heraus, die Frage zu klären, wem ein gedruckt veröffentlichter Text gehört: dem Papierproduzenten, dem Drucksetzer, dem Autor oder dem Verleger. Die Entscheidung fiel zugunsten des lese- und schreibfähigen Autoren-Individuums aus. Der Text wurde 'Eigentümliches' und damit dem Geld- und Wareneigentum nachgebildet. Das so geschaffene 'geistige Eigentum' machte seine Buchkarriere. Aber innerhalb der bürgerlichen Ordnung blieb dies ein anrüchiges, nicht echtes Eigentum. Der 'Geist' wurde nur dann fraglos anerkannt, wenn er ordnungsbestätigend war. Fragte er nach, so wurde er 'eigentümlich', blieb zwar in der Regel 'frei', aber versehen mit dem Verdikt, nichts zu taugen, Nestbeschmutzer, freigeistig zu sein. Im Sinne meiner Unterscheidung von Text, Ko-Text und Kontext, blieb das 'Eigentümliche' nicht zu lesender Text. Es hat heute in der Umgangssprache einen schillernden Charakter.

Diese kurzen Überlegungen ermöglichen eine weitere These: *Jedes Medium zieht bestimmte Formatierungen der Sinne, der Bedeutung, der Absicht oder auch der Institutionen auf sich, die allerdings in der Nutzungs- und Sozialgeschichte einem eigenen, sprunghaften und oft überraschenden Veränderungsprozeß folgen.*

2.3.1. Kommunikations-Körper

Ein Schlenker ist an dieser Stelle wichtig. Sprechen wir von der Veränderung im zeitlichen, materialen und konzeptionellen Verhältnis von Sinnlichkeit und Sinn, von Medialität und Bedeutung, so berührt dies auch ganz wesentlich die Optionen von Körperlichkeit. Es ist hier nicht der Ort, diesem drängenden Problem nachzugehen. Dennoch seien einige Gedanken auf die informationelle Konzepte von Körperlichkeit verwendet. Die Modelle des „embedded mind“, „embedded body“, „embedded artificial intelligence“ oder das Einbinden der Sinne in die virtuelle Gestaltung von Stadträumen, Häusern, Molekülen etc. weisen daraufhin, daß die mediale Entwicklung zwar von den Peripherien der Sinne spricht, aber das Gehirn meint. Der Kommunikations-Körper, der medientechnologisch gebildet wird, hat nur noch wenig von dem Text-Körper, auf den wir noch zu sprechen kommen werden.

„Die Welt spricht überhaupt nicht. Nur wir sprechen.“ Die Sicherheit dieser Aussage wird medientheoretisch schon ein wenig fraglich. Nur wir sprechen? Bezieht man dies auf die Entwicklungsgeschichte von verbaler Sprache, so stimmt dies. Allerdings ist Sprache schon lange nicht mehr an das oral-narrative Zentrum 'Mensch' gebunden, - und auch nicht mehr allein über den lautlosen Text der Lektüre. Dies weiß R. Rorty auch. Allerdings fehlt der Schritt, Sprache mit einer differenzierten Medialität und mit sehr unterschiedlichen Träger- und Handlungssystemen zusammen zu denken.

Schon bei der kleinen Bemerkung auf dem Telefonanrufbeantworter: "Sprechen sie bitte nach dem Piepton" drängt sich die Frage auf, was Sprache ist und was ich im Moment bin, in dem ich nur die audio-gespeicherte Form des Anderen als vorwörtliche Aufforderung habe, meine Absicht als Nachricht speichern zu lassen. Text, elektromagnetische Übertragung, Gewöhnung an gespeicherte Abwesenheit, Sprechverhalten usw. erfordern eine medien- und kommunikationstheoretische Auslegung des Satzes: "Nur wir sprechen". Dennoch kam ich in letzter Zeit häufig auf dieses Zitat zurück, vor allem immer dann, wenn ich kritisch-ablehnendes zu Multimedia, Computertechnologie oder Cyberspace las. Nicht selten kann man lesen, daß computergestützte oder -verstärkte Kommunikation unsere Kultur zerstöre oder die Chancen auf Subjektivität oder Körperwahrnehmung verhinderten. Von einer elektronischen Prothesenkultur wird gesprochen, ob von P. Virilio, F. Rötzer uvam. Medialität 'ersetze' Wirklichkeit, vor allem die des Körpers. D. Kamper spricht melancholisch von der "Nacht des Subjekts". Trotz der zum Teil ausgezeichneten und wertvollen Untersuchungen die sich damit verbinden, werde ich den Eindruck nicht los, als würden Gefühl und subjektive Kriterien in den Vordergrund gespielt, – zum Nachteil einer kritischen Durchsicht der Dinge. Ich denke, daß W. Reich, ein Berufs- und Zeitgenosse S. Freuds, mit der Aussage richtig lag, daß wir keinen Körper haben, sondern Körper sind. Wir sind dies in den jeweiligen Besonderungen unserer Wünsche, Bedürfnisse, Fähigkeiten und Funktionen. Diese Besonderungen machen Körper, ob muskulär oder cerebral, zum Medienproduzenten und Medienkonkurrenten – was den homo sapiens von allem anderen unterscheidet. In der melancholischen Kritik treten zwei Lücken zutage:

es wird nicht mit einbezogen, daß Kommunikation körperlich-gestische, körperlich-verbalsprachliche und mentale Handlung ist;

und es wird nicht ausdrücklich berücksichtigt, daß Kommunikation, beginnend mit der Signatur, dem Bild und fortgeführt in der geschriebenen Sprache, sich immer auch auf nicht-menschliche Speicher bezieht. Es ist eine Entlastung, in der der Mensch anerkennt, daß er vergeßlich und vor allem evolutionär offen ist. Er bildet Formungen der Erinnerung, Figuren des Handelns, in die erarbeitetes zur Voraussetzung wird, in denen Erkenntnis zu Wissen und Wissen zur Routine, zur 'zweiten Natur' wird.

Ganz gleich, welche Medialität der Mensch auf seine sozialen Systeme, auf seinen Kommunikationsbedarf oder auf seine Selbstbeschreibung anwendet: er bleibt anwesend. Dies schließt nicht aus, daß Modelle der Selbstbeschreibung unbrauchbar werden. Die Skriptoren, die die Bibel handschriftlich kopierten, wurden vom Buchdruck verdrängt und mit ihnen eine über tausende von Jahren gepflegte Verbindung von geweihtem Menschen (Mönch) und Text. Oder aber, der hochqualifizierte Facharbeiter, der unschätzbares

Wissen über den Produktionsverlauf, Material, Handwerk usw. besitzt, gibt sein Wissen an den sozialen Wissensspeicher 'Angestelltenschaft' elektronische Expertensysteme ab.

Kommen wir aber zum Text-Körper und den damit verbunden historischen Kommunikationsmustern zurück.

3. DIE MACHT DES TEXTES

3.1. Text-Erziehung

I. Illich (1987) und R. Chartier (1989) zeigen, daß die Entstehung des heute noch gültigen Textmodells eng verbunden ist mit der Alphabetisierung, deren Ziele die bessere Missionierung und bessere Verwaltung in der römisch-katholischen Kirche war.[1] Um die erzieherische Leistung der geschriebenen Worte zu erreichen, mußte der Text als ein Schriftbild erlernt und wahrgenommen werden. Die Schrift, mit der eigentlich bis dahin ein Buch gemeint war, nämlich die Bibel, mußte in ein typographisches Gebilde übersetzt werden. Der Text mußte zu einem überschaubaren und lernbaren Wirklichkeitssegment werden, dessen Eingang in die Gedanken der 'Schüler' nachprüfbar sein sollte. Der Übergang von der Schrift zum Text ist der Übergang von der klösterlichen Kontemplation zur Scholastik, zum Studium der Schrift wie bei Albertus Magnus oder Thomas von Aquin. I. Illich sah in der Entstehung einer Wahrnehmungs- und Denkform, die sich am Schrift-Bild des Textes bildet, eine Leistung, die mit der Erfindung von "*Radspeiche, Steigbügel oder dem Steuerruder verglichen werden kann.*"

Die Schrift verblaßt als eine Gedächtnisstütze in einer sonst untextlichen Welt, als heilige Notiz oder einmaliges Werk. Sie hört auf, Gedächtnisstütze zu sein; sie wird in eine Kommunikationstrategie überführt, in der der Text, Herrschaftsanspruch, Rechtsverhältnis oder die Ordnung des Sprachgebrauches und der Sprachauslegung absichert, und dies 300 Jahre vor Gutenberg. Indem Text von 'der

---

[1] Ivan Illich, Barry Sanders, Das Denken lernt schreiben. Lesekultur und Identität, Hamburg 1988

Schrift' abgelöst wird, kann Textlichkeit auch anderes als die religiöse Verkündigung speichern; er kann zu einer weltlichen Sache werden: zu einem Verwaltungsspeicher, zu wissenschaftlichem Text, zur Schmähschrift, zum Polizeibericht, zum Flugblatt. (M. Giesecke 1991)

Zugleich verbindet sich sozialgeschichtlich mit dieser Textrevolution die Festigung einzelmenschlichen Leseverhaltens, also die Form der Individualität, die noch tief in unserem Bild vom 'selbstsicheren Ich' eingelagert ist und ein kulturkritisches und widerständiges Moment heutiger Medien- und Kommunikations-Debatten darstellt. I. Illich und B. Sanders schreiben 1988:

"Die Idee des Selbst, das im Denken oder im Gedächtnis fortdauert, kann ohne den Text nicht existieren. Wo kein Alphabet ist, da kann weder ein Gedächtnis sein, das als Vorratskammer betrachtet wird, noch eine 'Ich' als dessen berufener Wächter. Das Alphabet macht beides möglich, Text und Selbst – wenn auch nur allmählich-, und sie wurden schließlich zu sozialen Konstrukten, auf die wir all unsere Wahrnehmungen als schriftkundige Menschen gründen.... Wir fürchten, daß das Bild des Selbst, das mit dem Bild des Textes geschaffen wurde, aus der Gesellschaft verschwinden könnte, parallel zur Selbst-Zerstörung des Textes." (1988: 84f)

Die Verbindung von Text und Selbst ist ein historisches Gebilde, das allerdings ein hohes und fast beispielloses Beharrungsvermögen zeigte. 'Verbindung' zwischen Text und Selbst heißt, daß die Freistellung des lesenden Selbst als eine spezifische Verwaltungs- und Erziehungsleistung ja gerade auch dazu führt, daß sich die Entwicklung des Gehirns, der Wahrnehmungsfähigkeiten, der Abstands- und Entfernungsmuster gegenüber der Umgebung usw. ihre eigenen individualisierten Wege bahnt.

Das Selbst hat sich längst von vorgegebenen Textgattungen, den vorgegebenen Interpretationen gelöst, vielleicht auch sogar emanzipiert. Es geht heute bei Ko-/ Kon-Text-Diskussionen nicht mehr um 'video-christliche Zivilisation' (D. de Kerckhove 1995). Es ist keineswegs abwegig zu sagen, daß unter den heutigen medialen Bedingungen eine Mixtur von Text, Ton, Bild, körperlicher Bewegung und Verhaltensereignissen 'Selbst' und 'Ich' sich herausbildet. Die Stiftungsidee des 12. Jahrhunderts ist heute endgültig ermüdet. Damit soll nicht die Bedeutung von Text abgelehnt werden (wie Sie ja lesen). Allerdings ist eine gründliche Veränderung der textbezogenen

Gewichtung zu beobachten. Die Textlichkeit der Steuerung einer Interkontinentalrakete unterscheidet sich sicherlich von der eines Rilke-Gedichtes. Obgleich ich nun häufig von Text gesprochen habe, wird hier nicht die Meinung J. Derrida's (1993) bestätigt, der sagt: alles ist Text, womit auch die Frage nach dem Subjekt und dem Ich erledigt wäre. Welt oder Wirklichkeit erschlössen sich durch die Ensembles von Zeichen. Kommunikationstheorie wäre als banaler Zeichen-Unterricht zu absolvieren. Der Nihilismus der Semiotik, der im frühen Dekonstruktivismus Derridas aufscheint oder die christliche Melancholie, die auch in den Arbeiten M. McLuhans (1992; 1995) zum Ausdruck kommt, stehen quer zu einer *differenzierten medientheoretischen Neufassung eines Kommunikationskonzeptes*.

Indem Sie den Text lesen, wird er Ihnen (wenn er Sie 'anspricht') hörbar. Das stille Denken wird laut. Die Hoffnung ist, daß es nicht nur laut, sondern hörbar wird, d.h. daß es für Sie übersetzbar ist. Daran erkennen Sie eine Grundposition: vor-lesen und nach-denken wird von mir nicht als einkanaliger Vorgang verstanden. Ich bin nicht der Nachrichtensprecher, der beteiligungslose Dienstleister festgeschriebenen Wissens. Kommunikation ist also immer ein rückbezüglicher Prozeß. Reflexion und Erkenntnis bedürfen nicht nur der Folgerichtigkeit, sondern der krummen Wege, des Vergessens, auf das neu aufmerksam gemacht wird, auf das Neues folgt. Dies führt zu einer weiteren Position: dem *kommunikationstheoretischen Apriori* der Unterbrechung. Ohne diese könnte es keine Reflexion geben, könnten keine eigenen Ideen, keine Phantasien, keine Ängste, keine Kreativität entstehen. Niemand von uns ist immer bei jedem Kommunikationsvorgang 'voll dabei', noch sind die Impressionen dabei ausschließlich auf den gelesenen Text oder den gehörten Text bezogen. Man muß dieses sinnliche Jagen im Unterholz der sozialen Situation berücksichtigen, die Ablenkungen, das sich für einen Moment 'an einen Gedanken hängen' ernst nehmen und in das Kommunikationskonzept einbinden. Deshalb spreche ich von dem Apriori der Unterbrechung. Es ermöglicht erst Selbstwahrnehmung, Selbstbeschreibung und also unterscheidungsfähige Kreativität.

Diese Unterbrechung ist bewußt gegen die Kurzschluß-Position von Text-Ich formuliert und nimmt die Leistungen des Selbst auf und ernst. "Text als Gesichtsmaschine", wie Stefan Hesper schreibt, kann nur durch Kommunikation als Vergegenwärtungs-Maschine durchbrochen werden. Text verliert erst im Handgemenge konkreter Medialität seinen inszenatorischen Glanz einer Pädagogik der Demut und der Dankbarkeit. Er muß nicht zerschlagen, sondern die Voraussetzungen, ihn lesen, verstehen, ablehnen oder übersetzen zu können müssen gegen die harte Textur gestellt werden. Dies führt zum Arbeitsprogramm 'Gebrauch von Kommunikation'/ 'Kommunikation als Gebrauch von Kompetenz und Kapazität' zurück.

3.2.Entkontextualisierung / Tele- Kontext

'Gebrauch' oder 'Nutzung' setzen voraus, daß der handelnde Mensch auf etwas zugreifen oder zurückgreifen kann, das nicht aus der Situation erst entstehen muß und auch nicht dem Prozeß des Handlungsverlaufes erst entspringt. Es geht also um eine weitgehend festgelegte und kulturell gepflegte Bezeichnungsebene, um Codierungen.

Das Verbum 'festlegen' bezeichnet die formalisierende Entscheidung, ein Zeichen in bestimmter und immer wieder annähernd gleich bestimmbarer Beziehung zu einem mit ihm nicht identischen Gegenstand zu setzen. Dies kann von jedem einzelnen betrieben werden; er oder sie kann seine/ihre eigene Erinnerungsordnung haben, vom Knoten im Taschentuch, über die Farbe von Zetteln usw. Jeder kann etwas mit Bedeutung indizieren, eine private Indikation entwickeln. Sind an dieser Ordnung mehrere beteiligt, so muß die Bedeutung über verabredete Zeichen, über Signifikation, festgelegt und festgeschrieben werden. Die Erwartung einer zeitlichen Kontinuität der Gruppe führt zur Anforderung dauerhafter, d.h. dann zeit-enthobener Signifikationen.

Das Verbum 'pflegen' bezeichnet die zu erbringende zwischenmenschliche, gruppenspezifische oder soziale Leistung, die bezeichnete Einheit des Unterschiedes mit Bedeutung und Geltung zu belegen, sie wichtig zu halten, um sie im Gebrauch halten zu können. Dies schließt ein, daß durch spezifische Herrschaftsverhältnisse innerhalb einer Sozietät, gerade diese Bezeichnungs-Einheiten erstarren, praktisch unbeweglich werden. Die Folge ist eine sich entwickelnde Eigensystematik der Bezeichnungsordnungen, eine zwingende Gestalt der Bezeichnungen, die mit dem Bezeichneten kaum mehr zu tun haben. J. Lacan hat diesen Prozeß und die psychoanalytischen Dimensionen gut herausgearbeitet. Ich hatte im Zusammenhang des Gesichtsinns und Hörsinns hierauf schon aufmerksam gemacht, auf das 'leere Lesen' und 'leere Hören'.

Mit Entkontextualisierung sind also drei unterscheidbare Ebenen benannt:
- die Bezeichnung und Benennung, die in der konkreten Situation erlaubt, auf anderes, evtl. Vergleichbares zu verweisen
- die Abstraktion von der Materialität und Zeitlichkeit des Bezeichneten und die Verallgemeinerung der Zeichenordnung jenseits der Zeit- und Prozeß-Bindung (so bei oralen oder Schriftsprachen, bei Bildern, bei Begriffen wie Acker, Stadt usw.)
- die Verselbständigung der Zeichen-Ordnung gegenüber dem Herkunftsmilieu und der individuellen Entschlüsselung.

Ohne diese *Formen der Entlastung der Bezeichnungen von ihrem konkreten Verwendungsdruck* und ohne die Entlastung von dem 'Erziehungsdruck' der 'Herkunftsgemeinschaft' könnten Kommunikation und *Immunikation/Individualentwicklung* heute nicht gelingen. Jede Entkontextualisierung erzeugt und erhält ein Stück Gedächtnis für und in einem anderen Zusammenhang; jede Kommunikation ist ein Stück Erinnerung, eine Art des Gegenwärtig-Machens von vergangenen Bedeutungen und ein Neuerleben von überlieferten Inhalten zu den gegenwärtigen kognitiven, sprachlichen, medialen, ökonomischen Bedingungen. R. Posner hat die semiotische Seite dieser Aussage in 'Kultur als Zeichensystem' deutlich beschrieben:

"Kollektive Informationsspeicherung erfordert Kodes ebenso wie Kommunikation, Signifikation und Indikation. Sie wäre nicht möglich ohne Kommunikation, denn die ursprüngliche Erfahrung kann nur weitergegeben werden, wenn derjenige, der sie gemacht hat, die Rolle eines Senders übernimmt."[1]

Kultur ist folglich nicht nur ein *Speichermechanismus*. Sie ist ein *Selektionsapparat*. Die getroffene Auswahl an Erfahrungen, Erlebnissen, Werten usw. kann erhalten werden durch die Herstellungen von Speichern (Texten / Gebäuden / Orten), die der nachfolgende Nutzer über Hinweise (Indikation) aufnehmen oder ablehnen kann. Die Verallgemeinerung zu 'errichten' und zu erhalten kann erreicht werden durch die Vervielfältigung von Texten, von relativ gleichen Funktions-Gebäuden, von Bewegungsmöglichkeiten und -einschrän-

---

[1] Roland Posner, Kultur als Zeichensystem. Zur semiotischen Explikation kulturwissenschaftlicher Grundbegriffe, in: A. Assmann, D. Harth (Hg.), Kultur als Lebenswelt und Monument, Frankfurt/M 1991, S.65

kungen. Und die Häufigkeit der Nutzung entscheidet mit über die Vergegenwärtigung der Speicherinhalte.

Ich habe mich etwas länger diesem Gedanken gewidmet, um indirekt auf eine Ungenauigkeit, wenn nicht manchmal sogar eine Fahrlässigkeit aufmerksam zu machen. Sie besteht darin, *Entkontextualisierung sozusagen als illegitimes Kind sozialer und kultureller Entwicklung theoretisch mitzuführen.* In die Nähe von Trennung, Verselbständigung, von Fremde, von Unzugänglichem gerückt, wird übersehen, daß Entkontextualisierung erst den Menschen befähigt, sich auf Abstand zu etwas zu begeben, sich in Abstand zu reflektieren.

Entkontextualisierung ist eine Form der Vermittlung, die dann einsetzt, wenn ein Austauschprozeß nicht mehr zeit- und raumeinheitlich stattfinden kann. Über sie kann jemand anwesend sein, obwohl er oder sie nicht körperlich da ist. Bildlich kennen wir dies, wenn wir sagen, 'jemand ist im Geiste mit anwesend'; oder auch: 'ich trage ein Bild von ihm im Herzen'. Auch eine Postkarte oder ein Brief, die Verfassung eines Staates oder die Erinnerung an jemanden transportieren Anwesenheit als ein abstraktes individuelles und soziales Gebilde. Wir verlassen uns in kaum bewußter Fülle hierauf. Die Trennung von körperlich-sinnlicher und abstrakt-vorstellbarer Anwesenheit gehört zum Menschen und seiner sich über ca. 40 000 Jahren hinziehenden Chronologie kommunikativer Medien und Kapazitäten, Nachrichten zu speichern, zu transportieren oder zu (ver-) senden.

J. Short, E. Williams und B. Christie haben in ihrer Analyse (1976) der "sozialen Präsenz", die durch Telekommunikation entsteht, auf diese Fragen der "Entkontextualisierung" aufmerksam gemacht.

Mit der Verbreitung elektronischer und letztlich computerbasierter Vermittlungs- und Übermittlungskapazitäten tritt neben die vier Typen von *herkömmlicher Anwesenheit*, als da sind

- die physikalische, natürliche, sozial gebaute Anwesenheit (Felder, Auen, Pfade, Straßen, Gebäude usw.),
- die körperlichen Formen soziokultureller Anwesenheit (in Familie, im Büro, der U-Bahn, der Fabrik usw.),
- die religiöse, politisch- juristische normative Anwesenheit des 'Allgemeinen', des allgemeinen Willen

- die emotional-affektive Anwesenheit in unterschiedlichen Formen der Erinnerung,

eine neue Form:

die elektronisch transportierte, durch Gebrauch programmierter Nutzungsregelwerke erzeugte Fernanwesenheit von Text– Gesicht– Ton.

Anwesenheit, die seit Jahrtausenden ein kulturelles Gebilde war und auch mit vielerlei Mythen, Religionen, Animismen, Unwissenheit, Ängsten verbunden ist, wird zu einem Ereignishorizont eines informatischen Systems, – den computergenerierten Umgebungen.

Diese elektronisch-programmsprachliche Fernanwesenheit kann aber nicht über reale Körperlichkeit, nicht über geometrische Zuordnungen wahrheitsfähig belegt werden. Sie bildet einen eigenen Modell-Zusammenhang, der nur durch seinen Gebrauch seine räumliche Tiefe und darin möglichen zeitlichen, textlichen, bildlichen Anwesenheiten freigibt.

3.3. Netz der Verständigung

Es hat den Anschein, als würden (a) Abstände kürzer (so z.B. zwischen Entwurf und Gestaltung), (b) als verschwänden herkömmliche soziale Räume (so bei computergestützten Arbeitsplätzen), (c) als würden Zeithorizonte gelöscht (so beim verschwinden von berufsbiographischen Lebenszusagen) oder (d) als verlören soziale Räume ihre Bedeutung (so bei der Schule). Ich will diesen sozial-strukturellen Aspekten hier nicht nachgehen, sondern einen für unsere Fragestellung wichtigen Gesichtspunkt hervorheben:

der zeitliche Abstand zwischen Idee und Realisierung, zwischen Senden und Empfangen, zwischen Tun und Kontrolle wird kürzer und es gibt kaum normative Ebenen, die diese kurzzeitige Zustandsfolge von Ereignis und Ergebnis begleiten können.

Hierfür ist sicherlich entscheidend, daß für viele kreative, informative, austauschende oder beratende Verfahren in der Elektrosphäre kein Medienwechsel mehr stattfindet oder stattfinden muß. Die Blaupause wird nicht mehr per Post verschickt, der Entwurf wird nicht in Sperrholz, Ton oder Plastik gebaut, womit die Zeit des Transports und des Wartens entfällt. Es ist dies ein Aspekt der oft für elektronische Bilder- und Bewegungsabfolgen diskutierten 'Beschleunigung'.

Wir haben es also mit zwei parallelen Veränderungsprozessen zu tun:

die aufschiebenden und entmündigenden Systeme überlieferter Raum- und Sach-Ordnungen verschwinden; an ihre Stelle tritt die Notwendigkeit, Handlung konkret zu begründen und sie aus der Nähe zu betrachten, also im Team, in Gruppen.

die bisherigen technischen und medialen Abstandsordnungen, die Körper und Technologie, Sinn und Sinnlichkeit gegeneinander stellten, sind weder medial noch sozial aufrechtzuerhalten; der *Nexus von Körper und Umwelt* wird neu geordnet. In den letzten gedanklichen Schritten sind zwei Begriffe mitgeführt, die für die weitere Erläuterung von Kommunikation, vor allem unter den Bedingungen computerverstärkter Kommunikationsumgebungen, wichtig sind: *Raum und Körper.* In ihnen speichern sich die beweglichen, aktiven, kulturellen Nutzungsbedingungen ab. Ohne ihre Potentialität wäre keine Technik, kein Werkzeug in Bewegung zu setzen. Ich setze sie bewußt gegen Institutionalisierung und traditionale Normierung ein. Nähern wir uns zunächst 'Körper' und dann 'Raum'.

Werkzeug, Gerät, Instrument oder Medium greifen seit jeher (d.h. ungefähr 400.000 Jahre belegbarer 'Technikgeschichte') in das Nervensystem ein. Sie prägen Bahnungen im Neocortex ebenso wie dies prä-natale oder nach-geburtliche direkte Körpererfahrungen tun. Sinne und Sinnlichkeit sind ebenso an einen beobachtbaren allgemeinen Prozeß von Veränderungen gebunden, wie an die lernende Anpassung und lernende Überschreitung. Sinne und Sinnlichkeit weisen also beide auf eine gleichzeitige und selten parallele Entwicklung des körperlich-sinnlichen und körperlich-mentalen Begreifens oder Erfassens.

Die freie Hand, erst möglich geworden durch den aufrechten Gang, und die anthropologische Offenheit des Wahrnehmungs- und Denkvermögens des Menschen sind die Voraussetzungen dafür, daß der physisch-sinnliche Körper und der physisch-mentale Körper Kultur erzeugen und differenzieren. Die freie Hand ist menschheitsgeschichtliche Voraussetzung für den 'freien Kopf'. A. Leroi-Gourhan beschrieb dies einprägsam: "Da das Gehirn nun einmal das Organ des Denkens ist und wir die größten Erfolge in dieser Richtung der Evolution gemacht haben, liegt es natürlich nahe, im Wachstum, in der steigenden Komplexität des Hirnapparates, den genauen Reflex, die beständigen Fortschritte der lebenden Materie in ihrer Suche nach bewußtem Kontakt zu sehen." (1984: 81) Gleichwohl scheint der Schluß, das Körpergerüst und das Nervensystem bildeten ein Ganzes, das Problem von Körper und Kultur nur unvollkommen zu lösen. Leroi-Gourhan weiter:

"Die Evolution manifestiert sich in einer doppelten Reihe von Tatsachen: einerseits in der kumulativen Vervollkommnung der Hirnstrukturen; andererseits in der Anpassung der Körperstrukturen nach Regeln, die unmittelbar mit dem mechanischen Gleichgewicht jener Maschine verknüpft sind, die das lebende und mobile Wesen darstellt."[1]

In der langen Geschichte der Menschheit bilden sich also die körperlich-sinnliche Gewähr des Daseins und die körperlich-mentale Fähigkeit heraus, dauerhaft Abstände und damit Unterschiede zu benennen. Dies erfolgt gleichzeitig und rückbezüglich. Mehr noch: die sinnliche Existenz des Menschen ist diesem nur zugänglich durch Wahrnehmung, also nur durch die Aufnahme und Handhabung von Unterschieden. Der Preis sinnlicher und mentaler Entwicklung ist die Identifizierung unüberwindbarer Unterschiede und deren 'Ausbreitung', oder wie wir heute sagen: deren Ausdifferenzierung. Es läßt sich rückblickend von einer Co-Evolution sinnlicher und mentaler Modellbildung sprechen.

Das, was wir als Kulturen kennen, sind die Versuche, diese existenziellen und sozialen Grundbestimmungen 'in Ordnung zu bringen', in einer Ordnung zu gestalten, in der Unterschiede in gemeinsame Aufgaben eingebunden werden. Dieser Vorgang birgt den Kern dessen, was ich als Kommunikation behandle. *Je differenzierter die Voraussetzungen für Kommunikation und deren abgelegten, festgelegten, gebauten Folgen sind, um so schwieriger wird es, Ordnung als ein Kollektivereignis zu bilden.* Daneben wird die Menge der evolutionär zurückgelassenen Gegenstandsordnungen größer, die, ungefragt und stumm, – man kann sagen non-verbal – in die Kommunikationsgefüge hineinwirken. Und diese verändern die Bedeutungsreserven von Textlichkeit erheblich.

Es setzt sich auch methodisch die Einsicht durch, daß jede auch noch so einfache Mitteilung nicht nur zweier Personen bedarf, sondern eines Mediums. Das Medium ist, wie jeder andere Gegenstand, Konstrukt. Ob Sprache, Musik, technische Geräte, Photographie, Film, Video, Auto, Eisenbahn oder auch Normen: ihr Gebrauch

---

[1] André Leroi-Gourhan, Hand und Wort. Die Evolution don Technik, Sprache und Kunst, Frankfurt/M 1984, S.81

prägt und verändert den Körper, die Innen- und Außen-Wahrnehmung des Körpers und den sozialen Zusammenhang des Handelns. Indem die Medien, Geräte und Werkzeuge gezielt oder zufällig verwendet werden, wird eine spezifische Körper-Gegenstand-Raum-Koordination erzeugt, in der wir nicht nur Wahrnehmungsfähigkeiten entwickeln. Wir testen dabei auch Benennungen, Erinnerung und Veränderungsfähigkeit.

Wir bewegen uns in einem "mentalen Raum", wie D. de Kerckhove sagt, und verändern ihn durch unsere Bewegungen. "Dieser mentale Raum ist ähnlich wie der soziale Raum organisiert. Unsere Wahrnehmung des sozialen Raumes kann Ursache oder Wirkung unseres mentalen Raumes sein.... Im Grunde müßten wir uns fragen, ob wir eine spezifische Wahrnehmung von Raum und Zeit haben, weil sie auf diese Weise in dem kulturellen Umfeld organisiert sind, in dem wir leben, oder ob sie nur auf diese Weise organisiert sind, weil unser Bewußtsein uns vorgibt, sie in eben dieser Form wahrzunehmen."[1] De Kerckhove stellt die klassische Frage nach der Objektivität.

Es ist die konstruktivistische Anfrage nach dem Status einer als Realität behaupteten Raum-Zeit-Koordination. Für ihn ist klar, daß die abendländische Fähigkeit, Wirklichkeit abgelöst vom Körper vordenken zu können und sie als vom Körper getrennte wahrnehmen zu können, eine Folge der spezifischen Schriftsprachlichkeit Europas ist.

3.4. Exkurs: Wirklichkeit – Realität

"Wirklichkeit, Europas dämonischer Begriff", schrieb einmal G. Benn. Sie ist nach de Kerckhove eine "Schriftgeburt", und zwar nicht nur textsprachlich, sondern in der vom Körper getrennten Systematik des Alphabets, der Modellbildung und der Möglichkeit, abstrakt über Wirklichkeit reden zu können. Wir werden noch sehen, daß diese These gute Gründe hat. Ich sprach von Wirklichkeit und Realität. Der ideengeschichtliche Unterschied ist wichtig, da er eine differenzierte Annäherung an Kommunikation ermöglicht. *Wirklichkeit benennt ideengeschichtlich das, was uns direkt etwas angeht*; *Realität betrifft die sachlich-dinglich-gegenständliche Seite.*

---

[1] Derrick de Kerckhove, Schriftgeburten, München 1995, S.25

Die sprachliche Geschichte dieses Unterschiedes ist nicht mehr so jung.

Meister Eckart übersetzte, laut Handbuch der Philosophischen Grundbegriffe (Lotz 1973), als erster den scholastischen Begriff "actualitas" mit 'Wirklichkeit'. 'Actus', die Tätigkeit, bezeichnet ursprünglich die motorische Tätigkeit des Viehtriebs. Die Motorik ist immer noch in den Worten 'sich herumtreiben' oder in der Frage: 'was treibst Du heute' enthalten. Interessant ist, daß 'Tätigkeit' in der europäischen Geschichte immer mehr den Bindungen des Viehtriebs, der Handlungsanforderung, der sachlich begründeten Lebensmeisterung entzogen wird. Der Wirklichkeitsbegriff wird entsachlicht, obgleich sich wissenschaftlich-technische Kulturszenarien durchsetzen und die letzten 400 Jahre prägen.

'Wirklichkeit' wird das Spielmaterial einer mystisch-innerlichen und a-kommunikativen Haltung (so bei Eckart) oder zum Leitbild einer subjektiven, und zum Teil anderen unverfügbaren Zuwendung zur Welt. Sie wird eine Deutungsgrenze des Individuums: die Illusion auf das Unteilbare verschanzt sich hinter dem inneren Glanz oder auch der inneren Katastrophe 'eigentümlicher' Wirklichkeit. Die sachlichen Voraussetzungen, die gespeicherten und codierten Gedächtnisformate, die Sozialisierung usw. verblassen vor dem inneren Erlebnis, 'wirklich wirklich' zu sein. Wirklichkeit wird zum Echtheitszertifikat. Der Rest sind funktionale Bezüge. Sowohl die Sache wird verklärt als auch das Individuum. Kultur ist hierüber nicht bestimmbar und auch nicht erklärbar. Im religiösen Kontext mag dies auch ein verstehbares Verfahren sein. Für Kultur-, Medien- und Kommunikationsanalyse erfordert diese Auslegung von Wirklichkeit große Vorsicht.

Die 'Sache' der Realität wird in den Bereich der sprachlich-analytischen Tätigkeit, des Gerätes, des Werkzeuges, des Instruments verlegt, wodurch sie zum Gegenüber des Menschlichen verkümmert. Wirklichkeit wird dem Bereich der Befindlichkeit, der Motivation, der übersteigerten Selbstbestimmung übereignet, wodurch sie nicht nur zu einer Anrufungsinstanz wird, sondern zu einem Überwert. "Nun sag mal wirklich" ist heute oft die Antwort auf eine sachliche Darstellung. Oder auch: "Das meinen Sie doch nicht wirklich." Die Wirkung von Wirklichkeit überlagert das Faktum. Was man 'wirklich spürt' bekommt einen eigenen Status. Dieser erhält gegenüber der zwischen den Menschen überprüfbaren Realität immer mehr Spielraum. Wirklichkeit, und hierauf bezieht sich das Zitat von Gottfried Benn, steht dem europäischen Individuum näher als die Realität.

Die beharrliche Betonung dessen, was "wirklich so war (oder ist)" bekommt einen kulturellen Vorschuß gegenüber dem 'Realistischen'. Die Sache und die Tat treten gegeneinander an. Dies geht soweit, daß die willkürliche Tat, die Tatphilosophie gegen den abstrakten, sich legitimierenden Denkakt und die Reflexion gestellt werden. (So im Tatkreis in den 1920er Jahren.) Es könnte sich einmal lohnen, diesen Dualismus bis in die modernen Wissenschaften zu verfolgen. Ich vermute, daß grundlegende Zweiwertigkeiten wie z.B. Faktum (Emile Durkheim) und Handlung (Max Weber), Struktur und Akteur, Invarianz und Genie sehr eng mit dieser geistigen Arbeitsteilung zu tun haben. In ihr ist die Kontroverse um die Objektivität und Beobachtung, die seit Heisenberg, Einstein, Bohr uvam. das 20. Jahrhundert begleitet, eingepackt. Mit ihr verbunden ist auch die aktuelle Kontroverse um das Verhältnis der mathematisch und physikalisch möglichen 'kombinatorischen Explosion' der elektromagnetischen digitalen Schaltungszustände und menschlicher Kreativität.

Die kommunikationstheoretische Bedeutung dieser vielleicht ungewöhnlichen Unterscheidung liegt auf der Hand:

Es ist nicht hilfreich, Wirklichkeit und Realität bedeutungsgleich zu benutzen, schon gar nicht für eine internationale i.w.S. außereuropäische Diskussion. Für die weitere Darstellung ist eine Verbindung mit Aspekten des Denkens und Wahrnehmens erforderlich. Wirklichkeit verbindet sich im beschriebenen Sinne mit individueller Wahrnehmung, mit Rezeption, mit vereinzelter Interpretation. Sie ist ein stark affektiv gestimmter Wahrnehmungsvorgang und ein ebensolcher Ausdrucksvorgang. In ihnen verbindet sich wahrnehmendes Denken mit spekulativem, ästhetischem, poetischem, setzendem Denken. *Wirklichkeit* ist symbolisch, weil sie auf vorliterale Beziehungen zurückgreifen kann. *Realität* verbindet sich im beschriebenen Sinne mit verabredeten, über Verfahren gesicherte Gegenstandsbereiche und Wahrnehmung. Ebenso sind die Interpretationen durch ausdrückliches Denken festgelegt oder durch eindeutige/eineindeutige Systeme aufgeschrieben. Realität ist repräsentativ, weil sie auf ausdrücklichen Denkweisen über regelhaft Benanntes beruht.

Realität ist ein Gebot und Gebilde der deduktiven Treue.

Wirklichkeit ist eine Gestaltung der induktiven Treue.

Beide Bereiche des Reellen sind nicht voneinander zu trennen. Sie gehören zur europäischen Herkunft. Sie sind Teile des 'mentalen Raumes' für Kommunikation.

3.5. Repräsentation

Der Ausdruck 'mentaler Raum' soll hier kurz auf zwei Aspekte hin vertieft werden: (a) unter der Frage der soziokulturellen Repräsentation und (b) unter der Frage der neuronalen Repräsentation.

Für beide systemischen Bereiche gilt, daß ein materialer, sinnlich wahrnehmbarer Gegenstand oder ein Ereignis in einer Bedeutungsform gespeichert ist. Entscheidend– und dies im Unterschied zur Erinnerung, die durch ein Bild, eine Melodie wieder hergestellt wird– ist, daß die Bedeutungsformel die Handlungs-, Befolgungs-Realität hervorrufen kann, und dies immer wieder, solange die kulturelle Bevorratung im einzelnen Menschen oder in Institutionen reicht.

a. Was verbindet sich mit soziokultureller Repräsentation?

Damit ist zunächst der sprachliche, formative, räumliche, materiale Aufwand angesprochen der betrieben wird, um ein Gebäude, einen Platz, eine Wiese usw. in 'beeindruckenden' Dimensionen anzulegen und sie mit Bedeutung zu belegen. Dabei wird Materialität erhöht, in eine Ebene der Unerreichbarkeit, der Unverfügbarkeit oder Außerordentlichkeit eingepaßt. Im zweiten Schritt muß die Loyalität oder Komplizenschaft mit dem Bezeichnenden hergestellt werde. Denn ohne eine Folgebereitschaft bricht der Versuch der Repräsentation zusammen. Die Folgebereitschaft muß, und dies ist der entscheidenste Mechanismus, in Routine, in einen reflexionsfreien Zustand überführt werden, wenn Repräsentation zu Verhalten führen soll, das dem Diskurs, also dem offenen Gespräch, entzogen ist. Daß dies heute immer schwerer wird, da es keinen geschlossenen, in sich stabilen oder zur Stabilität tendierenden Raum gibt, sei angemerkt.

b. Was verbindet sich mit neuronaler Repräsentation?

Obwohl gleichlautend (und in dem Beobachtungsverlauf analog) ist diese deutlich von der soziokulturellen zu unterscheiden. Dies hat sicher damit zu tun, daß die 'Akteure' des Gehirns, der Neokortex, noch nicht restlos in ihrer "Prozessgestalt" bekannt sind. Es ist auch die falsche Frage. Ich beziehe mich in meinen Argumenten auf die

Untersuchungen von H. R. Maturana und F. Varela, aber vor allem auf die Arbeiten von J. P. Changeux. Changeux geht davon aus, daß Repräsentation zwischen der biochemischen (physiologischen) Materialität eines psychischen Ereignisses (Ergebnisses) und der Folgeerscheinung einer materiellen Stimulation vermittelt. Hier ist *Repräsentation* also nicht der Ordnungssucht von Interessen unterworfen. Sie ist einer Art *stumme Verarbeitung von Stimulationen*, die dann als Informationen erkennbar sind. Entscheidend ist also der Unterschied zwischen bloßer Ordnungsbestätigung im politisch-kulturellen oder sozialen Sinne, und einer Form des Gedächtnisses, der Zuordnung der eigenen Wahrnehmung in Verhaltensabläufen und evtl. der Veränderung des Gedächtnisses.

Die neuronale Vermittlungsfunktion hat so zwar auch die Leistung zu erbringen, in Bekanntes etwas Neues einzufügen und das Neue als Teil des Bekannten zu encodieren (= zu entschlüsseln und einzuordnen). Oft bedeutet aber die Vermittlung, daß Anteile des Neuen, die als Abfall erscheinen, als sperrig, als un-ordentlich, gerade erhalten und im passiven Gedächtnis bleiben. Manchmal tauchen sie unvermittelt oder durch Überlegungen gelenkt wieder auf. Man sagt dann: 'Gedanken bahnen sich den Weg' oder 'etwas reift'; oder man spricht, entgegen dem reflektierten Wissen und ausdrücklichen Wissen, vom impliziten, zufälligen Wissen. Womit auch dessen geringere Bedeutung für die Repräsentation mitgedacht ist.

An diesem impliziten Wissen läßt sich gut das darstellen, was in der Neurophysiologie 'Bahnung' genannt wird. In der biochemischen Einheit unseres Gehirns werden durch entwicklungsphysiologische, sinnliche, kultureller Erfahrungen, Wege gelegt, die zu einer Charakteristik des Erinnerungs-, Assoziations- oder Kreationsvermögens beitragen. Diese Bahnungen sind der innere Wegeplan für Sinnen- oder Gedankenarbeit. Es ist schwer, manche sagen: unmöglich, diese Bahnungen durch Reflexion oder bewußte Beeinflussung zu verändern.

Festhalten sollten wir auf jeden Fall, daß der innere Wegeplan zwar stabil ist, allerdings durch Erfahrungen verändert werden kann. Das Gehirn ist in erhblichem Maße auch im Bereich der Repräsentationen lern- und veränderungsfähig. Dies unterscheidet es von den oft anzutreffenden Lernverhinderungstendenzen sozio-kultureller Repräsentationen.

Spannend wird die Beziehung von makrologischer und cortikaler Repräsentation, stellt man diese in einen medientheoretischen und kommunikationstheoretischen Zusammenhang. Makrologische materielle Repräsentationen haben den Vorteil, ein 'reales Objekt' zu sein, wie de Kerckhove sagt (1995: 36). Sie lassen sich einfach isolieren, messen und analysieren. Sie haben aber, durch ihre funktionale Festlegung, ein hohes Beharrungsvermögen. Ihre Materialität ist mit einer funktionalen Sturheit verbunden. Diese verstärkt sich, wird dieses Format der Repräsentation (im Büro, in Politik, in Vereinen, in Architektur) mit dem Dispositiv der Dauer (z.B. Katholizität) oder der Legitimationsfreiheit verbunden.

Um die soziokulturelle Repräsentation gegenüber der neuronalen Repräsentation dauerhaft durchzuhalten, muß sie von der sinnlichen Anbindung an Körper gelöst werden. Medialität muß auf diese Ablösung und relative Eigenständigkeit hin entwickelt werden, um die Ansprüche der individuellen Bedürfnisse und personalen Interessen zurückzudrängen. Die Folge ist - für uns heute - leicht einzusehen: Medialität wird in der Struktur so ausgelegt, daß sie das Dispositiv der repräsentativen Dauer bekräftigt. Medium wird überzeitlich, zu einer eigenständigen Ordnungsrepräsentation.

Ich zeigte dies in Ansätzen beim Text-Konzept.

Wir finden diese Doppelspitze des Medialen, Ordnungsrepräsentation und Vermittlung zu sein, nicht nur im religios gestimmten Textverständnis, sondern auch in der hoheitlichen Bestimmung der Druck-, Sende- und Codierungsrechte. Vermittlung ist in der Überlieferung ein hoheitlicher Akt. Heute befinden wir uns in der Situation, in der diese Verbindung gelöst wird und eine neue Intensität zwischen neuronaler und kultureller Repräsentation entsteht, eine Intensität, die neuen Halt sucht, neue Zeitordnungen, neue Gestaltungen.

Obwohl das Alphabet, das de Kerckhove, M. Leeker (1995) u.a. für die rigorose Trennung von Körperlichkeit und abstrakten Konzepten verantwortlichen machen, weiter wirkt, scheint die Antwort auf die Frage, in welche medialen und virtuellen Räume hinein sich Wahrnehmung verlegt und welches Verhältnis zwischen Cortex und Netz entsteht, noch lange nicht zu beantworten.

3.6. Raumschichtungen

Betrachten wir die Verbindung von Körper und Raum kurz etwas genauer. Kommunikation bildet in sich per Definition eine zeitliche und räumliche Beziehung aus. In ihr werden folgende Räume aufeinander bezogen oder überlagert:

* *körperliche Räume*
mit ihnen verbinden sich die in den Kulturanthropologie entwickelten Konzepte der Territorien des Menschen, wie die Proxemik von E.Hall, und das in der Soziologie ausgeführte Konzepte der Territorien des Selbst, das auf E.Goffman zurückgeht. Es sind nahe Räume, sinnlich verfügbar und in kurzer Zeit ergehbar.

* *technische Räume*
es sind dies vielschichtige, geräte-, produktions-, medien- oder transporttechnische Aktions- und Wahrnehmungsräume, Wohn- und Arbeitsräume. Es sind umfassende Umgebungen, die die Nähe überspringen können, letztlich aber an die Örtlichkeit des mechanischen gebunden sind. Wenn, wie bei der Eisenbahn, Bewegung mit dem Körper erlebt wird, so wird der körperliche Raum 'transportiert', versetzt.

* *mediale Räume*
Sie entstehen durch die Speicherung von Codierung auf Trägersystemen, sei es die Flugschrift, das Buch, das Photopapier usw. Sie sind historisch an analoge Medien gebunden, die, zu anderen Orten transportiert, dort über ihre Nutzung die Korrespondenz und die Verbindung zum Herkunftsort herstellen. Der mediale Raum kann dabei mehrere tausend Kilometer umfassen, ist aber zugleich zeitlich so gedehnt, daß keine annähernd direkte Kommunikation entstehen kann.

* *elektronische Räume*
Sie entstehen durch den Einsatz von Elektrizität mit niedriger Spannung, um, wie beim Telegraphen, beim Morsen, beim Telephonieren, Nachrichten über Impulse und elektronische Intervalle über lange Distanzen schnell zu übertragen. Eine direkte Beantwortbarkeit verkürzt die immensen Raumtdehnungen der mechanischen Speichermedien. Die Fernanwesenheit, als eine Erfahrung gleichzeitigen Zuhörens und Sprechens, wird üblich. Sie wird Kern einer neuen Kommunikationskultur.

* *kybernetische soziale Räume*
Sie entstehen durch die *computational environments*, die die häuslichen, nahen, regionalen, kontinentalen und globalen Räume be-

schreiben können. In ihnen und für sie gibt es keine territoriale, körperliche oder architektonische Bindung. Sie sind Raumensembles und zugleich ein eigenes Gebilde elektronischer Virtualität. Es sind flüchtige, instabile Raumimpressionen, die an keine Physik als Raumbedingung gebunden sind. Man kann sich in ihnen bewegen, wie man will, vorausgesetzt, man anerkennt die Handlungen und die Existenz in der Matrix der Netzwerke. Die kybernetischen sozialen Räume stellen den Übergang von ortsansässiger, kultureller Kommunikation, zur transkulturellen Kommunikation dar. Sie bilden in sich intensive Verteilungsstrukturen zwischen Ort und Netz aus. Für viele scheinen sie dem *horror vacui* zu gleichen, dem sich die Kartographen des Altertums gegenüber sahen. Sie malten in die leeren Flächen fiktive Gebirge, Flüsse, Seeungeheuer, Inseln u.ä., um Sinn in die Leere, Relationen zwischen getrenntem oder auch Ganzheit her- und darzustellen.

Kybernetische Räume bedürfen keiner physiologischen Territorialität und muskulär-körperlichen Anwesenheit. Es sind in's Globale geweitete mentale Räume, die zugleich an die entwickeltste Form elektromagnetischer Speicher- und Impulstechnologien gebunden sind. Der horror vacui wird durch kognitive Landkarten aufgefangen, durch mentale Modelle der Kanäle, Knoten und Netzaktivitäten, oder auch durch 'echte Karten', wie z.B. die des Internet. Die elektronischen Adressen bilden eine Topographie aus, die mit der Geographie nicht mehr viel zu tun hat. Es ist eine Karte der Transkulturalität; es ist ein kartographisches Lexikon verteilten Wissens.

Diese Überlegungen zur Entwicklung von Räumen wären ohne Zeiterfahrung nicht möglich. Es ist anzunehmen, wie Dieter Wunderlich formuliert, daß wir ohne Bewegung auch kein Raumkonzept ausbilden würden.[1] Wir bedürfen nicht nur der lokalen, sondern auch der temporalen Ausdrücke. Ereignisse müssen ein charakteristisches Zeitintervall aufweisen, – in dem sie sich ankündigen, sich austoben, nachwirken –, um bezeichnet werden zu können.

Körper und Raum müssen also zunächst erweitert werden um die Kategorie Zeit, um einen verkürzten Kommunikationsbegriff zu vermeiden. Räumlichkeit, in der die Strukturierung des simultan Konkreten erfolgt, führt vorrangig zur Wahrnehmung. Zeitlichkeit, in der

---

[1] Dieter Wunderlich, Raum, Zeit und das Lexikon, in: H. Schweizer (Hg.), Sprache und Raum, Stuttgart 1985, S.66ff

die Strukturierung des Nacheinanders, das weitaus abstrakter als Raum ist, erfolgt, führt vorrangig zur Erinnerung. Der 'mentale Raum', von dem de Kerckhove spricht, ist an diese Körper-Raum-Zeit-Koordination gebunden. Darüber hinaus rückt mit der elektronischen Gleichzeitigkeit die Reichweite, egal woher, egal wohin, in das Zentrum der Analyse.

Erst aus der mentalen Sicherheit der Raum-, Gegenstands- und Zeiterfahrung, d.h. aber auch der erfahrenen Unterschiede heraus, ist eine De-Kontextierung und eine Tele-Kontextierung individuell und kulturell möglich. Damit ist unser Maßstab der Realität nicht mehr die pythagoräische Harmonie ganzzahliger (rationaler) Verhältnisse, die zur Musik führte. Es ist auch nicht mehr die Platonische Begierde, die reinen Formen anzuschauen. Die vier platonischen Körper, Feuer, Wasser, Luft und Erde, eingefaßt in den fünften Körper, der 'quinta essentia', führten zwar zum Pentagramm, das wiederum (über das Verhältnis der Diagonalen zu den Kanten) zum Goldenen Schnitt führte (nach Lucio Paciolo).

Unser neuer Maßstab wird seit 1957 von der Reichweite der Satelliten vorgegeben und seit 1982 von der Erreichbarkeit der Personal Computer in der Matrix elektronischer Netzwerke. Mit der Elektrizität besteht eine gemeinsame Verfaßtheit von Wirklichkeit und Realität, da sie innerhalb des Mediums raum-zeitlich nicht mehr trennbar sind. Die Herausforderung liegt in der differenzierten Behandlung elektronischer Simulation von Gleichzeitigkeit. Die Erfahrung und der Umgang mit Elektrizität/ Elektronik vermittelt den Menschen eine neue Raum–Zeit–Beziehung. „Denn der Raum ist für uns nicht mehr leer, [kein horror vacui, mafa] die Zeit nicht mehr simple Dauer." Wir haben es mit „vollen Intervallen" (M. Leeker, 188) zu tun, in denen Wirklichkeit und Realität rekursive Ereignisfolgen sind.

Schließen wir auch dieses Kapitel mit einigen Kurzthesen ab. Mit der Etablierung und Durchsetzung der elektronischen Mediasphäre sind weitreichende kulturelle Veränderungen verbunden, die auch für die Reformulierung von Kommunikationstheorie bedeutsam sind. Das überlieferte kulturelle Verständnis der Bedeutungssymmetrie erfährt starke Abschwächung dadurch, daß in den Verständigungshintergrund treten:

die Leitfunktion textkultureller Speicher

die mechanische und schwerindustrielle Kinematik

die Bedeutung des Angesichts und der Augenzeugenschaft für die Wahrhaftigkeit der Aussagen

die materiale, ökonomische und zeitliche Trennung der Medien Buch, Film, Video, Tonträger.

Eine neue mediale Verbindung ist entstanden, in der Information, Kommunikation und Interaktion die vorrangigen Ordnungsideen sind.

4. MODELLTHEORETISCHE SCHLUßFOLGERUNGEN

4.1. Medienkalküle

Kommunikation ist ein Verfahren, um verbindliche oder bindende Rückbezüge herzustellen. Dies bedeutet, daß sie zunächst als *Form individueller und sozialer Selbststeuerung* verstanden wird, die sich nicht selbst abschließt. Sie muß, um nicht in pathologisches Lernen (K. W. Deutsch 1966) umzuschlagen, mit offenem wahrnehmendem Denken einhergehen. Diese *wahrnehmende Offenheit* erweitert das genannte Verfahren mit dem Begriff des Prozesses und der unvorhersehbaren Ereignisse. Versteht man Kommunikation von einem zeitlich erkennbaren Ergebnis her, so führen *Verfahren, Prozeß und Ereignis* dahin.

Diese drei Ebenen schlüsseln das, was ich weiter oben den Gebrauch von Kommunikation genannt habe, auf. Mit Gebrauch verbindet sich ein *Medienkalkül.* Kalkül meint hier die Entscheidung, welches Medium ich am besten einsetzte, um etwas zu vermitteln, darzustellen und zu erreichen. Sprache, Bild, Text, bewegtes Bild, Geruch, Körperbewegung usw. Manche sozialen Räume sind vorgegeben, ebenso Stile. Durch pädagogische Situationen, durch Hierarchien, durch öffentliche oder private Bedingungen sind die Kalküle eingegrenzt. Gleichwohl bleibt das Faktum, daß *Kommunikation immer ein sehr störanfälliges Medienkalkül* ist. In der Medienforschung wird dieses Problem der kalkulierten Kommunikation mit unterschiedlichen Methoden angefragt:

1. Die erste wird als *Faktorentheorie* bezeichnet und unterteilt Kommunikation, Aussage, Medium und Rezipient. Es wird betrachtet, wie die einzelnen Faktoren zueinander stehen, ob die Aussage über das Medium unverfälscht ankommt; ob der Rezipient sie empfangen kann. Die Faktoren werden nicht in ihrer Wechselbeziehung betrachtet.

2. Die zweite wird als *Rezipiententheorie* bezeichnet. Sie wählt vorrangig die Perspektive des Massenkommunikationsmodells aus der Rezipientensicht. Die Achse der Faktorenverteilung ist auf einen Rezeptionspunkt geschrumpft. (G. Maletzke 1963)

3. Die dritte bezieht sich auf das *Modell der Dispositive*, in dem Kommunikation über die Anordnung der medialen Anteile und der Rezeptionsmöglichkeiten analysiert wird. (J. Baudry 1986 / K. Hickethier 1992)

4. Die vierte setzt auf die *Interaktionkonzepte* und verbindet die Wahrnehmung im kommunikativen Raum mit der technologischen Formation der Wirklichkeit. (→ siehe nächstes Kapitel)

Die Modelle durchzieht alle ein Realismus, der von einer starken Betonung der äußeren organisatorischen Bedingungen geprägt ist, aber die Beziehung von Medialität und Entwicklung der Sinne und Semantiken nicht hinreichend bedenkt.

4.2. Ein Verlaufsmodell von Kommunikation

Führen wir den Gedanken des Kalküls etwas weiter und beziehen ihn auf die oben schon angesprochene Einheit von Kapazität–Kommunikation–Kompetenz. Kalkül ist dann ein kommunikationstheoretisch sinnvolles Konzept, wenn die hauptsächlichen Bedingungen der medial-verstärkten Kommunikation bekannt sind. Meistens sind sie dies nicht. Mehr noch: Vorstellungen darüber, wie eine einzeln erhaltene Nachricht, ein 'Informations-Packet' (via Programm) oder eine programmiert-ausgewählte Information bei einem ankommen, sind wenig vorhanden. Und in Untersuchungen wird nicht ausführlich genug der zahlreichen Bedingungen gedacht, die in den Kommunikationsprozeß einfließen.

Ausgehend von dem genannten Triplet wird hier ein systemisches Verlaufsmodell für Kommunikation vorgeschlagen. Die Ausgangsskizze ist folgende:

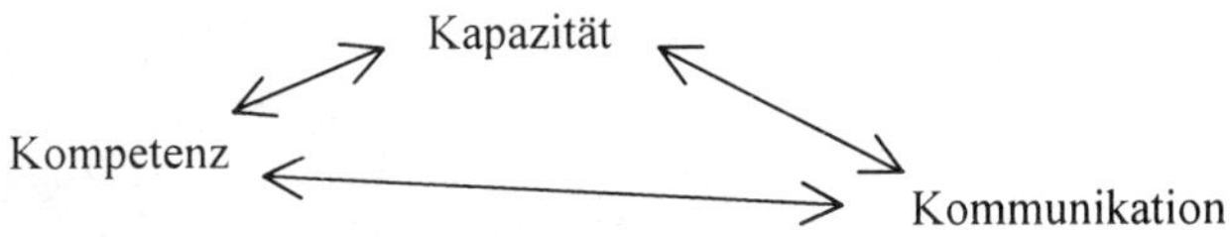

Was gehört zu Kapazität? Es sind dies die technischen, medialen, symbolischen Systeme (Sprachsysteme, Bildsysteme, Abstraktionsordnungen), die ohne Zutun des einzelnen Menschen existieren und – im Idealfall – in kontextuellen Bezügen zueinander stehen. Dies schließt nicht aus, daß in ihnen Ungleichzeitigkeiten in der Entwicklung der Sprachsysteme zu Technik, von Bildsystemen zu Sprache usw. anzutreffen sind.

Was gehört zu Kompetenz? Es sind dies die verschiedenen mentalen und sinnlichen Fähigkeiten, die vom einfachen Registrieren eines Gegenstandes (Perzeption), über die benennende / bezeichnende und erinnernde Wahrnehmung, zur Kommunikatbildung, zum Verstehen, zur Auswahlentscheidung, Informationsbildung und schließlich zum 'Export' der Meinung, des Entwurfes etc. führt.

Was gehört zur Kommunikation? Selbstverständlich sind es die Inhalte der vorher genannten Bereiche aber speziell das meta-linguistische, meta-kognitive und meta-mediale Modell einer verfahrensmäßig geregelten und als Verfahren erfolgenden Ko-Ordination von Kapazitäten (in sich), Kompetenzen (in sich) und Kapazitäten und Kompetenzen (wechselseitig). Ihr Ziel ist die Herstellung von Verständigungsbedingungen und der Verständigungsschritte.

Berücksichtigen wir die unterschiedlichen Startpunkte von Kommunikation z.B. in den Kompetenz- und Fragebereichen des Subjekts oder in den strukturellen Hintergründen der Kapazitäten, die wiederum von Subjekten in 'Bewegung' gesetzt werden (wie z.B. eine E-mail), so läßt sich ein Schaubild der Bewegungen entwerfen, durch die Kommunikation in Gang gesetzt wird. Beim Lesen des Bildes ist immer auch mit zu denken, daß Kapazitäten und Kompetenzen geschichtlich stets vermittelt sind. Sie sind Unterschiede, die sich als Unterschiede machen,– koevolutionäre Ergebnisse.

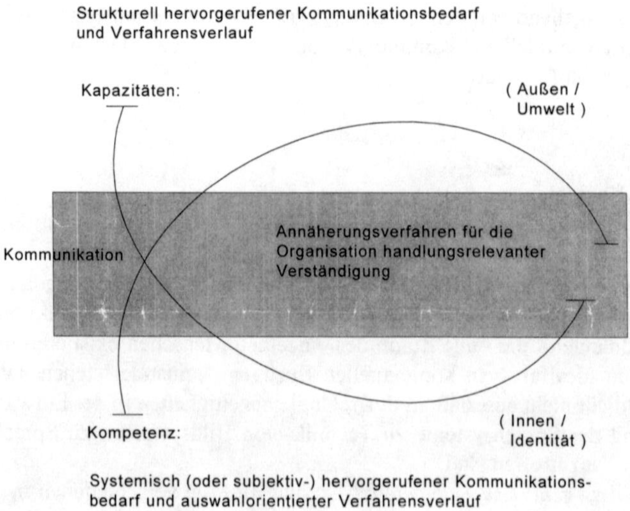

Kommunikation ist demnach das Verfahren, in dem die Konzepte von Gegenstandsorganisation, Selbstorganisation und Ziel / Zweck / Absicht in eine zeitlich begrenzte Ordnung der Verständigung zusammengefügt werden. Kommunikation ist so nur möglich als ein mehr oder weniger komplexes Netz, dessen Ergebnisse inhaltlich offen sind.

Kommunikation benennt also nur noch zur einen Seite einen direkt-aufgebauten zwischenmenschlichen Zustand, ein idyllisches oder streitbares Auge-in Auge, Mund-zu-Ohr-Verfahren. Alles weist daraufhin, daß die medientechnologischen Prozesse unseres Jahrhunderts dahin führen, nicht nur das Alphabet und den Buchdruck als Basis der Kommunikation zu nutzen, sondern die elektronischen Schaltungszustände von Text, Bild, Ton, Bewegung und deren Simultaneität als kulturelle Selbstbeschreibung anzuerkennen. Mit ihr treten die engen personalen, lokalen, familialen Beziehungen, mit denen Gefühle und Herrschaft begründet wurden, zurück. Sie werden in ein Netz elektronischer Fernanwesenheit einbezogen. Die augenscheinlichen und verbalen Bedingungen zwischenmenschlicher Vermittlung werden von anonymen, fernanwesenden Stimmen, Texten, Bildern, Images und Icons überschichtet oder in diese eingewoben. Es geht um Kommunikationsverhältnisse in der elektronischen Mediosphäre: beginnend mit dem Telephon, erweitert durch Radio, Fernsehen, Interkontinentalnetze, Satelliten und schließlich der Schub der Digitalisierung wurden die Vertrautheit, die Glaubwürdigkeit, die Expressivität und die Wahrheitsmodelle von Kommunikation aus der leibhaftigen Anwesenheit herausgelöst. Kommunikation ist zu einem Weltverfahren geworden,– zumindest von den medialen Möglichkeiten aus betrachtet.

Damit sind wir an einem Punkt angekommen, an dem nochmals das Fassungsvermögen des Kommunikationsbegriffes, wie es uns sozialtheoretisch, kulturgeschichtlich und sprachlich zur Verfügung steht, kritisch zu beleuchten.

4.3. Exkurs: communis– immunis

Um dies zu verstehen, ist es hilfreich, in die Sprachgeschichte zurückzugehen. 'Kommunikation' leitet sich aus dem lateinischen *communis* her, das '*mehreren oder allen gemeinsam, allgemein, gewöhnlich*' bezeichnet. Aus ihm leitet sich *communia* = Gemeinde, *communio* = Gemeinschaft, *communicare* = etwas gemeinsam machen, gemeinsam beraten, einander mitteilen oder auch *communis* = mitverpflichtet, mitleistend ab. Frei von Leistung zu sein, nicht mitverpflichtet zu sein, war das Gegenteil von *communis*, nämlich *immunis*. Interessant ist, daß der Handlungsbegriff communicare entstanden ist und nicht der Handlungsbegriff immunicare. Warum dies so ist, läßt sich nur vermuten. Es könnte sein, daß die offensive Normativität der Gemeinde oder der Gemeinschaft ein einzelmenschliches Handeln, daß sich aus freien Stücken aus der gemeinsamen Beratung entläßt, nicht entwerfen konnte. Die Gemeinschaft war geschlossen. Sie erhielt sich durch kontrollierende Loyalität und rituelle Bindung, durch ökonomische, religiös-institutionelle, familiale und kulturelle Erbschaft. Eine hochverdichtete und zwanghafte Erbschaft.

So ist die 'Freisetzung' von der Ordnung in dieser Tradition des Kommunikationsbegriffes kein freiheitlicher, sondern ein herrschaftlicher Akt, allzuoft mit direkter Gewalt verbunden. In der Ausgrenzung der 'Exkommunikation' lebt dies weiter. Andere Formen sind Verjagen der Armen und Irren (wie von M. Foucault gut analysiert) oder deren Festsetzung rsp. die Ghettoisierung derjenigen, die 'nicht dazu gehören'. Die Communio-Tradition behauptet nicht nur die Autarkie, sondern auch die Hygiene der Beziehungen. Allein diese kurzen Verweise gemahnen schon zur Vorsicht gegenüber einem Kommunikations-Konzept, das vorschnell auf Ordnungs-Stiftung ausgerichtet ist. Nun ist heute klar, daß Autarkie und Hygiene als soziale Selbstbeschreibungen nicht aufrechtzuerhalten sind. Arbeitsteilungen, Abhängigkeiten, internationale, interkulturelle oder auch transkulturelle Beziehungen bestimmen Gesellschaften mindestens genauso, wie die Reste überlieferten Wissens und überlieferter Kultur.

Umso schwieriger wird es dann, Kommunikation als einen integrativen Vorgang zu interpretieren. Systemtheoretische Ansätze, in die die Einsicht eingeflossen ist, daß sich jeweilige gesellschaftliche Handlungsverdichtungen, ob in Technik, Ökonomie, Liebeskonzepte, Familie oder auch Gesellschaft selbst organisieren, stehen in der ideengeschichtlichen Herkunft, den Bestand (= communio) nicht nur vorauszusetzen, sondern als Selbst-Ziel zu entwerfen. Ich werde dies noch an gegebener Stelle vertiefen. An dieser Stelle ist allerdings schon zu notieren, daß alle Kommunikationskonzepte unter der Frage stehen, ob sie vorgeordnete Verfahren der Beteiligung enthalten oder ob sie eine im Ziel offene Veränderung als Leitbild einbringen. Nun könnte man sagen, daß dies heute ja nach dem notwendigen und entwickelten Standardisierungsgrad eines System zu beantworten ist. In einer Verwaltung funktioniert der Informationsaustausch anders als in einer Familie. Dies wäre richtig, träfe aber nicht das Problem. Denn es geht im Kern darum, ob man unter Kommunikation

* eine Anwendung von Entscheidungskriterien für Bedeutungssymmetrie und Verstehensidentität versteht,
* einen im Prinzip offen Gesprächsverlauf meint, an dessen Ende die ethisch begründete und umfassende Verabredung eines neuen gefestigten Handlungs- und Kontrollrahmens steht, oder
* eine ständige, sprunghafte, nicht festzulegende Veränderung der Selbstorganisation und Selbstthematisierung in Sprachen, Haltung, Denkweise, Denkrichtung.

Um die individuellen Freiheitsmöglichen zu verdeutlichen werde ich neben den Begriff der Kommunikation, den gleichlogischen Begriff der *Immunikation* stellen. Immunis hieß, um daran zu erinnern: von Leistung der Gemeinschaft frei und nicht mitverpflichtet zu sein. Ich schlage nun vor, Immunikation als die informationelle Gegenwart zu bezeichnen, in der sich ein einzelner Mensch zurückzieht, einen eigenen Weg sucht, eine kurze oder längere Distanz zum sozialen System wählt, etwas Eigenes entwirft, sich informiert, ohne eine Entscheidung für oder gegen weitere Teilnahme zu treffen. *Immunikation verstehe ich als Gegenbegriff zur Exkommunikation.*

Sie ist die Haltung des einzelnen Menschen in einer durch Sprache, Architektur, agrarische oder industrielle Landschaften, durch Bilder und Musik vorgeprägten kommunikativen Systematik. Sie ist gebunden an die Medialität, bestätigt aber nicht deren systemische Verwendung.

Immunikation ist eine *aisthetische* Kategorie, eine des wahrnehmenden Denkens, und eine *ästhetische* Kategorie, im Sinne der gestaltend-verändernden Setzung eines Gegenstandes oder einer Gegenstandsbeschreibung. Sie bezeichnet den Verlauf des Heraustretens aus einem Kommunikationsmilieu, den Wechsel zu einem anderen Kommunikationsmilieu oder den Wiedereintritt in den Herkunftskontext, was diesen zugleich verändert. (Die Handwerksgesellen, die durch die Lande zogen, um Wissen, andere Handwerkskulturen usw. kennen zu lernen und zurück zu übersetzen sind ein historisches Beispiel für diese Art der rückkehrenden Immunikation.)

Ich verwende *Immunikation* als einen Handlungsrahmen, über den Individualität in einer neuen Weise beschreibbar ist. Individualität ist darin kein Ergebnis einer Trennung vom sozialen System oder einer Isolierung. Sie ist nun beschreibbar als eine besondere Art der Übersetzung und der neuerlichen Darstellung. Immunikation ist Unterbrechung und Neuzusammensetzung. Mir scheint in der häufig zu lesenden kritischen bis ablehnenden Gegenüberstellung von Kommunikation und Individualisierung noch die (vormoderne) Grenzziehung von Gemeinschaft nachzuwirken. Um dies kritisch in Erinnerung zu rufen, setze ich den Begriff der Immunikation. Sie ist der Akt des freien, nicht sofort auf Integration zielenden Denkens, Informierens und Reflektierens, ein.

Immunikation geht also nicht von einer überzeitlich gefestigten Gemeinschaft aus. Sie ist ein *Modell experimenteller Kommunikation*. Damit ändert sich auch die Bestimmung von Kultur. Sie ist nicht mehr als Herkunft, als Tradition oder gar als Substanz zu deuten. Sie wird mit der Neufassung von Kommunikationsverhältnissen ebenfalls zu einem pragmatischen Konzept von Kultur.

4.4. Exkurs: Aproposito 'Kultur'

Bis in's 18.Jahrhundert war das Wort 'Kultur' mit '*wachsen*' verbunden. Wir verwenden diese Verbindung noch in Worten wie 'Kulturpflanze', 'Baktierenkultur' oder bei agrarisch erschlossenen 'Kulturlandschaften'. Mit der Entdeckung von 'sich verändernden und entwickelnden Verhältnissen und/oder Gesellschaften' wurde Kultur für die Beschreibung von sprachlichen, bildlichen, musikalischen, symbolischen Handlungsbedingungen verwendet und bewertet. Kultur wurde vom Prozeß- zum Wertkonzept und schließlich zum Kampfbegriff der „bürgerlichen Kultur“, der „proletarischen Kultur“, der „europäischen Kultur“. Kultur war ein Abgrenzungskonzept, ein Muster der Grenzsetzung, ausgestattet mit einem nicht entzifferbaren Überschuß an Identitätswertigkeit.

Eine weitgehende Festschreibung von Kultur erfolgte in der philosophischen Anthropologie, in der eine intime Verbindung zwischen Menschheitsannahmen und Kulturkonzepten erfolgte. Über eine lange und an Kontroversen reiche Wissenschaftsgeschichte ändert sich dies. Zu nennen sind hier die historische Anthropologie, die soziale Anthropologie und Ethnologie/Ethnographie. Kultur verlor ihren unerklärt gehalten Schimmer. Sie wurde zu alldem, was wir in unserem Leben tun: Kleidungsstücke nähen, sie tragen, Straßen bauen, Häuser bauen und als Dörfer, Städte usw. zusammenzustellen, Musik machen oder hören, Sprechen, Schreiben usw. Jenseits der sich daran anschließenden Unterscheidungen von 'Hochkultur', 'Unterhaltungskultur', Pop-Kultur' verweisen viele Kulturkonzepte auf die gegenwärtigen Handlungszusammenhänge, in denen Überlieferungen gepflegt, Neuerungen geschaffen, Anpassungen aufbereitet werden. Kultur als Handlungs- und Nutzungskonzept beschreibt in dieser Weise Identität, Eigenart und Vielfalt.

Hier ist nicht der Ort, die Geschichte des Wortes 'Kultur' auszuführen und ökonomisch, politisch und wissenschaftsgeschichtlich zuzuordnen. Festhalten möchte ich allerdings, daß 'Kultur' in dem hier verwendeten Sinne, Handlungs- und Nutzungszusammenhänge meint, also Produktion und Konsum, Überlieferung und Aktualisierung einschließt. Kultur ist nun nicht mehr auf 'Natur' rückführbar oder als deren Gegenüber zu verwenden. Sie ist ein instabiles Ergebnis zwischen Absichten und Erfordernissen von Mediennutzerinnen und -nutzern, dem Rezipieren von Bildern, Texten, Filmen, Tönen ohne Rückkanal und Interaktionen sehr unterschiedlicher Beteiligungsmöglichkeit. Sie ist nicht mehr ausschließlich an Territorien, nationale Grenzen, Ethnien gebunden. Allerdings können dies wichtige Bezugsgrößen sein. Ebenso wichtige Bestimmungsgrößen sind jede Form von Infrastruktur, Transport- und Transmissionstechnik sowie Medialität (Text, Bild, Telephon, Television, Fernschreiber, Fernmusik).

Diese Unterschiede zeigen, daß wir für die nähere Bestimmung von Realität mehrere Beschreibungen, mehrere Sprachen benötigen. Wir können auf mehrere Objektklassen zurückgreifen:

- auf organische und lebende Gegenstandsbereiche
- auf ortsfeste und in ihrer Form relativ-feste Gegenstände (Häuser, Straßen, Plätze)
- auf bewegliche und in ihrer Form relativ-feste Gegenstände (Hammer, Messer, Nagel, Stuhl, Auto, Flugzeug)
- auf bewegliche und in ihrer Darstellungsform variable Bereiche, sei dies Theorie, Poesie, bildende Kunst, Entwurf usw.

Aber ganz gleich worauf ich zugehe, stellt sich immer die Frage: nehme ich dies als Kultur wahr?

Die genannten Beispiele zeigen, daß es eine objektive Welt für unsere Wahrnehmung gibt. Sie zeigen aber nicht, wie diese zu Kultur oder Kommunikation führen. Wir müssen also unterscheiden zwischen dem, was ein geformter Stoff als Merk- und Wiedererkennungsmale in sich trägt, was man davon wahrnimmt und für sich umwandelt, behält und dem was es bei dem Beobachter so auslöst, daß er zum Teilhaber wird.

Die erste 'was'-Frage nach den Merkmalen wird heute fast selbstverständlich mit dem Wort 'Information' beantwortet. Dabei wird Information auf einen Träger bezogen, sei er Kabel, Schallplatte, Magnetband oder elektronischer Speicher. Erinnern wir uns an das Triplet und die pragmatische Bestimmung von Kultur, so reicht diese Nennung nicht. Und in der Tat ist es ja so, daß Information immer nur das ist, was zwischen zwei Handlungsbeteiligten (ob nun Mensch zu Mensch oder Maschine zu Mensch) von diesen wahrgenommen wird. Sieht ein Kind zum ersten mal mit kräftigen Strichen gemalte Sonnenblumen, so ist es bestimmt kein großes Erlebnis. Es hat weder Stilkunde, noch Kunstgeschichte, noch die Biographie van Gogh's gelernt, noch eine eigene Haltung zur Malerei entwickelt. Es sieht vergleichslos, berücksichtigt man die Kunstdebatten oder einen gesehenen Reichtum unterschiedlichster moderner Malerei. Um die gemalten Sonnenblumen „würdigen“ zu können, müssen also beachtliche Bilderfahrungen, Wissen um die Materialität-, Stil- und Schulenentwicklung, eigene Erfahrungen mit Malerei hinzukommen.

Information bedarf also des Trägers. Ebenso muß sie in einen Zusammenhang treten, in dem sie abgelesen, abgehört, gesendet und empfangen, in Wissen verwandelt werden kann. Es gibt keine freie, nicht selektiert Information, d.h. es gibt keine zusammenhangsfreie Information. Habe ich nicht gelernt, was sich in dem Gemälde 'alles trifft', kann ich ihm nichts abgewinnen. Dies kann mir zwar auch passieren, wenn ich viel über ein Bild weiß. Dann treffe ich aber eine Auswahlentscheidung,– sei es im Sinne der Gleichgültigkeit, sei es im Sinne der Ablehnung. Um die Stellung von Information in unserer heutigen Gesellschaft richtig zuzuordnen, muß man ein wenig in die Geschichte zurückgehen.

4.5. Information, technikgeschichtlich

Mit einer These möchte ich beginnen:

Information hat den Platz in der Organisation von Wissen und Handlung eingenommen, den bis vor wenigen Jahrzehnten Tradition einnahm.

Bevor dies in einem sozialwissenschaftlichen Zusammenhang von Kommunikation interpretiert wird (Kapitel 6), ist es wichtig, sich die Bedingungen technischer Kommunikation anzusehen, aus denen die Geschwindigkeiten der derzeitigen Veränderung kommen. Es ist hilfreich, sich, wenn auch nur kurz, die Entstehung des Modells dynamischer Rückkoppelung und dessen Einfluß auf Kommunikation kurz anzuschauen. Man kann sagen, das unsere heutige Situation technikgeschichtlich das Ergebnis eines zweifachen Änderungssprunges ist: den *vom Handwerkzeug zur mechanischen Maschine und den von der Werkzeugmaschine und dem Fließband zum Servomechanismus*.

Der erste Sprung bestand darin, daß das Handwerkszeug aus der Hand gegeben wurde und kraftverstärkt als Maschine fortexistierte. Der Dampfhammer, die Webmaschine, die Drehbank usw. waren eine Verbindung von "verstandslosen Motoren", mit Werkzeug, Energieübertragung und den "intelligenten Motoren", den Menschen, wie Ferdinand J. Redtenbacher 1852 sagte. Maschinenrealität und Maschinentheorie entwickelten sich weiter. Das Werkzeug verschwand aus der Maschine. Die Handtechnologie wurde aus der Maschinentechnologie herausgenommen, so bei Franz Reuleaux um 1900 zu lesen. Die Maschine wurde seit Beginn des Jahrhunderts aus Zahnrädern, Kurbeln, Stangen, Gehäusen, Schaltungen zusammengesetzt. Sie wurden so etwas wie ein kinematisches Gesamtereignis, bedrohlich und utopisch zu gleich. Charly Chaplin erzählt in 'Moderne Zeiten' die Geschichte des kinematischen Gesamtkunstwerks als Kinematographie, bis hin zu den schönen Sequenzen, in denen der Verlust des Werkzeugscharakters an der 'Fütterungsmaschine' ironisch vorgeführt wird. Aber schon damals war das Werkzeug eine Adresse für soziale Melancholie.

Die Maschinenentwicklung ging rasant weiter, vor allem unter den Bedingungen der Kriegsforschung während des Zweiten Weltkrieges. Um Feuerleitsysteme für Flugabwehrkanonen zu verbessern, wurde in den Bell Telephone Laboratorien (BTL) und am Massachussets Institute of Technology (MIT) an folgenden Aufgaben geforscht: - elektrisch arbeitende Ortungsgeräte zu entwickeln (RADAR); - ein Befehlsgerät zu entwickeln, das die Ortungsdaten empfängt, speichert und weiterleitet (M-9-Kommandogerät von Bode, Blackman und Shannon; Computer); - eine technische Einheit, die die Lenk- und Reglersysteme automatisiert (Servomechanismus); - Studien zur theoretischen Mathematik, Physiologie und Psychologie.

Obwohl erst Ende der 1940er die Transistortechnik entwickelt wurde, bedeuteten diese Forschungen den Bruch mit den bisherigen mechanischen Maschinenkonzepten und den werkzeuggebundenen Handlungsmodellen. Norbert Wiener, einer der Forscher in diesem Umfeld, hatte die Aufgabe, ein nachrichtentechnisches Kommunikations-Modell zu entwickeln. Die Selbsteuerungs- oder Servomechanismen wurden von ihm nicht mehr als mechanische Geräte gedacht und entworfen, sondern als signalgestützte technische Kommunikationssysteme. Über die technologische Entwicklung war ein neues Kommunikations-Konzept entstanden, die Kybernetik.

Es verdrängte nicht sofort die kinematischen Vorstellungen mechanischer Beziehungen und auch nicht die Leitbilder fester Kultur-, Sozialitäts- und Menschenverständnisse. Dies kam erst später, verbunden mit vielen neuen Erkenntnissen in den Wahrnehmungs-, Gedächtnis- und den neurophysiologischen Forschungen. Dies werde ich hier nicht darstellen. Ich habe deshalb darauf hingewiesen, weil daran sehr gut zu sehen ist, wie sehr in verschiedensten soziokulturellen Bereichen anschlußfähige Veränderung stattfinden müssen, bis eine große, dauerhafte Veränderung stattfinden kann. (hierzu ausführlich: M. Faßler: Cybermoderne, 1999)

Die technikgeschichtlichen Aspekte dieser tiefgreifenden Veränderung notierte Norbert Wiener's in „Kybernetik. Regelung und Nachrichtenübertragung in Lebewesen und Maschine" von 1948/ 1968: „Wenn das 17. und frühe 18. Jahrhundert das Zeitalter der Uhren war und das späte 18. und das 19. Jahrhundert das Zeitalter der Dampfmaschinen, so ist die gegenwärtige Zeit das Zeitalter der Kommunikation und Regelung." (63)

Die Herausforderung der Computertechnologien für Kommunikations- und Medienverständnis liegt darin, daß die regulativen Ideen des Uhrwerks und der Waage durch die Idee des Netzwerks überlagert wird. Daß Norbert Wiener auf die Uhr und nicht auf die Waage einging, mag ein Zufall sein. Vielleicht lag ihm das Modell der wechselseitigen Abhängigkeit auch zu nahe. Dennoch lohnt es sich, kurz diesem Unterschied nachzugehen, denn er scheint in der schroffen Grenzziehung zwischen Informationsökonomie (in der Speicher, Zugriffs- und Nutzungszeiten die Ordnungsstifter sind) und in der Informationsdemokratie und dem Konzept von 'freiem Zugang zu allen Informationen' polit-ökonomisch weiter zu leben.

Zwischen der Uhr und dem Automaten existiert eine lange Beziehung. Automaten waren für R. Descartes gedankenlose Sklaven ihrer mechanischen Programme. B. Pascal (1623-1662) diente die Automatenanalogie für die Zusammensetzung des menschlichen Körpers. Bischof Fénélon beschrieb zur Zeit Ludwig XIV in „Traité de l'existence et des attribus de Dieu" (1712) Funktionen des Gedächtnisses, die kommandoartig den Körper regulierten. E. T. A. Hoffmann und viele andere könnten diese Geschichte weiter erzählen. Die Verfeinerung der Automaten-Erzählung erfolgte über die metaphorische Einführung der Uhr. Anfangs stand sie, wegen der Schwierigkeit sie zu entwerfen und zu bauen, für die Komplexität der Schöpfung. Schritt für Schritt wurde sie durch die mechanische Philosophie zum Koordinierungs- und schließlich zum Ordnungszentrum gekürt. G. W. Leibniz (1646-1716) beschrieb die deterministischen Konzepte von Uhr und Automat am Beispiel von Körper und Seele, die er in Cartesianischer Tradition strikt trennte und in vollkommener Geschlossenheit aber in exakter Gleichzeitigkeit beschrieb. Körper und Seele sind zwei Uhren, die es zu koordinieren gilt. Ich möchte aus *Dritte Erzählung* vom November 1696 zitieren:

„Meine Hypothese zu der großen Frage der Einheit von Seele und Körper ... könnte ... verständlich gemacht werden. Man stelle sich zwei Uhren oder Taschenuhren vor, die vollkommen übereinstimmen. Das ist auf dreierlei Weise zu erreichen. Die erste Methode besteht darin, daß beide Uhren sich gegenseitig beeinflussen; die zweite, daß ein Mensch dafür sorgt; ... die dritte Methode (wird) darin bestehen, die Uhren von vornherein mit solcher Geschicklichkeit und Genauigkeit anzufertigen, daß man sicher sein kann, daß sie anschließend übereinstimmen; dies ist der Weg der prästabilierten Übereinstimmung..."

Wechselwirkung ist hier allenfalls in Richtung auf eine stabile Zeittaktung und schließliche Zeiteinheit gedacht. Man muß dies, so meine ich, im Hintergrund behalten, wenn heute von Gleichzeitigkeit oder simulierter Gleichzeitigkeit gesprochen wird. Manches erinnert da an die „prästabilierte Übereinstimmung" oder an Th. Hobbes uhrwerkähnlich aufgebauten Staatskörper 'LEVIATHAN'.

Im Gegensatz dazu stand das Prinzip der Wechselwirkung, das in der Waage sein damaliges Gegenzeichen fand. Mit der Waage verbindet sich die Technikgeschichte der Selbstregulierung, des Ausgleichs. Sie ist weit zurückzuverfolgen, bis zu den Schwimmreglern in der 60 n. Chr. verfaßten „Pneumatik" des Heron von Alexandrien, über thermostatisch regulierte Hühnerbrutkästen, Fliehkraftregler an Watt'schen Dampfmaschinen 1790 u.v.a.m. In der Neuzeit wurde Waage zum Bild für wechselwirkende Unterschiede, für richterliche Urteilsfindung, für Gerechtigkeit. Die Waage war, wie Otto Mayr in seiner Kulturgeschichte von Uhr und Waage schrieb, der liberale Ersatz für die Uhr.

Und heute? Wir tun uns schwer, ein Leitbild zu formulieren, daß eine ähnliche dichte Organisations– oder Ordnungsbeschreibung liefert, wie dies Uhr und Waage taten. Es scheint sich immer mehr der Netzbegriff herauszuschälen, der alle Unterschiede kybernetischer und selbstorganisatorischer Prozesse in sich aufnehmen und bildhaft darstellen kann. Je stärker die tatsächliche elektronische Netzstruktur wird, umso wahrscheinlicher wird dies. Mit ihm verbindet sich ein Begriff, den ich bislang ohne Erläuterung lies, obgleich ich ihn verwendet habe: es handelt sich um Information. Wir reden heute wie selbstverständlich von Information: Ich gehe mich informieren oder lasse mich informieren; ich rufe Informationen ab, oder irgendwo werden Informationen über mich gesammelt. Keiner, der sich darstellen möchte, kommt ohne Informationsstand aus. Ohne Informationen kann ich eine Sache nicht entscheiden, usw.

Bemerkenswert ist zunächst, daß das *Informationskonzept fast ein Jahrhundert älter ist, als das der signalgesteuerten Servomechanismen* und der dynamischen Rückkoppelung. Es entstand aus einer theoretischen Krise heraus. Das vor allem auf I. Newton zurückgehende mechanistische Weltbild kann Mitte des 19. Jahrhunderts als Erklärung nicht aufrechterhalten werden, um Wellenphysik oder die aufkommende Elektrophysik weiterzuführen. J. C. Maxwell ist derjenige, der die Ablösung der Mechanik einleitet. Er entwirft eine Theorie des elektromagnetischen Feldes. Das 'Feld' beschreibt den Zustand, die elektromagnetische Beziehung von magnetisierten Körpern im Raum. Mit dieser Theorie verabschiedet er die Ideen, Materie könnte als in sich aufteilbare Einheit *gewogen* werden. Seine Theorie führt den Gedanken der Wechselwirkungen in die Physik ein.

Obwohl er für die Lichterscheinungen ein Medium namens 'Äther' vermutete, oder für die Theorie der Wärme einen 'Dämon' erfand, der die Wärmeregulierung betreibt, – was in der weiteren Forschung widerlegt wurde und fast anekdotische Qualität erreicht hat (nämlich im Wort des 'Maxwellschen Dämons'), ist die Einführung des Gedankens der Wechselwirkung und des Modells des Zustands als Austausch die Voraussetzung für den aktuellen Informationsbegriff in keiner Weise zu unterschätzen. Es ist die Information, die die mechanischen Beziehungen reguliert, womit Mechanik in den Hintergrund tritt. Je kleiner die beobachtbaren Zustände wurden, um so schwieriger wurde die verständliche Bestimmung von Information. Sie wurde zu einer Differentialgleichung, zu einer mathematisierten Grundausstattung von Regelung, auch im Wiener'schen Sinne.

Diese Erkenntnis, daß Spannungs-Felder zusammengehalten werden durch ständigen Informationsfluß, durch ein Fließgleichgewicht an Informationen, wurde erst in der zweiten Hälfte unseres Jahrhunderts für Gesellschaftsdeutungen fruchtbar. Zulange hatten Klassenstrukturen, Lagerbildung, soziale Blockpolitiken die Anerkennung der immer feiner werdenden Differenzierungen und Austausche behindert.

Information ist inzwischen das Charakteristikum einer dritten Revolution in der Geschichte Europas. Nach der Differenzierung von Schriftsprache und Körper (der *Körperabstraktion*), und der Differenzierung von Gebrauch und Ware (der *Gebrauchswertabstraktion*) erfolgt nun die Ausweitung des Gegenstandswissens durch die elektronische Ergänzung des mentalen Wissens und zugleich dessen beliebige zeit-räumliche Rekombination (*Ansässigkeitsabstraktion*).

Das energetische Signal bringt sein eigenes Medienformat hervor. Es bindet in sein Fassungsvermögen die Dimensionalität anderer Medien ein. Es formatiert durch seinen Gebrauch *Gesellschaft*, in dem es Bild-Ton-Körper-Text in *bedienbare Signalzustände* verwandelt. So entsteht durch die Schaltungsgeschwindigkeiten der Speicher, in den Bereichen der submiskroskopischen und der transteleskopischen elektronischen Reichweiten und letztlich in der globalen Kommunikation ein Raum, der scheinbar "*ohne menschliche Begleitung*" funktioniert, wie V. R. Grassmück in 'Lettre International' (Frühjahr 1995/51) schreibt. Obwohl in dieser Formulierung viel von der Dramatik der These einer post-humanen Medialität enthalten ist, halte ich den Gedanken für idealistischen oder skeptizistischen Überschwung. V. Grassmück stellt zwar kenntnisreich die Entwicklung der Turing-Galaxis dar, bestätigt aber explizit die klassische These, daß Medium zwischen Subjekt und Realität stehe. Sein Gebrauch würde es nicht ändern. Allenfalls technische Entwicklungen verändern dann das Medium. Dabei bleibt er auf der Ebene der Physikalität und deren sozialer Formung stehen. Der Computer wird zu einer 'black box'.

Aber gerade 'black box' ist ein sehr schillernder medien- und kulturtheoretischer Gedanke. Warum? 'Black box' meint zweierlei. Die Farbe steht für die Unbeobachtbarkeit des operational geschlossenen Verfahrens und 'box' steht für ein vermutetes, aber letztlich nicht belegbares Informations- oder Wissensgefälle zwischen Innen und Außen. Bei Grassmück, aber auch bei vielen anderen Vertretern mediengeprägter Kulturtheorie oder auch Informatikern, wird *'black box' als vernunft- und humanitätsbedrohend*, in jedem Falle als 'kulturbedrohend' eingebracht. Ich halte dies für eine substanzialisierende Fehldeutung eines Begriffes, der im Kern nur die Aussage erlaubt, das Teilsysteme ihren eigenen inneren Gesetzen und Regeln folgen, und von außen in ihrer Performanz zwar beobachtbar, aber nicht verstehbar sind, weil Teilnahme von 'außen' schlicht unsinnig ist.

Spielerisch könnte man nun sagen:

Kultur besteht nur in der Dauerbeziehung menschlicher und nicht-menschlicher 'black boxes'. Dies käme auch dem ursprünglichen Sinn des Wortes nahe. Er bestand und besteht darin, daß sehr fein zwischen operational geschlossenen Systemen und ihrer Wahrnehmungsoffenheit unterschieden wird, was N. Luhmann ausführt.

Nun wird aber unter der Hand 'black box' in einen kritischen Kommentar überführt. Dies wäre hilfreich, würden die technologischen Dimension in Handlungsanalyse, d.h. in Kommunikationstheorie überführt. Gerade dies erfolgt aber nicht. Umgekehrt wird behauptet, daß sich elektronische computertechnologische Medialität „ohne menschliche Begleitung“ so zu sagen selbst erzeugt und mit sich selbst redet. In Konsequenz bedeutet dies, auch wenn es eine Überspitzung darstellt, daß ein 'mitsichselbst' einhergehendes Medium, individuelle, soziale und kulturelle Befehlsmuster durchsetzt. Kommunikation verkümmerte dann zur Dressur. Sicher muß man sehr genau und kritisch die 'Veränderung der Spezies Mensch' beobachten. Dies kann aber nur erfolgen, wenn wir die Bedingungen nicht als Externes, sondern als mit uns verbundenes Anderes verstehen.

In Aspekte von Kommunikationstheorie übersetzt heißt dies, die Bedingungen von Interaktivität genau beobachten und den Fragen nach Interpretation und Kommunikatbildung (S. J. Schmidt 1994) nachzugehen. Folgen wir noch kurz der Spur des Spektakels, als einer Performanz von sozialen Systemen.

4.6. Ohne Rückkanal: Spektakel

Schaut man sich die Fülle der Informationsangebote im Bereich Zeitungen, Bücher, Filmen, Rundfunk und Internet an, und bedenkt, daß wir alle die Systeme der tonlichen, bildlichen und textlichen Versorgung nutzen, kann man den Eindruck bekommen, es gehe nicht um Kommunikation, sondern um die soziale Dauerveranstaltung eines Spektakels. In ihm hätte die Idee des Gebrauches und der Passung keinen Platz, weil es um die Inszenierung des Sendens, nicht um die Selbstorganisation des Empfangens und Verstehens geht. Und in der Tat scheint der Umschlagspunkt der medien- und kommunikationstheoretischen Diskussionen in der Frage zu liegen: Spektakel oder Interaktion.

Spektakulär ist das, was einmalig, demonstrativ ist: es ist Schau. In jedem Fall hat es keinen Rückkanal, keine Beteiligung, keine Veränderung im Verlauf der Darstellung. Das Spektakel ist 'geschlossen', unzugehbar. Was bleibt, ist die Rezeption oder das Übersehen,

Überhören. Gesellschaften, die Medien in sich entwickeln, die ohne Rückkanal ausgestattet sind, und dies gilt fast für alle Medien des 20. Jhs bis 1980, sind „Gesellschaften des Spektakels". G. Débord beschrieb sie 1971 wie folgt:

„Das Spektakel hat die ganze Schwäche des abendländisch-philosophischen Entwurfes geerbt, der in einem von den Kategorien des Sehens beherrschten Begreifens der Tätigkeit bestand...Je nachdem wie die Notwendigkeit gesellschaftlich geträumt wird, wird der Traum notwendig. Das Spektakel ist der schlechte Traum der gefesselten, modernen Gesellschaft, der schließlich nur ihren Wunsch zu schlafen ausdrückt. Das Spektakel ist der Wächter dieses Schlafes."[1]

Unter diesen Annahmen, die in vielen Theorien geteilt wurden, ist es selbstverständlich nicht möglich, einkanalige Medien mit einem aktiven Kommunikationskonzept zu diskutieren. Gleichwohl stellt sich hier die Frage, ob die Betonung des Sehens ein hinreichendes Argument ist. Gerade die Mediengeschichte liefert ja nicht den Beleg für die isolierte Entwicklung des Sehens, sondern die Kopplung des Blickes an den alphabetisch, geometrisch, perspektivisch entworfenen Sprachen-Raum, an ein hoch abstraktes mentales Modell. Dessen Selbstverständlichkeit für uns heute sollte nicht zu analytischer Unschärfe führen. Gleichwohl bleibt richtig, daß die Fernseh-Radio-Wirklichkeit eine der einkanaligen Sende-Hoheit war und ist. Dies wird sich auch nicht ändern. – Propaganda + Spektakel. Viel wichtiger ist, sich demgegenüber mit der neuen mehr-kanaligen und rück-kanaligen Medienlandschaft und der damit verbundenen Medienintegration auseinanderzusetzen. Ich werde dies hier technisch nicht weiter verfolgen. Der Grund, auf das Spektakel einzugehen lag darin, auch das Spektakel als einen spezifischen Gebrauch von Kommunikation zu begreifen und zugleich zu betonen, daß auch das Spektakel im Zuhörer oder in der Zuhörerin oder in der Zuschauerin und dem Zuschauer zu Vorstellungen und zur Konstruktion von Wahrnehmungen führt. Aus diesen entsteht dann auch, was G. Débord übersieht, Veränderung, Neues, Abschalten usw.

Nun bedeutet die entstandene Vielfältigkeit einen unumkehrbaren und nicht zu unterschätzenden Prozeß hin auf eine neu zu bildende zivilisatorische und kulturelle Beziehung des Individuums zu seinen sozialen Umgebungen und Handlungskontexten. Es ist gerade die Anerkennung von Individualität, die die gesprächsweisen sachlichen

[1] Guy Débord, Die Gesellschaft des Spektakels, Hamburg 1978

und prozeduralen Annäherungen erfordern: Individualität erfordert Kommunikation als eine andauernde Anstrengung der Beteiligten, oder im oben dargelegten Sinne: Immunikation. Jeder Versuch, dauerhaft feste Vorentscheidungen zu treffen und zu institutionalisieren, unterläuft die demokratischen Potentiale von Kommunikation und die humanen Bestimmungen von Individualität. Die Singularisierung des Empfängers und die Individualisierung des Nutzers,– beides in einer Person zu denken – verändert tiefgreifend das, was wir als Kommunikation gelernt haben.

Somit gibt es für mich vier gute Gründe, theoretisch vorrangig das Verhältnis von Kommunikation und Individualität zu untersuchen: - die demokratischen Potentiale von Kommunikation und Immunikation; - die humanen Bestimmungen von Individualität; die Singularisierung des Empfängers; - die Individualisierung bei der Nutzung bi-/multi-direktionaler Informationskanäle. Diese Ebenen sind, wie ich meine, unter zwei Vorbehalten gut zu erforschen: (a) dem individuellen Konstruktivismus und (b) dem sozialen Konstruktivismus.

(a) Konstruktivismus bezeichnet den Vorgang, in dem sinnlich und geistig Wahrgenommenes in eine Aussage über das Wahrgenommene übersetzt wird und diese Aussage als objektive, wirklichkeitsentsprechende oder wahre Aussage aufgefaßt wird.

In dem hier angesprochenen Verhältnis von Kommunikation und Individualität erfaßt dieser Vorgang die Selbstwahrnehmung des einzelnen Menschen und die Wahrnehmung eines vermittelnden Verfahrens. Ohne die Auffassung, daß Kommunikation Individualität begünstige und stärke und ohne die Auffassung, daß Individualität von der vielfältigen Unterschiedserfahrung abhängig ist, nur über sie gewonnen werden kann, wäre Integration aussichtslos. Die Illusion über sich und das Verfahren entsprechen sich und sind in dieser Entsprechung notwendige oder funktionale Illusionen. W. James formulierte dies in „Principles of Psychology“: „Das wichtigste an der Wirklichkeit...ist unsere Aufassung als wirklich“.

(b) Der zweite Vorbehalt ergibt sich hieraus. Um eine Verständigung zwischen Menschen über das individuell Wahrgenommene zu erreichen, müssen Benennungen und Vermittlungsweisen verabredet und festgelegt werden. Dies kann die gemalte Stellung einer Hand, eine Pfeilrichtung (Spitze bedeutet Herkunft oder Ziel), ein Totem, ein Fetisch, ein Gesichtsausdruck aber auch Erzähltes, Geschriebenes sein. Es sind Codierungen, der Situation und dem Prozeß der

Wahrnehmung enthobene Benennungen. Sie regeln die Bedingungen, unter denen die *Illusionen über die Wirklichkeit* als *Aussagen über die Wirklichkeit* ausgetauscht werden können. Diese Regeln haben dann die Tendenz, immer mehr geläufige Erklärungsmuster in sich aufzunehmen. Das Bezeichnende der Codes, der Syntax usw. übernimmt so zu sagen einen Teil der Wahrnehmung. Es entlastet, indem Wahrzunehmendes durch ein Zeichensemble ersetzt wird. Allgemeine Begriffe entstehen, Normen, Institutionalisierungen. Dabei bleibt immer eine unversöhnliche Spannung zwischen dem Bezeichnenden und der individuellen Wahrnehmung und Bedeutung. Wenn ich Schule sage, wissen wir annähernd was historisch, sozial, bildungspolitisch gemeint ist, ohne daß Ihnen klar ist, welche Erfahrungen ich gemacht oder wie ich diese empfunden habe.

Es kann aber auch sein, daß die individuelle Erfahrung in eine Verallgemeinerung gehoben und dort festgeschrieben wird, ohne daß ein allmählicher Prozeß kultureller Abklärung erfolgt. Die Figur des Religionsstifters, des ideologischen Sinnstifters, des Missionars erklärt dies. Denkbar ist aber auch, daß eine überraschende Erkenntnis eines Einzelnen oder einer Gruppe eine solche Erklärungskraft ausstrahlt, daß sie andere Menschen nahtlos übernehmen. U. Eco hat diesen Zusammenhang in „Das Foucaultsche Pendel" einprägsam dargestellt:

„...Hör zu: was weißt du über dein Unbekanntes?"

„Nichts, ich weiß nicht mal, ob es existiert."

„Siehst du. Nun stell dir vor, so ein Wiener Spaßvogel hat sich, um seine Freunde zu unterhalten, aus Jux und Dollerei die ganze Geschichte mit dem Ich und dem Über-Ich ausgedacht, und das mit dem Ödipus, und Träume, die er nie geträumt hat, und den kleinen Hans, den er nie gesehen hat...

Na, und was ist dann passiert? Millionen von Menschen waren bereit, im Ernst neurotisch zu werden. Und Tausende andere bereit, sie auszubeuten."

Beide Vorbehalte legen also erkenntnistheoretische Vorsicht nahe. Wie ist es hier mit Traum? Was ist Wirklichkeit? Was ist ein Original? Was ist Objektivität?

Die Dinge werden noch schwieriger, berücksichtigt man, daß unter computertechnologischen Bedingungen, Original oder Wirklichkeit/Virtualität nur kurze Schaltungszustände sind, diese aber erhebliche Folgen haben können. Verständigung und Verstehen sind demnach nicht nur an die Systematik der Bezeichnungen, die Verabredungen, die festen materialen Träger gebunden. Sie bergen in sich auch bestimmte Zeitordnungen, Reihenfolgen der Vermittlung und der Aufnahme. Es ist wichtig, die Stufen der uns bekannten und von uns geformten Materialität, die Codierungen, die zeitlichen Gefüge, sozialen Geltungen und subjektive Bedeutungen von Zeichen und Codes immer abzuwägen, wenn wir von Kommunikation sprechen. Dies wird unter Berücksichtigung der „transkulturellen Kommunikation“ noch wichtiger. Dies zeigt: Kommunikation ist zu einem zivilisatorischen Prozeß geworden. Um an den Entwicklungen des Weltwissens ebenso teilnehmen zu können, wie an den regionalen und sozialen Eingemeindungen von Inhalten, müssen die Verfahren der Verständigung zwischen dem Angesicht und globaler Anonymität oszillieren, zwischen Identität und Matrix (= dem globalen Computernetzwerk).

MEDIENREALITÄTEN

5. MEDIENTHEORIEN

5.1. Schreibgeräte, Malgeräte, Denkgeräte

Geht man die einschlägigen kommunikationstheoretischen Handbücher durch, so findet man wenig Ausführung zu Medium/Medien. Die sozial- und kulturtheoretische Aufmerksamkeit gegenüber der konstitutiven Funktion und Bedeutung von Medien ist 'jung'. Bis in unsere Tage hinein waren Medien weitgehend Unterhaltungsmedien oder auf Öffentlichkeit bezogen (→ Kapitel 9). Das nun folgende Kapitel geht von der These aus: *Medien sind nicht nur formale, informierende oder manipulierend inhaltliche Vermittlungsträger; sie sind - vor allem im computertechnologischen Bereich - auch konstruierende und aktionale Gegenstandsbereiche.* Diese bilden inzwischen nicht nur ein hardware- und softwaretechnisches Marktsegment. Sie sind sozialer Handlungsraum.

Um diesen bestimmen zu können, muß Medientheorie zu Interaktions-, Handlungs-, Wahrnehmungs- und Institutionstheorien abgegrenzt werden. Nähern wir uns aber zunächst der Frage: Was ist ein Medium?

5.1.2. Medien - Formenkunst der Vermittlung

Medien beeinflussen oder erzeugen Arten der Raum-, Gegenstands- und Zeitwahrnehmung. Sie sind dabei selbst allmählich gewonnene, gefestigte, verworfene oder differenzierte menschliche Ausdrucksweisen. Dies bezieht sich nicht nur auf die verwendeten Materialien (Holz, Ton, Schieber), die 'Schreibgeräte', die 'Malgeräte' (= Ruß, Walnußschalenfarbe, Eigelb, Messer, Meißel), sondern auch auf die Zeichensysteme, auf materiale Speicher und ihren Gebrauch. Sie werden z.B. den sinnlichen, logischen, fernräumlichen Darstellungs-

und Kommunikationsbedingungen angepaßt. Sie veralten ebenso, wie Sinne und Verhalten sich entwickeln. Insofern sind *Medien eng verbunden mit der Sinnengeschichte der Menschheit*. Die Sinne mußten sich erst formen, "und zwar mit und in den Bild- und Ausdruckswelten, die unsere Kulturen geschaffen haben" (O. Schwemmer, 1990, 25).

Der Gebrauch von Medien läßt einen Zwischenraum entstehen, in dem medial gefaßte Ideen, Modelle, Entwürfe, Informationen in 'Bewegung' gesetzt werden. 'Bewegung' meint hier, daß Informationen zwischen den kommunizierenden Akteuren 'ausgetauscht', d.h. gesendet, transportiert, empfangen und verarbeitet werden. In Medien ist erst die Möglichkeit konstruiert, zwischen den Zeitzonen der Vergangenheit / Gegenwart / Zukunft Inhalte zu 'bewegen'. Sie sind *nichtkörperliche, gleichwohl gegenständlich-materiale Überlieferungs- und also Mobilitätsmuster jeder Kultur.*

Medien versetzen z.B. sprachliche Darstellungen in Zeit und Raum, wenn Zeichen über materiale Träger 'transportierbar' sind. Die *Schrift als auditive Sprache* ist der wohl *entwickeltste Modus zeiträumlicher Versetzung* und ist eng verbunden mit dem Gesichtssinn als dominantem Sinn der Informationsaufnahme. Über die Schrift kann jemand erreicht werden, der zeiträumlich nicht anwesend ist (*was fortentwickelt wurde durch Briefpost, Morsezeichen, Telegraph etc.*). Medien bestimmen tatsächliches Verhalten und Handeln von Menschen. Sie sind, wie die menschliche Sprache, die Zahlen, die Bilder (ob bewegt oder fest), Denkformen und Handlungsformen des Menschen und zugleich materiale Artefakte. Durch ihre Nutzung und ihre ökonomische und soziale Stellung entwickeln sie eigene (autologische) Differenzierungssystematiken.

Die sozialwissenschaftliche Kommunikationstheorie befaßte sich in sehr unterschiedlichen Weisen mit Medium. Sie suchte immer, die Verallgemeinerungsfähigkeit von 'Medium' über das (vorreflexive funktional-adäquate) *Verhalten*, die reflektierten *Handlungen* und über *Bewußtsein* zu bestimmen. Hieraus wurden sehr wirkmächtige Funktionseingrenzungen von 'Medium' entwickelt:

- die *rationalisierende* Funktion : sie ist im Medium 'Geld' ausformuliert, sei es als allgemeines Äquivalent des Warentausches oder in der Kapitalbegrifflichkeit. (K. Marx, M. Weber)

- die *regulative* Funktion: sie ist im körperschaftlichen Institutionsbegriff und in „generalisierten Medien“ [= Normen, juristische, ethische Codierungen] erfasst. (T. Parsons u.a.)

- die *reflexive* Funktion: sie ist im Sprachhandeln, im diskurstheoretischen Ansatz durchdacht
- die *expressive* Funktion: sie ist über Konzepte von Ästhetik, Emotionen usw. in Ästhetiktheorien aufgenommen (W. Benjamin, Th. W. Adorno).

und schließlich

- die Funktion der *Massennachricht* (mißverständlich 'Massenkommunikation' genannt). In den Systemen der 'Massennachricht' verbinden sich rationalisierende und regulative Funktionen in der linearen Sende-Empfängerformel: 'an alle'.

In den letzten Jahrzehnten sind mediale Gefüge entstanden, die nicht nur weltweit eingesetzt und genutzt werden, sondern eigene Interpretationen von Realität sind und diese selbstorganisiert erhalten. Diese *Medien-Galaxien*, - in Anlehnung an M. McLuhan's 'Gutenberg-Galaxis'-, sind zu einem wichtigen Bereich unserer Sozial- und Kulturerfahrungen geworden. Ohne mediale Gegenwart könnten wir uns kaum Vorstellungen von den Ordnungen machen, in denen wir leben, handeln, arbeiten, phantasieren, uns verabreden, Neues planen oder uns mit anderen Menschen und sozialen Gruppen solidarisch erklären. Medien, selbst wenn man diesen Begriff auf elektronische Medien einschränkt, wie dies N. Postman (1988/1992) tut, sind nicht primär 'Amüsement', sondern Sinn- und Handlungsordnungen. Dies schließt Ablenkung, Täuschung oder Fälschung nicht aus, sondern führt sie in die Normalität der Darstellungsmöglichkeiten zurück, die uns Menschen eigen sind. Man denke nur an das 'Pokerface', das ja nicht den Verdacht gegenüber dem Gesicht grundsätzlich ausspricht. Gesicht wird hier in einer bestimmten Funktion und Situation gedeutet, verbunden mit der Befürchtung, daß man das Antlitz des Gegenübers evtl. falsch deutet und auf den mimischen Bluff hereinfällt.

These: *Medien sind immer Teil der Darstellungs- und Erhaltungsbedingungen sozialer Systeme.*

Es gibt keine sozial unabhängig zu bestimmenden Wahrheits- oder Trugmedien. Wird ein Medium, wie z.B. die Sprache, in Form der Schrift (z.B. in christlicher Tradition die Bibel als Heilige Schrift) oder des Textes (Th. Regehly et.al. 1993; I. Illich 1991) zu einem Wahrheitsmedium, so gelingt dies nur, wenn Nutzungsweisen, Interpretationen, Auslegungsfunktionen usw. verabredet, festgelegt oder durchgesetzt werden.

These: *Medien sind immer Machtspeicher in dem Sinne, daß ihre Nutzung, ihr Erwerb oder ihre Verbreitung an Verfügungsrechte oder Verfügungsmöglichkeiten gebunden sind.* Kann ein Mensch nicht lesen, wird ihm das Buch verschlossen bleiben; kann einer sich keinen Personal Computer mit Modem leisten, so wird er von der Netzkommunikation ausgeschlossen.

5.2. Stile und Verwendungskonventionen

Die beiden Thesen verdeutlichen, daß im Konzept 'Medium' sehr unterschiedlich *beschreibbare Stile gesellschaftlich verbreiteter und verarbeiteter Verteilungs- und Aufmerksamkeitsmuster* (K. W. Deutsch) hervorgehoben werden. Um diese Stile unterscheiden zu können, schlage ich nachfolgendes empirisch gerichtetes Gliederungsschema vor. Man muß genau unterscheiden lernen zwischen

(a) der Materialität des spezifischen Mediums
(b) dem Modularisierungsgrad von Informationen
(c) den physikalischen Gesetzmäßigkeiten des Mediums
(d) der funktionalen Körnigkeit von Informationen
(e) den Nutzungsregeln des jeweiligen Mediums,
(f) den Kompetenzen, Informationen in Handlung zu übersetzen
(g) den erforderlichen Kompetenzen, Medien zu nutzen sowie der edukatorisch-sozialen Verbreitung
(h) den Strukturen und den Hierarchien des Informationsbedarfs
(i) den sozialen Funktionen des Mediums,
(j) der sozialen Inszenierung von Informationsgebrauch
(k) den Konventionen und den unkonventionellen Entwicklungen des Gebrauchs von Medien
(l) den konstitutionellen Beziehungen zwischen Individuum, Information und Institution und schließlich
(m) der Entstehungs- und Wirkungsgeschichte aller vorher genannten Ebenen.

Diese Schematisierung folgt der Gegenüberstellung von Kapazitäten und Kompetenzen. Sie ist im Sinne der Ungleichzeitigkeit geordnet, da man nie davon ausgehen kann, daß alles gleichzeitig mitbedacht oder beobachtet wird. Nur im abstrakten Modell scheint die Synthese dieser Ungleichzeitigkeiten möglich, in einer prozeßunabhängigen also strukturellenAbstraktion.

Dieser Gedanke zieht zwei Folgeüberlegungen auf sich: im Moment der Nutzung medialer Verständigungsbedingungen kann der Nutzer/die Nutzerin den Kommunikationsvorgang nicht annähernd vollständig beobachten. Die zweite Überlegung lautet: der, der die Kommunikation nach den Regeln der wissenschaftlichen Beobachtungskunst beobachtet, ist an den Koordinationsleistungen durch Medien nicht beteiligt. Nun ist dies nicht grundsätzlich neu: es zeigt aber, daß die Analyse medialer Prozesse eine andere theoretische Erklärungsleistung erbringen muß, als die Kommunikationstheorie.

Was bedeutet das für Kommunikationstheorie?

Medium ist eine bestimmte soziale Umgebung. In ihr wird über die geordnete Einbindung verschiedener menschlicher *Sinne* in *Zeichensysteme*, deren *Verwendungskonventionen* und kulturelle Ausdehnung individuelle und kollektive *Wahrnehmung*, *Reflexion* und *Entscheidung* strukturell vorentschieden. Medien befinden sich immer in einem Ko-Ordinationsgefüge mit Menschen. Ihre Nutzung und ihre Glaubwürdigkeit hängen von den sozial erzeugten Fähigkeiten ab, Konkretheit und Abstraktheit, Nähe und Ferne, Anwesenheit und Abwesenheit zu einem Realitäts-'Bild' zusammenzufügen.

Der Stoff, mit dem dies geschieht, ist *Information*. Traditionell ist Information das *bewegliche Eigentum sozialer Systeme*, welches Wissen ermöglicht, mit diesem aber nicht zu verwechseln ist. Gegenwärtig werden spezifische Informationen zum Eigentum der Menschheit. Wissen entsteht erst, wenn die medial nahegebrachte Information in sprachliches, organisatorisches, entwerfendes Handeln 'übersetzt' wird. Information ist quasi Wissen im Wartestand. Wir können also vorab unterscheiden zwischen *Medien, die Umgebung* sind, und *Informationen, die Ereignisse* innerhalb dieser Umgebung sind.

Spricht man sozialtheoretisch von *Mediengesellschaft*, so meint man damit die Strukturen der Speicherung, Verbreitung, selektiver Verteilung und sozial differenzierter Nutzung von Aufmerksamkeitsmustern (was Erklärung, Aufklärung aber auch Manipulation, Propaganda usw. beinhalten kann).

Spricht man von *Informationsgesellschaft* (→Kapitel 6), so meint man sozialtheoretisch damit das 'vorsortierte' Angebot von differenzierten Auskünften über einen Sachzusammenhang, der dieser Informationen bedarf, um innerhalb der medialen Umgebungen, der ökonomischen Strukturen o.ä. bestehen zu können. Welche Sinnofferten aus der Verwendung der Information entstehen, ergibt sich erst durch die Nutzung oder den Gebrauch der Information.

Insofern kann weder Information soziale Verhältnisse 'direkt' oder 'unmittelbar' steuern, noch sind Medien für sich stehende Auslegungsagenten von Gesellschaft.

5.3. Medienmodelle[1]

Nimmt man zunächst einen weiten Medienbegriff an, so stellt man rasch fest, daß das Reden über Medien ebensowenig neu ist, wie die Vermittlungsweisen selbst. Mit Medium verband sich immer die Frage, welchen Realitäts- oder Wahrheitsstatus die Inhalte haben, die 'über' ein Medium vermittelt, den Sinnen des Menschen nahegebracht wurden. Dabei oblag dem 'Medium' zumeist die Aufgabe, die Botschaft einer nicht-verfügbaren Welt dem einzelnen Menschen nahezubringen.

Es lassen sich folgende Konzepte modellhaft unterscheiden:

a : *Vermittlung von 'Außen' nach 'Innen'*

- hierzu gehören alle religiösen, gottesbezogenen oder metaphysischen Gedankenordnungen, in denen ein spezifisches Medium (sei es Schrift/Text oder symbolisch-ästhetisch-gegenständliche Ordnung) die Existenz von Höherem und Nicht-Verfügbarem darstellt.

-- Medium ist hierin ein Vermittlungsmodus, der dem Menschen nicht beliebig zur Verfügung stehen soll und deshalb von 'Medien-Priesterschaften' geschützt, gepflegt und tradiert wird, wie z.B. in Klöstern und Klosterschulen

--- Mit diesem Konzept von Medium verbindet sich eine feste, invariante oder nur in engen Auslegungsgrenzung variierbare lithurgische Deutungsordnung und Bedeutungsverwendung

---

[1] Einige Gliederungen sind in einer kürzeren Darstellung auch im Band Kneer u.a., Gesellschaftsbegriffe, München 1997 abgedruckt.

b: *Vermittlung zwischen 'Wirklichkeit' und 'Schein'*

- hierzu gehören die seit Platon immer wieder geführten Debatten um die fälschende und trügerische Darstellung der Realität durch die Licht-Schatten-Projektion oder durch Bildhaftigkeit. Dabei lassen sich zwei Rhetoriken unterscheiden.

Die erste besteht darin, daß der Mensch nicht in Richtung der Ausgangsrealität und des Mediums schaut, sondern auf eine Projektionsfläche. Indem er seine Sinne auf sie ausrichtet, kehrt er der Ausgangsrealität den Rücken zu und nimmt nur den eigenen Schattenwurf, also die medial verursachte Projektionsrealität wahr (Platons Höhlenmodell).

Die zweite besteht darin, daß der Mensch bildlich, textlich, skulptural, begrifflich Bedeutungsordnungen entwickelt, sie in diesen Bildern, Texten oder Skulpturen speichert und diese Speicher als Realitätsaussage behandelt. Diese Bedeutungsspeicher zwingen dann nicht dazu, der Realität den Rücken zuzuwenden, sondern die Speicher stehen zwischen dem Menschen und der (zumeist religiös gedeuteten) Realität; sie stellen eine Art 'Werkzeug' der Wahrheit oder der Erkenntnis dar.

-- Medium ist hierin ein Erklärungs- und Darstellungsmodus, der helfen soll, erfahrene, wahrgenommene, mit Sinnbezügen belegte oder (noch) nicht begriffene Realität sich verständlich zu machen oder auch neue Erkenntnis vorzubereiten.

--- Mit diesem Konzept von Medium verbindet sich die grundsätzliche Idee, daß Medium zu Erkenntnis befähigt oder zu Erkenntnis führt

c: *Medium ist ein kulturell abhängiger Teil sozialer Selbstbeschreibung*

- hierzu gehört die methodische Grundposition, daß alles, was wir wissen, durch unsere Wahrnehmung und deren Überführung in Erkenntnis und Wissen entstanden ist, daß alles, über das wir verfügen und nicht verfügen 'Konstruktionen' sind. (H. Maturana; F. Varela; S. J. Schmidt...) Jedes Medium ist ein Teil dieser Konstruktionen, wenngleich auch ein Teil, der durch die bestimmte Beschreibung des Medienaufbaus (Code, Speicher), der Verwendung (Verarbeitungs- und Nutzungsweisen) und der Veränderungsmöglichkeiten relativ dauerhaft ist.

-- Medium ist hierin ein Teilsystem sozialer Selbstbeobachtung und -beschreibung. Es ist in seiner Verwendung und seiner Wirkungsweise nicht ein-für-alle-mal festgeschrieben. Es ist Moment der Gebrauchskultur eines sozialen Systems.

--- Mit diesem Konzept verbindet sich die Idee, daß es keinen nicht-medialen Zustand sozialer Systeme gibt und daß folglich jedes Medium in seinen Verwendungs- und Erhaltungsbedingungen betrachtet werden muß.

d: *Medium ist ein autonomes System der scheinhaften Realitätserzeugung*

- hierzu gehören die Konzepte, die vor allem im 20. Jh. kritisch bis ablehnend die Entwicklung, Verbreitung und Etablierung der Medien-Macht Zeitung, Film, Radio und Fernsehen untersuchten. Dabei wurde Vermittlung hauptsächlich unter dem Aspekt der nationalsozialistisch-faschistischen Propaganda, der Zerstörung politisch-kritischer Öffentlichkeit (dies für Deutschland und Italien) oder der industriellen Erzeugung von Wahrnehmung durch das Fernsehen (dies zunächst in den USA) analysiert.

Seit kurzem werden diese historisch zurückliegenden Analysen erweitert von Modellen der Computertechnologien als autonome Medien oder der elektronischen Simulations-/Animations- rsp. Sampling-/Synthesizer-Technologie.

-- Medium ist hierin ein relativ verselbständigtes System der Wirklichkeits-Beeinflussung, -Erzeugung und -Steuerung, in dem sich Anonymität, Technologie und unerfahrbare Vielfalt (= Komplexität) zu einer eigenen Realitätssphäre zu entwickeln scheinen. Diese erfaßt in ihrer eigenen 'Mächtigkeit' die Sinne des Menschen; sie 'okkupiert' diese 'total', wie es bei P. Fuchs, J. Markowitz, W. Halbach, N. Bolz u.a. heißt.

--- Mit diesem Konzept verbindet sich die Befürchtung oder auch die beschreibende Anerkennung, daß Medialität eine eigene Realität erzeugt und mittels dieser andere Realitätsbereiche steuern, die mit nicht so 'mächtigen' Medien ausgestattet sind.

5.4. Medien - gemacht, nicht gegeben

Zwischen den hier zur Erklärung unterschiedenen Modellen gibt es sicherlich Querverbindungen, die auch in der Theoriebildung gerne genutzt werden, um die Vieldeutigkeit mancher Medienentwicklung beschreiben zu können. Unbeschadet dieser Verbindungen beschrieb und beschreibt Medium immer noch ein Dreiecksverhältnis von Gegenstand-Vermittlung-Sinne, von Objektivität-Information-Sinn. Medium kann nicht schlüssig von seiner Verwendung getrennt werden, d.h. es ist prinzipiell nicht lösbar

(a) von den sozialen Festschreibungen der zu verwendenden Codierungssysteme (Alphabet, numerische Systeme, bildhafte Zeichensysteme, sprachlich symbolische Ordnungen),

(b) von den zeitlichen Verfahren, in denen sie genutzt werden können (z.B. Bücher in Schulen, Aufsätze in wissenschaftlichen Zusammenhängen, Erzählungen in lebensgeschichtlichen Überlieferungen),

(c) von den konkreten raum-zeitlichen Ereignissen, in denen Vermittlung mit Gegenwärtigkeit, Anwesenheit, mit konkretem Bedarf oder Entspannung zu tun hat.

Die Gewichtung kann durchaus unterschiedlich sein. Aber kein Medium 'manipuliert' von sich aus irgendetwas, weil es dieses 'von sich aus' nicht gibt. Es will mir scheinen, als hätten manche Kritiker immer noch die Idee im Kopf, Medien stünden entweder auf der Seite sicherer Objektivität oder unverfügbarer Welt, oder aber sie seien der Willkür des einzelnen Menschen anheim gefallen. In beiden Fällen läßt sich aber kein kultur- und sozialwissenschaftlicher Begriff von Medium bilden. Allenfalls melden sich die tiefsitzende vormoderne Vermutungen, das Medium betrüge, fälsche, hintergehe die Sinne durch die 'unechte' Darstellung eines Zusammenhanges, eines Gegenstandes, eines Ordnungsaspektes usw. mit der modernen Konstruktionsidee.

Der kritische Blick galt (und gilt noch heute) dabei stets den beweglichen d.h. subjektiv leicht veränderbaren Medien wie Bild, vokale-narrative oder geschriebene Sprache. An ihnen wurden die Kategorien der Manipulation entwickelt. Weniger kritisch wurden Medien wie Architektur und Institutionalisierungen wie Kloster, Schule usw. betrachtet. Der architektonisch umbaute Raum in Kirchen, Palästen, Kaufhäusern, Verwaltungen stellte seit jeher eine stabilere und 'wahrheitsnähere' soziale Umwelt für den Menschen dar, als dies die beweglichen Medien taten.

Hier kann nicht ausführlich auf den Zusammenhang von Institutionalisierung und Medien eingegangen werden. Es wäre aber an der Zeit, sich gerade auch sozialtheoretisch die Frage zu stellen, wo die systematischen Berührungspunkte zwischen dem seit J. G. Herder (1952) mitgeführten und von A. Gehlen (1961) vertieften Institutions-Begriff und den Medienkonzepten sind. Denn es ist unabweisbar, daß sich *keine Institutionalisierung ohne Medialität aufrechterhalten läßt* oder umgekehrt formuliert: erst Medien erzeugen die Bedingungen für Institutionalisierung. Stimmt dies, so müßte der Medienbegriff in die Bereiche der architektonischen, infrastrukturellen, stadtplanerischen Vermittlung und Steuerung von Wahrnehmung, sinnlich-körperliches Wissen, Nutzung, Haltung usw. erweitert werden.

Dies betone ich nicht nur aus systematischen medientheoretischen Erwägungen. Vielmehr geht es mir um eine unterscheidungsreichere Idee des Vorganges, den wir Vermittlung nennen. Ein bis heute zentrales Konfliktschema ist die Gegenüberstellung von Unmittelbarem und Mittelbarem/Vermitteltem. Es ist leicht erkennbar, daß die Behauptung, man habe es bei überlieferten Ordnungen mit 'Gegebenem', mit 'Gott gewolltem', mit 'Unmittelbarem' oder gar mit 'genetisch codierter' Verhaltens-, Wissens- und Sozialordnung zu tun, Schutzbehauptungen sind. Es sind gedankliche Figuren, die dazu dienen, bestimmte soziale Gefüge als 'selbstverständlich' oder 'natürlich' darzustellen und die damit verbundenen Hierarchien und Machtgefüge entweder 'für alle Zeiten' oder für 'unbestimmte Zeit' der Begründungsfrage zu entziehen. Es sind Inszenierungen von sozialer Anwesenheit, die behaupten, daß es etwas sozial Anwesendes gäbe, das nicht vermittelt, nicht über bedeutende Speicher und Verarbeitung 'gegenwärtig' gemacht würde.

5.5. Mediale Verfassung

Wir haben es immer nur mit 'uns' durch 'uns' vermittelten Wahrnehmungsbedingungen zu tun. Ob als Lüge, Farce, Wahrheit, als Liebeserklärung, Poesie oder Rechtsordnung: stets kommt unsere reflektierte Wahrnehmung, unser wahrnehmendes Denken durch 'Andere' zustande (B. Nelson). Und dieses 'Zustandekommen' verweist auf kommunikativ hergestelllte Vermittlung, also darauf, daß 'mir etwas nahe gebracht wird', daß 'ich mir etwas fern halte', daß etwas 'gegenwärtig' gemacht oder dem 'Vergessen' zugewiesen wird, oder mir schlicht 'auf den Geist' geht und ich 'abschalte'. Vermittlung bezieht sich demnach auf sehr unterschiedliche Medien und auf verschiedene Stile ihrer Nutzung. Dabei ist der entscheidende Gesichtspunkt, daß Vermittlung nicht allein als Verfahren der Verarbeitung besteht. Diese Verarbeitung zielt auf formale Festlegungen, Codierungen, die dann wieder gespeichert werden. Ein *Medium ist also Teil kultureller (Selbst-)Programmierung* (J. Meyrowitz 1995). In dieser Formierung ist es eine Ansammlung ausschließender (=exklusiver) Verständigungs- und Handlungschancen, die zugleich über die Modalitäten der Inklusion, also der bestimmten Zugehörigkeit, bestimmt ist. Ist diese 'Zugehörigkeit' nicht als ein stabiler regionalkultureller, religionsgemeinschaftlicher, berufstypischer Sozialverband 'gegeben', sondern ein dynamisches Ereignis, dessen Qualität in der immer wieder zu erneuernden Besprechung der Systemgrenzen besteht, verschiebt sich die Beschreibung eines sozialen Systems von den überzeitlichen Institutionalisierungen zu den konkreten Vermittlungsverfahren und Ergebnissen.

Die Problematik besteht nun gerade darin, (a) in welcher Weise, in welchem inhaltlichen Ausmaß und in welcher Bedeutung das 'Andere' erzeugt und zugelassen wird oder aber (b) welche symbolischen und funktionalen Bereiche medial aufbereitet und der überzeitlichen Institutionalisierung entzogen werden dürfen angesprochen und letztlich (c) welche sozialen Teilsysteme in-frage-gestellt, neu entworfen oder gar verworfen werden dürfen. Sind Medien Systeme kultureller Programmierung und steht im Prinzip jedem Mitglied des sozialen Systems, das sich mittels des Mediums beschreibt, die Nutzung dieses - aber auch die Veränderung - frei, so wird die Sprengkraft deutlich, die in der erkannten Tatsache steckt, daß *soziale Systeme medial verfaßt* sind.

5.5.1. Herolde, Überbringer, Autoren

Das Phänomen, daß sich soziale Systeme darüber beschreiben, *welche* Medien sie *wie* auf sich anwenden, ist historisch relativ jung. Bis in das späte 18.Jh. galten absolutistische, klerikale, ständestaatliche und zünftige Ordnungen. Sie begründeten sich entweder durch eine 'Gabe', durch 'göttliche Berufung', durch Geburt oder durch sehr enggezogene Kompetenzhierarchien. In ihnen war die Verfügung über die symbolische und funktionale Selbstthematisierung (N. Luhmann) streng reglementiert. Ebenso war nicht nur die Anrede strikt, sondern auch die sprachliche, gestalterische oder ästhetische Darstellung waren katalogartig festgelegt. Die Überlieferung der Lese- und Schreibefähigkeit war auf Mönche, den Adel und auf ein klösterlich gebildetes städtisches Bürgertum begrenzt. Herolde, Verkünder von Bekanntmachungen, Nachtwächter, die die Zeit ausriefen usw. sowie das lizensierte gedruckte Wort waren Teil der hoheitlichen Medienrealität. (M. Giesecke 1991) Mit dem 19. Jh. verloren die überlieferten Ordnungen ihre Bedeutung. Arbeit, Produktion, Warenmarkt, Manufaktur und Fabrik überlagerten die alten Reproduktionsregeln; das gedruckte Wort wurde allmählich zu einem nach-hoheitlichen Medienbereich, zu einem begrenzt-freien Gut individueller Autoren, sozialer Gruppen oder entstehender politischer Parteiungen.

Interessant ist dabei, daß in Verbindung mit dem sich festigenden humanistischen Bildungsverständnis, Sprache und Wissen in das Weltlich-Geistige überführt wurden. *Bildung* als *Medium* erhielt die Funktion, die volle Entwicklung des Menschen zu ermöglichen. Befreit von den Krusten der alten Ordnungen schien der sich selbst aufklärende Geist-Mensch die Versöhnung zwischen Wissen und Leben herzustellen. (G. F. Hegel; I. Kant) Die Vollständigkeit des Wissens sollte die Freiheit des Geistes und die unbehinderte Entwicklung des Menschen garantieren. Parallel hierzu - und quasi der historische Kontrapunkt - festigte sich das Konzept der *Arbeit* als die zentrale dialektische Vermittlung von Wirklichkeit und Entwicklung. Die tätig-materiale Aneignung, die vermittelnde Aneignung, die handwerkliche, manufakturelle oder fabriktechnische Arbeit galten als der klassenspezifische (für die Arbeiterklasse) und der evolutionäre-antibürgerliche Vermittlungskontext. K. Marx sprach sogar von dem Arbeitsprozeß als dem 'unmittelbaren Produktionsprozeß', aus dem die historische Entwicklung zum Kommunismus vermittels des Proletariats als Trägerklasse entstünde. Der Zielpunkt sollte die Verbindung von geistiger und körperlicher Arbeit sein, von Kopf- und Handarbeiter.

Ich gehe hierauf nicht näher ein, weil ja an anderen Stellen dieses Bandes die Konzeptgeschichten bearbeitet sind. Unterstreichen möchte ich dennoch einen Aspekt.

Diesen und anderen Vermittlungs-Konzepten war die *enge Verbindung von Körperlichkeit-Fähigkeit-Gegenständlichkeit* eingeschrieben. Vermittlung konnte nicht als eine gesonderte Funktion aus diesem, nennen wir es einmal: 'intimen' Verhältnis von *Sinnlichkeit und Sinn* entlassen werden. Sicherlich bedeutete die Mächtigkeit des abstrakten Warenverhältnisses, die sich in der stabilen und unabweisbaren Struktur des Geld-Kapitals darstellte, daß *Sinnlichkeit sich auf Abstraktion einstellen* mußte. Und in einem gewissen Sinn kann man auch sagen, daß die *Geld-Waren-Zirkulation* einen sozialisatorischen Vorläufer für die *Medien-Information-Struktur* liefert. Das 'Erlernen' der Geldfunktion ist also im Rückblick verstehbar als Dispositiv für des Erlernen der Informationsfunktion. Aber die Abstraktionsleistungen, die das Geld 'fließen' lassen, sind doch von denen des 'Informationsflusses' verschieden und zwar in dem entscheidenden Punkt: Geld reproduziert nicht die Sinnlichkeit der Welt; allenfalls entwickelt man ihm gegenüber eine besondere 'Sinnlichkeit' ('Geld arbeiten lassen'; 'Geld bewegen'; 'die Erotik des Großen Geldes'...).

Der Übergang in das, was wir eine Mediengesellschaft nennen können, erfolgte unter drei miteinander verbundenen Szenarien:

- die erfindungsreiche Entwicklung im Bereich der angewandten Elektrizität und der allmählichen *Etablierung einer Elektrosphäre für Fernkommunikation* (Morse, Telegraph, Telegramm, Telephon, Rundfunk)

- die fast vollständige Alphabetisierung der jeweiligen Bevölkerungen und die dem folgende *Kommerzialisierung des 'Schriftgutes'* (Zeitungen, Broschüren, Romane, sog. 'Trivialliteratur') und der Politisierung des Zeitungssektors

- die medien-technische Reproduktion nicht nur der Schrift (was ja seit Gutenberg geläufig war), sondern der Bilder, der Bewegung (Cinemascope), der Farben, des Tons usw. und der *Etablierung einer Mediosphäre*, die eng mit der Elektrosphäre verbunden ist.

Es ist klar, daß diese Gruppierungen der technikgeschichtlichen Phasen von ca. 1860-1940 und der komplexen sozialen Gewöhnungsprozesse nur ein erklärendes Grobraster darstellen. Ihr Gewicht liegt in der Betonung, daß für den Begriff der Mediengesellschaft wenigstens drei Prozesse aufeinander bezogen werden müssen: nämlich die Entwicklung einer Elektrosphäre (R. Garaudy), die Kommerzialisierung der Printmedien und die Entwicklung einer elektronischen Mediasphäre (deren derzeitiger Endpunkt der Computer ist).

5.6. Massen und Medien und Massen

Die Aufnahme des Medienbereiches in die sozialwissenschaftliche Theoriebildung erfolgte sehr langsam und zögerlich. Die Thematisierung von Medien erfolgte hauptsächlich über die Fragen, in welcher Weise die soziale Steuerung und Integration von '*Massen*' praktiziert wurde. Woran lag dies?

Die großen theoretischen Debatten Anfang des 20 Jh. bezogen sich auf die Fragen, als was denn die großen Gruppen zu verstehen seien, die als unqualifizierte Industriearbeiterinnen und Industriearbeiter, als Landproletariat, als städtische Arme usw. Ballungszentren bevölkerten? Neben den Begriffen der Klasse, mit denen noch spezifische integrative Kulturen verbunden wurden, wurde der Begriff der 'Masse' eingeführt. Er wurde gleichlautend den Worten der Massenproduktion, des Massenkonsums, der Massenware gebildet.

Unklar war und ist bis heute, was denn eine unbegrenzbare soziale Gruppe als 'Masse' sei, was soziale Massen zusammenhielt oder welche Bedeutung sie im Gefüge der sozialen Systeme haben. Wichtige Sozialtheoretiker wie G. Simmel, Le Bon, R. Michels, Th. Geiger, R. Sombart, A. Vierkandt beschäftigten sich mit diesem Thema. S. Freud veröffentlichte 1928 seine Schrift „Massenpsychologie und Ich-Analyse". 'Masse' wurde von Th. Geiger als eine 'Verfallserscheinung' gedeutet und stellte für viele Theoretiker eine Bedrängnis, wenn nicht eine Bedrohung von 'Kultur' dar. Sie war zwar eingebunden in die „Epoche der Warenproduktion" (G. Simmel). Dennoch schien für sie ein spezieller Vermittlungsmodus erforderlich zu sein. 'Masse' schien abgetrennt von

- institutionell festgefügter Kulturvermittlung ('Bürgertum'/leitende Angestellte),
- oder politisch idealisierter Kultur-Gemeinschaft/Gemeinschafts-Kultur ('Arbeiterklasse'/facharbeitende Angestellte und Verwaltungsangestellte).

Die *Verbindung von Masse und Nachricht* tauchte zuerst im Ersten Weltkrieg auf, in dessen Verlauf über die nationalistische Propaganda vor allem von Deutschland und England das Weltnachrichtenkartell vom 1.2.1870 unterlaufen wurde. Jeder Staat, jedes Militär entdeckte 'seine Masse'. Der Bedarf an journalistisch-professioneller Verteilung politisch-militärischer Legitimation wuchs in den ersten Jahrzehnten des 20. Jh.s. Medien wurden als Teil der instrumentalen Politik bestätigt. Zugleich vertieften sich vor allem in den USA und Deutschland die Interessen an *Massenkommunikation.* Mit ihr etablierte sich Medienwirkungsforschung. Ihre Grundidee bildete ein „Omnipotenzmodell" (F. Dröge: 1991), d.h. der Gedanke, 'Medien' (hier: die Verbindung von Nachrichteninteresse, Manipulationsabsicht, Verbreitungsgrad und fragloser Übernahme des Gesendeten) könnten direkt Meinungen und Haltung erzeugen; es war eine Ausprägung des stimulus-response-Konzeptes des Behaviorismus. In Deutschland wurde dies radikalisiert durch nationalsozialistische Propaganda und durch Kriegspropaganda. Vermittlung wurde auf befehlsförmige Instruktion eingeschränkt. In der propagandistischen Politik der nationalistischen und faschistischen Gruppierungen schien der Modus der Vermittlung gefunden zu sein: die zentralistische Propaganda; die manipulierende Einwegversorgung durch Zeitungen und - ab den 1930ern - durch Rundfunk sowie Propaganda- und Spielfilm. Die Basis für eine theoretisch folgenreiche Verkoppelung war geschaffen: die zwischen gegenaufklärerischer, menschenverachtender Massenlenkung und modernen Medien.

Die historische Entstehung des Wortes „Massenmedien", das heute immer wieder verwendet wird, um einen großen Verbreitungsgrad inhaltlich identischer Nachrichten zu kennzeichnen, ist also kritisch zu bedenken. Vor allem aus zwei Gründen: zum einen werden Medien wie Zeitungen, Rundfunk und Fernsehen über die Auflagenhöhe oder die potentiellen Empfängergeräte quantitativ zu 'Massenmedien' gemacht. Dadurch entfällt eine detailreiche Betrachtung der verwendeten Medialität. Zugleich wird so getan, als gäbe es noch mediale Bereiche, die, wenn nicht der Kommerzialisierung entzogen, so doch nicht an 'Masse' (als unklar strukturierte, aber weitgehend ungebildete Bevölkerungsgruppe) gerichtet und nicht Masse (im Sinne einer inhaltlichen Ödnis) seien.

5.7. „Who says what in which channel..."

Auf den ersten Blick nimmt sich der angelsächsische Begriff des 'broad-casting' demgegenüber so aus, als sei er näher an der Materialität des Mediums formuliert. Bezieht man ihn auf die frühen Medien- und Fernsehwissenschaften, so wird deutlich: Medium wurde als black box entworfen. In Anwendung der schlichten aber ungemein verbreiteten Skinner'schen verhaltenstheoretischen Idee, daß ein bestimmter Reiz zu einer Reaktion (zu 'effects' = Einstellungs- und Verhaltensänderungen) führt, wurden *Medien zum Beeinflussungskern*. Masse und Medien verband der 'Kanal', die störungsfreie Übernahme des Gesendeten. H. D. Lasswell (1948) formulierte dies: „Who says what in which channel to whom with what effect“. Medium ist hier, fern aller Fragen der Übertragungsarten, der Inszenierungen, der Dramaturgien, der nicht-interaktiven Spektakel oder der Nutzerbeteiligung usw., auf Wirkung bezogen. Aber dies war Ende der 1940er schon nicht ausreichend. Weder der eindeutige Propaganda-Manipulations-Effekt, noch die ungestörte Rezeption ließen sich belegen. Forschungen verlagerten sich auf den 'uses-and-gratification'-Ansatz. Mit ihm sollte nicht die Sender-Wirkungs-Linie, sondern die Nutzen-Rezeptions-Linie gezogen werden. Untersucht wurde das Auswahlverhalten der Rezipienten oder die Einflußvariablen im Wirkungsprozeß (C. I. Hovland: 1959) Auswahl bezog sich auf die Fülle der Angebote und bedeutete nicht die Selbstständigkeit des Umgangs mit diesen.

Die stimulus-response-Beziehung wurde umgekehrt zu response-stimulus-Beziehung. In die sog. Mittlerfunktion von Medien mußte die vielfältige, in sich sehr variable Rezeption aufgenommen werden. Ihr Maß war der Nutzen (J. G. Blumer/ E. Katz:1974). Diese mikrosoziologischen Forschungen wurden durch makrosoziologische erweitert, in denen die Funktionen von Medien für den Bestandserhalt sozialer Systeme erfragt wurde. Masse konnte nicht mehr als - in seiner Undurchsichtigkeit - homogenes Gebilde beibehalten werden, sondern mußte zumindest verhaltens- und rezeptionstheoretisch unterscheidungsreicher entworfen werden. Merkwürdig genug, daß dennoch Masse(n)-Kommunikation ein Begriffstandard blieb. Festzuhalten ist auch, daß nicht nach dem 'Stoff der Manipulation' gefragt wurde oder genauer: nach dem 'wie'. Obwohl alle Ansätze ausdrücklich oder verdeckt mit dem Sender-Empfänger-Modell arbeiteten, besaßen sie kein ausdrückliches Informationskonzept. Dies war medien- und sozialtheoretisch noch nicht in Sicht, obwohl es mathematisch und informatisch schon vorlag (Shannon/Weaver; Turing). Erst mit der sozialen Durchsetzung der Computertechnologie beginnt die Neuformulierung von Medien über den Gebrauch von Kommunikation, über die Nutzung von Information als eine individuelle aber sozial integrative Handlung.

5.8. Der Wechsel von Industriekultur zur Kulturindustrie

Theorie- und begriffsgeschichtlich markant ist die Tatsache, daß Masse, Medien und Kommunikation in den ersten Jahrzehnten des 20. Jh.s die Abgrenzungsbegriffe für Kultur, Zivilisation und Tradition bildeten. 'Massenkommunikation' und 'Massengesellschaft' führten zur „einsamen Masse“ (D. Riesmann); Sendboten, Selbstdarstellung und Wiedererkennen waren gerade für die Kritiker auf die sich ausdehnende elektronische Medienwelt bezogen. Begriffsgeschichtlich verstärkt sich die kritische Haltung gegenüber neuer Mediosphäre im Rahmen der Forschungen, die das in die USA emigrierte Frankfurter Institut für Sozialforschung, vor allem Th. W. Adorno und M. Horkheimer, durchführten. Unter dem Eindruck der kommerzialisierten Fernsehsendungen (1953/1954), der Nutzungsdichte, der propagandistischen Wirkungen und der intellektuellen Schlichtheit von 'soap operas' usw. entwickelte Th. W. Adorno das Konzept der 'Kulturindustrie'.

Dieser Begriff bezeichnete nicht vorrangig die industriellen Produktionsarten von Kulturbereichen, sondern die errechnete, durchkalkulierte und variationsarme Wirkung der Produkte. Es ging Adorno nicht um *Medientheorie*, sondern um spezifische *Medienabwehr*. Kultur wurde also durchaus noch in einem umfangreichen Sinne verwendet, allerdings als Erscheinungseinfalt der Indurstrie audiovisueller Medien (TV vor allem). Der Begriff der Kulturindustrie spricht über den (Fernseh-Rundfunk-) Medienbegriff, wie M. Kausch es formuliert, eine „nach-autonome Kultur“ (1988) an. Sie ist nicht mehr hohe Kunst, noch Volkskunst. Sie ist prozessierende Medialität, die nach dem Muster reiner Vermittlung abläuft. Hierdurch entsteht ein innerhalb des Medialen nicht mehr aufzudeckender „Verblendungszusammenhang“. Die bezogene Gegenwelt waren das Buch, das natürlich-sprachliche Gespräch, die Aura der Ästhetik, das 'wahre' Bewußtsein. Dies prägte gerade die deutsche Medien- und Kulturdiskussion der 1960-1980er.

5.9. Television culture

Ein anderer Ansatz, industrielle Kulturentwicklung und Medialität anzusprechen und beobachtbar zu machen, ist das Konzept 'Populärkultur'/ popular culture von L. Löwenthal (1972). In diesem Modell geht es nicht mehr um die reine Abgrenzung von Kultur/Zivilisation, Hoher-/Volkskultur. Vielmehr geht es um Lokalisierung, vorläufige Positionierung, bei denen die Medien helfen. *Perspektivierung* ist das eine Stichwort hierfür; *Massenmedien* das andere; *Kommunikation* das dritte. Man brauche nur „die Organisation, den Inhalt und die sprachlichen Symbole der Massenmedien zu untersuchen", um über die „typischen Verhaltensweisen, die gängigen Glaubensvorstellungen, Vorurteile und Sehnsüchte einer großen Zahl von Menschen" (12) zu erfahren. Ein Konzept der 'Mediengesellschaft' ist damit aber noch nicht durchformuliert. Schaut man sich die Forschungsliteratur der 1970er und 1980er an, so fällt auf, daß es eher theoretische Wechselbäder sind. H. M. Kepplinger (1975) unterscheidet Realkultur von Medienkultur, womit noch ein Unterschied zwischen 'wahr-falsch', 'real-täuschend' ähnlich zum theoretischen Ausgangspunkt genommen wird. E. J. Epstein (1974) weitet die Mediale am Beispiel des Fernsehen aus in „news from nowhere", als sei Nachricht oder Information kein kulturelles Produkt. J. Fiske (1987) zieht dann mit einigen anderen Theoretikern einen Schluß aus der medialen Durchdringung und spricht von „television culture". Damit wird anerkannt, daß viele sozialen Handlungszusammenhänge von den Informationen durch Television geprägt werden und Television ein eigener kultureller Handlungsverlauf geworden ist. Allerdings fehlt hier auch noch die Bestimmung einer Tele-Kultur, wie sie M. McLuhan in „Magische Kanäle" beschrieb. Mit dieser Entwicklung rückt die Frage nach der Stellung von Information und ihrer Präsentation, d.h. der Art und Weise der Rezeption in's Forschungszentrum (Keppler, A. 1985).

5.10. ....und Geräte und Menschen und Geräte

Um diese verschiedenen Ansätze auch für eine materiale Medientheorie faßbar zu machen, greife ich auf eine Medien-Einteilung zurück, die H. Pross 1972 vorschlug, die ich allerdings um eine Ebene erweitere. Er unterschied zwischen primären, sekundären und tertiären Medien.

Mit *primären Medien* beschrieb er die „menschlichen Elementarkontakte"(10). Damit erfaßte der non-verbale Sprache der Körperhaltung, der Bein- und Kopfstellung, der Mimik und Gestik und nicht zuletzt auch die verbale Sprache in ihren Facetten der Aussage, Auskunft, Wahrheit, des Spiels, des Gesanges usw. Diese Leiblichkeit des Mediums erfaßt nicht nur die familiären, kollegialen, freundschaftlichen oder anonymen Gesprächs-Zusammenhänge. Sie ist ebenso wichtig für Tanz und Theater. Für die in dem vorliegenden Band behandelten Themen ist es wichtig, daß zwischen Sender und Empfänger kein Gerät geschaltet ist „und die Sinne der Menschen zur Produktion, zum Transport und zum Konsum der Botschaft ausreichen"(145).

Mit *sekundären Medien* beschrieb H. Pross jene, die auf Seiten des Senders Geräte für die Produktion der Mitteilung an andere erforderlich machen. Flaggensignale, Grenzsteine, Rauchzeichen oder die Schreib- und Druckkunst sind senderseits an Geräte gebunden. Empfänger bedürfen aber keines Gerätes, sondern müssen den Stein, das Buch, das Plakat, das Flaggensignal oder die Signalabfolgen 'lesen' können.

Tertiäre Medien schließlich beschreiben all jene Vermittlungsprozesse, die technische Erstellung, technische Sender und technische Empfänger erfordern. Hierzu gehören z.B. Rundfunk, Telefon, Telegramm, Television, Schallplatte, Video, Computer. Diese Medien können nicht ohne „Geräte auf der Empfänger- wie auf der Senderseite" funktionieren (224).

Hinzu kommen nun die (wie ich erweiternd meine) *quartären Medien*, und damit die computerbasierten und -verstärkten Medienbereiche netztechnischer, und elektronisch-räumlicher Konsumtion, Information und Kommuniktion. Sie sind durch die Telematik (Tele- & Informatik oder auch: Tele- & Automatik), durch das globale System der Fernanwesenheiten bestimmt.

Ich halte diese Einteilung aus mehreren Gründen für sehr hilfreich. Sie ermöglicht zwischen der als 'Urform der Kommunikation' verstandenen angesichtigen Vermittlung, und den gerätegestützten oder durch Geräte verstärkten Vermittlungsprozessen zu unterscheiden. Zugleich wird hierdurch deutlich, daß die Verläßlichkeit, die wir allgemein der Angesichtigkeit entgegen bringen, durchaus auf Geräte übertragen werden kann. Wir müssen sie nur als Teile einer sozial anerkannten Mitteilungsordnung verstehen und handhaben, - und mit dem Telefon, dem Radio, dem Fernsehen, dem Buch usw. tun wir dies tagtäglich. Gerade dies weitet das Geräte-Konzept aus. Denn es ist nicht mehr nur ein Instrument, um die Schallwellen zu verstärken oder über hunderte von Kilometern zu transportieren (wie bei Kabeln). Der Verbund von technischem Sender und Empfänger wird zu einem eigenwertigen Darstellungs- und Erklärungszusammenhang, wird Medium. Je häufiger Vermittlung durch diese gerätetechnische Medialität genutzt wird und je selbstverständlicher ihr Gebrauch als Realitätsdarstellung, - erklärung und -erzeugung 'kultiviert' wird, umso schwächer wird die Bedeutung der angesichtigen Kommunikation. Nicht, daß sie durch gerätetechnische oder mediale Bedingungen ersetzt wird. Allerdings wird der Reichtum an Daten, Informationen und Inhalten immer mehr an die technischen Speicher, Sender und Empfänger gebunden.

Auf die Frage nach der medialen Prägung von Information und Bedeutung bezogen heißt dies: die Medien, auch die technologisch aufwendigsten und abstraktesten Medien, werden gerade dadurch, daß sie Erfahrungen, Wissen, Erlebnis ermöglichen, in den Bedeutungshof des Individuums hineingeholt. Suche nach Wirklichkeit und deren Deutung wird in den Gebrauch der mehr oder minder abstrakten Medien mit einbezogen. Sie erhalten nicht nur den Status, Wirklichkeit zu ermöglichen, Realität zu vermitteln; sie werden als Wirklichkeit und Realität wahrgenommen. Medien werden in eine spezifische Form sozialer Bedeutung verwandelt: sie werden Mittel für die Reproduktion von Kommunikation und sind zugleich Ort dieser Reproduktion. Die Leserbrief-Rubriken in Zeitungen, die Zuhörer- und Zuseherbeteiligung über Telefon und Telefax (Fast alle Jugendsendungen im Rundfunk, VIVA, MTV), die Wahl des Wochenendfilms (ZDF), Gesundheitsmagazine mit Expertenbefragung via Telefon usw. sind Beispiele für den *Bedeutungskarriere des Medialen als einem sozialen Verständigungsraum*.

Immer mehr rücken in den letzten Jahren auch Fragen nach den Dienstleistungsfunktionen (Unterhaltung und Information), den Integrationsleistungen und dem Handlungsbezug von Medien in den Vordergrund. Entsprechend den systematischen Ausdifferenzierungen werden Fernseh-, Radio-, Musik-Theorien entwickelt (Flavel, J. H: 1985; Flavel/Green/Flavel: 1986; Fiske, J.: 1987; Hickethier, K./

Schneider I. 1992;) oder die Transformation des Computers vom Gerät zu Medium untersucht (Bolz, N.,Tholen, Ch./Kittler, F.: 1994; Nake, F., Schelhowe, H.: 1994)

Dabei löst sich die Begrifflichkeit 'Medien' und 'Mediengesellschaft' rasch

* von den ursprünglichen Massen-Bindungen,
* von den verhaltenstheoretischen Stimulus-Response-Modellen
* von den Wirkungs- und Nutzenkalkülen
  und in Teilbereichen auch
* von den Manipulations- und Kulturindustrieverbindungen.

Eine neue Begriffsgruppe erfordert nun theoretische Anstrengung: Medium-Information-Kommunikation. Einige Aspekte des sozialtheoretisch bedeutenden Informationsbegriffes sollen kurz vertieft werden.

6. INFORMATIONSKONZEPTE

6.1. Information, Formation
Was ist mit Information gemeint?

Einige historische Aspekte sind unter 4.5. schon angesprochen worden. Diese sollen nun theoretisch etwas vertieft werden. In Anlehnung an G. Bateson (1981/1994) verwende ich *Information als einen Unterschied, der einen Unterschied* ausmacht. Das klingt etwas holprig, ist aber leicht zu erläutern. Stellen wir einen Unterschied zwischen zwei formähnlichen Äpfeln fest: in den einen (A1) kann ich beißen; in den anderen (A2) nicht, so wird dieser erfahrene Unterschied zu einer Information, wenn ich mir selbst oder anderen sage, daß ich Apfel 1 zum Nachtisch nehme und den Apfel 2 auf den Kompost werfe. Information wandelt also den Unterschied in eine handlungswichtige Unterscheidung um. Information beinhaltet stets ein Ordnungsmoment, da mit ihr eine interpretierende Beziehung zu einem konkreten/ abstrakten Gegenstand hergestellt wird. Habe ich klare formale oder materielle Unterscheidungen wie Verpackung und eßbaren Inhalt, so ist diese 'selbstverständliche' Information nicht der weiteren Rede wert. Sie ist Konvention, d.h. eine festgefügte Art der Umwandlung. Was ich mit der nicht konsumierbaren Verpackung tue, hängt wieder davon ab, ob ich über den Abfall ein unterscheidungsfähiges Wissen besitze, also spezifische Informationen über Bio-, Rohstoff- oder Restmüll 'besitze'. Habe ich allerdings z.B. pommes frites in einer eßbaren Schale gekauft, so entscheide ich nach der entsprechenden Information, ob ich die Schale auch noch esse.

Ein Informationsprozeß enthält - hieran anschließend - die Umwandlung von Unterschieden und deren Adressierung an und Übertragung an einen Informationssucher und -verwender. Dies läßt sich am Beispiel des Mannes erläutern, der mit einer Axt einen Baum fällt. G. Bateson stellt den Verlauf des Schlagens, der Wahrnehmung des Arbeitsfortgangs, den Informationsprozeß als Gesamtsystem dar: „(Unterschiede am Baum) - (Unterschiede auf der Retina) - (Unterschiede im Gehirn) - (Unterscheide in den Muskeln) - (Unterschiede in der Bewegung der Axt) - (Unterschiede am Baum) usw."(1994: 410) Obwohl also Information ihr eigene Ordnung darstellt und diese in das nächste System 'importiert', legt sie allein nicht fest, was sie bedeutet. Sie ist also neben der Übertragung an Übersetzung, an Bedeutungsentscheidungen gebunden.

Für die weitere Argumentation wird nun unterschieden nach

* dem *mathematisch-technologischen*
* dem *planungs- und steuerungstheoretischen und*
* dem *medientheoretischen Informationskonzept.*

Für die hier vorgelegte Fragestellung ist es nicht vorrangig erforderlich, den mathematisch-techologischen Konzeptrahmen darzustellen. Zur Orientierung sei hier auf die lesenswerte Darstellung von H. Völz (1994) verwiesen. Dennoch sind einige Grundüberlegungen unverzichtbar.

Information ist sozialtheoretisch ein häufig gebrauchter in seinen Kontingenzen aber noch ungeklärter Begriff. Nimmt man die allgemeinste Annäherung, so ist *Information ein Meßwert für noch nicht eingetretene Ereignis-, Zustands- oder Unterschiedswahrnehmung.* Sie ist schlicht: etwas Neues ist. (Sie ist entropisch, wie J. Fiske es ausdrückt; 10/11) bestätigt aber auch die Modi der Verständigung, enthält also auch redundante Elemente; sie ist Ordnungsbestätigung und Ordnungsimport) Wie schillernd dieses 'Neue' zwischen objektiv/subjektiv, 'neu aufgetreten' oder 'bislang nicht erfaßt' angesiedelt ist, ist leicht zu skizzieren:

- der eine weiß 'es', der andere noch nicht (Grenze des Neuen: zeitliche Verschiebung des 'informiert seins');
- der eine hat etwas übersehen, der andere war aufmerksam (Grenze: situative oder strukturelle Wahrnehmungsschwächen oder abgelenkt sein);
- es war zwar immer schon vorhanden, konnte aber bisher nicht gemessen werden (Grenze: instrumentelle technologische Entwicklung);
- Institutionen können Daten so selektiert haben, daß sie spezifische Informationen gar nicht zur Verfügung stellen (Grenze: Steuerungs- und Herrschaftswissen sowie Hoheits- oder Sicherheitsargumente).

Es ist also nicht möglich, Information ohne die Bedingungen ihres Aufbaus, ohne ihre Umgebung zu diskutieren. Insofern ist es schlüssig, wie u.a. es N. Stehr (1994) tut, von „Wissensgesellschaft" zu sprechen, oder die Aufmerksamkeit nicht vorrangig auf den Unterschied von Datum und Information zu lenken, sondern von Information (vor dem Erkennen) und Wissen (nach dem Erkennen) zu sprechen. N. Luhman hält sogar den Begriff der Informationsgesellschaft aus systemtheoretischer Sicht für nicht akzeptabel. Da die Moderne „sich selbst noch nicht ausreichend beschreiben" könne, markiere sie „ihre Neuheit durch Bestempelung des Alten und verdeckt damit zugleich die Verlegenheit, nicht zu wissen, was eigentlich geschieht". (1992, 14)

Eine andere soziokulturelle und individuelle Frage liegt dahinter. Wie wird das 'Neue' als signifikanter Datenunterschied wahrgenommen, d.h. aus der unbezifferbaren Fülle von potentiell 'informierenden' Eindrücken aufgenommen? Würden wir Informationen nur bewußt wahrnehmen, d.h. ständig reflektieren, käme unser Bewußtsein nicht zu Rande - oder zugespitzt: es käme nicht zustande. Kein Mensch könnte dann in realer Zeit-Raum-Beziehung irgend eine Entscheidung treffen und diese als Nachricht für andere formulieren und versenden/mitteilen/erläutern. Wir wären ständig damit beschäftigt, Momentaufnahmen zu machen, ihre materielle, formelle, symbolische Gestalt, ihre Bedeutungs- und Sinnofferten zu sortieren und wieder umzubauen, da ja wieder 'Neues' ansteht. Die *anthropologi-*

sche Offenheit menschlicher Wahrnehmung erfordert gerade, sich Auszeiten zu nehmen, Bedeutungen zu gruppieren oder quasi Sinn-Gattungen (Religion, Politik, Liebe, Freundschaft, Hilfe uvam.) zu bilden. Information ist also auf dieser Ebene bereits ein *relationales, durch vielfältige und variable Bedingungen beschreibbares soziales oder individuelles Ereignis*, das zudem zu verschiedenen Wissens-, Handlungs- oder Erinnerungsweisen beitragen kann.

Das heißt dann aber auch, daß wir 'Informationen' aufnehmen, ohne sie als 'Informationen' zu erkennen, daß wir uns im Gesichtsfeld Daten erreichen, die uns nicht bewußt zur Verfügung stehen, daß wir hören, ohne alles sequenziell (= in Reihe nacheinander) zu verarbeiten, daß wir lesen, ohne die subtilen Wirkungen der Hintergrund- und Zwischen-Texte zu entziffern. So führen diese kurzen Überlegungen bereits dazu, den *Informationsbegriff als bereichsgebundenen Datenkomplex* zu entwerfen. Seine Auswahlordnung, die erst Informationen schafft, ist an die sozialen Verteilungsmuster für Aufmerksamkeit, Wissen, Reflexionszeit usw. verwiesen, an die sog. 'Dispositive' (= Verhaltensgrundmuster) von Gesellschaft. Diese Dispositive werden erst wirksam, wenn die Daten 'genutzt', d.h. Teil von Kommunikationsverläufen werden. Information ist demnach bereits in ihrem Status 'vor Erkenntnis', 'vor Handlung', 'vor Wissen' ein Machtfaktum. Dies darf man nicht übersehen. Information ist kein neutraler Datenbestand. Dies muß man bei der Bestimmung von 'Informationsgesellschaft' im begifflichen Hintergrund behalten.

Nun wird die Sache noch komplizierter, da inzwischen elektronische Systematiken entwickelt sind, die datentechnische Zustände der Realität speichern (Satellitenbilder, Materialanalysen, Einkäuferbewegungen, Warenströme via Barcodes), die der Mensch nicht wahrnimmt und also auch nicht modellhaft 'abbilden' kann. Neben Information weitet sich ein Bereich der programmierten Datenverarbeitung aus, der zwar für Handlung von Bedeutung, aber einer mehrheitlich verabredeten Geltungsbreite oder gar kritischen Reflexion nicht zugänglich ist.

6.2. Steuerungs- und Planungsmodelle

Betrachten wir kurz die Verwendungsgeschichte des Informationskonzeptes. Eine intensive theorieprägende Aufnahme des Informationskonzeptes im Rahmen der deutschen Soziologie erfolgte in den

1960ern. Das Interesse war durch die Notwendigkeit geprägt, Planungs- und Steuerungsmodelle entsprechend der vielfachen und dynamischen Ausdifferenzierungen neu zu formulieren. Vor allem politikwissenschaftliche Modelle griffen auf die Kategorie der Information zurück. Sie wurde als klassen- und schichtunabhängiger Datenbestand gefaßt, als Grundlage für Bedeutungsbildung und Entscheidungsverfahren. Den erkenntnistheoretischen und entscheidungsprägenden Hintergrund bildete die Kybernetik. In den Planungsmodellen von C. West Churchman, G. Kade, A. Etzioni oder G. Fehl, M. Fester oder N. Kuhnert (1972) wurde die kybernetische Planungstheorie mit Informationskonzepten verbunden. Information bildete den 'Rohstoff' für die Stabilität des Systems und stellte damit zugleich dessen Lernfähigkeit her.

Information ist kein freies Gut, wie wir bereits sahen. Sie stellt immer eine konventionalisierte Auswahl aus Daten dar, eine beabsichtigte Reduktion. Im Falle der Planungstheorien ist sie nach einem Grobraster von 'planungsbedeutend' ausgewählt. Während dem Signal absoluter Charakter zukommt, weil es eine Form der physikalischen Organisation der Materie ist, ist Information relativ. Information ist grundsätzlich störungsanfällig. (U. Degen, J. Friedrich, E. Sens, W. Wagner: 1972) Oder, wie man heute sagt: sie muß übersetzt, mit Bedeutung versehen werden.

D.h. aber auch, daß *Information* stets ein *Grenzphänomen* zwischen *uninterpretierten Daten* einerseits und *Wissen* andererseits ist. Sie ist Ordnung im Schwebezustand, ein Funktions-(Lebens-)Mittel jedes organischen oder anorganischen Verbundes. Auf Gesellschaft bezog sich die Aussage von C. W. Churchman:

> „Information ist eine Ware mit ihrem eigenen Preis, eine Ware, die von Individuen oder Gruppen dazu verwendet wird, andere Individuen oder Gruppen zu beeinflussen; Information dient daher dazu, gesellschaftliches Handeln zu formen.“(1969: 5)

Diese Grundidee wurde zu dieser Zeit durchaus schon auf Computertechnologie bezogen; allerdings waren die Rechner eingefügt in die hoheitliche Struktur von Regierungen oder in Wirtschaftsstrukturen. In einer Kritik an datengestützten Planungsprogrammen (Hessen 80) heißt es 1970: „Wenn Wissen mit Macht gleichzusetzen ist, dann verschafft die elektronische Datenverarbeitung mit dem erklärten Ziel, Datenbanken für Informationszwecke aufzubauen, der Exekutive einen Informationsvorsprung und damit einen Machtzuwachs, der die Effektivität der Mitarbeit der Bürger und der von ihnen gewählten Vertreter in einer demokratischen Ordnung in Frage stellt."

6.3. Kybernetik und Information

Die enge Verbindung von Information und Steuerung geht Arbeiten von N. Wiener zur *Kybernetik* während des Zweiten Weltkrieges, auf L.v. Bertalanffy's Arbeiten zu einer Allgemeinen Systemtheorie oder auf W. R. Ashby's Kybernetische Systemtheorie zurück. Sie bekommen aber in den 60ern/70ern keine mediale Bedeutung. Information wird gerade durch den festen Planungsbezug, durch die Erhebung von Informationen durch öffentliche Verwaltung, durch polizeiliche Informationssysteme negativ belegt. Sie durchbricht als soziale Kategorie nicht den hoheitlich-institutionellen Bezug; sie bleibt Teil des kritisch betrachteten Herrschaftshandelns. Im Gegenzug wird im Rahmen von Mitbestimmungs- oder Partizipationsdiskussionen eine umfangreiche Vor-Information oder das aushändigen 'aller relevanten Informationen' gefordert. Die damalige Debatte zeigt sehr deutlich, daß Information als materiale, aber noch nicht in Handlungen übersetzte Erkenntnis, als Meinung, als Position usw. immer mehr die Herkunftskulturen von Berufsgruppen, sozialen Verbindungen und kulturellen Zusammenhängen überlagerte. Die zeitliche Nähe der Information zum akuten Handeln, die aktuelle Vergegenwärtigung, die durch Informationen möglich wird, gewinnt nicht nur entscheidungs- oder planungstheoretisch an Gewicht. In der Verbindung von Kybernetik und Information kündigt sich ein neues Kommunikations- und Handlungsverständnis an. Aber zu dieser Zeit, also in den 1970ern, ist dies nicht gesamtgesellschaftlich zu erkennen. Es fehlt die verbreitete/verbreitende Medialität, die Information prozessiert; d.h. der Personal Computer (PC/ ab 1982) und die elektronisch-mediale Vernetzung (intensiv erst ab den frühen 1990ern). Zu dieser Zeit erscheint *Information sowohl als eine Neufassung der Theorie des Sachzwanges* (H. Schelsky), als auch als bloße *Herrschaftstechnik.* Von einer Informationsgesellschaft zu sprechen, also von einer Art kultureller und nicht nur verfahrenstechnischer Selbstbeschreibung, legt dies noch nicht nahe.

D. Bell, K. W. Deutsch, A. Etzioni (1967) oder J. G. March/ H. A. Simon (1958) sprechen in ihren organisations- und planungstheoretischen Publikationen auch eher von *technological, technotronic (technological + electronic) society.* 'Information ist alles' lautet eine der alltäglich und wissenschaftlich verwendeten Floskeln dieser Zeit. Information war synonym für „effiziente Planung“, „geordnete Strukturpolitik“, „langfristig gesicherter internationaler Wettbewerb“ o.ä. Sie war das „societal feedback“ (R. Bauer: 1970). Von Information als materiale Voraussetzung für Freiheitszuwachs oder für eine medien-technologische Freiheitsdefinition waren diese international verbreiteten Konzepte noch weit entfernt. Mit dieser Art des Informations-Einsatzes ging eher die 'formierte Gesellschaft' als die Informationsgesellschaft einher: „mit dem Staat als Regler und der Gesellschaft als Regelstrecke“, wie es G. Fehl formulierte (266).

Die Debatte um den Stellenwert von Information änderte sich, als die technologische Entwicklung im Bereich der Computer, diese aus den militärischen Silos, den magnetisch abgesicherten Kellern der Versicherungen und Banken und aus den Räumen der Großforschungsanlagen herausholte, d.h. mit der Markteinführung des Computers und seiner sozialen Durchsetzung als integralem Medium oder, wie es heute heißt, als 'Multi-Medium'. Mit dem Computer wird die übergroße Mehrzahl der Nutzerinnen und Nutzer nicht nur aus der Regelstrecke (dem Kanal und den potentiellen Störungen) herausgezogen, sondern auch aus den Reglern (Speichern, Festplatten, CD-ROM etc.). Und mehr noch: sie sind aus der Entscheidung, in welcher Weise heute und in näherer Zukunft, die Zugriffe auf Daten, die Auswahl von Informationen und die Bildung von Wissensumgebungen geordnet werden, d.h. wie sie programmiert und in relationalen Netzen aufbereitet werden, ausgeschlossen. Die computergestützten Informationssysteme erzeugen Umgebungen menschlicher Wahrnehmung, deren Entstehung, Veränderbarkeit und Herkunft immer schwieriger zu entziffern sind.

Sozialwissenschaften müssen sich dringend den entstandenen Leerräumen zwischen Datenverarbeitung, Information und Wissen widmen, wollen sie nicht den Anschluß an ihren ureigensten Gegenstandsbereich verlieren: von Menschen erzeugte, genutzte und entworfenen Sozialverbände.

6.4. Informationsgesellschaft: einige Modelle

Der bislang skizzierte Zusammenhang von Medium und Information ermöglicht nun, einige Verallgemeinerungsebenen anzusprechen. Ich tue dies über acht definitorische Annäherungen, die nur einen kleinen Ausschnitt der zunehmend reicheren Forschungslandschaft geben.

a) K. W. Deutsch (1984: 33) beschreibt Informationsgesellschaft: „Es ist eine Gesellschaft, die mehr als die Hälfte ihres nationalen Einkommens aus der Verbreitung von Information bezieht und in der mehr als die Hälfte aller Erwerbstätigen in Informationsberufen beschäftigt sind". Dieses empirische, *reproduktionsbezogene Modell* überträgt die Dominanzkonzepte von Arbeit, Produktion und Technik auf den postindustriellen Zusammenhang der ökonomisierten und kommerzialisierten Informationserzeugung und -verbreitung.

b) P. Otto und P. Sonntag (1985: 49) betonen den technischen Aspekt: „Eine Informationsgesellschaft ist eine stark von Informationstechnik geprägte Gesellschaft. Die Prägung zeigt sich in der Bedeutung, welche Informationstechnik in Arbeit, Freizeit und Rüstung einnimmt." Auch hier wird der Allgemeinheitsgedanke über das Argument eines *vorherrschenden Modus, hier Technik*, eingeführt.

c) K. Brepohl (1986: 47) bezieht sich auf die Transformation durch elektronische Übermittlungssystematik: „Und zur Zeit erleben wir den Übergang von der materiell geprägten zur elektrisch bzw. elektronisch vermittelten, verarbeiteten und gespeicherten Information. Zum ersten Mal in der Geschichte konzentrieren sich die Bemühungen nicht mehr überweigend auf die körperliche Entlastung des Menschen, sondern auf die geistige Unterstützung und die Erweiterung dieser Möglichkeiten." Diese *erweiterungs- und entlastungstheoretische* Argumentation ist gerade gegenüber jenen Positionen zu betonen, die in den Strukturen on Informationsgesellschaft den Verlust von Körperlichkeit, die Übermacht von Technik sehen.

d) D. A. Zimmermann und B. Zimmermann (1988, 161ff) greifen die Festigung der Elektrosphäre unter dem Stichwort „Bildschirmwelt" auf und untersuchen die unterschiedlichen Forschungsergebnisse, die bezüglich der *Auswirkungen auf den Lebens- und Arbeitsalltag* haben. Neben der Informationsfülle, den informationellen Dienstleistungen, Minderung der durchschnittlich notwendigen lebendigen Arbeitszeit für die Produktionsektoren werden auch Aspekte der Vernetzung, Kontrolle, Maschinisierung untersucht.

e) W. Halbach (1994) definiert Informationsgesellschaft über die Art und Weise, wie der Übermittlungs- und Übersetzungsprozeß von Datum, Information, Wissen sowie von Speicherung, Wahrnehmung und handlungsbezogene Auswahl stattfindet. Er beschreibt die Nutzungsstrukturen über das *Interface*, über das potentiell eine direkte Einbindung des Menschen in informationstechnologische Prozesse erfolgen kann.

f) H. Scheidgen (1990) oder auch R. Weingarten (1990) greifen gegenüber dem Technikargument die Frage auf, in *welcher Weise mittels Information die Strukturierung sozialen Handelns* vorgenommen werden kann. Sie betonen dabei, daß die zunehmende Menge von Informationen insofern soziales Handeln beeinflußt, als die Kompaktheit der Angebote auf Verhalten einwirkt, ohne daß im reflektierten Sinne Kommunikation stattfindet. Sie stehen damit dem von mir vorgeschlagenen Ansatz, sich die Modularisierung von Information genauestens anzuschauen, nahe. Ebenso beziehen sie sich auf den Grundsatz, daß Information nicht mit Wissen zu verwechseln ist.

g) M. Faßler (1996) bestimmt Informationsgesellschaft auf der Grundlage der informations- und kommunikationstechnologischen Prozesse über die *Herstellung von sozialen Zusatzräumen*. Sie sind bestimmt über die handlungsgebundene Wahrnehmung von computerverstärkten Kommunikations*umgebungen*. Ihr Ort ist die Mensch-Computer-Interaktion Diese Umgebungen von menschlichen und nicht-menschlichen Kommunikationspotentialen verändern tiefgreifend die Bedeutungs-, Sinn- und Orientierungsysteme überlieferter Industriekulturen. Neben den verabredeten kulturellen Selbstbeschreibungen entstehen Fragmente und fließende Ordnungen einer Interface-Kultur.

h) C. J. Tully (1994) sieht in der Informationsgesellschaft eine grundlegend neue Ordnung der *„Sequenzialität von Aktion und Interaktion*". Sie verändert nicht nur die Tätigkeitstrukturen, sondern greift tief in den Aufbau von Lernprozessen, von Sozialisation, von Identität ein. Im Umgang mit Informationen „emanzipiert sich das Lernen....von physischen und konkret benennbaren Lernorten"(75)

Mit diesen Kurzbestimmungen wird deutlich, wie breit der Begriffsrahmen für Informationsgesellschaft ist. Zugleich verdeutlicht dies, daß die jeweiligen Konzepte den unaufhebbaren Zusammenhang von Technologie, Information, Medialität und Nutzung aufweisen. Dies ist eine sehr fruchtbare Basis, um die Forschungen weiterführen zu können. Allerdings sind Forschungen zur 'Kultivierung einer neuen Technik' (W. Rammert 1991) in weiten Teilen ein noch ungeklärtes

Erkenntnisfeld (für die frühe Debatte: Th. Pirker 1963; W. Pöhler 1969).

In allen definitorischen Ansätzen ist zugrundegelegt: über Informationen werden Wahrnehmungen geordnet und reproduziert. D. h. auch, daß wir 'Informationen' aufnehmen, ohne sie als 'Informationen' zu erkennen, daß uns im Gesichtsfeld Daten erreichen, die uns nicht bewußt zur Verfügung stehen, daß wir hören, ohne alles sequenziell (= in Reihe nacheinander) zu verarbeiten, daß wir lesen, ohne die subtilen Wirkungen der Hintergrund- und Zwischen-Texte zu entziffern. *Information als Datenkomplex* erfordert also, die reflektierbaren und nicht der Reflexion (zum Zeitpunkt der Informations-Nutzung) zugänglichen Muster des 'Moduls' genau zu untersuchen. Insofern muß den bisherigen definitorischen Ansätzen der Gedanke hinzugefügt werden, daß eine sozialtheoretische Beschäftigung mit Informationsgesellschaft, eine Theorieebene entwickeln muß, die ich vorab mit Software-Interaktions-Analyse bezeichne. Es muß eine Analyse des Verwendungsaufbaus, der Relationalität, der Hypertextstrukturen, der electronic-agents usw. sein, um die Manipulations-, Lenkungs- oder Veränderungs'bandbreite' empirisch und strukturell erfassen zu können. Information ist also ohne eine sozialtheoretisches Konzept von Software und Programmierung (im Sinne von modularisierender Organisation von Daten = Information) nur begrenzt sinnvoll.

Nun wird die Sache noch komplizierter, da inzwischen elektronische Systematiken entwickelt sind, die datentechnische Zustände der Realität speichern (Satellitenbilder, Materialanalysen, Einkäuferbewegungen, Warenströme via Barcodes), die der Mensch nicht wahrnimmt und also auch nicht modellhaft abbilden kann.

6.5. Elektronische Verhaltens- und Kommunikationsumgebungen

Jedes soziale System, das Computertechnologie auf seine Handlungs- und Kommunikations*weisen* anwendet, verändert seine Bestands- und Entwicklungs*bedingungen*. Was in der anfänglichen Nutzung des Computers als effektivitätssteigernde Zielbestimmung des 'Gerätes', des 'Werkzeugs' 'auf etwas' erschien, wird allmählich als transitorischer Prozeß sichtbar. In ihm werden technologisch die

Dispositive der Verständigung, der wechselseitigen persönlichen Zusicherung, des Entwerfens, letztlich auch des Produzierens verändert. In den computertechnologischen virtuellen Text-, Bild-, Ton-Maschinen sind unzählbare Bedingungen für Visualität, für sprachliche Vermittlung, für Interaktivität digital eingelagert.

Mit Computertechnologie rücken Bilder als Verständigungsmittel und in Echtzeitsimulation ausgetauschte Text-Sprache in den zentralen Kommunikationsbereich ein. Vernunft und Bild, Rationalität und Visualität lassen sich medial nicht mehr trennen. Wir müssen lernen, sie innerhalb ein und desselben Mediums zu unterscheiden. Eine grundlegende Veränderung wird vorbereitet: die aufklärerischen Alt-Duale Sprache und Bild werden in einem Medium zusammengeführt und zu unumkehrbaren Bedingungen für Wissenschaft, Technologie, Kunst und Alltag. Dabei ist zu berücksichtigen, daß Computer als Medium keine *Vermittlungsmechanik* ist, sondern eine interaktiv abhängige, reichhaltige *Objektemaschine*. Eine neue Systematik sozialer Selbsteinwirkungen und der Vergesellschaftung von Vermittlungen entsteht, - eine komplexe Vielfalt kultureller Wechselwirkungen.

Computer ist *Produkt* und *treibende Kraft*. Dies ist uns inzwischen in einer kaum mehr übersehbaren Fülle von Angeboten und Nutzungen geläufig; sei es als Textverarbeitungssystem, als Bankomat... Und Computer ist *Projekt*, mit dem sich eine Kombination von unzähligen Datenspeichern und Netzen verbindet. In ihnen ist Wissen aller Art verteilt, ungegenständlich und unpersönlich/anonym vorhanden ist. Ziel dieses Vorhabens ist es, Daten in vielfachen Verbindungen, in sehr kurzen Zeiten, zu beliebigen Themen miteinander verknüpfen zu können. Rasch muß diese Verknüpfung geschichtloser Daten oder herkunftslosen Wissens erfolgen können, nicht nur in Lokalen, sondern auch in Globalen Netzen.

Neue Formen der Fremd- und Selbstwahrnehmung, sowie der Selbst- und Wirklichkeitskonstruktionen entstehen durch die Nutzung von *Gegenstands-*, *Bild-* und *Zeitsimulationen*. Es sind keine Täuschungen, keine Luftspiegelungen, sondern Verbildlichungen oder Visualisierungen. (Faßler 2002) Es sind *Echtzeitsimulationen*: als ob man sich am selben Ort mit dem Gesprächspartner oder dem Wissensspeicher befände. Dies ist nur möglich durch die *programmierte Ungegenständlichkeit*, die sich auf keinen herkömmlichen phänomenalen, körperlichen und *zeit-räumlichen Zusicherungsrahmen* mehr stützt. Ungegenständlichkeit erfordert Vertrauen in die nicht anwesenden und anonymen Akteure und in die Inszenierung der Nutzungssituation.

Die Zusicherungsformen bisheriger *Medien der Tradition*, - wie mündliche Überlieferung und in Textsorten vorliegende Schrift -, sowie *moderne Dispositive der Kommunikation*, - wie strikte Lernbiographien, rechtliche und politisch-öffentlich überprüfbare schriftliche Traditionen oder Wissenshierarchien -, entfallen damit nicht. Sie verlieren aber innerhalb der Nutzungsumgebungen von Computern an Bedeutung, werden zu Reservatfunktionen. Dies berührt körperliche, angesichtige Interaktion und Kommunikation ebenso, wie die nahräumlichen, territorialen, gegenständlichen Wahrnehmungssicherheiten. *Face-to-face-Beziehungen* werden durch *echtzeitliche Interfacesituationen* ergänzt, eventuell sogar überlagert. Dies erfordert Gewöhnung an Anonymität gegenüber einem Kommunikationsverständnis, das idealtypisch von seh- und erkennbaren Schwächen und Stärken des menschlichen Gegenübers ausgeht. In den digitalen, interaktiven Rahmenbedingungen kann man nicht 'in echt' oder trügerisch auf diese feinen angesichtigen Unterschiede eingehen, sondern muß eine *Kultur der anonymen Zusicherungen* entwickeln. Obwohl diese den 'realen' Entstehungshintergrund biographischer Erfahrungen und sozialer Konventionalisierungen hat, entstehen, wie einige folgende Beispiele zeigen werden, Darstellungs- und Verständigungsmodi, die ausschließlich der Nutzung der Technologie entstammen.

So vertraue ich nicht mehr dem Papier allein, sondern der Tastatur, dem Textverarbeitungsprogramm und dem Rechner meine lautlose Sprache an, oder ich setze auf die Fehlerlosigkeit meiner elektronischen Kontoverwaltung. Ich entnehme dem internationalen Datennetz Aufsätze, die private oder universitäre Absender haben, keine reputierlichen Verlagshäuser oder Buchvertriebs-Nummern aufweisen, dafür aber Netz-Adressen, Bitten um Herkunftsangaben bei Zitationen, Angaben über den Vertrieb in anderen Netzen usw., und - was wohl mit das Wichtigste ist - ich nehme sie ebenso ernst, wie Texte, die von einem Verlagsredakteur unter Verlagsgesichtspunkten gelesen wurden.

6.5.1. Elektronische Reisen durch anonyme Welten

Nun sind *Anonymität, Pseudonymität* oder gar *Fernanwesenheit* nicht strukturell neu. Ihre soziale Behandlung ist sehr ambivalent. Die Klage über Anonymität gehört zum kulturkritisch ablehnenden Gestus gegenüber der Stadt, ebenso wie sie den Habitus des 'Individuums' in der 'Masse' gegen diese begleitet. Die Angst vor Namenlosigkeit trug aber auch Affekte gegen die soldatischen Ränge oder gegen die Bürokratie. Kritik ist also in ihrer Geschichte bereits facettiert. Dasselbe gilt für Fernanwesenheit. Schriftkultur enthält gerade den Unterschied zwischen Schreibzeit und -ort, sowie Lesezeit und -ort. Liebesbriefe, Postkarten von der Front, Urlaubsgrüße, Reiseberichte zeigen nur einige Aspekte der Gattungsvielfalt an. Noch eindringlicher wird die aus der zeitlichen, mentalen oder emotionalen Ferne hergestellte Aktualität, wenn aus der Ferne nicht nur Sprachvermögen, Gedächtnis und Phantasie attrahiert werden, sondern das Auge und das Ohr, - wie es durch Film, Video, Telefon erfolgte.

Mit dem Computer wird dieses Erbe der Fernanwesenheit und der Anonymität durch die Struktur dynamischer Speicher aufgenommen und erweitert. Die reale Zeit- und Raumdifferenz schmilzt zu einem Zeitereignis, hinter dem immense kanaltechnische Übertragungsleistungen und computerinterne Schaltungsgeschwindigkeiten stehen. Das Spiel mit der Phantasie, mit der schriftlichen Wahrheit, mit der Wirklichkeitsbeschreibung wird zu einem visuellen Echtzeiterlebnis, ganz gleich, wieviel Kontinente entfernt zu welcher Tageszeit und in welcher Verfassung 'mir' jemand etwas schickt.

Mit Computertechnologien werden nicht nur für die digitalisierten Informationen die gegenständlich-physikalischen Bindungen aufgehoben. Dies gilt auch für einige Bereiche der menschlichen Orientierung und Wahrnehmung. Die räumliche, haptische, akustische Vergewisserung wird als Erinnerungshintergrund für die Reise durch das Netz benutzt, eine Reise, die nicht unbedingt den Wegzug von einem Ort erfordert, um andere Menschen kennzulernen, die die Fahrt in eine Bibliothek erübrigt, oder auch eine Reise, auf der das, was ich preisgebe, von mir bestimmt wird.

Die Datenreise, auf die sich Gesellschaften wie Japan, USA, Frankreich, Deutschland, Korea, Brasilien, Irland, Island, VR China begeben haben, wird diese in unterschiedlichster Weise verändern. Wie dies erfolgen wird, ist ungewiß. Unklar ist auch, welche Wirkung dies auf die Herstellung des Selbstverständnisses der Menschen, auf deren Identität und Wahrnehmung haben wird. Ein Ausschnitt aus der Menge von Veränderungen wird im folgenden dargestellt.

6.5.2. Elektronische Kommunikation und Identitätschancen

Das erste, was in einem Multi-User-Dialog[1] [MUD] geschaffen werde, sei die "Identität". Sie müsse textlich (nicht wahrheitsgetreu) beschreiben, welchen Geschlechts, welcher sozialen Herkunft er/sie in der imaginären Welt ist, welche Eß-, Lese-, Film-, Musikvorlieben er/sie hat, welche politische Hinsichten er/sie pflegt. Die "Schöpfung der Identität" trüge, so H. Rheingold, dazu bei, "eine ganze Welt zu erbauen".[2] Nur, was für Welten? Die Angebote sind vielfältig: globale Dörfer, Verliese, elektronische Autobahnen, virtuelle Nachbarschaften, Plätze.

Welche Bedingungen werden nun bei der computerbasierten Vermittlung für Selbstverständnis und Zusicherungsverhältnissen 'kon-

---

[1] Multi User Dungeons/Multi User Dimensions/Multi User Dialogue [MUDs], sind textbasierte, imaginäre Spiel-Welten, in denen rund um den Globus bislang ca. 100.000 Teilnehmer über niedergeschriebene Texte sich und den Weltausschnitt schufen, in dem sie mit anderen und von diesen textlich wieder niederschreibend handeln, antworten, zuhören usw. Es ist eine kleine Netz-Population, an der aber einige Aspekte virtualisierter Identität oder Subjektivität auf Datenreise deutlich gemacht werden können. Entworfen wurden sie ursprünglich von Lars Penski. J. Smith beschrieb sie kurz so: " Jeder Nutzer hat die Kontrolle über eine computerisierte Persona/ Menschwerdung/ Inkarnation/ Charakter. Man kann herumspazieren, mit anderen Charakteren reden, von Monstern verseuchte Regionen erforschen, Rätsel lösen und sogar eigene Räume schaffen, Beschreibungen und Mitteilungen." J. Smith, 'Frequently asked questions' unter: jds@mathk.okstate.edu, 1991 [eigene Übersetzung]

Nicht jedes computer-basierte Kommunikationssystem bietet eine dataillierte, textlich ausgefertigte Kommunikations- und Verhaltensumgebung für den Entwurf von Charakteren oder Erkundungen. Unterschiedliche Zielsetzungen bei der Einrichtung und Pflege von Kanälen haben nichts mit offener Kollektiverzählung, aber mit Meinungs-, Wissens-, Datenaustausch zu tun, wie z.B. Internet-Relay Chat/IRC.

[2] H. Rheingold, Virtuelle Gemeinschaften, München 1994, S. 186

struiert'. 'Konstruktion' ist in dem durchaus verteilten Sinne gemeint, etwas herzustellen, zu erfinden, als richtig zu bestätigen oder zu kreieren. Dies berücksichtigt den hypothetischen Charakter von Wahrnehmung sowie die objektivierende Verabredung über 'das Wirkliche'. Konstruktion ist auch in Datennetzen eine unverzichtbare Unterscheidungsleistung, die einen zum Nachbarn, Gesprächspartner, zum Meister, Zauberer, Freund, Liebhaber macht.

Bleiben wir zunächst bei den Multi-User-Dialogen. In ihnen wird mit keiner Programmschleife gespielt, die ich immer wieder schaltungsidentisch starten kann, wie bei Computergames. MUDs haben ein Textprogramm als Basis, auf dem eine komplexe oder einfache Schriftbeziehung der Benutzer untereinander entsteht. Die Beziehung ist nicht als Frage-Antwort-Spiel aufgebaut, sondern als vorher vereinbarte Raumbeschreibung (Schloß, Stadt o.ä.), in der textlich organisierte Aufgaben- und Kompetenztrennungen sich einander nicht persönlich bekannter 'Spieler' und 'Spielerinnen' einen virtuellen sozialen Verband herstellen. Es handelt sich um spieltheoretisch zu verstehende Handlungsabläufe und Konversationsereignisse im virtuellen Raum. Ihre textliche 'Lebendigkeit' ergibt sich aus einem Vorrat kanalunabhängiger Handlungs- und Auslegungserfahrungen und aus der Aktualisierungsfähigkeit und -bereitschaft der Teilnehmer im Netz. Insofern strukturieren die elektronischen Textwelten sich selbst und bilden soziale Handlungsverbindlichkeiten ab und neue aus. Die in rascher Folge szenisch aufbereiteten Charakter-, Textgruppen und Stilordnung bedienen sich der vorfindlichen typisierten persönlichen Eigenschaften, durchmischen diese, variieren sie, bilden - zunächst für die Bewohner des virtuellen Raumes bedeutende - Eigenschaftsverbindungen oder Kompetenzen aus. Die rationale und affektive Koordination der geschaffenen Spiel-Identitäten und offengelegten Wünsche, wirkt als Erweiterung, sogar als Bereicherung der überlieferten sonstigen Kommunikations- und Interaktionsmöglichkeiten.

W. Mihalo hatte 1985 darauf hingewiesen, daß 'von Angesicht - zu Angesicht' die verschiedensten sozialen Bedingungen eine Kommunikation unter Fremden verhindern können. Charakteristiken wie Klasse, Rasse, Geschlecht, Alter, Kleidung könnten einen dramatischen Einfluß auf Länge und Qualität der Interaktion haben. In elektronischen Netzen käme es ohne diese Verhaltenssteuerungen zu vielen näheren und persönlicheren Gesprächsbeziehungen.[1] Dieser "gleichmachende Effekt des computerbasierten Mediums" [W. Mihalo] wurde von S. Kiesler u.a. mit den Forschungsergebnissen unterstrichen, daß computer-vermittelte Gruppen länger brauchten, um einen Konsens zu erreichen, daß sie sich gleichberechtigter miteinander unterhielten und daß sie weniger behindert waren durch Fluchen und Feindschaft.[2]

Den eher inszenatorischen Rahmen berücksichtigend, spricht M. S. Rosenberg davon, "den Charakter zu kreieren". Die text-basierte Beschreibung enthielte, entgegen dem realen Leben, die Chance, die Erscheinungsweise einer 'geschaffenen' Person vollständig durch den Textschreiber zu kontrollieren.[3] Aber, wie im realen Leben, wird zwischen den virtuellen Charakteren oder Identitäten agiert, reagiert, interagiert. Sie sind nicht außerhalb 'der Welt', nicht neben ihr. Virtuelle Charaktere haben nicht einmal die reale Welt verlassen; sie sind, bis in jedes programmsprachliche, physikalische, semantische oder syntaktische Detail 'gemachte' Welt. Im Gegensatz zu jeder bislang vorfindlichen dauerhaften Konstruktion, die Verhalten festlegte und dessen Alternativen als Kontinuitätsbruch erschien oder zelebriert wurde, ändert sich der Zustand der Text-Identität, des Text-Charakters ständig, entweder durch den Erfinder und Benutzer oder durch den Änderungsdruck der anderen Benutzer und Benutzerinnen. Virtuelle Identität und Charakter sind, in einer ironischen Weise, nicht nur zeitlich "up to date", sondern ihr datentechnischer Schaltungszustand ist "up to date"[4]. Die letzte Schaltung gilt.

---

[1] W. Mihalo, The Microcomputer and Social Relationships, in: Computer and the Social Sciences,1. 1985, S. 199-205

[2] S. Kiesler, J. Siegel, T. W. McGuire, Social Psychological Aspects of Computer Communication, in: American Psychologist 39 (10), 1984 S. 1123-1134

Unbestritten ist, daß die Anonymität der Gesprächssituation zu aggressivem, sexistischem, gewaltverherrlichendem Text-Reden verleitet. Die Benutzer und Benutzerinnen und die Sysops (System-Operatoren, die die Netzknoten kontrollieren), greifen dagegen aber zunehmend mit Ethik-Codizes, mit 'Rausschmiß' oder Interaktionsverweigerung durch.

[3] M. S. Rosenberg, Virtual Reality: Reflections of Life, Dreams, and Technology. An Ethnography of a Computer Society, in: WELL, msr@casbah.acns. nwu.edu; 04.05.93, p.4

[4] Dies bezieht sich sowohl auf den Stand der textlich bespielten imaginären Welt, wie, verallgemeinernd, auf den prädikatenlogischen Aufbau der Pro-

Was als spielerische Einübung erscheint, ist integraler Anteil des immer umfassender eingesetzten und verwendeten Mediums Computer. Es ist kein anti-soziales Streitfeld für Hacker, sondern eine zusätzliche, bereichs-, funktions- und identitätsungebundene, höchst intensive Dimension sozialer Beziehungen. Sie hat in unterschiedlichsten technologischen Ausstattungen unsere Handlungen tagtäglich zig-millionenfach durchwoben. Elektronische, datenbasierte[1] Kommunikation liefert als Spiel, als Softwarepaket, als CD-ROM, als Buchungsvorgang nicht revidierbare Prozeßelemente (= Strukturen) und Inhalte (= Wahrnehmungsbedingungen).[2] Die virtuellen Wirklichkeiten sind nicht für sich stehende Notationen, sei es als Algorithmus oder Heuristik. Sie sind nur in der *Interaktion* mit Menschen virtuell oder real Welt/Alltag/Spiel/..., d.h. sie sind *nur als Konnotationen wirklich.*

---

gramme, in dem durch Notation für die Beschreibung der Änderungen eines Zustands feste Anweisungen (Zusicherungen) vorliegen. Siehe : W. P. Kowalk, Korrekte Software, Mannheim 1993; spez. >> Axiome für formale Korrektheitsbeweise <<, S. 34f

[1] Um Verwechslungen zu vermeiden: *Daten* = als digitale Schaltungszustände zur Verfügung stehende diskrete Unterscheidungen; *Informationen* = entstehen erst bei auf Übertragungen und Vermittlungen, an deren Peripherie ein Interpretationsergebnis entsteht, das dann wieder digitalisiert in den Computer eingegeben werden kann, oder analogisiert in den Bewußtseins- oder Wissensbestand des Menschen integriert wird; *Wissen* = unterschiedliche Menge von Elementen eines systematisierten Kenntnisstandes, der aus einem vorläufig oder endgültig abgeschlossenen Erkenntnisvorgang entsteht; seine Systematik ermöglicht curriculare Vermittlung sowie digitalisierbare Formalisierung; *Erkenntnis* = ein Reflexionsergebnis, das, in der Verbindung von Wissen und dessen materialer Problematisierung, eine neue Stufe von reduktionistischen Aussagen ermöglicht und damit eine neue Wissens- und Datenstruktur bedingt.

Insofern kann Datentechnologie nicht unmittelbar auf den Menschen wirken. Sie ist Medium und medial gekoppelt; so wie dem Benutzer/die Benutzerin analogisierende Informationsaneignung nur möglich sind in der Auswertung der virtuellen Artefakte.

[2] vgl. T. Toles-Patkin, Rational Coordination in the Dungeon, in: Journal of Popular Culture, 20, 1986, S.1-14; S. Turkle, Die Wunschmaschine. Der Computer als zweites Ich, Reinbek b. Hamburg 1986

6.5.3. Virtuelle und reale Orte der Antwort

Der Unterschied zwischen realer (= physikalisch-gegenständlicher und phänomenal-körperlicher) und virtueller (= physikalischer, aber ungegenständlicher, visuell-piktoraler, graphischer aber der harten plastisch-oberflächlichen Körperlichkeit entzogener) Wirklichkeit ist eine sehr produktive kulturelle Konstruktion. Mit ihr wird ein neuer sozialer Zusicherungs- und subjektiver Identitätsaufbau angestrengt: eine *modulare* (= teileinheitliche, austauschbare) *Zusammenstellung zeit- und interaktionsgebundener Identität*.

Kulturentheoretisch ist dies einer der aufregenden Vorgänge. Interaktivität wird techno-medial neu definiert. Das Interaktionskonzept eines funktionalistischen, einwegigen Bestätigungsmusters, das rollentheoretisch seit einem halben Jahrhundert eingeführt ist, war an Abläufe, an Sequenzen und an kausale Erklärungen gebunden. Der einzelne Mensch bewegte sich zwischen geordneten und einsehbaren Ursache-Wirkungs-Beziehungen. Sie waren funktional vorgegeben und mit unterschiedlichen schichtentheoretischen Integrationssystematiken versehen.

Verbale und schriftliche Sprache stand dabei als Code im Vordergrund. Sie bewährte sich auch in diesem Interpretationsrahmen, da das Sprachmodell lineare Ordnungen und Zeitfolgen darstellen konnte. Die vielen Untersuchungen zu entwickelten und eingeschränkten Sprachcodes folgen in weiten Teilen diesem Modell. Dessen Erklärungsleistungen werden nicht infrage, aber in Grenzen gestellt. Vernetzte Beziehungen sind hierin kaum und geometrische Zusammenhänge gar nicht darstellbar. Sprache sicherte die Erkenntnis über die Funktionen. Theorie lieferte den Leim für die Fülle der Gebrauchsanweisungen funktionalen Handelns. Zudem kommt, daß Sprache der Gebrauchsanweisungen (der Curricula, der Betriebsordnungen, der Geräteverwendungen, Haus-, Sitz-, Etagen-, Parkplatz-, Raum-, Verwendungsordnungen) die beobachteten Ordnungen nacherzählt und sie festschreibt. Die Unbeweglichkeit der funktionalen Differenzierung hatte in der zuschreibenden Sprache ihr Double.

Nun wird durch Computertechnologien die erzieherische Erklärungsleistung des Sprach- und Funktionsmodells verändert. Eine interaktiv-dynamische Sprache-Funktion-Beziehung und der Gebrauch von Bildern als Verständigungsmittel ermöglichen 'neue Einsichten'. "Richtig eingesetzt, können diese nicht nur zu einer Bereicherung unseres Ausdrucksvermögens, sondern auch zu einer Erweiterung in der Art unseres Denkens führen."[1]

Ohne nun die technologische Seite zu stark zu betonen, ist es wichtig, auf die Bedingungen der Sprache-Bild-Situation hinzuweisen, um daran den systemischen Charakter der Funktionen in der Mensch-Computer-Interaktion wenigstens anzudeuten. Die dynamisch-rückgekoppelten Interaktionsverläufe verbinden Speicher, Prozessor, Leistungsbreite der übertragenden Kabel, Programmstruktur, Computerarchitektur, Anfrageweise des Nutzers, Adressierungen im Computerinternen Netz oder im externen Netz, und Auswahlentscheidungen mit den Zweckorientierungen und Absichten des Nutzers oder dessen Beauftrager. Dieser kleine willkürliche Ausschnitt aus der technologischen Palette verdeutlicht, welche Hintergrundstruktur die virtuellen Sprach-Räume und Bild-Welten bedingen. In der Nutzungssituation entscheidet sich, wie der Aufbau funktionaler Lösungen aussieht und welche Anteile vom Menschen zu erledigen sind. Um dies theoretisch erfassen zu können, bedürfen die Sozial- und Kulturwissenschaften einer *kybernetischen Sprach-Bild-Handlungstheorie*. Davon sind wir aber noch entfernt.

Das systemische Modell der Mensch-Computer-Interaktion erfordert ein Kommunikationsverhalten, das nicht am kursorischen Lebens-Zeitverlauf orientiert ist, sondern über flexible Selbstkonzepte die Integrationsfähigkeit prinzipiell offen und veränderbar hält.

Die weiterführende Nutzung von virtuellen Teilwelten[2] erfordert (a), daß die herkömmlichen Wissenssystematiken und die Wahrheits- und Zugangsregeln flexibilisiert werden (siehe Bild und Sprache), und (b), daß die Selbstbilder und Fremdbilder aus Konfrontations- und Feindmustern gelöst werden.

Der soziale Ort, die regionale, familiale Herkunft bestimmten häufig das Zukunftsverständnis und die lebensgeschichtliche Lang-

---

[1] H. W. Franke, Leonardo 2000. Kunst im Zeitalter des Computers, Frankfurt/M 1978, S.37

[2] Diese sind bereits sehr stark nach den programmsprachlich und technisch möglichen Interaktionsniveaus differenziert. So lassen sich von (a) den textlich gebauten Handlungsumgebungen der MUDs/MOOs u.a. (b) die programmierten und nicht veränderbaren Einweg- oder Interaktionsspiele von Nintendo/SEGA, (c) die programmierten Verhaltensumgebungen von Büro-, Produktionssoftware (d) die auf Konstruktionen ausgelegten Forschungs-, Designprogramme oder (e) schlichte 'Dialogsysteme' für einfache einlineare Funktionsabläufe unterscheiden (elektron. Fahrkartenschalter).

zeitperspektive; Ansässigkeit war ein Ordnungs-, Kollektiv- und Kontrollideal, eine Ordnungsnorm. Umherziehen, 'nicht seßhaft zu sein', Reise als Lebensweise war gleichbedeutend mit 'nicht dazu gehören', 'fremd', 'unordentlich'. Nur dann, wenn Wanderung mit zurückgebrachtem Wissenserwerb (Gesellen) oder mit dem internationalen Markt von Arbeitskräften verbunden war, schien Mobilität annehmbar; Rückkehr inbegriffen. Heben wir nur kurz die Seite des einzelnen Menschen heraus. Alle angegeben Aspekte bedeuten affektive, emotionale, intellektuelle und kognitive Festlegung auf ein Selbstkonzept und auf eine äußerst ambivalente Kultur der Sublimierungen. Gerade dies, so will scheinen, gerät in die Krise. Subjektivität und Identität werden interaktiv in ihrem Aufbau herausgefordert. Sie erscheinen als dekonstruierte Momente einer Wirklichkeit ohne fixe Orte.

Dabei sehen wir (individuell) nicht die Räume dieser Welten, sondern erleben sie als visuelle, textliche, diagrammatische Räume, in denen wir (sozial) handeln, in immer weiter gehenden Verkettungen von Handlungen und Erfahrungen und Handlungen...In Wahrnehmung, Darstellung, Sprachen, Bildern und Texten bringen wir Welten hervor, die bislang ohne verabredete Gültigkeiten, ohne Bedeutungsverabredungen existieren und passen diese an erinnerte Vorstellungs- und Verhaltensumgebungen an. Dies wiederum erfordert ein bewußtes Verständnis der multiplen Intelligenzweisen, - d.h. letztlich eine neue Kultur des Körper- und Zusammenhangsverständnisses. Der situative Informationscharakter der Netz-Kommunikation ermöglicht uns nun, buchstäblich unsere wildesten Träume und größten Ängste zu bewohnen, wie dies M. Ito in "Cybernetic Fantasies: Extended Selfhood" beschrieb.

In interaktiven Daten-Netzen rücken *Informationen*, als zeitlich begrenzte Zustände eines Interpretationsergebnisses, und *Identität* zeitlich und inhaltlich näher aneinander. Der Zusicherungs- und Kontinuitätsrahmen von Identität wird erweitert und zugleich mit einer unübersehbaren Menge von Unwägbarkeiten und Überraschungen aller Art versehen.

Der *Ort*, an dem dies stattfindet, ist - kommunikationstheoretisch gesagt - der *Ort des Responses*. Jeder Nutzer, jede Nutzerin sitzt irgendwo oder steht an einem Terminal. Der Ort ist durch die Peripherie des Netzes oder die sog. Benutzeroberfläche bestimmt, nicht durch die ihn umgebende Region oder Stadt. Der Ort der Mensch-Computer-Interaktion ist also vorrangig durch die virtuelle Welt bedingt. Vor Ort, an der Simulationsoberfläche des Computers, zeigt sich, daß in der situativen Nutzung der Computer ein Individualmedium und kein einkanaliges Massenmedium ist. Allerdings erfordert die angesprochene Beziehung von Information und Identität sowie die Beschreibung des Nutzungs-Ortes als Moment der Peripherie, die Kategorie Individualität zu überdenken.

Im datentechnologischen Netz findet keine Odyssee des Individuums statt. Ein Mensch, der in virtuellen Wirklichkeiten nicht die 'Sirenen' des Hypertextes, nicht ihre Zuträglichkeit für Orientierungen und Wissen nutzt, bleibt Fernsehzuschauer, der nicht wissen will, was er sieht. Die *Individualisierung* des gesellschaftlichen Mediums Computer durch die Tastatur, Datenhandschuh, Monitor und Monitorhelm und den Datenausstausch von Benutzer zu Benutzer inszeniert die vielen einzelnen Menschen als Veränderungssträger und als Bewohner eines sozialen Zusatzraumes: der *programmierten Virtualität*.

Das Individuum durchfährt nicht die tobende See, sondern es kreiert, es konstruiert sie; es bindet sich nicht - mit oder ohne Wachs in den Ohren - an den Mast des schwankenden Bootes > Vernunft <, um sich als Welt, Welt in sich zu retten. Individualität wird als Lesart, als Schreibart, Eigenart erkennbar, als eine Konstruktion, die durchaus ihre sozialisatorischen, kommunikativen, aktiven Bedingungen enthält. Dies versieht die Kategorie 'Individualität' mit Identitätsverweisen.

Nehmen wir 'Identität' als einen unverzichtbaren kulturellen und unterscheidungsbezogenen Teil der Selbstbeschreibung des Individuums an, an die sich Konzepte der Würde, der Integrität u.ä. binden. Im elektronischen Netz läßt sich feststellen, daß Identität nicht als Unterschied zu einer Sozietät/Sozialität im Medium gefaßt wird. Benutzer und Benutzerinnen können sich nicht auf sie als Verbund verallgemeinerter Sinnvorräte beziehen.

Dies hat zum Teil noch nicht entdeckte Gründe. Zur Vereinfachung lassen sich die Schwierigkeiten anführen, aus Anonymität, aus Geschichts- und Herkunftslosigkeit und ohne die Rückversicherungen in realer Welt, zielgerichtet komplexe Strukturen aufzubauen. Ein weiterer wichtiger Aspekt ist die interne Zeitökonomie. Der Zeitrahmen für eine Handlungsdistanz ist in direkt gekoppelten Prozessen nicht auszumachen. Man 'taucht in sie ein'. Maschinenzeiten und die von den vielen anderen Teilnehmern erzeugten Interaktionsgeschwindigkeiten liegen nicht nur außerhalb der geläufigen Zeitzonen von Teilnahme und Beobachtung, sondern auch jenseits der gerade noch wahrnehmbaren Differenz zweier Impulse (ca. 1- 1 1/2 Sek.). Sinnvorräte, die, in Verbindung mit den ökonomischen, ökologischen und wissenschaftlichen Bestimmungen von Virtualität, beobachtbare Sozialität beschreiben, stehen noch aus. Globalität und kulturelle Föderationen könnten weiter führen. (Kap. 10)

Identität ist, auf MUDs bezogen, Text-Baustein eines Datenabenteuers und zugleich Moment der dynamischen Rückkoppelungen. Sie ist ein niedergeschriebener Teil einer offenen Kollektiv-Erzählung.[1] Deren 'gesellschaftsähnliche' Grenzen bestehen nicht in Territorialität, in nachweisbaren feinen Unterschieden oder die festen geographischen, administrativen oder topologischen Zusicherungsräumen. Die Kollektiv-Erzählung existiert aus der Zeitfolge, aus dem Vorher-Nachher der Schaltungs-Text-Identitäts-Zustände; sie ist: „life on the screen", wie Sh. Turkle ihre Arbeit über „Identity in the Age of the Internet" (1995) betitelt.

---

[1] Insofern ist J. F. Lyotards Diktum des "Endes der großen Erzählungen" ambivalent, da die monumentale Erzählung als gesamtkulturell oder hierarchisch gepflegter Erklärungs- und Handlungsrahmen vorbei ist; nun aber die Erzählungen als synergetische Effekte, als dynamische, heterarchische Textsorten und Interaktionsbereiche entstehen, worin Text eine direktere Struktur- und Inhaltsfunktion hat, als über eine gedehnte Rezeptionszeit.

STRUKTUREN

7. Selbstorganisation und Kommunikation

7.1. Selbstorganisation und Identität

In unterschiedlichen Zusammenhängen ist bereits von *Selbstorganisation* gesprochen worden. Meist wurde sie an den Stellen angeführt, bei denen der systemische Charakter von Kommunikation besprochen wurde, also die *lernende Organisation von Verständigung durch die Kombination von Medien, Kompetenzen, Absichten und Strukturen* (→Modelle; →Informationsgesellschaft). Selbstorganisation setzte dabei immer das Modell eines Prozesses voraus, der nach seinen Regeln der Verknüpfung und Assoziationen verläuft. Dies wurde als operative Geschlossenheit angesprochen. Mit ihr verband sich die Überlegung, daß Verstehen nur in diesem Sinne verwendet werden kann: daß also jeder Mensch für sich allein etwas versteht. Nur über die Ausdrucksebene, also Körperzeichen (z.B. Kopfnicken /Kopfschütteln), Bildzeichen und Sprachzeichen, kann eine bestimmte Weise des Verstehens dargestellt werden.

Obwohl jedes soziale System Mechanismen entwickelt, um Verstehen als Lernerfolg z.B. 'zu prüfen', ist die dann erfolgende Benotung nur *bescheinigtes* Verstehen, nicht 'das' Verstehen. Anders gesagt: *Verstehen als ein eigenartiger Akt, Welt in sich aufzunehmen, ist unbeobachtbar, ist durch die Beobachtung nicht erreichbar*. Verbinden wir nun das Wort 'Verstehen' mit Selbstverständnis, so wird schon erkennbar, daß die Art und Weise des Verstehens doch einiges mit der Idee von Identität, Selbstbild oder 'Innenleben' zu tun hat. Aber auch dieses ist im Grunde unbeobachtbar. Man kann es allenfalls, von einem Ausdruck ausgehend, zurück-lesen, vermuten oder auch befürchten. Dennoch eröffnet die Frage nach den Bedingungen der Selbstorganisation die Frage, wie sie mit der Idee von Identität verbunden werden kann.

Da Kommunikation immer auch die Entscheidung beinhaltet, bestimmte Daten zu Information zu machen, sie als Wissen oder Erkenntnis zu verarbeiten und über sie Handeln zu entwerfen, ist die Antwort auf die Frage wichtig: nach welchem Selbstverständnis erfolgt dies und welche situationsübergreifende, langfristige Ebene (hier als Identität verstanden) ist damit angesprochen.

Nun soll das Konzept 'Selbstorganisation', die Autopoiesis, wie sie H. Maturana, N. Luhmann, F. Varela nennen, genauer betrachtet werden. Mir geht es auch darum aufzuzeigen, in welchem Verhältnis diese zu Identitätsbildung zu verstehen ist. Leser, die nun erwarten, daß ich die Bedeutung von Identität klären werde oder daß ich die reichen Vermutungen über Identität in den psychologischen, philosophischen, psychoanalytischen oder sozialpsychologischen Identitäts-Theorien in kurzen Auszügen darstellen werde, muß ich enttäuschen. Ich werde hier nur die Aspekte behandeln, die für die schlüssige Darstellung einer operativen Kommunikationstheorie vonnöten sind. Für diese ist nicht die Darstellung von Identität wichtig, sondern die Darstellung der Möglichkeit, daß im Verlauf von Selbstorganisation Elemente von Identität entstehen. Identität ist insofern die selbstorganisierte Verfügung über Inhalte, die eine eigene Zeitlichkeit und eine eigene Reichweite für die Orientierung, für die Absichten und den Mitteleinsatz in sich birgt. Identität ist, um es im Bild zu sagen, jene 'innere Uhr', nach der jeder und jede versucht, sein / ihr Leben zu organisieren, sich einer Sache zu nähern oder sie fern zu halten.

7.2. Was meint nun Selbstorganisation?

In jedem kommunikativen Vorgang machen sich die Beteiligten selbst zum Thema. Sie entwickeln eine (passive, aktive, kreative, abweisende, unterwürfige, herrische, angriffslustige, reserviert reflektierte) Haltung zum Verlauf, zum Inhalt oder zur Zielsetzung des kommunikativen Aktes. Sie tragen durch diese *Selbstthematisierung* dazu bei, daß die Grenzen zum Fremden, zum draußen liegenden Gegenüber erkennbar werden. Selbstthematisierung (N. Luhmann) ist also immer auch Fremdthematisierung mit der Folge, daß die Unterschiede zum anderen 'deutlich' werden, also Bedeutung erhalten.

Sie trägt dazu bei, daß Kommunikation eben nicht nur ein formales Verfahren ist, wie dies im black-box-Kalkül erscheint, sondern ein unterscheidungsreicher Interpretationsvorgang. Kommunikation ist also immer ein Handlungsverlauf, der darin verankert ist, daß sich (mindestens zwei) Agenten / Handelnde darüber im Klaren sind oder es ihnen klar wird, was sie in diesem Prozeß wie und warum wollen oder tun müssen. 'Im Klaren sein' ist hier nicht als analytischer Begriff zu verstehen. Damit spreche ich nur an, daß Kommunikation immer voraussetzt, daß die beteiligten Systeme feste Beschreibungen über ihre Beteiligungsfähigkeiten haben und diese mit den Beteiligungsmöglichkeiten abgeglichen werden. Kann ich kein Japanisch, so kann ich mich an keinem Gespräch in Japanisch ohne Übersetzung beteiligen. Kann ich zwar Japanisch, bin aber nicht entscheidungsbefugt, so kann ich mich beteiligen, ohne formale Konsequenzen. Bin ich entscheidungsbefugt, aber nicht weisungsberechtigt, so muß ich den abgeschlossenen Prozeß an 'höherer Stelle' darstellen. Wir haben täglich mit dieser engen Verflechtung von Kommunikation – Selbstthematisierung – Selbstorganisation zu. Sie ist die Quelle von Identität (als zeitlich beharrendes und sich wiederholt auf das Dauerhafte beziehende Verhalten), wie sie hier verstanden wird.

Selbstorganisation ist eine *Beobachtungskategorie*. Mit ihr können die andauernden Reaktionsweisen, in denen sich soziale Systeme im Verhältnis zu anderen Systemen erhalten, beschrieben werden. Selbstorganisation bezieht sich demnach auf die beobachtbaren *Verhaltensereignisse* (die Performanzen) von *Prozessen. Ereignis*se sind als (Kommunikations-) *Ergebnisse* vorausgesetzt, ganz gleich welchen 'Wert' sie für die Beteiligten haben. Berücksichtigt man diese wenigen Bestimmungen, so ist deutlich, daß Selbstorganisation *kein normativer* und *kein instruktiver Begriff* ist. Selbstorganisation findet statt oder findet nicht statt. Findet sie statt, so wird die Fähigkeit eines Systems zum Selbsterhalt angenommen. Findet sie nicht statt, gibt es auch nichts zu beobachten, es würde kein System, d.h. keine organisatorische Differenz zu etwas anderem existieren.

Nun könnte man aus dieser schlichten Anfangsbestimmung ableiten, daß dieser wissenschaftliche Zuschnitt von 'Beobachtung' nur zu Protokollsätzen oder allenfalls zu einer Ansammlung von Notizen führt. Aber weder die induktive positivistische Auslegung, noch die einer flachen Archäologie greift hier. Im Beobachtungskonzept ist vorausgesetzt, daß ein *prozessierendes (= verarbeitendes) System* existiert, daß 'in seiner Weise' auf *wahrgenommene* Unterschiede reagiert. Jedes Ereignis (und nicht erst die Summe aller Ereignisse, wann immer diese Summe auch gezogen wird) läßt sich auf Prozeß und damit auch auf Herkunft beziehen. Aber es ist nicht 'der' im bestimmten Artikel angefertigte Prozeß und nicht 'seine' possessiv festgelegte Herkunft. System und Performanz sind sich wechselseitig und gleichwertig beschreibende Kategorien. Sie lassen sich nicht in Hegelscher Manier in einer Wesen-Schein-Beziehung beschreiben.

Selbstorganisation ist kein monologisches Merkmal, sondern eine *lernende Organisationsweise*. Da ein System seinen Fortbestand über Lernen und rückbezügliche Anpassung ermöglicht, ist Bestandserhalt nicht im Sinne dauerhafter Institutionalisierung von Werten, Normen und Konventionen zu verstehen. D.h. die kybernetisch verstandenen Lernprozesse eines Systems verändern die festen Plazierungen (=Allokationen) von Verteilungs- und Beziehungsmustern mit der Folge, daß sich beobachtbare Bestandserfordernisse und Ergebnisse verändern. Oder, in einer anderen Begrifflichkeit gesagt: Text und Welt befinden sich in einem ständigen *Übersetzungsverhältnis*. Die Ergebnisse dieser 'Übersetzung' müssen sich sowohl in der Wahrnehmung des Subjektes wie in den operativen Abläufen zwischen ihnen bewähren und bewahrheiten. Tun sie es nicht, wird also durch die Übersetzung (z.B. in's Japanische und in's Deutsche) das Selbstverständnis des Subjekts (Systems) und die Verfahrensebene nicht angesprochen, so können sich die Systeme nicht einander anpassen; die Verhandlung wird abgebrochen mit der Gefahr, daß (wenigstens) eines der Systeme seinen Bestand nicht aufrechterhalten kann.

Eine kommunikationswissenschaftlich ausformulierte Theorie der Selbstorganisation muß die Beobachtungskategorie folglich so entwerfen, daß Selbstorganisation als *Fremdbeobachtung* und als *Selbstbeobachtung* eingesetzt werden kann. Beide Beobachtungstypen setzen Zeit-Schnitte (→Zeit) zum beobachteten Gegenstandsbereich voraus. Die Beobachtung ist zeitlich völlig anders organisiert als das zu beobachtende System.

Was heißt das für Fremd- und Selbstbeobachtung? Der Unterschied zwischen beiden ist enorm: während Fremdbeobachtung auf der systematischen *Differenz* beruht, ist Selbstbeobachtung nur als zeitlich regulierte *Distanz* zu anderen Funktionsweisen des Systems denkbar. In die Differenz können sich unüberbrückbare Systemunterschiede einschreiben; in der (Selbst-) Distanz können sich Bedeutungsunterschiede von Anpassung und Bestandskonzept organisieren.

Akzeptiert man die bisher genannten begrifflichen Zuordnungen, so kann die Theorie der Selbstorganisation, schon wegen der Anforderung schlüssiger Erklärungen für 'historisch' unterschiedliche Ereignis- oder Ergebnisfolgen, nicht auf dem Niveau der Fremdbeobachtung stehen bleiben. Die Feststellung, daß sich soziale Systeme erhalten können, ohne instruktiv-diktatorische Entscheidungszentralen, und daß sie auch nicht bedingungslos den Anpassungsanforderungen anderer Systeme überantwortet sind, erfordert gerade Selbstorganisation und Identität zusammenzubringen. D.h. auch, daß der *poststrukturalistisch* geprägte Begriff 'Differenz' mit dem *identitätstheoretisch* geprägten Begriff der '(Selbst-)Distanz' in einen kreativen Bezug gesetzt werden muß.

Es gibt für diese Annäherung schon angedeutete Wege. Vor allem das Wort '*Erhalt*' (Bestands- oder Systemerhalt) führt nicht nur die zeitlichen Vorher-Nachher-Unterschiede mit, sondern verweist auf inhaltliche (Selbst-) Bestimmungen, die, zeitlich und sachlich begrenzt, aus dem Handgemenge der Anpassungsepisoden herausgenommen sind. 'Erhalten' heißt im systemischen Sinne zugleich 'verändern', da der Systembestand erkennbar bleibt, aber die internen Bereichsbildungen und Anpassungsmodi (bei Forderungen, Antworten, neuen Spielrunden usw.) von erkennbaren vorherigen Ensembles unterscheidbar sind. H. Maturana nannte diese i.w.S. *identitätsspeichernde Ebene* den '*Hyperzyklus*' eines Systems. Ich werde in einem bestimmten Zusammenhang hierauf noch zurückkommen.

Hiermit verbunden ist die Frage, wie und vor allem wann ein sich selbstorganisierendes System ein Konzept von sich selbst, seinen Handlungsmöglichkeiten und Anpassungsnotwendigkeiten entwikkeln und als Selbstverständnis über einen gewissen Zeitraum erhalten kann.

Damit sind vier wichtige Aspekte genannt:

* es ist dies die *Selbstorganisation* im Sinne eines 'sich selbst formulierens' als mehr oder weniger komplexe Anpassungsleistung eines Systems an seine (aktiv fordernde) Mitwelt und an seine (mit eigenen Zielsetzungen belegte) Umwelt;

* es ist dies zum zweiten das Modell von *Selbsteinwirkungsmöglichkeiten*, die nicht aus der Situation entstammen, sondern eine lange Vorgeschichte haben (vgl. Schemata J. Piagets; Wygotsky) und irgendwo im (personalen oder systemischen) Gedächtnis bereitgehalten werden, ohne direkt in den konkreten, episodischen Anpassungsverlauf aufzugehen;

* es ist dies zum dritten die Frage nach der *Codierung und Speicherung dieser Formen der Selbsteinwirkung in automatisierten gerätetechnischen und medientechnologischen Strukturen.*

Anerkennt man, daß ein System ein Selbstkonzept entwickeln kann, das nicht nur aus Reaktions-, Verteilungs- und Aufmerksamkeitsmustern, sondern in einer Vorstellung von sich selbst besteht, so ist 'Selbstorganisation' nicht mehr als 'black-box' - Begriff zu betreiben. Schon der Teilbegriff 'selbst' legt sprachlich eine Forschungshaltung fest, die sich um die Art und Weise bemüht, wie und warum ein beobachtbares System auf äußere Ereignisse reagiert, die es (anscheinend) als Einflüsse verarbeitet. Damit ist eine ausschließliche oder totale Fremdbestimmung oder eine 'Außenlenkung' (D. Riesmann), wie sie heute noch bis in die Mediendiskussionen verbreitet wird, weggelegt.

Allerdings haben sich die Theorieansätze zur Selbstorganisation bislang wenig um die Frage gekümmert, welche Leistungen ein System erbringen muß, um konzeptionell auf sich selbst einwirken zu können. Mit konzeptionell meine ich eine entwerfende, absichtliche, zielgerichtete Selbstbeschreibung, über die die Aufmerksamkeits- und Handlungsmuster vor*be*schrieben werden, ohne vor*ge*schrieben worden zu sein. In dieser Formulierung steckt eine weitere Vorentscheidung, die für die Erörterung des Identitätskonzeptes noch wichtig sein wird: die Selbstbeschreibung wird vom System her vorgenommen. Sie ist eine mit- und umweltabhängige Konstruktion, eine vorläufige Bedeutungsdifferenzierung und -ordnung. Sie hat ihre Entwicklungs- und Veränderungsgeschichte.

Das heißt aber auch, daß Identität nicht in dem zeitlich konkreten Bestand des Systems aufgeht, oder etwa dieser Bestand (identitätstheoretisch) ist. Aus diesem Grunde ist Identität auch nicht auf Bestand reduzierbar oder unter bestandstheoretischen Hinsichten zu vernachlässigen.

Die Schwierigkeiten bestehen nun darin, daß Identität nicht direkt beobachtbar ist und auch nicht als direkt beobachtbar konstruiert werden kann. Sie ist eine verschlossene Ergebniseinheit, und stellt die *dritte, bislang ignorierte Ebene der Systembildung* dar: die *Ebene der semantischen Geschlossenheit*. Diese semantische Geschlossenheit ergänzt die *operative Geschlossenheit* eines jeden Systems und die *kognitive Offenheit menschlicher Systeme*. Um diese dritte Ebene erfassen zu können, müssen konstruktivistische und analytische Elemente verbunden werden. D.h. es geht um Beobachten und um Verständigung, deren Zwecksetzung darin besteht, Verstehen zu unterstützen. Für die Be- und Entzifferung von Identität müssen enge Relationen zwischen

(a) Handeln/Performanz, die als repräsentativ verstanden werden,

(b) Kontinuitäten, die als Hintergrundsangaben gedeutet werden, und

(c) Selbstbeschreibungen, die als Originale gebraucht werden, herzustellen sein.

Erst die Kombination von *Handeln/Performanz, Kontinuität und Selbstbeschreibung* bildet die Voraussetzung, um verstehen zu können, ob eine Beschreibung soviel Sinnspeicherung aufweist, das sie als Selbstbeschreibung eines Systems verwendet werden kann. Um dies schlüssig vorstellen zu können, bedarf es allerdings noch einiger konstruktivistischer Phantasie. D.h. für meine gewählte Themenstellung: in sie ist die unaufhebbare Differenz von Anpassung, Bestandserhalt, Hyperzyklus und Identität aufgenommen, ohne sie hier erschöpfend behandeln zu können.

Die Beobachtung der Verhaltensereignisse eines Systems ist also von der Entstehungsebene dieser Ereignisse zu unterscheiden. Dies ist eine Banalität, auf die hingewiesen werden muß, um sich nicht in der Phänomenologie der Ereignisfolgen zu verheddern. Auch gerade bei komplexen Systemen muß die schlichte Unterscheidung zwischen *Vorstellung* (im Sinne einer zunächst handlungs- und anpassungsentlasteten Modellbildung) und *Darstellung* (im Sinne einer nach außen adressierten Verhaltensorganisation) ernstgenommen werden.

7.3. Identität: ein Risiko

Es geht bei *Identität* nicht um die Idee der vollkommenen Übereinstimmung zweier Dinge rsp. der Idee von 'ein- und demselben' und bei *Selbstorganisation* nicht um die bloße Beobachtung von Verhaltensereignissen. Dies zu wiederholen, hat vornehmlich zwei Gründe:

1. in den mir geläufigen Konzepten von Selbstorganisation kann man keine Forschungsoptionen hinsichtlich einer dauerhaften Selbstbeschreibung und Selbstbewertung von Systemen finden;

2. Identität wird nachwievor als eine immer wieder in derselben Art identifizierbare, als identisch-gemachte Dauergröße von Menschen und Dingen geführt.

Hier wird vorgeschlagen, *Selbstorganisation und Identifikation* als voneinander abhängige Handlungsdimensionen sozialer Systeme zu verstehen. Damit ist Identität eine Veranstaltung im Regelkreis eine pragmatische Konstruktion.

Diese ist, im Sinne der sozialen Selbstorganisation verstanden, wiederum nur möglich, wenn Identität auch bedeutet, über etwas verschweigbares, verschließbares, nicht ständig eingebundenes Eigenes verfügen zu können, über eine Ressource plötzlicher Entwürfe, überraschender Handlungen. Oder: das System bedarf der Unterbrechung von Kommunikation, von Performanzserien durch Rauschen, Störung. Damit ist *Identität zugleich Erlebnis und Risiko,* und sowohl der Abgeschiedenheit der diskursiven Episoden als auch dem Mißverständnis eines einmalig geschriebenen (territorialen, volkstümlichen, ökonomisch-konkurrenziellen, nationalen) Identitäts-Codes entzogen.

Identität verstehe ich grundständig als ein *systemisches Geschehen.* Es geht aber nicht in dessen Einflußsphären restlos auf. Identität ist eine *wiedererkennende Sichtweise* und eine *Neues suchende Blick- und Handlungsrichtung.* Und sie beschreibt das, was dem Menschen nicht durch Handeln direkt zugänglich ist. Das heißt aber auch, daß Identität als ein körperbezogener, sozialer, ästhetischer oder kultureller Zustand nicht bis 'in's letzte' erklärbar ist. Und vor allem: sie hat kein dauerhaft festes Zentrum.

Identität ist Kultur und zugleich subkulturelle Differenz; oder in der Sprache der hier bezogenen Theoriebildung: Identität ist systemisch und subsystemische Differenz.

Eine weitere Vorklärung ist vonnöten.

Identität ist dem Menschen nicht naturgegeben. Sie ist gerade als Fähigkeit der Selbstbeobachtung und des Selbsterkennens kulturell geprägt. Diese *Ablehnung von Natürlichkeit* und der *Zentrizität* ermöglicht, Identität mit der anthropologischen Einsicht zu verbinden, daß der Mensch ein *offenes System* ist und *seinerseits geschlossene Systeme in offene verwandelt.* Durch motorisches Handeln, sprachliches Handeln, durch Gebrauch und Gestaltung entstehen Bedeutungen, die jedes Material, jede vorfindliche Ordnung 'öffnen', d.h. sie verwandeln.

Mit der hier nur kurz möglichen Kritik des *Mittelpunkt-Konzeptes*, der *Naturgegebenheit* und der Betonung von *Offenheit und Reflexivität* sind einige wesentliche Aspekte genannt, die eine Verbindung des Beobachterkategorien Selbstorganisation und Identität ermöglichen. Sie sind auf die dritte Ebene der Systembildung gerichtet: auf die semantische Geschlossenheit.

7.4. Störungen

Selbstorganisation führt nicht selbstverständlich zu stabilen materialen Gefügen oder dauerhaften Raum-Zeit-Beziehungen. *Sie bezeichnet selbst nur Zustände*, in denen sich Teilsysteme befinden und einander relativ stabil zuordnen. In diesem Sinne verwende ich *Selbstorganisation als ein Ensemble* sehr unterschiedlicher Geschehnisse und Aktivitätsniveaus. Der Begriff beschreibt zunächst *gespeicherte und ständig genutzte Verteilungs- und Beziehungsmuster*, die einem Teilsystem eigen sind und dessen Antwort- und Handlungsfähigkeit darstellen.

Ensemble und *Speicher* verwende ich hier nicht so, als seien sie fremdgemacht. Hier werden sie so verwendet als seien sie selbstgemachte, sich verändernde, sich immer wieder ergänzende Verbindungssystematiken. Verbunden wird nach den Regeln des Systems, ob Familie, Fabrik, Gruppe, soziale Bewegung. Diese entstehen als relativ spontane Ordnungen, die auch zunehmen können. Erhalten sie sich, so liegen dem Anpassungserfolge zugrunde, die den als *Störungen* aufgenommenen Anforderungen der Umgebung folgen. Ohne diese 'Störungen' könnte kein System auch nur die schlichtesten Verteilungs- und Beziehungsmuster entwickeln. (Theorie der cuts: H. Höller; F. Kittler; F. Lyotard; Rimbaud) Ohne eine sich nach innen übersetzende und ausbreitende Empfindlichkeit stirbt ein System ab; ohne die nahegebrachten Irritation ebenso.

Selbstorganisation entwirft demnach sowohl ein Profil von der antwortbereiten und -fähigen Anpassung, wie es auch ein Profil von dem Gegenüber zeichnet. Beides ist weder vollständig noch selbstverständlich. Und: es hat nichts mit der subjektiven Ansicht zu tun, die Geist, Handeln, Entscheidung oder Verstehen von innen betrachtet, behauptend, das Innen sei lokalisierbar. V. Braitenberg hat in dem nachwievor lesenswerten Band 'Vehikel. Experimente mit kybernetischen Wesen' vor dieser '*egozentrischen Anschauung*' gewarnt und sie als etwas 'Unfaires' bezeichnet. "Es wäre schön", schreibt er, "wenn man sich selbst philosophisch keinen Sonderstatus einräumen wollte, wenn man über sich selbst so reden könnte wie über andere Leute auch."(1993: 9)

Ist das 'Unfaire' in der Beschreibung von Organisation aber aus der Welt, wenn ich 'Selbst' als ein rückbezüglicher, dynamischer und also veränderbarer Zustand verstehe?

Immerhin wird begrifflich eingeführt, daß es in jeder Beziehung auch dem Beobachter nicht erkennbare Muster gibt, die als ein Ergebnis eben diese Beziehung haben, also deren Bildung und deren Erhalt 'enthalten'. Daß es diese *versteckten Kombinationsgewinne* zwischen den Beziehungsmomenten gibt, erlaubt zunächst über 'Selbst' zu reden. 'Selbst' bezeichnet Aktives, nicht unbedingt Bewußtes, Reflektiertes. Es ist kein Wert, keine Norm, sondern eine Art neutraler Produktivkraft, die zu ganz gleich welchem Ergebnis führen kann. In jedem Fall ist die Form, in der sich dieses 'Selbst' erhält, die der Organisation.

Selbstorganisation bezeichnet demnach immer eine Seite eines Kommunikationsverhältnisses. Andauernde Irritationen und andauernde Antworten, die wieder zu Irritationen führen, bilden das Grundmuster. Wir schauen also auf die Verständnis- und Antwortfähigkeit und sagen, in der Aufrechterhaltung von prinzipieller Verarbeitungs- und Mitteilungskapazitäten so etwas zu erkennen wie Selbstorganisation. Sie hat immer *Inhalts- und Beziehungsaspekte*, wobei die letzteren meist die ersten bestimmen.

7.5. Selbstorganisation: eine Hypothese

Selbstorganisation ist eine *Behauptung*, eine *Hypothese* des Beobachters, die allein darin gründet, daß ein *minimale Menge von Beziehungen zwischen Menschen und Dingen stabil* sind. Die Herkunft dieser Einflüsse kann bekannt oder unbekannt sein. In jedem Fall werden diese durch das in der Wahrnehmung seiner Interessen und der von 'außen' kommenden Anforderungen offene System aufgenommen. Aufnehmen heißt, daß die Anforderungen in eigene Zustände, eigen Sprache, eigene Repräsentationen übersetzt werden.

Die so *entstehende Komplexität* beschreibt die Prozesse, die zu spontaner Strukturierung oder Neustrukturierung führen. Selbstorganisation heißt also auch, daß es keine prinzipielle äußere Formprägung gibt, also zwischen 'äußerem' Einfluß und der dann folgenden Zustandsänderung keine Symmetrie besteht. D.h. aber auch, daß Selbstorganisation immer dann als Beobachtungskategorie greift, wenn Nichtgleichgewicht entsteht, also etwas Neues durch 'Selbstmachen' entsteht oder eine erneuernde Selbstreparatur erfolgt (so z.B. die 'selbstheilenden Kräfte des Marktes').

Beobachtung heißt dann, daß wir ein System beobachten, daß seinerseits operativ die eigene Selbstorganisation auf der Ebene des Beobachters von Beobachtern durchführt. Oder in schlichte Hierarchien übersetzt: Staatliche Instanzen beobachten Eltern wie diese ihre Kinder beobachten; oder Soziologen beobachten soziale Bewegungen, wie diese ihre Mitglieder beobachten während sie ihre Aktivitäten vorbereiten. Dem Konzept der Selbstorganisation muß allerdings die kritische Feststellung von U. Niedersen und L. Pohlmann beigefügt werden: "Es ist kein Referenzrahmen für die Bearbeitung der Koordination heterogener Einflußfelder in Sicht."[1] Erweitern wir dies: die Bezüge und Bedeutung für diese Koordination können nur darin liegen, daß Selbstorganisation nicht allein als struktureller Prozeß begriffen wird, sondern als Raumverfassung.

Raum ist über Korrespondenzen beschreibbar, aus denen vielleicht verläßliche Ordnungsbezüge entstehen. Aber erst die Anerkennung des sozialen, technischen, gegenständlichen und medialen Raumes als Grundbedingung für sich organisierende Verhältnisse, wird die Bestimmung eines 'Referenzrahmens' ermöglichen. Und 'Referenz' ist ein wichtiges Element von Identität, die davon 'lebt', daß Bezüge über den Augenblick hinaus ihre Bedeutung haben.

7.6. Identität: nähere Beschreibung

Selbstorganisation ist also kein theoretischer Allzweckschlüssel. Es geht um *zwei Zuständsgefüge*:

** Selbstorganisation steht, vereinfachend gesagt, für selbsterhaltendes Tun und erneuernde, verändernde Selbstreparatur oder umstellende Anpassung, die auf unzureichende Anpassung und Nichtgleichgewicht reagieren;

---

[1] U. Niedersen, L. Pohlmann, Komplexität, Singularität und Determinismus, in: dslb, Selbsorganisation. Jahrbuch für Komplexität, Berlin 1990, S. 27.

** Identität steht für Beharrlichkeit der reflektierend angeeigneten Inhalte, für erinnerte Chronologien eines Lebenslaufes, für die relativ stabilen Schichtungen von Zeit- und Tätigkeitsschichtungen.

Identität als Typus bewußten Umganges mit sich selbst oder mit der Wir-Intention einer Gruppe, beschreibt Phasen, in denen man sich nicht mehr überlegt, was man ist, was man tut, in denen man sich selbst zur Routine wird, bis einem jemand oder etwas die Augen öffnet, den Spiegel wegnimmt oder auch auf die Nase fallen läßt. Beide Ebenen weisen also Selbstzuschreibungsverfahren auf.

** Für Selbstorganisation heißt dies, daß sich ein System über seinen Gesamtzustand gegenüber der Mitwelt oder Umwelt bestimmt.

** Für Identität heißt dies, daß sich Individuen oder Gruppen über ihre zeitlich andauernden Handlungsresultate bestimmen.

Für beide Bereiche gilt, daß sie *keine Entwicklung festlegen*, und daß sie nicht langfristig nur eine Variante von Stabilität aufzeigen. So selten und flüchtig die Kaskaden der Periodenverdoppelung und der unregelmäßigen Verzweigungen sind, die u.a. zum Chaos führen können, so *selten ist eine über lange Zeit stabile Organisation und Identität*. Die Dynamik mehrdimensionaler Systeme wie Schule, Familie oder Liebesbeziehungen ermöglicht gar nicht, für längere Zeit (das können zwei Legislaturperioden sein, oder zwei Jahrzehnte oder auch nur ein Jahr) Beziehungen nach demselben Muster stabil zu halten oder Identität zu sichern. Strenggenommen haben wir es somit bei beiden Kontinuitätsbereichen mit Zuständen und Handlungsphasen zu tun. In diesen Phasen entstehen durch unterschiedlichste Beziehungen der Akteure *räumliche Beziehungen*, in denen sich ein System erst erkennt: eine *unbeantwortete Liebe bildet keinen Korrespondenzraum und hat keinen antwortenden Raum; eine Familie, die sich auseinandergelebt hat, verläßt den Raum, trennt Tisch und Bett; eine Pädagogik, die den Verhaltensbedingungen der Schüler nicht entspricht, wird den pädagogischen Raum nicht mehr prägen, nicht mehr inszenieren können.*

Selbstorganisation ist nicht physikalischer oder mathematischer Zustand, sondern diese beschreiben Bewegungsebenen des Systems. *Selbstorganisation* ist ein Vorgang der *Kommunikation*, der *eigen-*

sinnigen internen Beantwortung und dann erst ein *Ergebnis der nach außen weisenden Konfiguration.*

Identität meint darüber hinaus die Fähigkeit eines Systems, die allerwichtigsten internen Entscheidungen so zu ermöglichen, daß nicht nur ein gewisses Maß an Autonomie erhalten bleibt, sondern auch die Steuerungsfähigkeit und seine Befähigung zu weiterem Wachstum nicht entscheidend geschwächt werden.

7.7. Schlaf des Systems

Die Unterscheidung von Selbstorganisation und Identität markiert die grundlegende Eigenart, daß Organisation eines "maßgebenden Prinzips" oder eines "Prinzips zweiten Grades" bedarf, wie K. W. Deutsch in 'Politische Kybernetik' sagt, oder, wie ich oben Maturana zitierte, des 'Hyperzyklus'. Dieses Prinzip des zweiten Grades hat "gewisse Ähnlichkeit mit einem 'Stil' in der Kunst oder mit einer 'Rekursionsformel' in der Mathematik" (1966:321). Dieses Prinzip zweiten Grades beschreibt die Ebene der Selbstbeobachtung, für die jedes System Selbstverständnis, Zeit und Energie braucht, um seinen Unterschied zu anderem festzustellen, zu verändern und zu erhalten. *In diesem Sinne verwende ich meine Eingangsüberlegung, daß Identität eine Veranstaltung in Regelkreisen ist.*

Auf den zweiten Blick erscheint diese Aussage, die vielleicht etwas irritierend schien, nun als eine Banalität. Jeder von uns braucht Ruhe, um etwas zu überlegen, sich selbst zu finden, etwas zu überschlafen. Nun gibt es sicherlich nicht so etwas wie den 'Schlaf des Systems', aber es gibt Funktions-Zonen, in denen das Wissen um den Unterschied zu anderem enthalten ist. Wir nennen dies üblicherweise Normen, Werte, Institutionalisierung und meinen damit Darstellungsebenen, die in mehreren Zeitphasen gelten. (vgl. die binäre Schematisierung bei N. Luhmann → Modelle)

Das '*Prinzip zweiten Grades*' ist das Beharrungsvermögen und die Selbstsicherheit, das die Suche nach den Entsprechungen zwischen Selbstverständnis und Wahrnehmung und dem, was wirklich 'an einem' oder am 'eigenen Haus', der 'eigenen Institution', dem 'eigenen Land' dran ist, erfolgreich ist. Dies schließt auch ein, daß man etwas 'verschläft' oder an der eigenen Wertstrategie scheitert. Dies ist allerdings die 'subjektive' Auslegung. F. J. Varela zeigt in seinen Arbeiten (1990) auf, daß durch kognitive Selbstorganisation Ordnungen

(„Kommunikate") „emergieren" (unerwartet auftauchen), die vom kognitiven System nur bis zu einem bestimmten Grad bewußt mitverfolgt werden können, die aber sich nicht durchgehend intentional gesteuert werden (→ Handlung und Intention). Identität, ob als 'Hyperzyklus' oder 'Prinzip zweiten Grades' bestimmt, so ist hier erkennbar, daß Identität kein fester Berechnungsvorgang oder willkürliche (zentrische) Setzung ist. Sie ist ein Konzept von der Fähigkeit, formale und funktionale Unterschiede, mediale und materiale Unterschiede und informationelle und normative Unterschiede aufeinander so zu beziehen, daß ein vielgliederiges Gefüge von Dauerhaftigkeiten, von überzyklischen Orientierungen und funktionalen Erfordernissen entsteht. Identität ist auf kognitive und auf meta-kognitive Bedingungen verwiesen.

Bevor ich nun auf drei Theorien eingehe, sei eine Einschränkung angesprochen. Obwohl ich dem Muster 'Selbstorganisation' erhebliche Erklärungsleistungen zutraue, verbinde ich auch damit die Einsicht,

a: daß Selbstorganisation *nicht* selbstverständlich eine demonstrative Fürsprache für Pluralität und Identität ist,

b: daß Selbstorganisation *nicht* selbstverständlich als ein politisches Muster für Deregulierung des Sozialstaates und der Verantwortlichkeit oder auch für Autonomie gelten kann,

Und:

c: sie stellt *nicht* selbstverständlich die Grenzwirkungen bisheriger gesellschaftlicher, religiöser, nationaler Selbstbeschreibungen infrage, wie ich am Beispiel von N. Luhmann's Kommunikationsbegriff zeigen werde.

7. 8. Drei Erklärungsweisen[1]

Vertiefen wir die Fragen anhand von drei Theorieentwürfen (Maturana/Schmidt/Luhmann).

Selbstorganisation beschäftigt sich *nicht mit der Annahme*, *was* Gesellschaft ist, sondern mit der Annahme darüber, *wie* sie als System funktioniert.

---

[1] Die modelltheoretischen Erklärungen sind in einer anderen Einbindung unter dem Titel "Selbstorganisation und Identität" in Th. Wägenbauer, (Hg.), Selbstorganisation, 1997 mitveröffentlicht.

Dies müssen wir bei dem Thema Identität berücksichtigen. Kompetenz/Fähigkeit wird in Performanz/Verhaltensereignis übersetzt, um Organisation belegen oder widerlegen zu können. Die Anwendung der naturwissenschaftlichen Erkenntnis auf Sozialwissenschaften liegt in diesem Kunstgriff. *Das ontologische WAS wird gegen das funktionalistische WIE* ausgetauscht.

Die Vorzüge sind unverkennbar: *Gesellschaft muß nicht* aus den verstreuten technischen, ökonomischen, medialen, emotionalen Kurzgeschichten der Entwicklungserzählungen *zusammengesucht werden.* Die Teilbereiche werden als sich selbst organisierende Systeme angenommen. Dabei bleiben aber gerade jene Zwischen- und Auswahlbereiche, in denen sich Inhalte des einen Bereiches als Inhalte für einen anderen Bereich darstellen lassen, unerwähnt – der sie verbindende Raum bleibt unbegriffen.

Das Andere, das Gegenüber erscheint als ein flüchtiges Gebilde, als eine nicht dauerhafte Konstruktion. Dieses flüchtige Andere läßt auch nur einen flüchtigen Eindruck vom Selbst der Organisation aufkommen. Die im Moment des Handelns und der Anpassung erkannte Unterscheidung vom Anderen verbindet die wechselseitigen Wahrnehmungen miteinander. Identität wird zum Ereignis in einer nicht vorhersehbaren Differenzerfahrung. Ich weiß heute nicht, wovon ich mich morgen unterscheide werde und vor allem, wie ich mich unterscheiden werde. Entscheidend ist, daß die Organisation dafür erhalten bleibt, daß man sich auf einen Zusammenhang der Unterschiede beziehen kann.

H. Maturana

Bei H. Maturana ist Selbstorganisation, die sog. Autopoiese, Selbstmachen, Selbsterhalten. Sie ist Binnenergebnis eines Organismus, der sich in einem "konsensuellen Bereich" mit Umwelt befindet. 'Konsensuell' hat dabei nichts gemein mit reflektierter, zeitlich aufgeschobener Selektion der Meinungen, Haltungen oder Positionen. Beschrieben wird mit ihm eine neurologische Ereigniszone, in der Wahrnehmung aus der "Teilung des Bereiches der Störungen des Nervensystems" entsteht, "der operational gesehen durch die Interaktionen des Organismus mit seiner Umgebung stattfindet". (Maturana,1988,105) Die logische Bestimmung von Wahrnehmung ist nicht neu, da jeder weiß, daß ohne Bewegung weder die Wahrnehmung noch deren Kontext noch der Vorgang des Wahrnehmens wahrgenommen werden kann. D.h. auch, daß das aisthetische Denken, von dem ich weiter oben sprach, auch von Bewegung als räumliche und zeitliche Differenz abhängig ist.

Störung, die Wahrnehmung erzeugt, ist demnach ein wichtiges *Erhaltensprinzip und Bedingung der Selbstorganisation*. Schwierig wird dies, wenn es bei der biologistischen Engführung (von Forschung an Fröschen abgeleitete neurophysiologische Aussagen) bleibt. Beziehen wir Wahrnehmung auf vermittelte Prozesse, also nicht auf die sogenannte sensorische Koppelung, so muß bedacht werden, daß sie von der Genese familiärer, kultureller, individueller, zivilisatorischer Unterscheidungsfähigkeit abhängig ist, d.h. von zeitlich und räumlich versetzten, gelösten Unterschiedserfahrungen und Unterscheidungserinnerungen.

Wahrnehmung und Selbstorganisation haben als Beobachtungsebenen individueller und sozialer Systeme ihre Geschichte. Damit ist Wahrnehmung zwar nicht herausgelöst aus den Fallstricken schießender Synapsen, da sie die neurophysiologische Grundlage sind. Aber es wird eine spezifische dauerhafte Gehirnorganisation unterstellt (ein sozialisatorischer und individueller Speicher), die die Geschichte von Wahrnehmung und die Veränderung zu verstehen ermöglichen. Verstehen wir *Wahrnehmung als auf unterschiedliche Wirklichkeitsebenen bezogene Vermittlung*, so entwirrt sich das Knäuel der sprachlichen Übertragung der neuronalen Aktivitäten auf soziale Systeme. Zum Vorschein kommt ein komplexes und sich immer neu zusammensetzendes Verhältnis der Zeitkoordination, der personalen, dinglichen und sozialen Hierarchien, der vertikalen Differenzierungen von Kurz-Mittel-Langfristigkeiten, von Aufschub, Taktik, Spiel oder Betrug und Schock.

Diese bunte Mischung zeigt an, daß *Geschichte nicht Linearität* heißt, sondern *Binnendifferenzierung bei/durch/als Selbstorganisation*. Selbst wenn man annimmt, daß die angesprochenen Verhaltensgattungen durch 'Störungen des Nervensystems' entstanden (also im konsensuellen Bereich Maturanas), erfordert jede Situation eine *Auswahlentscheidung* darüber, wie ich den nächsten Schritt der Interaktion konstruiere: ob als Wahrheit oder als Betrug, ob als Zuneigung oder als Schock. Die Entstehung der Wahrnehmung schreibt sich in der Selbstorganisation ein und umgekehrt. Ob ich nun Entscheidungen unter Gesichtspunkten der Mitteloptimierung, der Zweckoptimierung, der moralischen Referenzen oder normativer Kultur verstehe ist gleichgültig gegenüber dem Faktum, daß in sozialen

Organisationen Historie eng mit zeit-räumlicher Lokalisierung des Körpers, soziokulturellen Abstands- und Unterscheidungsordnungen zu tun hat – also mit Identität. Und diese kann als Soldat, Eintänzer, Bonsaizüchter, Gruppenheini gelebt werden.

Selbstorganisation ist folglich ein sozial-interaktives Phänomen und im weitesten Sinne ein räumliches, korrespondentes Verhältnis. (Das Ereignis ist Teil der Struktur und über diese auch qualifizierbar.) In einem sozialen System, dessen Akteure wissen, was sie in der Verbindung von dynamischer Komplexität und struktureller Stabilität wollen, gehört die Musterselektion und die Chaosunterdrückung zum Alltag.

S. J. Schmidt

Einen ähnlichen Einstieg über biologisch-lebende Systeme wählt S. J. Schmidt:

"Lebende Systeme sind selbsterzeugende, selbstorganisierende, selbstreferentielle und selbsterhaltende – kurz: autopoietische Systeme. Die kritische Variable ihrer autopoietischen Homöostase ist die Organisation des Systems selbst."[1] Das hört sich schwierig an. Gemeint ist, daß ein lebender Verbund verschiedenster Elemente, der ein abgrenzbares Selbstkonzept aufweist, sich nur dann lernend den Veränderungen anpassen kann, wenn alle Elemente (wie die Organisation unserer Organe) sich so aufeinander beziehen können, daß ein Gleichgewicht entstehen kann, das das Überleben garantiert. Nun können Sie sagen, daß dies selbstverständlich ist.

Dennoch sind drei Aspekte äußerst interessant:

Der erste besteht in der These, sich selbst erzeugender und sich selbst immer wieder aufrufender Strukturen. Das damit angesprochene rekursive Denken ist noch keineswegs gefestigt. Jahrhunderte kausaler, linearer Modelle und vor allem auch fast 50 Jahre technische Informatik haben der Rekursion noch nicht viel Platz eingeräumt.

Der zweite besteht darin, daß das 'Selbst' nicht auf einmaliger Differenzerfahrung beruht, sondern sich in einer ständigen Neu-Beschreibung durch neue Beziehungen befindet.

---

1 Der radikale Konstruktivismus: Ein neues Paradigma im interdisziplinären Diskurs, in: drs., Der Diskurs des Radikalen Konstruktivismus, Frankfurt/M, 1988, S.25.

Der dritte Aspekt besteht darin, daß damit jede Form von Zentrum durch die vielfältigen und netzartigen Beziehungen undenkbar wird.
Die Notwendigkeit, sich immer wieder neuen, vielwertigen Umweltbedingungen anzupassen, immer neue Anpassungsleistungen durch veränderte Selbstbeschreibung zu erreichen, faßt S. J. Schmidt u.a. als 'radikalen Konstruktivismus'. S. J. Schmidt hält dieses Erklärungsmuster allerdings "für Alltagshandeln und -kommunizieren irrelevant". "Im Alltag gehen wir mit unseren kognitiven Welten um, als wären sie real, und bemerken diese Als-ob-Fiktionen nicht einmal. In der Praxis brauchen wir einheitliche operationale Wirklichkeits- und Bezugssysteme sowie Werthierarchien". (S.75) Alltag oder "einfache soziale Systeme" in der Sprache N. Luhmann's bleiben Teile der Selbstorganisation. Sie bergen eine größere Sicherheitsillusion durch Nähe und Einfachheit, sind aber zugleich auch Orte größere Gefahr, körperlicher Bedrängnis usw.

Nun legt die Anlehnung an Physik oder Neurophysiologie den Gedanken nahe, Selbstorganisation sei 'naturgegeben'. Im sozialen Sinne ist aber das Geschehen 'Selbstorganisation' keinesfalls 'naturgegeben', denn 'Natur' ist dem Menschen, wie bereits angesprochen, nicht gegeben. Sie ist, wie Reinhardt Knodt beschreibt, "vielmehr eine Perspektive zur Umschreibung dessen, was dem Menschen nicht durch Handeln zugänglich ist." (99/100) Eben dies trifft auch Selbstorganisation. Sie ist eine Beobachtungskategorie, mit der wir etwas zu erfassen versuchen, daß unseren Sinnen und unserem Handeln nicht zugänglich ist und uns gerade darin in unserer Individualität bestärkt.

Es ist eine kuriose Bestätigung: Individualität wird nicht durch die genialische, schöpferische Subjektivität erfahren, sondern durch die vielschichtige Unzugänglichkeit von anderem. Wenn dies ein sich erhaltendes Ergebnis der Selbstorganisationsforschung wäre, wäre dies bereits hoch einzuschätzen.

Anders herum formuliert: *Selbstorganisation nimmt nur gerüchteweise dem Individuum oder dem System die Arbeit an dem Unterschied, der Identisches setzt, ab. Die Arbeit am Unterschied wird zunehmend zur Arbeit an der Erreichbarkeit als einer Verfeinerung des Unerreichbaren – ein wesentlich ästhetischer Prozeß.*

N. Luhmann

Nun sind die drei Aspekte der Rekursion, der ständigen Neudifferenzierung und der Netze für sich auch keine Werte oder stabile Maßstäbe. Man muß sehr genau hinhören, welche Verbindungen mit den Worten zugelassen werden. Bei N. Luhmann ist Netz nicht Ästhetik, sondern Reproduktion; die Art und Weise dieser wiederholenden Erneuerung ist Kommunikation. Sie stellt Information-Mitteilen-Verstehen hintereinander.

Kommunikation meint eine "autopoietische Operation eines autopoietischen Systems. Sie kommt nur vor, wenn es Systeme gibt, die mit Hilfe dieser elementaren Operation, genannt Kommunikation, ein Netzwerk der Reproduktion eben dieser elementaren Operation bilden und reproduzieren". (N. Luhmann 1987) Kommunikation bezieht sich immer auf Kommunikation, sie orientiert sich in ihrem Fortgang immer nur an den selbsterzeugten Sinngehalten. Verstehen heißt hier, daß die eingehende Information den Standards der Übersetzung weitgehend entspricht und, sofern Bestandsnotwendigkeiten es nahelegen, tatsächlich übersetzt werden. Nach Luhmann ist Kommunikation ausschließlich ein Operationsmodus sozialer Systeme. Dieser unterscheidet sich vom Bewußtsein, das ein Operationsmodus psychischer Systeme ist. Zwar ist also der Mensch am Kommunikationsprozeß beteiligt, aber nur weil er den Systembestand bedienen muß. N. Luhmann faßt dies, wie bereits besprochen, mit den Unterscheidungen Information, Mitteilen, Verstehen.

Zwischen Kommunikation und Bewußtsein gibt es strukturelle Kopplungen. Sie binden das beobachtete System an bestimmte Ausschnitte der Umwelt und erlauben ihm Indifferenz in allen anderen Hinsichten. Dabei bleibt die Beobachtung von Kommunikation 'blind'. Spannend wird diese These, wenn man die Frage stellt, ob Kommunikation ausschließliches Medium des Bewußtseins ist, oder ob Bewußtsein (ich übersetze dies zur Hilfe einmal mit Identität) das Medium der Kommunikation ist. Bei N. Luhmann ist dies eindeutig durch die Trennung der Operationsweisen entschieden. Bezüglich der Identitätsfrage, die ich in Anlehnung an die Kybernetische Konzeption K. W. Deutsch's formulierte, bleibt Luhmann die Ausfüllung des Vermittlungsprozesses schuldig; es ist keine Frage der 'Blindheit', sondern des 'aphasischen', 'wortlosen' oder auch 'anomischen' Berührens von zwei Behältern: Bewußtsein und soziales System. Dies könnte in einem anderen Licht erscheinen, würde die Ebene der semantischen Geschlossenheit mit einbezogen und das Verhältnis beider genannten Systeme 'rekonstruiert'. Nun ist das soziale System, das sich selbstorganisiert, bei N. Luhmann eine Behauptung. Die funktionalen und semantischen Grenzen des Systems oder der Systemzustände werden nicht benannt. Das *System hat ein imaginäres Ende*. Diese *theoretisch errungene Offenheit wird aber mit dem Kommunikations- und Bestandskonzept aufgekündigt*. Die Imagination und hypothetische Wahrnehmung werden in Unerkennbarkeit umgemünzt, womit die qualifizierende Feststellung von internen Unterschieden, also auch der Bedeutung von Identität, gegenstandslos wird.

N. Luhmanns restlose Plazierung des Konzepts Kommunikation hat eine heimliche Nachricht: den strukturell festgeschriebenen Konsens der geteilten Medien und des geteilten Sinns. Der *vorgängige Konsens*, also die *Communio* in dem Begriff der Kommunikation, schließt den Behälter ab, dessen Funktion ja darin besteht, seinen Bestand zu erhalten. Identität bleibt zwar im Bewußtsein als Operationsmodus erhalten, aber von Kommunikation prinzipiell getrennt. Sie ist der Communio, der Kommunikation und dem Behälter nachrangig. Communio ist aber Ordnungs-, und weniger Organisationskonzept. N. Luhmanns Auslegung der Selbstorganisation bestätigt in kurioser Weise ein ausschließlich auf sich bezogenes Identitätsdenken. Es berücksichtigt die Beziehung von Korrespondenzen und Konfiguration ebenso wenig wie die Zuschreibungsverfahren und die unter Anpassungsdruck erfolgende Übernahme. *Selbstorganisation* erhält so den Charakter einer *aufgefrischten Souveränitätsthese*. Sie *restauriert feste Ansässigkeit durch die Bestimmung des 'Bestands'*. System erscheint dabei als eine Sozialplastik, eine blackbox, die den Boden ihrer Tatsachen selbst produziert, aber eben nur den Boden.

Das Flirten mit der Physik und der Neurophysiologie (oder auch die intensive begriffliche Beziehung) löst die Frage nicht, warum diese Auslegung von Selbstorganisation sich mit den *Theorierethoriken des Behälters* und der *Ansässigkeit* behaftet. Auch die von N. Luhmann so nachdrücklich aufgespielte Zeitkarte, die sog. 'Temporalisierung', ändert nichts daran, daß es *Behälter sind, die relativ schneller werden*. Nun geht es nicht um Seifenkistenrennen auf hohem Theorieniveau, obwohl man gerade bezüglich der Trennung von Kommunikation und Bewußtsein und der radikalen Innen-Außen-Differenz den Eindruck hat. Es geht vielmehr um die Frage, ob ein *soziales System sich als ein räumliches Geschehen* versteht, oder als ein Behälter oder fester Körper. Das von Maturana bis Luhmann vorliegende Denken ist kein Denken des Raumes; es ist ein Denken der Zustände, Ereignisse, Episoden, die eine vielfältige Zeitordnung bedingen, aber letztlich Weltgeschichte betreiben. Es ist kein Denken von Weltgesellschaft, kein Denken, das sich auf neu entstehende Räume, räumliche Verteilungen von Beziehungen und Aufmerksamkeiten bezieht.

Bislang gab es hierzu auch keine Berichtigungen. Die informatischen Nachrichten- und Kommunikationstheorien der vergangenen 50 Jahre, die sich auf Shannon, Weaver oder auch TURING bezogen, bestärkten noch das 'Behälter'-Denken. M. McLuhan sprach im Bild vom orchestralen Raum der Resonanz, was N. Bolz und viele andere übernahmen. Der Klangkörper, der seine Brillanz bei Leere und ihn richtig erfüllenden Schwingungen entfaltet, ist das Theorieideal.

Das, was sozialwissenschaftlich vorliegt, ist mit eben jener Raumblindheit geschlagen, die J. Dangschat der Soziologie zurecht vorhält. Nun will ich der Tatsache nicht widersprechen, daß geschlossene Verhältnisse nicht nur die Vielfalt niedrig halten, um sich anfänglich besser orientieren zu können. Dies wird bei systemischen Therapien von Familien ja auch hilfreich angewandt. Geschlossenheit ist auch wichtig, um Selbstbeschreibung als Abwehr zu organisieren. Die Diskussionen um corporate identity belegen dies gut, und das nicht nur als zur Abwehr verkümmerte Konkurrenzform.

Aber man sollte die *Innen-Außen-Differenz* nicht per se als Gegnerschaft denken. Wird sie *nicht als Gegnerschaft* gedacht, so ist es nicht schlüssig, eine mögliche zeitlich begrenzte Gegnerschaft zum grundlegenden Ereignis von Theoriebildung zu machen. Ist *Gegnerschaft* ein fallweises Ereignis und genauso möglich wie *Allianzen* und *Kooperationen*, so ist sogar irritierend, wenn mit ihr Theoriebedingungen auf den Markt gebracht werden. Ist bei *Selbstorganisation* also 'alles möglich', so ist es schlüssig, sie als eine *räumliche Offenheit* zu denken. In ihr beschreibt dann die Ästhetik der Unterbrechnung, die Pragmatik der Will-Kür den Vorgang der Auto-Poiesis.

Sie entspräche den Prozessen von Weltgesellschaft und auch der Logik immer neuer Verzweigungen, immer neuer Entscheidungsöffnungen. Verzweigung trägt dabei die Nuance der Veränderung in sich, die in der von N. Luhmann und anderen vorgetragen Bifurkation nicht selbstverständlich mitgedacht wird.

Identität: eine kybernetische Skulptur?

Was bedeutet dies nun für Identität?
D. Dennett, auf den sich auch R. Rorty beruft, spricht in "Consciousness Explained" davon, daß das menschliche Ich als *"narrativer Schwerpunkt"* zu verstehen sei. Über ihn erschaffe sich das Ich immer wieder selbst vermöge der Selbst-Neubeschreibung. Identität hätte dadurch kontinuierliche Anteile, und durch Neubeschreibung auftretende Veränderungsanteile. Diese *Idee des Schwerpunkts* statt eines *Zentrums* ist auch in der schönen Sprachfigur von J. Claus enthalten: der *'kybernetischen Skulptur'*. Diese, für rückbezügliche, elektronische Kunstwerke erdachte Formulierung, bezeichnet hilfreich die Eigenart, die Identität als 'narrativer Schwerpunkt' zwischen Kommunikation und Bewußtsein, also zwischen Körper und Geist oder Ursache und Grund einnimmt.

'Narrativer Schwerpunkt' und *'kybernetische Skulptur'* bergen die Provokation und die Chance in sich, die Überlegungen zum Netz nicht nur als informatische, neurophysiologische oder wissenstechnologische Besonderheit abzutesten. Netz wird nun als ein Beziehungs- und Verteilungsmuster für neue soziale Verfassungen erkennbar.

Nun könnte man sich zurücklehnen und sagen: okay, jetzt haben wir's! Gehen wir an die Empirie heran! Aber gerade die Anerkennung dieser Überlegungen erfordert, das Verhältnis von Selbstorganisation und Identität nochmals genauer anzusehen. Das System, von dem das besagte 'Ich' ein Teil ist, muß eine Ebene der Selbstbeschreibung aufweisen, von der sich die personale Selbstbe- oder Umschreibung unterscheidet. Die zentrale Frage lautet hier:

Kann ein System, das sich fortlaufend in seinen Bestandsbedingungen anpaßt und sich hierüber selbst organisiert, selbst beobachten und ein selbstreflexives Konzept (Identität) entwickeln?
Diese Frage ist aus zwei Gründen zentral:

a. *Selbstreflexion* beinhaltet die absichtlich vorgenommene Unterbrechung der Wirkensbeziehungen, also Aufschub der Handlungen, die das System mit Außen koppeln, um die internen Handlungsvoraussetzungen zu unterscheiden und zueinander zu stellen. Dies wiederum setzt voraus, daß das System ein Selbstverständnis hat, über das die potentiellen Bestandsgrenzen bestimmt werden können, über das aber vor allem eine Selbstbeschreibung erfolgen kann. Wie diese aussieht, spielt hier keine Rolle. Egal, wie ein Individuum oder ein soziales System sich selbst Genugtuung verschafft: ohne die Zeit für sich, verliert es seine sensorische und semantische Sicherheit.

b. Der andere Aspekt der *Selbstreflexivität* betrifft entwerfendes, gestaltendes oder auch selektiv-adaptives Verhalten von Systemen. Wird Selbstorganisation nur im Kurzschluß relativer fester Koppelung verstanden, so ist Kreativität allerhöchstens denkbar, wie N. Luhmann es vorführt, als Rekombination vorhandenen Bestandswissens. Je vielschichtiger dieses ist und je differenzierter dessen Provokation durch Umwelt erfolgt, um so mehr kann Überraschendes entstehen, wie es heißt. Nun will ich dies nicht in Abrede stellen. Aber die Genese des Neuen führt zurück zur Frage nach der ästhetischen, sozialen, medialen Selbstbeschreibung, die durch keine Genugtuung zu binden ist, also ihren Kontext verläßt, die Umwelten der Umwelten sucht und mit formativen Idealen handelt, ohne sie je erreichen zu können.

Alltagssprachlich kennen wir die Formulierungen: 'Der ist so mit sich selbst beschäftigt, der weißt nicht, wie er wirkt' oder das Gegenteil: 'Der ist so in seinem Beruf aufgegangen, daß er sich vergessen hat.' Selbst- und Fremdvergessenheit sind durchaus alltägliche Phänomene, denen gerade deshalb defizitäres zugeordnet wird, weil sie ein unbestimmbares, aber implizit geteiltes Niveau von Mitteilung, Übersetzung, Ausgleich, reflektierter Anpassung und offengelegter Selbstbeschreibung unterschreiten.

Sozial anerkannt sind berufs-, prüfungs- oder funktionsbedingte Isolationen, um sich vorzubereiten. (Psychiatrien, Gefängnisse, Abschiebehaftanstalten eingeschlossen). Als Mangel wird dabei empfunden und beobachtet, daß Konversation, Interaktion unterbrochen sind oder nicht vollständig möglich sind.

In dieser Alltäglichkeit steckt ein theoretisch brisantes Faktum:

Die Intensität einer Handlung (also die zeitlich/räumlich/gegenständliche Konzentration auf sie) *unterbindet im Moment, in dem sie stattfindet, entweder die auf die Zusammenhänge gerichtete Reflexion* (wenn es um ein spezifischen Produktionsverlauf geht) *oder sie unterbricht die Produktion, wenn es um Reflexion geht.*

Auch das ist geläufig und wird in zeitlicher Sequenz gelöst: ich trete von der Staffelei zurück, um die Formungen, die Farbterrains, die Rhythmen usw. im Zusammenhang zu sehen; man überschläft eine Sache; ein für eine städtische Straße entworfenes Haus wird in seiner Singularität dem Umfeld eingepaßt.

Daraus kann man zunächst den Schluß ziehen:

Selbstbeobachtung und Selbstorganisation können nicht gleichzeitig erfolgen. Sie beinhalten völlig unterschiedliche Raum-Zeit-Koordinationen und Handlungsmuster, die aber, im Gegensatz zu Skorpion und Frosch und Behälter/Behälter ineinander verwoben, d.h. in ihrer Verfassung von einander abhängen.

Beide Vorgänge sind dabei weder vollständig, noch weisen sie dauerhafte Ergebnisse auf. Kein System (also wir auch nicht) kann das Ausmaß von Differenzierungen steuern. Eine vollständige Selbstbeschreibung ist damit unmöglich und Identität rückt in den Bereich labiler, dynamisch gekoppelter Erfahrungen, Wahrnehmungen, Vorstellungen. Damit rückt sie wieder in das Interessenfeld von Kommunikationstheorie.

Mit einem Gedicht von Hans Magnus Enzensberger läßt sich dieses Verhältnis von Selbstorganisation und Identität darstellen:

Hommage à Gödel

Münchhausens Theorem, Pferd, Sumpf und Schopf,
ist bezaubernd, aber vergiß nicht:
Münchhausen war ein Lügner.

Gödels Theorem wirkt auf den ersten Blick
etwas unscheinbar, doch bedenk:
Gödel hat recht.

"In jedem genügend reichhaltigen System
lassen sich Sätze formulieren,
die innerhalb des Systems
weder beweis- noch widerlegbar sind,
es sei denn das System
wäre selber inkonsistent."

Du kannst deine eigene Sprache
in deiner eigenen Sprache beschreiben:
aber nicht ganz.
Du kannst dein eigenes Gehirn
mit deinem eigenen Gehirn erforschen:
aber nicht ganz.
Usw.

8. KOMMUNIKATION VERSUS INTERAKTION?

8.1. Reden in Zwischenräumen

Im ersten Kapitel unterschieden wir für Kommunikation *das Verfahren der Verständigung* von *Verstehen als psychischen Vorgang*. Verfahren wurde als konventionalisiert, routiniert, medial gestützt und ordnungsbestätigend vorgestellt. Verstehen wurde, in Anlehnung an S. J. Schmidt (1994: 131ff) als die Konstruktion von „Kommunikaten" (= vom Kommunikator ausgewählte Gesprächsanteile) bezeichnet, als mentaler Prozeß, in dem sich das Individuum ein eigenes (Innen-) Modell von der Außenwelt herstellt. P. Fuchs formulierte kurz: „Die Köpfe sind undurchsichtig". (P. Fuchs 1993: 15ff) oder, wie es in dem bürgerlich-freiheitlichen Lied aus dem 19. Jahrhundert heißt: „Die Gedanken sind frei. Wer kann sie erraten? Sie fliegen vorbei, wie nächtliche Schatten." Dieses Modell von Verstehen, Reflektieren, Denken bekräftigt die „kognitive Autonomie" (S. J. Schmidt) des einzelnen Menschen. Es steht in dem Dreieck von Kapazität – Kompetenz - Kommunikation auf der Seite der Kompetenz.

Bleiben wir bei dem Grundmodell. In der Verschiedenheit von Verständigung und Verstehen ist die Unterscheidung von *sozialem System und psychischem System* enthalten. Allerdings sind sie nicht als abweisende Systeme gedacht; sie sind ihre jeweiligen Adressaten. Sie *bilden einen gemeinsamen Zwischenraum*, auf den sich Aufmerksamkeit und Wahrnehmung konzentieren. Um diesen Zwischenraum soll es in diesem Kapitel gehen. Die Akteure in *Interaktion und Kommunikation bilden die Gestaltungsproportionen dieses Zwischenraumes aus.* Dies bedeutet, daß die Beziehungen in diesem Raum ausschließlich davon abhängen, wie der Aktivitätsgrad der jeweiligen Ebenen ist. In der Beobachtung läßt sich dann eine starke technische Prägung oder eine nicht-technische Zwischenmenschlichkeit feststellen, oder sind dann intensive Telefon- oder Brieffreundschaften oder berufsbezogene Nutzung elektronischer Agenten oder von Gruppengesprächen notierbar.

These: *Ohne diesen behaupteten Zwischenraum ließe sich weder eine sozialtheoretische Interaktionstheorie noch eine informationstechnologische Konzeption von Interaktivität formulieren. In der Gestaltung dieses Zwischenraum findet die Abstraktion der Mitte (→ Kap.1), also der Quellcode für Kommunikation, ihre Realität. Der Gebrauch der Medien erfolgt dabei in Formen der Interaktion.*

In Erweiterung des Dreiecks-Modells schlage ich nun vor, Interaktion (in Anlehnung an das erweiterte Medienkonzept von H. Pross → Kap. 5) in

primäre (Angesicht-zu-Angesicht),

sekundäre (auf einer Seite der Einsatz von Gerät oder Technik),

tertiäre (beidseitiger Einsatz von Technik) und

quartäre Interaktion (interaktives Handeln in virtuellen Räumen) zu unterteilen.

Dabei ist vorausgesetzt, daß Kommunikation und Interaktion nie ein Spiel um Niemand ist. H. Nowotny hebt bei der Untersuchung der 'Zwischenräume' hervor, daß sie nur beobachtbar sind (also stattfinden), wenn *es um Jemand geht*, um etwas, das Wert ist. Ohne diesen (Wert/Jemand) fände keine Vermittlung irgend einen begründeten Anstoß. (H. Nowotny 1996).

'Jemand' kann übersetzt werden als eine (be)deutende Interpretation. Diese nimmt jeder von uns vor, wenn man sich einer Sache zuordnet mit Sätzen wie: „Dies bedeutet für mich im Vergleich zu...“, „Ich halte dies für nicht akzeptabel“; „dies ist ein gelungener Entwurf“; „es handelt sich um eine miserable Inszenierung“. In unserer Wahrnehmung verarbeiten wir die Sinneseindrücke mit den Mustern und Modellen, für die wir 'eintreten' oder für die wir 'erkennbar einstehen'. Ohne diese Verarbeitung wäre Wahrnehmung passiv, wäre Perzeption oder Rezeptionsroutine.

Was bedeutet dies nun für eine der zentralen Kategorien der Sozialwissenschaften und der Informatik: Interaktion?

Mit Interaktion wird in der Theoriegeschichte der Sozialwissenschaften ein zwischenmenschlicher Austausch bezeichnet, der sich auf para-sprachliche (Gestik, Mimik, Körperhaltung) und sprachliche Informationsträger bezieht. Die Ur-Form dieser Beziehung ist die direkte Angesichtigkeit. Diese ist beschreibbar über räumliche Körperwahrnehmung, bildhafte passive und aktive Erinnerung und über vokale Sprache. In ihr sind zwei Zusicherungsweisen miteinander verbunden:

(a) die Zusicherung, daß das Gegenüber innerhalb des verständlichen Kommunikationsrahmens bleibt, mir Rezeption und Verarbeitung ermöglicht;

(b) die Zusicherung, daß das, was 'an ihm' zu sehen und 'von ihm' zu hören ist, seinen Absichten 'entspricht' oder gar 'wahrhaftig' ist.

Daß die logisch vorauszusetzende Ur-Form eine verklärende Bestimmung ist, wurde schon an anderer Stelle angesprochen. Kommunikationstheoretisch wichtiger aber ist die Einsicht, daß die 'logische' Voraussetzung einer direkten Zweierbeziehung nur dann schlüssig ist, wenn die Geschichte von Medien nicht berücksichtigt wird. Die Ur-Form entpuppt sich als eine äußerst abstrakte oder triviale Annahme direkter Beziehungen. Wir müssen also davon ausgehen, daß jede angesichtige Beziehung keine medienfreie Zone ist. Verstehen ist auch hier nur über gegenständliche, familiäre, kulturelle, mediale Routinen des Wahrnehmens, Zuordnens, Gruppierens möglich. Allerdings ändert sich der Persönlichkeitsgrad der Kommunikation durch techno-mediale Zusätze. Einige Aspkete der → Medientheoriegeschichte sind im Kap.2 schon angesprochen worden. Konzentrieren wir uns auf die Frage, welche Bedeutung die Abnahme des Persönlichkeitsgrades von Kommunikation für diese und für das Verstehen haben kann.

8.2. Herkunft des Konzepts Interaktion

Die Entwicklung des Forschungsmusters 'Interaktion' ist nicht ohne die Unterscheidung von Verstehen und Verständigung zu erklären. Man kann auch sagen, daß dieses Muster die Trennlinie zwischen einer *verstehenden Soziologie* vor allem M.Weber'scher, deutscher Prägung und einer *pragmatischen Soziologie* us-amerikanischer Prägung bildet. Während 'Verstehen' in der stark philosophischen Grundorientierung auf Identität des Gesellschaftsverständnisses zwischen den Subjekten setzt, orientiert sich 'Verständigung' stärker an der Erwartung, daß andere dasselbe Verständnis von einem Zusammenhang haben und dieses Verständnis auch ähnlich, wenn nicht sogar gleich nutzen. Obwohl beide Strömungen nicht-kollektivistisch sind, unterscheiden sie sich in einem weiteren Punkt: der Zeitraum, der über *Verstehen* angesprochen wird, ist über die Integrität von Subjekt und Gesellschaft bestimmt, ist also groß ausgelegt. Der Zeit-raum, der über *Verständigung* angesprochen wird, ist über die konkrete Handlungsverständigung bestimmt, ist also kleiner gemeint.

Theoriegeschichtlich interessant ist, daß in der amerikanischen Tradition des Pragmatismus die face-to-face-Beziehung Grundlage des Interaktions-Konzeptes wurde, das uns bis heute durch die Köpfe geht, wenn wir dieses Wort hören. Die Basis bildet der sprachgebundene und para-sprachliche Verständigungs- und Verstehensakt. Gesten und sprachliche cues bildeten den theoretischen Bezugspunkt für G. H. Mead, T. Shibutani, A. L. Strauss, W. I. Thomas, R. E. Park oder E. Goffman. Gestisch und sprachlich wendet sich der einzelne Mensch an den anderen, und darin an sich selbst. So bildet sich ein Zusicherungsrahmen / context of awareness, in dem der "menschliche Organismus", wie G. H. Mead sagte, sein "Selbst" bildet. Es entsteht eine "*immediate reality*", eine unmittelbare Wirklichkeit, eine „situation“. Sie wird mit anderen Situationen durch die von allen geteilten und von allen gleich verwendeten Sprach-, Sach- und Symbolsystemen verbunden. In diesem Beziehungsverlauf, der als Kommunikation begriffen wurde, konstruiert der Mensch sich und sein Anderes auf der Basis der geteilten „frames“ (E. Goffman). Die Möglichkeit, daß sich der einzelne Mensch innerhalb der Sprach- und Sachsysteme so 'frei' bewegen kann, daß im Austausch mit anderen Menschen 'Individualität' entsteht, ist eine der starken Grundannahmen. Es ist, wie die pragmatische Bindung dann nahelegt, eine Identität mit vielen vorläufigen Anteilen, die sich aber innerhalb der variationsreichen Beziehungen 'sprachfähig', d.h. interaktions- /kommunikationsfähig halten muß. T. Parsons nahm u.a. dies zum Ansatz seiner Kritik und zeigte auf, daß eine unübersehbare Zahl von Zuordnungen innerhalb eines sozialen Systems durch dessen Funktionen erfolgt. Der einzelne Mensch müsse sich auf verschiedenen Ebenen an diese funktionalen Differenzierung anpassen. Dennoch bleibt bei ihm die Chance auf Kreativität, Veränderung und Systemrevision erhalten (H. Joas 1992).

An den Grundgedanken, daß zwei Akteure sich über ein Vermittlungssystem aufeinander beziehen, knüpft die *informatische Interaktionskonzeption* an. Für sie ist Interaktion an Sende- und Rückkanal zwischen zwei Computern gebunden. Ob hinter jeder technisch-medialen Interaktion, also den Veränderungen der Schaltungszustände und den Übertragungsleistungen, soziale Interaktionsbedingungen und -absichten liegen, ist dafür nebensächlich. Bislang ist das, was an Interaktionskonzepten in MCI verhandelt wird, geprägt durch die sehr rasche Differenzierung von Nachrichten-, Apparate- und Informationstheorie. Dem Konzept der Interaktion, seit I. Sutherland Ende der 1960er Jahre auf die Agenda computertechnologischer Transformationen gesetzt, kommt dabei die zentrale Bedeutung für Akzeptanz und Nutzungsoptimierung der Speicherkapazitäten zu. *Interaktion bezeichnet hier einen Auslegungsvorgang* im Kreuzfeld von Off-Line und On-Line, in dessen Verlauf

- das Datum zur Information wird,
- diese in den Wissensrahmen eingeführt oder verworfen wird und
- in unterschiedlicher Weise Handeln bedingt, das innerhalb desselben Mediums zum Datum werden kann oder außerhalb.

Allerdings reicht diese Bestimmung von Interaktion nicht hin, um eine sozialwissenschaftliche Analyse telematischer Kommunikation zu begründen. Die Schwierigkeiten eines solchen Vorhabens liegen nicht allein in der *sozialwissenschaftlichen Unterbestimmtheit* der Informatik, obwohl ausgezeichnete Arbeiten von F. Nake, W. Coy, J. Pflüger, R. Schurz u.a. vorliegen. Die Schwierigkeiten liegen hauptsächlich in der *medientheoretischen Unterbestimmtheit* eines sozialwissenschaftlichen Interaktionskonzeptes.

Letzte ist ein Ergebnis der Entstehungs- und Wirkungsgeschichte der Soziologie und zugleich eine Herausforderung an die Soziologie, die enge Beziehung von medientechnologischer Entwicklung und sozialen Verfassungen in ihre Selbstkonzept aufzunehmen.

Daß diese Herausforderung auf eine sehr differenzierte methodische und forschungspolitische Landschaft trifft, ist klar. Mit ihnen sind überlieferte Gegenstandsbestimmung mit hohem Beharrungsvermögen verbunden. Hierin sehe ich die entscheidenden Schwierigkeiten für eine medientechnologische Reformulierung des Interaktionskonzeptes.

Dies sei kurz an einem typisierenden Drei-Phasen-Modell der soziologischen Theoriebildung verdeutlicht.

8.2.1 Historische Bedingungen der Theoriebildung

[A] Die Soziologie verdankt sich dem Umstand der Mensch-Maschine-Synergie, die mit den Industrialisierungsprozessen des 19. Jahrhundert dominant wurde. In den Theoriebildungen wurden die beiden Komponenten aufgenommen: und zwar als polare, zum Teil sogar sich ausschließende Ausgangsbedingungen. Aus der auf A. Comte zurückgehenden 'Positivierung' von Sozialität entwickelte sich eine umfangreiche empirische Wissenschaft sowie verschiedene Rationalitäts- und Rationalisierungshypothesen. Parallel, und oft auch gegeneinander, entstanden Forschungen und Theoriestrategien, die an 'Humanisierung' von Sozialität ausgerichtet waren. Die Scheidelinie bildeten die Fabrikmauern und die durch sie symbolisierten Rationalitäts- rsp. Herrschaftsformen. In der Empiriedebatte des 'Positivismus'-Streits (Th. W. Adorno, K. Popper, J. Habermas u.a.) klingt diese Grundthematik noch nach.

Der Grundkonflikt, auf den dieser Streit zurückwies, bestand (i) in der Forderung des sozialtheoretischen Transzendenzverzichts: = Rationalisierung und funktionale Organisation von Gesellschaft seien ohne die Freiheitszusagen, die über den bürgerlichen Begriff des Individuums hinaus weisen, zu entwickeln; und (ii) in der Transzendenzforderung, Arbeitsteilung, Gestaltung und funktionale Partizipation sein so zu gestalten, daß sie die Chance enthalten, über den bürgerlichen Begriff von Individuum hinauszuweisen. Sicher weist die Theorietradition namentliche Abschwächungen dieser Polarität aus, oder auch andere Ausblicke. So verwies E. Durkheim darauf, daß am Ende nicht das Individuum stehe, sondern ein "kollektiver Kult des Individuums". In ihm bestimme sich das Individuum nicht mehr über Gruppenzugehörigkeit, noch über persönliche Leistung oder Qualität, "sondern rein als Mensch unter gleichberechtigten Menschen" (W. L. Bühl 1994), geschützt von einem liberalen Staat.

[B] Eine Veränderung der industriellen Grundsituation entstand empirisch mit der Ausdehnung produktionsvorbereitender und -begleitender Verwaltung, mit Produkt- und Verfahrensplanungen, öffentlicher Bildungs- und Wissensversorgung. Die 'Angestellten' traten zum Jahrhundertwechsel auf die Beobachtungsbühne. Der funktional sich ausdifferenzierende und festigende 'Mittelstand', der 'Angestelltensektor', entwickelte ein eigenes Integrationsverfahren: die in der Sprachhandlung begründete Interaktion. Plötzlich schien Transzendenz verhandelbar, oder, wie es sich polemisch durch die frühe Angestelltenliteratur zog: ökonomisierbar. Die Individualitätszusage schien in den sprach-pragmatisch koordinierten Rahmen sicher aufgehoben. Und: diese damals historisch neue Schicht erzeugte eine grundlegend veränderte Gesellschaftlichkeit: eine Mittelstandsgesellschaft. In den USA, in denen diese enge Verbindung ökonomischer Differenzierung, hoher Bewertung und starker ökonomischer Stellung der 'white collar workers' am stabilsten war, entstanden Forschungen, die die *über Sprachhandeln begründete Interaktion* in das Zentrum gesellschaftlicher Selbstbeschreibung stellten. G. H. Mead, E. Goffman (s.o.) sind nur einige stellvertretende Namen. Die damit verbundenen Forschungsstrategien entwickelten sich von der Trennung von Produktion und Kommunikation, der Festigung der Hermeneutik (Gadamer), über die Trennung von Arbeit und Interaktion (J. Habermas), die Entwicklung eines systemtheoretischen Kommunikationskonzeptes (N. Luhmann) bis zur aktuellen Diskursethik. Nicht selten erfolgt dabei der Rückgriff auf die überlieferte Transzendenzforderung.

Die Suggestions- und Legitimationskraft der vokalen und textlichenSprache war und ist sicherlich ein eingelebtes Ergebnis der religiösen, juristischen und epischen Schriftkulturen - und eine notwendige Abstraktion sozialer Schichten, die über Sprachhandeln einen wesentlichen Bereich ihrer Selbstverständigung und -referenz gewinnen. Nun gehört zur interaktiv eingesetzten Sprache auch die beabsichtigte und zeitlich eingeräumte Unterbrechung der funktionalen und rituellen Verläufe, worin die Chance auf zeitlichen und räumlichen Abstand, also unterscheidende und anders entscheidende Reflexion gegeben ist. Interaktion enthält, worauf H. Joas in seinen Arbeiten zur Intersubjektivität hinweist, gerade auch Unvorhersehbares, sprachlich und aktiv Überraschendes.

Auffällig ist dennoch, daß in dieser breiten Theoriebildung die mediale Unterlegung von Wahrnehmung, Kommuniktion, oder von Sprache, Text, Bild nicht ausdrücklich systematisch berücksichtigt wird. S. Kracauer's Untersuchungen zum Film, Th. W. Adorno's musiktheoretische Reflexion des broadcasting-Radios, oder W. Benjamin's Thesen zum Kunstwerk im Zeitalter seiner technischen Reproduzierbarkeit sind die häufig zitierten Beispiele einer hauptsächlich *individuellen Kenntnisnahme medialer Ausdifferenzierung*.

Medienforschung war in den vergangenen Jahrzehnten ausgelagert in Publizistik und Rezeptionsforschung. In diesem Umfeld ist aber auch deutlich geworden, daß der Rezeptionsvorgang nicht mehr als eine Interaktion zwischen nur zwei Personen (W. L. Bühl, 1994, 352) oder Gerät und Mensch vorzustellen ist. Es mangelt an einem systemisch durchformulierten Bezug von Medienentwicklung, Nutzungsbedingungen und Interaktion.

[C] Die Verbindung von Medium und Mensch ist nicht mehr als lineares, uni-direktionales Broadcasting zu verstehen. Produktionsvorbereitendes und -begleitendes Handeln unterscheiden sich medial nicht mehr vom Filmkonsum. Arbeit und Interaktion sind zu Schaltungszuständen des Computers geworden, die sich allerdings in der Adressierung und den Inferenzmustern (den programmierten Auswahl- und Entscheidungsmustern) unterscheiden; selbst die 'Produktion' ist ein mediales Faktum geworden: durch die Programmierung von Roboter-Steuerungsprogrammen, Mustererkennung usw. Zugleich entstehen beispiellose Gestaltungs- und Nutzungsgewohnheiten und -verabredungen über computerbasierte Umgebungen, ihre soziale Verfassung, und ihre Freiheitsbedingungen. Manches spricht dafür, daß ein "kollektiver Kult des Individuums" (E. Durkheim) entsteht, gekappt um staatliche und soziale Liberalitätsgarantien. Manches spricht für eine Wende in den empirisch-sozialisatorischen Bedingungen für Subjektivität, Interpersonalität und Zusicherungsformen.

Das *relativ eindeutige Wort* wird durch *intelligente Bilder* (programmierte Entstehungsordnungen) überschichtet, die sowohl an die differenzierten Sehgewohnheiten anschließen, wie an syntaktisches und semantisches Sprachwissen. Die *Hermeneutik des Bildes* wird zur *Hermeneutik des Programms*.

"Gegenüber dem Buch gewinnt das Programm eine wesentliche Dimension, nämlich die Dynamik symbolischer Simulation." (W. Coy, 1994: 49) In dieser Verbindung von Programm, Text und Bild erhält 'Interaktion' die Aufgabe, Medienintegration zu herzustellen, d.h. die Rationalisierungsmöglichkeiten und die Kreativitätsmöglichkeiten des Mediums zu sichern. Dies ist verbunden mit, gegenüber der sprachlich-rituellen Zusicherung, veränderten Bedingungen für die Synthese von Verständigung und Subjektivität. Die programmierte Sprachwelt virtueller Wirklichkeiten erfordert, die Unterbrechungs- und Reflexionsbedingungen genau zu untersuchen.

Technologisch werden die interaktiven sprachlichen Zusicherungen durch non-lineare und rekursive Sequenzen erweitert. Unterbrechungen entstehen in der MCI nur an den Schnittstellen der Interaktion, den jeweiligen Interface-Strukturen.

Hieraus entstehen einige wichtige Veränderungen für soziologische, aber vor allem für kulturanthropologische Theoriebildung. Soziologie beobachtet und erklärt in erster Linie tatsächliches Verhalten der Menschen und in zweiter Linie die Absichten, Einstellungen usw. Der *empirische Bereich tatsächlichen Verhaltens wird durch digitale Netzmedialität in die Interface-Struktur integriert*. Dies ist weder mit soziologischem Empirismus noch über einen sensualistischen Behaviorismus zu beobachten. Ebensowenig ist möglich, auf die Interface-Strukturen der MCI die aus der Rezeptionsforschung bekannte Idee der Interaktion zwischen zwei Personen anzuwenden. Was bedeutet dies für eine theoretische Reformulierung von Interaktion?

8.3. Interaktion - im Irgendwo

Gesellschaftstheorien, zumal Handlungstheorien, entwickeln sich nicht immer parallel zur Technik und deren sozialer Verfassung. Häufig kommen die Handlungskonzepte, die einen zeitlich und bereichlich weitreichenden Allgemeinheitsanspruch erheben, den technischen, strukturellen, ökonomischen oder medialen Bedingungen nicht nach. Resignation stellt sich ein. Manchmal verursachen normative Vorstellungen vom Menschen oder anthropologische Vorstellungen, die den Menschen prinzipiell technikfern oder technikfrei entwerfen, Melancholie über das vermeintliche Verschwinden des Menschen.

Gegen die Idee, durch Technik verschwände der Mensch, hatte J. Ellul 1954/1964 angemerkt, die Gefahr bestünde nicht im Verschwinden des Menschen, sondern in der Kapitulation vor dem System von Techniken, in der passiven Hinnahme der Verhaltensanforderungen. Ich verstehe dies als eine Aufforderung, Technik in der Verbindung von sinnlich-reflektierender Selbstwahrnehmung, zunehmend komplexerer Selbstorganisation der Nah- und Fernbereiche sozialen Handelns und technischer Körper- und Kulturgeschichte zu begreifen. Die Entwicklungen dieser Teilbereiche sind an einander gebunden; sie sind co-evolutionär. Damit stelle ich die Empirie der Entmenschlichung in Produktionsprozessen und von Entfremdung nicht zurück. Vielmehr richtet sich die Aufmerksamkeit auf die *logischen und konzeptionellen Verbindungen von Technik und Handeln, von Infrastruktur, Kommunikation und Macht.* Technik ist ebensowenig aus den Sinnen und Bedeutungsordnungen der Wahrnehmung, des Handelns und des Entwerfens herauszunehmen, wie Sinn, Struktur und Aktion von dem Ensemble soziokultureller Technik zu lösen sind. Jedes soziale System beschreibt sich (und betreibt sich) über die formalen, materialen, normativen und operativen Ordnungen. Das ist nicht weiter strittig. Schwierig wird es bei der Beantwortung etlicher Fragen, von denen nur einige angeführt werden sollen: Wie weit geht die relative Verselbständigung, die strukturelle Autonomie von technischen Systemen? Welchen Status erhalten jene mechanischen, oder heute: elektronischen Speicher und Verarbeitungsweisen, in die menschliches Handeln übergeben, in logischen Sequenzen und ebenso formalisierten Vernetzungsbedingungen (computerinternen clustern) nach- und vorgeordnet ist? Welche Handlungsressourcen sind in elektronischen Systemen enthalten, die nicht nur Daten speichern und bereithalten, sondern Informationen verarbeiten und Entscheidungen von erheblichem Komplexitätsgrad treffen (wie bei Expertensysteme, Netbrowser /Mosaic oder Steuerungsanlagen bei Large-Scale-Technologies)? Wie sind diese elektronischen Handlungsagenten in soziales Handeln einbezogen? Hier können diese Fragen nicht beantwortet werden. Dieser Beitrag beschäftigt sich ausschließlich mit den Grenzbereichen, die zwischen Handlung, Verhalten und e-lektronischen Hybrid-Systemen entstehen. Mich interessiert dabei vorrangig, in welcher Weise das *technologische Vorhaben der Hybridisierung von Wissen, Bedeutungsverarbeitung und Handlungsentscheidung* auf die herkömmlichen Konzepte von Handlung und Struktur empirisch und theoretisch wirken (können).

8.4. Kopplung versus Interaktion

Betrachten wir den Aufbau der Nutzungssituation, wie wir sie bei Computern kennen. 'Nutzung' meint in der ersten Annäherung die *Verbindung zwischen Kapazitäten* (techno-medial), *Kommunikation* (prozedural) und *Kompetenz* (individuell). 'Verbindung' verstehe ich als eine zeiteinheitlich beobachtbare Synthese von Material, Absicht und Bedeutung. Ohne diese Verbindung wäre Computer als instrumentales Medium gesellschaftlich nicht nutzbar; es wäre eine Platinenbrache, Abfall. Die Art, in der diese Verbindung seitens des Menschen hergestellt und genutzt werden kann, wird allgemein als

Interaktion bezeichnet. Dabei werden inzwischen technologisch, informatisch, soziologisch oder kommunikationstheoretisch sehr unterschiedliche Konzepte von Interaktion verwendet. Ich werde hier nicht darauf eingehen. (M. Faßler 1996). Interaktion meint immer auch, anschlußfähiges Verhalten, bestätigende Reaktionen auf angebotene Symbole, Bedeutungsordnungen und Frageprofile. Und sie impliziert, daß man sich auf bereits 'vorgedachte', 'vorgemachte' Beziehungsmuster und Schemata verläßt. Eben dies geschieht auch in der Mensch-Computer-Interaktion. Um z. B. ein elektronisches Spiel zu 'öffnen', einen Text zu schreiben oder eine E-mail abzuschicken ist

(a) eine operationale Angleichung individueller Wissens-, Verhaltens-, Kommunikationsfähigkeiten erforderlich.

Im Verlauf der Interaktion greift man

(b) auf programmierte Welt- und Wissensmodelle zu, die als Software und Netware konfektionierte Deutungen bereithalten und dabei quasi-institutionelle Funktionen übernehmen. Der Bereitstellungsmodus beinhaltet desweiteren, daß

(c) das 'neue Ergebnis/ Ereignis' elektronisch gespeichert und reproduzier- und prozessierbar wird sowie

(d) eine erweiterte/erweiternde Kombination mit anderen Kommunikations- und Wissensreserven erfolgt /erfolgen kann.

Diese Gliederung mag auf den ersten Blick zu aufwendig erscheinen, um Mensch-Computer-Interaktion zu bestimmen. Sie notiert aber eine wichtige Unterscheidung: die zwischen *Interaktion* und *Kopplung*. Kopplung bezieht sich auf eine zeitlich dichte, distanzlose, also ohne Unterbrechung erfolgende Ereignisfolge (uni- aber auch bidirektional) innerhalb eines Übertragungskanals. Sie kann im informationstechnischen Sinne 'interaktiv' sein und beschreibt die Befehlsfolgen, die die Daten so aufeinander abstimmen, daß lesbare Texte, bespielbare Simulationsräume oder virtuelle Schreibtische als Arbeitsfläche dienen. Arbeite ich an diesem, so ist schon eine hybride Situation entstanden, da die herkömmliche material-gegenständliche Bestimmung von Arbeit (Arbeitskraft, -gegenstand, -material, -ort) sozusagen 'die Seiten gewechselt hat'. Für viele Informatiker und für manche Kritiker ist ja gerade diese enge Kopplung, also das 'Eintauchen' in die 'Schaltungs- und Datenflut', der Vorgang, der die Grenze zwischen Materialitäten, Gegenständlichkeiten, Körper und Maschine aufzuheben scheinen. Der Mensch - so will es scheinen -

hat im Verlauf der Computernutzung keine Distanzmöglichkeit, keine Zeit für reflektierende Selbstbeobachtung.

Aber der Schein trügt, und dies aus verschiedenen Gründen. Grundsätzlich hat kein System im Moment des Handelns die Chance, sich selbst zu beobachten, und insofern bedeutet dies, ob nun Interaktion oder Kopplung vorausgesetzt, strukturell nichts Neues. Und zweitens geht es auch nicht um den Endsieg elektrotechnischer oder subatomarer Geschwindigkeiten, sondern um die Koordination von unvergleichbaren Geschwindigkeiten, durch die eine Art neuer Handlungsort oder Handlungsraum für Menschen innerhalb der Hybrid-Landschaften entsteht. Es ist ein regelgerechter Daten-Ort, an dem Daten zu Informationen und diese zu Wissen werden, Wissen zu Information wird um wieder in die Datenspeicherung zu 'versinken'. Auf den ersten Blick 'vermischen' sich Handlung und Technik, Sinn und Elektronik, sie werden 'liquidiert', verflüssigen sich. Aber dieser (diskursive) Eindruck erklärt sich daher, daß die Beobachter-Blicke durch die lange Schulung der harten industriellen arbeitsteiligen Trennung von Werkzeugmaschine, Fließband, Arbeitskraft oder der bürokratischen Trennung nach formeller und informeller Organisation gegangen sind.

Die paradoxe Formulierung des Daten-Orts spricht an, daß das, was inzwischen geläufig als 'virtuelle Realität' bezeichnet wird, in der Verbindung der *physikalisch-mathematischen Realität* des Computers und der *physiologisch-sozialen Realität* des Menschen besteht. Damit sind zwei Realitätsbereiche angesprochen, die prinzipiell geschiedene Integrationsleistungen erfordern. Ob es unter repräsentationistischen oder konstruktivistischen Erwägungen sinnvoll ist, von *natürlicher* und *künstlicher Realität* zu sprechen, ist hier weniger wichtig, obwohl für etliche Debatten erheblich. Für die Frage nach der Bedeutung von 'Hybriden' ist allerdings folgender Hinweis entscheidend: Computer sind physikalisch-mathematische Systeme, die hochkomplex die Grenzen zwischen Innen und Außen der digitalen Maschine verarbeiten können. Ihr Grenz-System ist über den *epistemic cut* definiert, der logisch zwischen physikalischen Abläufen (virtueller Realität) und lebendigen Handlungszusammenhängen und physiologisch-gegenständlicher Wirklichkeit unterscheidet. Dieser Anwendungsschnitt trennt, wie H. Höller schreibt, eine inhaltlich durch den Anwendungskontext bestimmte Anwendung von dem informatischen Kommunikationssystem. (1993, 114) Die physikalisch-digitale Maschine operiert zwar mit einer menschlich unerfahrbaren Geschwindigkeit (10-9/10-12) und eröffnet einen *Potential-Raum,* der duchaus global genutzt werden kann. Zugleich ist die Funktionalität an die physikalischen Bedingungen der Random-Access-Maschine (RAM) gebunden.

Die Kreativität dieses elektronischen Potential-Raumes erschließt sich erst, wenn dessen *konservative* und mit Wissen von Gestern beschickten Speicherstrukturen in einen *offenen Interaktionsprozeß* mit komplexen und reichhaltigen gegenwärtigen Nutzungsverläufen tritt, ohne daß die Trennung zwischen den Realitätssphären ignoriert wird. D.h. das nötige 'informationelle' Gleichgewicht zwischen Mensch-Computer darf nicht vorab durch das informatische Funktionsmodell des Computers festgelegt sein. In diesem idealen Bild des Wechselverhältnisses von *konservativen* und *dissipativen Strukturen* wird der elektronische Potential-Raum ein sozialer Zusatz-Raum. Allerdings, und dies muß aus Gründen der Redlichkeit gesagt werden, besitzen die Human- und Sozialwissenschaften derzeit kein entwickeltes empirisches Instrumentarium, diese dichte Verhältnis-Einheit, die in der On-Line-Beziehung von Nutzerin/Nutzer - Virtueller Realität - Cyberspace besteht, zu 'beobachten'. Eventuell wird die Entwicklung von Smart Rooms, Computer gestützter offener Gruppenarbeit hier wichtige Schritte erlauben. Diese Bestimmung des Wechselverhältnisses ist für die folgende Darstellung von Hybridkopplungen wichtig.

8.5. Hybride Kopplungen

Interaktion reserviert - gegenüber dem Kopplungs-Konzept - für den Menschen nicht nur die ausgewählten Kommunikationsebenen *Information, Mitteilen und Verstehen,* wie sie N. Luhmann anbietet. Sie enthält die Chance, die Module der Information und ihren Ordnungsstatus, sowie den Status des Mitteilens und Verstehens abzulehnen. Interaktion weist nicht ausschließlich auf *Übertragung,* sondern ist an *Übersetzung, an Bedeutung* gebunden. Für diese kulturelle, alltägliche, visionäre oder entwerfende Übersetzung muß der Anwender und die Anwenderin allerdings 'den Kopf frei haben'. Es muß Zeit bleiben, sich zurückzulehnen, den Kanal nicht zu bedienen, die Kopplung zu unterbrechen. Bezieht man diesen prinzipiellen Gedanken auf die Programmierung, so muß Software so aufgebaut sein, daß sie ausdrücklich die Unterschiede von Systemteilen, wie Informationsmodulen, nicht verändern. Und: die Softwareentwürfe müssen in das Abbild der Interaktion, der Produktion oder der Institution den Menschen mit einbeziehen, d.h. eine offene Zwecksetzungen berücksichtigen. Aber gerade dies geschieht in *einem* Sektor der Kopplungsprogrammierung nicht: bei *Hybridkopplungen*.

Dies ist so zu verstehen, daß ein „rufendes Modul" von dem „gerufenen Modul" nicht nur angefragte Daten oder Datenstrukturen erhält, sondern daß eine unterschiedliche Bedeutung der Daten importiert wird. Auf die oben skizzierte Relation von digitaler Maschine und realer Realität bezogen heißt dies, daß die Ordnungsmuster der digitalen Maschine auf die Motiv- und Handlungsverbindungen angewendet werden. Der *Potential-Raum*, von dem ich sprach, wird nicht in einen offenen sozialen *Zusatz-Raum* umgewandelt. Die Bedingungen für körperbezogene und sozialgebundene Kreativität, Innovation oder lernende Anpassung werden so nicht in eine mediale Beziehung eingebracht. Das selbe Problem entstünde aber auch umgekehrt, wenn versucht würde, informelle Beziehungen und parasprachliche Verständigung in ein System zu übertragen, das diese nicht verarbeitet oder nicht verarbeiten kann. In Worten von Andreas Frick: „Die Gefahr besteht darin, daß der rückgelieferte Wert in einer falschen Bedeutung weiterverarbeitet wird." (A. Frick 1995, 212f)

Wird beobachtet, daß die Balance zwischen maschinen-konservativen und sozial-dissipativen Strukturen zugunsten der ersten 'umkippt', so spricht man von *'pathologischer Kopplung'* (A. Frick), weil sie die Differenziertheit durch Überspringen der Bedeutungs- oder Modulgrenzen senkt, also die begrenzte Funktionalität oder die offene Zweckstruktur tendenziell zerstört. Auch, wenn der 'Pathologie'-Begriff mehr verspricht, als er hält, so wirft er ein Schlaglicht auf eine deutliche Reduzierung des Formenreichtums und damit der menschlichen (technischen, ästhetischen, gestalterischen, organisatorischen) Intelligenzchancen. Es sind diese 'pathologischen' Kopplungseffekte, die auch oft bei Computerkritikern für das Verhältnis von Mensch und Computern vermutet werden. Ich werde allerdings auf diesen Aspekt nicht vertiefend eingehen, sondern das Konzept der Hybride als komplexe, intelligente Bedeutungsverarbeitung betrachten. Dies weist sowohl bei der Konstruktion von Software, wie auch bei der Nutzerbeobachtung auf das Problem der *versteckten Interaktion* zwischen Mensch und Computer.

8.6. Interfaces und versteckte Interaktion

Diese *versteckte Interaktion* ist auch Teil des soziologischen Problems: die Handlungen oder Interaktionen sind nicht mehr zwischen (mindestens) zwei Personen beobachtbar. Genaugenommen finden Interaktionen zwischen Mensch und Computer in einer anonymen Zone statt, in der die personalen Beobachtungskategorien nicht mehr anwendbar sind. Interaktion findet im analog-digitalen Schnittbereich, dem sogenannten Mensch-Computer-Interface statt. Dieser interfaciale Bereich ist das Grundmuster der Hybridisierung. Das ständige Zusammenspiel von Kybernetik und Kommunikation, von Produktion und Dienstleistung unter computertechnologischen Bedingungen, erfordert nicht nur intelligente und entscheidungsreiche Anpassung der Nutzer an die Computer und der programmierten Virtualität an den Menschen. Sie erfordert auch intelligente, unterscheidungsreiche und variable Beobachtungsmodelle. Das Zusammenspiel, manche sprechen auch vom „Zusammenwachsen", von alltäglich halluzinierter und gelebter Wirklichkeit, programmierter Virtualität und roboterartigen Maschinenwelten stellt eine gewaltige Herausforderung der theoretischen (und kulturellen) Traditionen dar.

Die soziale Durchsetzung von Computertechnologien verändert nicht nur die Organisation von Wissen und Entscheidung, von Speicherung und Verarbeitung. Ihre Nutzung, also ihre Hand-habung greift tief in die Funktionen und die Vorstellung von Handlung, Subjektivität und Identität ein. Informatische Konzepte wie „personal programming", „elektronische Agenten", „verteilte künstliche Intelligenz" oder auch „multiple agents" nehmen für sich Erklärungsbereiche sozialwissenschaftlicher Verhaltens- und Handlungsbegriffe in Anspruch. Das informatische und das medien-technologische Konzept der „Interaktion" gewinnt nicht nur journalistisch an Schlüssigkeit. Zunehmend wird deutlich, daß Computer nicht nur Gerät, Werkzeug, Instrument ist, sondern instrumentales oder integrierendes Medium (H. Schelhowe & F. Nake 1994; N. Bolz, F. Kittler, Chr. Tholen (Hg.) 1994) und letztlich ein System von komplexen sozialen Ordnungsmodulen, das den Charakter von Handlung veränderr (M. Faßler 1996). Die *systemische Qualität der Computertechnologie* zeigt sich nicht nur in der intensiven *Mensch-Computer-Interaktion*. Sie zeigt sich zunehmend darin, daß analoge Bereiche menschlichen Verhaltens und Handelns formalisiert und digitalisiert werden, um als elektronisch-eigenständige (exkorporaler) Realität zu funktionieren. Sie bilden eine neue, ungewohnte globale Grenzen-Landschaft von Produktion, Privatheit, elektronischer Authentifizierung und Speichern aus, die vom einzelnen Menschen nicht überblick- geschweige denn bedienbar sind. Es bedarf der Agentenstrukturen, der *Hybridisierung von Mensch-Computer-Interaktion*. Hybride sind keine Systeme, die menschlich *soziales Handeln* ersetzten. Sie stellen eine neue Stufe seiner systemischen post-biologischen Erweiterung und Verstärkung dar. Sie sind netztechnische Intensivierungen der Mensch-Computer-Interaktion. Als solche *reduzieren sie den Persönlichkeitsanteil an kommunikativem Handeln.*

Diese Veränderungen wurden bislang kontrovers unter den Aspekten des Ersatzes menschlicher Funktionen und der Beschleunigung (P. Virilio; P. Weibel), der Prothetik, der Fernanwesenheit, der Entfernung des Körpers (D. Kamper), der virtuellen Realität oder der Prozeß der Hybridisierung den Tod / das Ende (wahlweise) des Menschen/ des Subjekts/ des Humanum. In allen Positionen kommt zum Ausdruck, daß Computertechnologien in ihren materialen und kulturellen Ausdehnungen den letzten modernen Bereich der menschlichen *Souveränität* aufzuheben scheinen: die *territoriale und damit die soziokulturelle Integrität des Handelns* und die *strikte Trennung von Körper und Technik*. Mit der *Integrität* verbinden sich bis heute die Ideen der Glaubwürdigkeit im Gespräch vis à vis, der Verständigung zwischen Menschen, die dieselbe Sprache sprechen oder verschiedene Sprache ohne Sinnverlust übersetzen können sowie das Ideal der Identität des Sinnverstehens (R. Burkart 1995).

Mit der Trennung von Körper und Technik verbindet sich bis heute die Schutzbehauptung des reinen Geistes gegenüber der schmutzigen Technik. Dies schuf eine langwierige Unbekümmertheit von Handlungsmodellen gegenüber der anonymen Geschichte der Technisierung und Medialisierung. Es zieht eine Schwäche des wissenschaftlichen Diskurses um Kommunikation nach sich: zwar wird, nicht zuletzt durch N. Luhmann angestoßen, weitreichend anerkannt, daß *soziale Systeme über Kommunikation integriert* sind. (M. Faßler 1992) Aber in welchem Verhältnis dabei Menschen-Maschinen-Medien-Institutionen stehen ist unter dieser Blickweise noch reichlich ungeklärt. Wichtige Ansätze in diese Richtung legen S. J. Schmidt und S. Weischeberg (1994) mit ihren Arbeiten zu *Mediengattungen* vor. Gleichwohl fehlen umfassende Forschungen zur Entstehung, Funktion und Bedeutung von den *gerätetechnischen Vermittlungsre-*

alitäten, die heute immer mehr mit dem Begriff des 'Interfaces' bezeichnet werden (W. R. Halbach 1994). Dieser *Mangel an materialen und formalen Modellen für 'Interfaces'* erschwert es auch, auf das Verhältnis von Handlungskonzepten und Hybridisierungen relativ unbeschwert zuzugehen. Daß es dringlich getan werden muß, sollten diese Bemerkungen ansprechen.

8.7. 'Intelligent hybrid systems' und die Archäologie der Interaktivität

Ein Begriff, der den Zustand von Mensch-Computer-Interaktion zu beschreiben versucht, ist *Hybridisierung*. Es ist ein noch reichlich schillernder Begriff. Für die einen ist es unreiner Abkömmling der Codierung, für andere ein pathogenes Ereignis (A. Frick), wie ich schon ansprach; für dritte steht die informationelle 'Mischform' im Zusammenhang mit „intelligent hybrid systems".

Am ehesten kann man sich ein Vorstellung von *körperlicher Hybridisierung* bei Computerspielen, also virtuellen Realitäts - Systemen, machen. Die Grenzen zwischen der Spielewelt, deren elektronischer Gegenständlichkeit und dem menschlichen Körper scheinen zu verwischen, wenn man mittels Datenhandschuh, Datenhelm oder Datenanzug in die Virtualität eintaucht. Allerdings zeigt sich auch hier, daß es schwer ist, Hybridisierung beobachtbar zu machen. Man verläßt nie ganz den eigenen Körper und kommt nie für länger bei einem Gegenstand an. Und für den angesprochenen 'externen Beobachter' bleibt die durchspielte Gegenständlichkeit dunkel, es sei denn, er sieht sie auf einem Kontrollmonitor mit. Aber dies ist eine schwierige empirische Situation, da sie versteckte Interaktion, strukturelle Kopplung und schon fast eine 'halbe teilnehmende Beobachtung' ist. Ich will auf diese konkreten *Probleme einer Empirie des Hybriden* nicht weiter eingehen.

Gleichwohl sollte hier darauf aufmerksam gemacht werden, dass die Debatten um Hybridisierung ja nicht nur darum gehen, wie schön abstrakt man denken und entwerfen kann. In ihrem Zentrum stehen die Fragen danach, wie die unterschiedlichsten Systematisierungen von Abstraktionen (Körperoptionen, Maschinen, Formeln, Technologien, Medien) auf die jeweils gegenwärtigen Kulturen und Gesellschaften angewendet werden, die ja keineswegs 'konkrete' Gebilde sind. Die Fragen müssten sich also darauf konzentrieren, wie (gegenwärtige) *Abstraktionen* und ihr *morphisches Geschehen* (= ihre Verkörperung in Verarbeitungs- und Verbindungsmustern und Strukturen) auf Generationen von Abstraktion früherer Herkunft angewendet werden. Wenn wir von medientechnologischen Transformationen sprechen oder auch vom Übergang vorherrschend schwerindustrieller Ordnungen in wissenskulturelle oder medienökonomische, so ist eben dieser *Wechsel in den Abstraktionskonjunkturen* gemeint. Aktuell heißt das auch: wachsende Bedeutung theoretischer und angewandter Physik, wachsende Bedeutung angewandter Mathematik und ein völlig neue Positionierung der Biologie im globalen Konkurrenzkampf um die Machtpositionen in Prozessen der Industrialisierung aller Codierungsmöglichkeiten, - sei es in Technik, Medien oder Biosphäre.

Wir stehen noch weit entfernt von einer *wissenschaftlichen Abstraktions- und Hybridisierungskritik*. Diese müßte, wie es immer wieder am Rande von Konferenzen angesprochen wird, Software-Kritik sein, aber nicht nur dies: sie müßte sich um die grundlagentheoretischen Fragen der *Virtualisierungsfähigkeit* bemühen. Hier möchte ich nur einige Aspekte anfügen, die ich an anderer Stelle etwas ausführlicher besprochen habe. Für die Erforschung mediengebundener Kommunikationsverhältnisse ist es wichtig zu unterscheiden, ob Software (also Hybridisierungs-Formeln) verstanden wird als

- symbolische, mathematische Ordnung
- ein Instrument zur optimaleren Speicherung von Informationen
- ein Instrument zur effektiveren Verarbeitung von Daten
- ein Instrument der optimierenden Kommunikation
- ein verdichtetes Programm spezifisch ausgewählten Wissens
- ein System der formalisierten Notationen und Objektkonstruktionen
- ein System der Kon-Notationen und der Strukturprogrammierung
- ein Schaltungsprofil zur Steuerung der Mensch-Maschine / Medium – Interaktivität
- Zusammenhangsgefüge
- Infrastruktur
- oder als Strategie der globalen Virtualisierung

- als eine hochkomplexe Ordnung für global zerstreute (dissipative) Wissensbasen
- ein dynamisches Programmensemble, über das wechselseitige Verknüpfungen (intertwinedness) von Strategien, Infrastrukturen, Projekten möglich sind
- als knowledge engineering
- als image engineering
- als identitätsbezogenes Gefüge der Artificial Intelligent Agents
- als fortdauernde Kultur und Sozialität zwischen den Nutzerinnen und Nutzern
- als a-sozialer, immaterieller, trans-kultureller Orientierungsraum
- als Spielewelt, mit Stammes- und Clan-Bildungen (wie bei weltweit bevölkerten Spielumgebungen und LAN-Parties)
- als techno-genetisches Erbe des homo sapiens.

Löst man sich von der Idee der direkten Kopplung mit den Virtualitätsschleifen, - dem Konzept der 'Einbettung' des Körpers in elektronische Umgebungen -, so kann Hybridisierung anders gefaßt werden. Sie wird zu einem *sozialen vielzahlig kontingenten Handlungsbereich*, in dem eine größere Anzahl von Menschen mit Computern zu tun haben. Wichtig ist dabei, daß man sich nicht von den Qualitäten der elektronischen Automatisierung verblüffen läßt. Sicher stellt die technische Seite eine vorläufige Synthese von Mechanisierung, Automation und Programmierung dar. Aber die Trivialität dieser Ordnung wird erst dann zu einem sozialen Zusammenhang, wenn menschliches Handeln als ihr bewegender und begründender 'Stoff' hinzukommt.

Damit sind wir aber bei der Frage, in welcher Weise Handlung und Verhalten zu reformulieren sind, bezieht man sie auf den angedeuteten Bereich der *sozialen oder aktionalen Hybridisierung*? Soziologie muß sich auf den Weg machen, neben der Mensch-Mensch-Interaktion und der informatischen Interaktionsbestimmung ein *computer-entsprechendes Handlungs- und Interaktionskonzept* zu entwickeln: sie muß die unerfahrbaren Zeitmuster elektronischer Schaltungen (im Nano- oder Femtoskundenbereich) mit der Fülle unerfahrbarer Mengen von Programmierzeilen, die als Software gekauft werden, den Netzstrukturen und den Computerkompetenzen der Menschen zusammendenken.

Insofern müßte Interaktionstheorie nicht nur Gesten, Mimik, verbale Sprache und eventuell noch Gerätetechnik untersuchen. Sie müßte *in weiten Bereichen Software-Wissenschaft werden*, also programmierte Strukturen untersuchen und bewerten können. Davon sind wir weit entfernt. Daß es aber schon den point of no return gegeben hat, ist inzwischen klar: datiert ist er auf 1982, der Markteinführung des 'Personal Computer'. E. Huhtamo spielt diesen Umschlagspunkt schön in der Gegenüberstellung einer rückblickenden „Archäologie der Interaktivität“ und dem Beginn einer neuen Handlungsgeschichte durch: „From Cybernation to Interaction“ (1996). Was heißt es nun, Handlung neu begreifen lernen?

8.7.1. 'In-Form-Bringen': Handlungsanpassung

Keine Technik, ob mechanisch oder elektronisch, garantiere per se Beschleunigung, Zeitdehnung oder Verlangsamung, schreiben K. H. Hörning, D. Ahrens und A. Gerhard (1996). *Technik sei temporal uneindeutig*, was soviel heißt wie: erst durch das „In-Form-Bringen“ des „Mediums Technik“ (1996, 9) würden bestimmte Zeitmuster aktualisiert, andere ausgeschlossen. Wendet man das Argument auf menschliche Handlung an, so heißt dies, auch Handlung ist in ihrer sozialen Durchsetzung 'uneindeutig', da jedes subjektiv gemeinte Handeln an viele äußere Bedingungen gebunden ist. Der Volksmund bedient dies mit dem Satz: „Erst kommt es anders und zweitens als man denkt“. Nehmen wir dies als methodische Position an, so gibt es keine determinierende Festlegung durch Handlungsabsicht oder Technik. Dies schließt keineswegs aus, daß die Handlungs- oder Formalternativen durch technische Strukturen, Ökonomie, Handlungskonventionen oder Tarifverträge begrenzt sind. Der wesentliche Gesichtspunkt ist hier aber, daß die funktionale Gestalt von Technik durch die Nutzungsentscheidungen erst zu einer verbreiteten Form wird. Die zitierten Autoren binden diesen Vorgang an Kommunikations- und Zeitpraktiken. Der damit verbundene techniktheoretische Vorschag ist ein wichtiger Schritt in Richtung eines *relationalen Technikverständnisses.*

Ich greife für meine Überlegungen diese Relationalität auf und verbinde sie mit der Idee der wechselseitigen *funktionalen Bindun-*

gen zwischen Menschen und den von ihnen entworfenen, gestalteten, genutzten und weiterentwickelten (Produktions-, Planungs-, Sprech- oder auch Schreib-) Techniken. Mit funktionaler Bindung meine ich das, was heute oft in ungenauer Weise 'Interaktion' genannt wird. Ich trenne dies von den Computer-Computer-Schaltungen, wie zum Beispiel die 'interconnection' zwischen Computern, die netztechnisch verbunden sind, oder 'interoperation', die zwischen elektronischen Werkzeugen stattfindet. (J. Ehrhardt 1992, 110)

Interaktion mit komplexen elektronischen Systemen heißt zunächst, daß man anerkennt, daß die theoretische Urform des kommunikativen Handelns, nämlich die Angesichtigkeit, hier nicht angewendet werden kann. Höchstens als logischer Minimalismus von zwei beteiligten Agenten. Wir sind spätestens mit der Computertechnologie in eine Geschichte der anonymen Kommunikation eingetreten, der Handlung mit inhalts- und datenreichen 'elektronischen Agenten'. Das zitierte 'In-Form-Bringen' hat in einem schwer zu beziffernden Anteil Eingang in die Schaltungspotentiale von Rechnern oder Rechnernetzen gefunden. Längst werden Häuser, Maschinenteile, Flugzeuge, Molekularoberflächen in Computern entworfen. Man treibt sich in den Datennetzen herum. Gleichwohl sollte dies nicht überschätzt werden. Bedeutungsauswahl und Handlungsentscheidungen sind nach wie vor an die Art und Weise der nachvollziehbaren und überprüfbaren Sprachverwendung gebunden, worauf T. Winograd (1989) ausführlich aufmerksam machte. Es bleiben aber noch viele Antworten offen und täglich entstehen neue Fragen aus der Realität anonymer Interaktion und Kommunikation.

Gehen wir noch einmal kurz zum Form-Verständnis zurück, da sich hieran Aspekte des theoretischen Grundproblems darstellen lassen, auf das ich vorrangig eingehen möchte. Was könnte 'In-Form-Bringen' von Medium und Technik meinen? Die Form der Technik entsteht durch den empirisch-gestalterischen Bezug eines technisch ausgelegten Gestaltungsmusters zu testendem menschlichem Denken, Verhalten und Handeln, sowie der Nutzungs- und Anpassungsgeschichte. Entwurf, Planung, Produktion, Korrekturen, Veränderungsvorschläge und das 'Ausmustern' eines Technik- und damit auch Wissens-Artefaktes beschreiben die Formengeschichte. Zu ihr gehört, daß Formen aufeinander abgestimmt werden. Ein schlichtes und beliebtes Beispiel ist Schlüssel/Schloß. Diese Abstimmung bedeutet, daß nicht nur zeitgleich parallel Ko-Formen existieren, sondern physikalische, sachliche, geistige Gestaltungs-, Aussage- und

Handlungsmuster 'passig' sein müssen oder 'anschlußfähig', wie ich es bei der Erläuterung des Interaktionsbegriffs darstellte. Eine solche *Kon-Formierung von Technik und sozialer Handlung* hebt zum Beispiel eine Erfindung aus dem Einerlei der ungenutzten Patente und fügt sie in die Handlungsordnungen der jeweiligen Teilsysteme ein. Oder aber sie erhält eine Art und Weise der Produktion aufrecht. Gelingt die Konformierung nicht, wird eine Erfindung nie soziale Technik oder wird die Produktion zum alten Eisen oder auch zum Datenabfall. Form meint also immer auch (instrumentelle) Nutzung, meint (bewußt gewählten) Gebrauch, meint technologische Stile und damit Kultur. Form bezeichnet - so verstanden - stets eine 'Verhältnismäßigkeit' des Instruments, des Werkzeugs, des Mediums, aber zugleich der Wahrnehmung, der Nutzungsentscheidung, des Handelns. Dieses Form-Verhältnis nutze ich für eine *pragmatische Begründung,* um den Zusammenhang von Technik (instrumentelle Kunstform), Technologie (organisatorisch-operative Kunstform), Handlung und Verhalten zu beschreiben.

Wir haben heute zunehmend mit *Kunstformen menschlichen Handelns* zu tun. Und mehr noch: wir haben mit „autonomous, communicating and pseudo-intelligent agents“ zu tun (N. Gilbert & J. Doran 1994: VII), oder richtiger: Wir können immer umfangreichere Sektoren gesellschaftlicher oder globaler Strukturen oder Gefüge von Wissen nur handelnd erfahren, wenn wir mit den „pseudo-intelligent agents“ handeln, mit ihnen interagieren. Diese sind keine geheimnisvollen Dinge. Es sind programmierte, auf ihre elektromagnetische Schaltbarkeit hin formalisierte Informationsbestände, wie zum Beispiel Expertensysteme im klinisch-medizinischen Bereich. Die Kon-Formierung, von der ich oben sprach, entsteht dadurch, daß (a) der Aufbau menschlichen Handelns zunächst in ein logisches Nacheinander und dann in eine Struktur (Algorithmus, Heuristik, Netz) übertragen wird, und (b) die als Informationen aufbereiteten Daten durch die Nutzung der Technologie in Handlung zurückgeholt werden. Die so entstehenden interaktiven Kunstformen sind Elemente *neuer sozialer Handlungsräume.* Es sind komplexe Formen der Selbstorganisation, die in sich neue Verzeitlichungen von Wissen, Handlung und Kommunikation ausbilden. In ihnen werden die Grenzen zwischen menschlich-mentalen Modellen und den programmierten, elektronisch-autonom gemachten Modellen ungenau, - oder sie erscheinen uns ungenau. Um diese Verwischung, um die 'Bastarde'/ um die 'Abkömmlinge' des menschlichen und technischen Handelns geht es.

Dabei handelt es sich um die Etablierung eines sozialen Zusatzraumes, in dem komplexe menschliche Aktualisierungen von Wissen und die Form(ulier)ung von Handlungen mit Systemen der *fuzzy logic, genetischen Algorithmen, neuronalen Netzwerken, Expertensystemen* zusammenkommen.

Der nun mehrmals verwendete Begriff des *Raumes* muß im Hinblick auf die Computertechnologie verdeutlicht werden. Raum beschreibt hier nicht nur die gegenständliche, geometrische und zeitliche Zuordnung von Dingen. Raum verwende ich hier im Sinne der *Strukturcodierung*. H. Völz (1994) unterscheidet zwischen *Objektcodes*, die auf ein ursprüngliches Objekt verweisen und dieses repräsentieren, und *Strukturcodes*, die aus dem Codealphabet neue Objekte und Beziehungen erzeugen können. Als Beispiel für letzteren geht er auf den biologischen genetischen Code ein, der „einmal das Lebewesen (konstruiert)" und es dann „mittels anderer Teile des Codes am Leben (hält)"(18). Die Struktur hält eine Teilmenge der Möglichkeiten bereit, etwas 'in-Form-zu-bringen'; die zweite Teilmenge ist in dem technischen Gegenstand enthalten; die dritte Teilmenge bilden die Kompetenzen und Absichten von Menschen, in Strukturen und mit Gegenständen zu handeln. Die Verbindung dieser Ebenen ermöglicht es, über Hybride nicht nur im Sinne der „Automatisierung kognitiver Leistungen" nachzudenken, wie dies G. Görz (1987) klug tat. In meinem Modellvorschlag ist Handlung in der operativen Bindung mit hybriden Systemen darstellbar, ohne auf die einzelmenschlichen Dimensionen zu verzichten. Ich werde dies bei den Erläuterungen zum Handlungsbegriff noch vertiefen.

8.8. Handeln

Was meint nun *Handeln* und wie ist es in Bezug zu *Hybriden* zu verstehen? In der sozialwissenschaftlichen Tradition ist *Handeln intentionales Verhalten*. *Verhalten* bezeichnet dabei jede beobachtbare Regung eines Lebewesens, ob nun auf ein erkennbares Objekt bezogen oder nicht. Läßt sich Verhalten in Bezug zu einem anderen Menschen beobachten, so wird dies *soziales Verhalten* genannt. Dieses soziale Verhalten ist für P. Watzlawik oder J. Beavin (1969/1974) in weiten Teilen Kommunikation. Soziales Verhalten würde unter ihrer Annahme als Kategorie genügen, um mit den drei von mir vorgeschlagenen Unterscheidungen Kommunikation zu beschreiben, -

gäbe es da nicht den einzelnen Menschen, der dies sinnlich, körperlich, gedächtnisbildend, kategorial, sinnbezogen verarbeitet, der Interesse und Zielsetzungen bildet, der Speicher als Formen der Erinnerung und Anwesenheit erzeugt und der im klassischen Sinne: handelt. Und hierum ranken sich die Kontroversen. *Handeln* ist, bezieht man sich auf M. Weber (1964), intentionales Verhalten.

Menschliches Handeln wird in Anlehnung an M. Weber auf denken, unterlassen, unterscheiden, produzieren, sprechen (siehe auch Sprachhandeln bei J. Habermas) bezogen. Es setzt stets die *reflektierte Begründung* durch den einzelnen Menschen voraus. Handlung ist in der Weberschen Herleitung immer mit bewußter Überlegung verbunden und mit „subjektivem Sinn". Es richtet sich bewußt an ein Außen, ist aber nicht mit der Interaktion zwischen zwei Akteuren gleichzusetzen. Indem es sich äußert, wird Handeln *Mittel zum Zweck*, um die *Intention in Interesse* zu übersetzen und Wege zur Verwirklichung zu suchen. Richtet sich diese Zwecksetzung an andere Menschen und erfordert von diesen ebenfalls ein innerlich begründetes Verhalten, so spricht man von *sozialem Handeln.* Geht diese Anforderung, sich gegenüber der Zwecksetzung zu verhalten, über die reaktive Anpassung hinaus und zielt auf die Dauer einer Verständigungs- und Interessenordnung, so kann man von *kommunikativem Handeln* reden. Damit sind allerdings nicht die drei Ebenen von Kommunikation insgesamt berührt, noch ist Kommunikation im normativen Sinne (dies betrifft die Communio-Funktion bei N. Luhmann ebenso wie bei J. Habermas) damit hergestellt.

Überhaupt sollte man Vorsicht gegenüber einem normativ gemeinten Kommunikationsbegriff walten lassen. Logisch läßt sich das, was verbreitet als „gelingende Kommunikation" genannt wird, nur ex post verwenden, wie W. Schulz (1971) feststellte. „Nach Vollzug des Kommunikationsaktes", also rückblickend, ist Kommunikation gleichlautend mit Ordnungsentscheidung oder Institutionalisierung. Die Probleme, die sich hieraus ergeben, wenn man dynamisch rückgekoppelte Kommunikationsprozesse analysieren möchte, wie sie in Mensch-Computer-Netz-Interaktionen geläufig sind, sind erheblich. Nimmt man die Position ein, Kommunikation als den vollzogenen Prozeß der Bedeutungsvermittlung zu verstehen, wie dies H. Reiman und B. Giesen (1968/1975) tun, dann kann man zwar den gelungenen vom „mißlungenen Akt des Kommunizierens" (H. Reiman 1968,75) unterscheiden, aber nur unter der methodischen Behauptung, die gelungene Bedeutungsvermittlung sei beobachtbar. Verständigung als Verfahren wird hier durch Verstehen überlagert.

Diese kleine Skizze der Begriffe *Verhalten* und *Handeln* weist noch in keinem Punkt auf Medialität, auf gerätetechnische Speicher oder programmierte Verarbeitung. Es geht zwar um die „in Kontakt stehenden Lebewesen“ (R. Burkart 1995, 30), aber was *Kontakt* medientheoretisch ist und wie dieser über die Communio-, Integrations- und Speicherebenen von Kommunikation mit erzeugt und erhalten wird, bleibt begrifflich nicht aufeinander bezogen. Dies gilt auch für den Interaktionsbegriff. Stellvertretend soll hier nur P. Lersch zitiert werden, der Interaktion über die „Einwirkungen vom anderen“ bestimmt, die jemand erfährt oder selbst als „Wirkungen auf den anderen oder die anderen“ ausübt. „Mit dem Begriff der Interaktion bezeichnen wir also das Insgesamt dessen, was zwischen zwei oder mehr Menschen in Aktion und Reaktion geschieht.“ (1965, 53) Selbst wenn man davon ausgeht, daß in der Interaktion ein von allen Beteiligten weitgehend geteiltes Angebot an symbolisch vermittelbaren Inhalten ausgetauscht wird (über Gesichtausdrücke, Körperhaltung, verbale Sprache, Orte der Begegnung oder ähnlichen Mustern), ist die immense technologische Struktur 'off the record'.

Wie läßt sich das bisher Gesagte in ein Modell einfügen?

Die Beziehung zwischen Kommunikation und Interaktion lassen sich in einem vierstufigen Schema darstellen. Dabei ist es egal, ob das Schema von unten nach oben oder umgekehrt gelesen wird.

<u>Kommunikationsfunktionen:</u>
- communiobildend und -sichernd
- integrationsgebunden
- speicherbezogen

<u>Medienstrukturen:</u>
- sinnlich kognitive Kompetenzen / primär
- senderseits mit Gerät /sekundär
- sender- und empfängerseits Geräte erforderliche / tertiär
- netztechnisch / quartär

<u>Medienextensionen:</u>
- formal

- material
- formerzeugend/ Kon-Figuration
- überliefernd
- verstärkend

Verhalten und Handlung (s.o.)

Verlassen wir die Ebene der Handlungstheorie und vertiefen etwas das Wissen um die 'Abkömmlinge' der mathematisch-physikalischen Codes: die hybriden Systeme.

8.9. Sich anpassende Maschinen

Was ist mit Hybrid oder hybriden Systemen gemeint? Allgemein bestimmt sind es Netzwerke interagierender digitaler und analoger Systeme. Ich greife hier nur Aspekte der „intelligent hybrid systems" heraus. Es sind Systeme, deren Codierung die Grundmuster ihrer Funktionsweisen festlegen, nicht aber ihre Form oder, wie es in der Künstlichen-Intelligenz-Forschung auch heißt: deren Figuration. Der Begriff 'Hybride' ist dem vergleichbar, was in der Biologie der Phänotyp genannt wird. Damit sind die körperliche Erscheinungsweise der genetischen Informationen und die beobachtbaren Verhaltensweisen gemeint. Die Grundlage für Hybride oder Phänotyp sind die Codierungen. Deshalb können S. Goonatilake und S. Khebbal schreiben: „Humans are hybrid information processing machines. Our actions are governed by a combination of genetic information and information acquired through learning." (1995: 1) Derzeit umfaßt der faktische Bereich der hybriden Systeme einen kleinen Teil der elektronisch-digitalen Realität. Er ist auf fünf Bereiche bezogen: Expertensysteme, Regelinduktion, fuzzy Systeme, neuronale Netzwerke und genetische Algorithmen.

Alle fünf Bereiche stellen Versuche dar, von den Begrenzungen der objektorientierten Codierung und den Grenzen der bescheidenen Strukturcodierungen loszukommen und sowohl lernende wie auch handelnde Systeme zu entwickeln. Diese sind dann nach wie vor programmiert, aber nicht jede Verhaltenssequenz ist vorher festgelegt. Sie entsteht aus der lernenden Rekombination von verschiedenen Speicherinhalten und Speichersystematiken. Man könnte sagen, daß das, was sie dann als wahrnehmbare 'Form' des Systems und von

Handlung darstellen, aus dem Pool von Wissens- und Entscheidungsstrukturen entstanden ist, die aus der Verarbeitung von Informationen anderer Systeme zustandekommen. Denn das ist eine der Besonderheiten: die *hybriden Systeme verarbeiten selbst Informationen* und derzeit entwickelt sich eine neue Generation von „adaptive machines“. Somit verwischen sich die Grenzen zwischen Menschen und Computern in zweierlei Hinsicht: Menschen verarbeiten nicht mehr allein Informationen und Computer werden zu lernenden, anpassungsfähigen Maschinen. Damit werden die Anforderungen verwirklicht, die zur Bildung von 'hybrid systems' geführt haben: 'technique enhancement, the multiplicity of application tasks' und 'realising multi-functionality'. (Goonatilake/Khebbal: 7) Hieraus leiten sich drei Klassen von Systemen ab: die Klasse des *Funktions-Ersatzes (replacing)*, der *'intercommunicating hybrids'* und der *'polymorphic hybrids'*. (10) Zielsetzung ist nicht nur, wie H. A. Simon (1995) schreibt: Verstehen durch Simulation, sondern intelligentes Handeln adaptiver Maschinen.

8.9.1. Ameisen und Menschen?

Der entscheidende medienwissenschaftliche Gesichtspunkt ist nun, wieweit die Hybridisierung in das analoge Handlungssystem eingebunden wird. Wobei analog heißen kann: mechanisch-industriell, administrativ, sequenziell, innovativ oder ästhetisch. Es geht also nicht um eine normative Abgrenzung von analog zu digital. Die Frage richtet sich an die Art der strukturell bedeutsamen Verbindung zwischen Mensch und Hybriden. Und diese Ebene scheint mir die Interpretation von Information sowie die theoretische Nutzung dieser Interpretation zu liefern. *Information ist der Stoff, der die soziale Hybridisierung steuert* (im Gegensatz zur körperlichen Hybridisierung, die über Spiel und Affekt erzeugt wird). Es lohnt sich, sich dies genauer anzusehen. In dem schlichten Hinweis darauf, daß hybride Systeme selbst Informationen verarbeiten, ist zwar die computertechnologische Besonderheit benannt. Es ist aber naiv anzunehmen, daß durch das Zusammenbringen von zwei Agenten (Mensch und Computernetze) die Informationen verarbeiten, Handlung, Wahrnehmung und Computer in einem System zusammengebracht werden können. Die auch noch so komplexe Struktur hybrider Systeme wird zu keinem „tieferen Verständnis menschlichen Verhaltens“ führen

(H. A. Simon 1981, 26), da die Ausdrücklichkeit des gespeicherten Verhaltens kaum Rückschlüsse auf - zum Beispiel - Anpassungsgründe zuläßt. Die Ameise, die H. A. Simon in „The Science of the Artificial“ für seinen Gedanken arbeiten läßt, daß die „Komplexität ihres Verhaltens über einige Zeit (...) großenteils eine Reflexion der Komplexität der Umgebung ist“ (64), ermöglicht ein komplexeres und zudem sozialstrukturelles Verständnis von Information. Deutlich wird dies dann, wenn er die „Ameise“ durch „Mensch“ ersetzt.

Sicher gibt es inzwischen sehr interessante Weiterentwicklungen des Physical Symbol Systems, das mit H. A. Simon und A. Newell verbunden ist. Ich weise hier nur auf den Beitrag von Ann C. Séror über „Simulation of complex organizational processes“ (1994) hin, in dem sie Arbeiten von R. Blanning, R. Ennals und S. Banerjee darstellt. Letztere befaßt sich vorrangig mit dem Konzept der „Handlungs-Schemata“ von J. Piaget und entwirft interessante Ebenen für die computerisierten Modelle sozialer Interaktion. Aber auch hier stellt sich rasch die Frage, in welchem Verhältnis die reichhaltigen Schemata und ihre syntaktische Ordnung zu Handlung stehen und wie diese Schemata wahrgenommen werden. Kommen wir also kurz auf die Frage nach der funktionalen Beschreibung von Information zurück. Unstrittig ist, daß *Information als Anlaß der Sozialisation* und des Handelns zu berücksichtigen ist. Nur wie?

Informationen sind im sozialtheoretischen Sinne die kleinsten Einheiten sozialer Ordnung. Es sind Zusammenstellungen von Daten über Personen, Prozesse, Ereignisse o.ä., die aufbereitet sind, um in einem 'zweckmäßigen' Zusammenhang verwendet werden zu können. *Information importiert also Ordnung oder Form* (R. Arnheim 1993, 140) und ist, ganz gleich wie sie verwendet wird, Baustein einer weiteren Ordnung. Denkt man z.B. daran, daß Personendaten für Polizei, Ordnungsämter, Kaufhäuser, Banken, Versicherungen, Partnerschaftsvermittlungen usw. verwendbar sind, so wird deutlich, daß Information bereits spezifische Ordnungsdaten enthält. *Informationen* sind, wie R. Arnheim formuliert, *nicht-entropisch.* Sie erzeugen keine Un-Ordnung, sondern Ordnung. Werden nun technologische Systeme entwickelt, - und das heißt hier programmier-sprachlich entworfen, mit den entsprechenden Speicher- und Verarbeitungsstrukturen versehen -, die diese Ordnungsmodule (sprich Informationen) verarbeiten, kann an der Information die Auswahlentscheidung nicht mehr identifiziert werden. Die so verarbeitete Information wird der Kommunikationsfunktion der verbalen privaten und öffentlichen

Sprache entzogen. Die tertiäre und vor allem die quartäre Ebene der Medienstrukturen (H. Pross; M. Faßler) wird dahingehend ausgedünnt, daß zwischen Mensch und Computer nur ein informationelles Verteilungs- und Aufmerksamkeitsmuster erscheint. Aber dies käme der 'pathologischen' Hybridkoppelung sehr nahe.

Nun kann hiergegen argumentiert werden, daß durch *neuronale Netzwerke* auch die Möglichkeit gegeben ist, semantische (also bedeutungsorientierte) Auswahlfragen zu stellen, sofern Bedeutung als ein Modul selbst zur intelligenten Information wird (H. Tirri 1995). Dies ist richtig. Nur löst es das Problem nicht, daß die technologischen Systeme für die jeweiligen sozialen Teil-Systeme da sein sollten, also von Nutzen sein sollten, und nicht umgekehrt. In diesem feinen Unterschied liegt das ganze Problem der Hybridisierung, das ich eingangs in der Unterscheidung von Interaktion und Kopplung ansprach.

Halten wir aber fest: *die naive Bedeutungsvergessenheit früherer Forschungen zur Künstlichen Intelligenz ist längst von dem Konzept verdrängt, Bedeutung elektronisch zu verarbeiten.* Elektronische Agenten sollen hochgradige Ordnungsmodule (die die Soziologie bislang als Informationen und Institutionen bearbeitete) 'bewegen', 'abgleichen', 'funktional zuordnen', 'ausdifferenzieren'. Innerhalb der Maschine, also unterhalb der Benutzerschnittstellen, die im Modelldenken anwendungsunabhängig gebaut werden, entsteht eine elektronische Zeit- und Verarbeitungshoheit. In ihr entstehen, via elektronischen Agenten, soziokulturelle Kommunikations- und Handlungsreserven, die das medien-technologische Niveau für mögliche Interaktion bestimmen.

Die computertechnologischen Speicher- und Schaltungsmuster haben ihre Zweckhaftigkeit darin, Zweck mit herstellen zu können. Hierfür werden Daten in nutzungsbezogene Informationen übersetzt, wenn die entsprechenden Codierungen vorliegen. Diese Art der Information ist ein Code-Abkömmling des Computers. Will man die Interaktion zwischen dieser Menge von Abkömmlingen und sich lernend anpassenden Subjekten beobachten, bedarf es einer *sozialwissenschaftlichen Theorie der Software* (als Infrastruktur des Wissens) und einer *handlungsbezogenen Informationstheorie*. Sollen sozialwissenschaftliche Handlungskonzepte empiriefähig bleiben, müssen diese theoretischen Rückstände aufgeholt werden. Sie müssen die Lücke zwischen dem Angesicht und den versteckten, aber mächtigen Mensch-Computer-Interaktionen schließen.

9. ÖFFENTLICHKEIT ALS VERFAHREN. FÜR EINE FUNKTIONSORIENTIERTE ÖFFENTLICHKEITSTHEORIE.

9.1. Öffentlichkeit - thematischer Raum

In den vorangegangenen Kapiteln stand die Frage im Mittelpunkt, wie Kommunikation beobachtbar gemacht werden kann und in welchem Verhältnis die bestimmten Formen der Selbstorganisation und Identitätsbildung mit den Modi der Beobachtung zusammen gedacht werden können.

Dabei wurde unter anderem herausgehoben,

* daß die Geschichte der Kommunikation und der Medien zugleich auch Auskunft gibt über die Geschichte der Erkenntnis (= Co-Evolution von Wissen, Technik, Medialität und Symbolsysteme);

* daß die Verführung durch den Gedanken, man könnte eine technologisch 'nahtlose Kommunikation' herstellen, zur Illusion eines universellen eigenständigen Seins der programmierten, virtuellen Abstraktionen, zu einer digitalen Ontologie führt;

* daß medial verstärkte, (in-)formierte Prozesse von Selbstorganisation keineswegs die Frage nach Identität unwichtig machen, sondern die Anforderungen darin bestehen, eine Identität der 'vielen Hochzeiten' - aber auch der 'vielen Trennungen' *(= polyzentrische Identität)* -, also Identität als ein offenes Verwandtschaftsverhältnis zu entwerfen;

* daß die Intensität der durch mediale Prozesse vermittelten und vermittelt gehaltenen Wirklichkeitsmodelle auch dann nicht die Selbständigkeit und also die Selbstverantwortlichkeit des Individuums und sozialer Systeme aufheben, wenn die beobachtbare Mehrheit der sozialen Bezüge gerätetechnisch hergestellt und erhalten wird.

Die „kognitive Offenheit“ (H. Maturana; N. Luhmann, P. Fuchs) oder die „kognitive Autonomie“ (S. J. Schmidt) werden nicht durch die Medientechnologien diskreditiert. Sie verlieren allein dadurch ihren Kredit für die Formulierung von Reflexion, Entwurf, Identität und lernende Anpassung, daß so getan wird, als stellten Technologie und Medialität eine eigene, in sich begründete Seinsweise dar. Diese

Illusion der digitalen Ontologie, in der künstliche mit menschlicher Intelligenz kurzgeschlossen werden, läßt sich spiegelbildlich in überlieferten Konzepten der Künstlichen Intelligenz und in aktuellen Kritiken an ihr finden. Geht man, wie ich es in den zurückliegenden Kapiteln getan habe, davon aus,

- daß Kommunikation immer an den Gebrauch von Übertragungskanälen (Telefon) und Medien gebunden ist,
- daß sie eine mediale Ko-Ordination von Verständigung und Verstehen darstellt,
- daß diese Koordination die Dynamik des Dreieck von Kapazität-Kompetenz-Kommunikation erzeugt
- daß seitens des einzelnen Menschen Information mit Bedeutungen verbunden werden müssen, um eine Selbst-Behauptung innerhalb dieser Dynamik zu erreichen
und
- daß für diesen wechselseitigen Prozeß Zwischenräume bestimmt werden müssen, in denen Vermittlung als mediales, symbolisches, normatives und offenes Verfahren gewährleistet ist,

so ist verständlich, daß wir hier keiner soziokulturellen Überbestimmung von digitalen Medienstrukturen folgen.

Diese fünf Momente beschreiben, daß *Kommunikation im sozialtheoretischen Sinne immer die Herstellung eines thematischen Raumes* ist. *Thema* ist im kommunikationstheoretischen Feld zusammengesetzt aus: Wahrnehmung – Notation – Konnotation – Strukturcodes – Information – Inhalt – Interesse – orientierende / regulative / normative / differenzierende Bedeutung. Kommunikation ist soziales Handeln, ganz gleich wie weit dieser Raum geographisch, zeitlich oder bedeutungsbezogenen reicht und ganz gleich wie dieser (personal, medial, technisch, organisatorisch) ausgestattet ist. Im vorliegenden Kapitel wird es um Aspekte des (strukturellen) Geltungs- und Bedeutungsbereiches (individuell) eines besonderen thematischen Raumes gehen: um *Öffentlichkeit*.

Sie stellte in der politischen Moderne Europas, also seit dem 17. Jh., einen sehr wichtigen Raum für die Äußerung von Meinungen, Debatten, Auseinandersetzungen und Annäherungschancen dar. B. Peters sieht in Öffentlichkeit wenigstens zwei Beteiligte, die „(...) geteilte Interpretationen der beiderseitigen symbolischen Äußerungen“ erarbeiten (1994: 68). In dem Wort 'geteilt' ist die doppelte Bedeutung von gemeinsam/trennend enthalten, die jedes Modell von Öffentlichkeit kennzeichnet. Die Fähigkeit zur „geteilten Interpretation" wird, wie B. Peters sagt, „in der modernen Welt bedroht durch zwei Formen sozialer Differenzierung: durch funktionale Differenzierung und durch kulturellen Pluralismus." (1994: 68) Die Schwierigkeiten werden noch größer, bedenkt man, daß Öffentlichkeit bereits ein Faktum im „Virtuellen Raum", also On-Line ist. (M. Faßler 1996d)

Allgemein läßt sich die Funktion von Öffentlichkeit so bestimmen: *sie entsteht dadurch, daß soziale Konflikte zum Thema gemacht und in informative und argumentative Dispute überführt werden. Diese Art der Verständigung kann für eine vorher kaum bestimmbare Zeit von Bestand sein. Sie ist in ihrem Verlauf mit Dissenzrisiko versehen, kann aber auch 'erfolgreiche Kommunikation' (→ Kapitel 1) als Ergebnis haben.*

9.2. Öffentlichkeit: ein Formprinzip - keine inhaltliche Norm

Woher kommt das Konzept 'Öffentlichkeit' und was ist an ihm kommunikationstheoretisch von Bedeutung?

Öffentlich ist in der politischen Geschichte der modernen Gesellschaften stets mit *privat* gepaart. Es bezeichnet einen Handlungs- und Verantwortungsbereich jenseits der 'eigenen Räume' des Individuums, also jenseits der Wohnung oder des Hauses, der Arbeitsstätte oder der agrarischen Nutzungsflächen. Öffentlich und privat sind Bereiche mit „grundsätzlich verschiedenem normativen Charakter" (B. Peters 1994: 43). Durch diese normative Bindung sind beide Konzepte Leitbegriffe unserer Gesellschaft. Ein anderes Wort, das öffentlich entgegensteht, ist *geheim* (L. Hölscher 1979). An diesem Gegenüber ist sprachlich noch gut erkennbar, daß es um eine besondere Weise der 'Offenheit', der 'Durchsichtigkeit', des Sichtbaren geht. Insofern gibt es in dem Konzept und der alltäglichen Nutzung von Öffentlichkeit immer auch Elemente, die aus der angesichtigen Kommunikation (das offene Gesicht), der Ur-Form der Interaktion stammen. Offenheit wird sehr oft mit 'wahrhaftig' verbunden, auch mit dem Risiko, daß es eine Tarnung sein kann.

Der normative Charakter und dieses heimliche Gebot der 'Offenheit' sind in zahlreichen, abstrakten und komplexen sozialen Beziehungen nicht ohne eine eigene Sozialform, nicht ohne eine Ausdifferenzierung zu verwirklichen. Die Offenheit muß eine soziale Gestalt bekommen, will man auf übergreifendem Niveau sozialer Beziehungen Kommunikation so handhaben, daß sie auch ohne direkten Sprachkontakt funktioniert. Die Form und die Theorie, die in den bürgerlichen Gesellschaften hierfür entwickelt wurde, ist die Öffentlichkeit. Sie diskreditiert nicht die Privatheit, sondern ermöglicht, zwischen Privatheit und politischem und ökonomischem Handeln die Sphäre der Erklärung, Vermittlung, Kontroverse, Repräsentation oder des Konsens zu setzen. Sie ist (neben dem Parlament) das *politische Formprinzip der Kommunikation* und auf die „symbolische Struktur moderner Sozialordnungen" bezogen. (B. Peters 1994: 42) Damit steht sie in enger logischer Verbindung mit den Zwischenräumen, die Kommunikation erst ermöglichen: Inter-Personalität, Inter-Subjektivität, Inter-Aktion und jetzt das Inter-Esse (das Zwischen-Sein).

Öffentlichkeit bezeichnet eine Sphäre kommunikativen Handelns, die sich ausdrücken kann in Plakaten, Flugblättern, Büchern, Agitationstheatern usw. Die genannte Sphäre ist also immer auch mit bestimmten Kommunikationsinteressen und -strukturen von Gruppen oder Kollektiven verbunden. In dieser inhaltlichen Gruppen- und Kollektivbindung ist die politische Dimension dieses kommunikativen Handelns gegeben, die sich auf Sachverhalte, allgemein bedeutende Ereignisse, Aktivitäten, Strukturveränderungen, ökonomische und technische Entwicklungen bezieht.

Ich sagte: Öffentlichkeit ist ein *Formprinzip*. Dies heißt, daß es eine hohe Formerwartung an die gegenwärtigen Kommunikationsverhältnisse gibt. Sie bestehen in Beteiligungsmöglichkeiten (normative und technologische Partizipationsbedingungen) und -fähigkeiten (Lese-, Schreibefähigkeit, Fähigkeit, technische Medien zu nutzen; Computerkompetenz) an den Vermittlungssystemen. Daß sich Öffentlichkeit herstellen kann, entscheidet also nicht über die Art und Weise, nicht über die Form, in der sie 'zu Stande' kommt. In diesem Sinne ist sie ein notwendiges Ereignis, aber keine hinreichende Erklärung für die Kommunikation über generalisierte Abstraktion der 'Politik'. Über Öffentlichkeit gelingt eine „Partizipation der Teile am Ganzen" (F. Marcinkowski 1993:126)

Damit ist ihr allgemein-normativer Bezug hervorgehoben. Demokratietheoretisch ist 'Öffentlichkeit' als unverzichtbarer Bestandteil der Legitimation, Plausibilitätsvermittlung und Meinungsbildung beschrieben. Sie ist eingebunden in die Entwicklung moderner, bürgerlicher Sozial- und Herrschaftsmodelle, auf deren politisch-philosophische und politikwissenschaftliche Dimension hier nicht eingegangen wird. (E. Cassirer 1832; F. Federici 1946; J. Habermas 1961/1993; G. de Ruggiero 1930; J. Schumpeter 1950; M. Weber 1956; W. Abendroth, K. Lenk 1968) Sie ist als jener Bereich bestimmt, in dem Meinungen zu Interessen verdichtet werden und in dem Interessen an die Verfahren der Politik oder an die normativen Regelungen unserer Gesellschaft 'adressiert' werden. Erinnert sei an Ökologiedebatten, an Ladenschlußgesetze, an Pflegeversicherung, aber auch an Tempolimit, Friedenspolitik oder Autobahnbau. Öffentlichkeit als Formprinzip hat als Hintergrund geschützte Rechte: z.B. des Privateigentums, die Würde und körperliche Integrität des Menschen, Schutz der Privatsphäre, Wahl- und Meinungsfreiheit. Sie erzeugen den politischen 'Freiraum', der sich als Öffentlichkeit organisieren kann.

Öffentlichkeit ist als Formprinzip gebunden an die Medialität, an die Informations-, Kommunikations- und (Selbst-)Darstellungsmöglichkeiten von Individuen, Gruppen oder sozialer Systeme. Um diese Aspekte werde ich mich in diesem Abschnitt vorrangig kümmern. Dies heißt, Öffentlichkeit unter den Fragestellungen von Meinung, Interesse, Identität und Zwecksetzung zu diskutieren und ihre Form(ier)ung auf die eingesetzte oder genutzte Medialität hin zu beziehen.

Hierbei sind zwei Wege zu unterscheiden:

der Ansatz, in dem Öffentlichkeit über eine → gelungene Kommunikation bestimmt wird, in dem also ein normatives Konzept vorgelegt wird, das auf tendenzieller Identität der Inhaltsaufnahme und Interpretation beruht

der Ansatz, in dem Öffentlichkeit über → erfolgreiche Kommunikation bestimmt wird und die Offenheit der Rezeption an die reichhaltige Information durch Bildungssysteme, Literatur und Massenmedien bindet. (vgl. Kap. 1)

Im ersten Ansatz ist Öffentlichkeit mit *kollektiver Sinnidentität, gleichem Interesse* und *starker Betonung der Wahrhaftigkeit* der Textsprache oder auch der Lebensverhältnisse (bei gleichzeitig starker Kritik der Massemedien) verbunden. Im zweiten Ansatz wird sie als eine Sphäre gedeutet, die auf der *strikten operativen Trennung von Medien und Wahrnehmung* beruht. Ihm ist eine positive Deutung der Massenmedien zueigen. So bei N. Luhmann: „Ihre gesellschaftliche Primärfunktion liegt in der Beteiligung aller an einer gemeinsamen Realität oder, genauer gesagt, in der Erzeugung einer solchen Unterstellung, die dann als operative Fiktion sich aufzwingt und zur Realität wird.“ (1981: 320)

So gefaßt, ist Öffentlichkeit eine „gemeinsame Realität“, die durch die Darstellung von Themen, deren Rezeption, Interpretation und Umwandlung in kommunikatives Handeln besteht. Wohl gemerkt: sie besteht in allen Ebenen - dem Senden, Annehmen, Ausdeuten und Umsetzen in kommunikatives Handeln oder Aktionen. Sie ist als thematischer Raum über diese Momente hergestellt.

9.3. Meinung und Interesse

Interesse ist jener Bereich, in dem sich soziale Kontrolle nicht direkt über die Steuerung des Verhaltens verwirklicht. *Gesellschaftlichkeit* oder *soziale Kontrolle*, die S. F. Nadel und J. R. Beninger als „coterminus“ verstehen, können nur erhalten werden, wenn dies im Bereich des Interesses liegt, wenn also die Zuwendung zur Kommunikation auch beinhaltet, daß die Normen geteilt und ihre Durchführungsbestimmungen selbstverständlich wiederholt werden. Gerade die Standards von ökonomischen, kulturellen, technischen Verfahrens-Ordnungen müssen bestätigt werden, um die soziale und öffentliche Figur *'Interessen-Feld'* bestimmen zu können.

Diese Bestätigung erfolgt über die *Meinung, - über geteilte Meinung.* Sie wird in der Form geäußert, die die Dinge verlangen, die jeweilige Befindlichkeit festlegt oder die man als kritisch und / oder anschlußfähig ansieht. Die *'eigene Meinung'* ist formativ gebunden, ist immer Teil der Ausdrucksmöglichkeiten, die durch Umgebungen, sprachliche oder gegenständlich-dingliche Symbolsysteme vorzufinden sind. Das 'Eigene' ist eine neu-formulierte Variante, eine kreative Veränderung, eine Ablehung der Bedeutungsordnung usw. Wird eine Meinung geäußert und findet sie (wenn auch nur in Teilen ihrers argumentativen oder propagandistischen Aufbaus) Zustimmung, Bestätigung oder Verstärkung, so ist die Grundlage für einen thematischen Raum gebildet, den wir üblich Interesse nennen. Insofern ist Interesse 'ordnungsaffin', es legt die Bedingungen des lernenden, anpassenden Fortbestandes des Systems weiter aus.

Interesse ist dabei nicht mißzuverstehen als ein Kontrollverhalten, das den Bestand 1:1 bestätigt. Oft hört man und liest man dies so: „Öffentlichkeit muß die Politiker kontrollieren". Oder es wird von einem „investigativen" (nachforschendem, Straftaten aufdeckendem) Journalismus gesprochen. Hier ist Öffentlichkeit bestimmt über eine Kommentatoren- oder Kritikerrolle. Dies gilt für Print-Öffentlichkeit (M. Sontheimer 1966; F. Schirrmacher 1966), für Rundfunk-Öffentlichkeit (I. Villinger 1996) und Fernseh-Öffentlichkeit (A. Ronell 1996; P. M. Spangenberg 1996). Daß in 'aller Öffentlichkeit' Kontrollierbarkeit eingefordert wird, daß Kontrolle und Kritik formuliert werden, ist unverzichtbar. Allerdings besteht in der bloßen Herstellung von Öffentlichkeit als Medienrealität das Problem, daß eine „selbstreferentielle Medienwelt den Kontakt zur Szene" verliert (M. Sontheimer, R. Maresch 1996).

Wichtig ist zu bedenken, daß der thematische Raum dadurch entsteht, daß die zweckgerichtete Kultivierung der geschützten Rechte, wie sie oben angesprochen wurde, zugleich mit den Interessenlagen, den Medialitäten, den Fähigkeiten wahrzunehmen, Medien zu nutzen, darzustellen und zu selektieren diesen Raum beschreibt. Ein Medium ist in sich aussagelos, deutungsfrei. Seine Macht entwickelt sich erst in der Verbindung der Ebenen Kapazität-Kompetenz-Interesse. Um dem Anspruch dieser Bestimmung zu entsprechen, muß man den Wert von Öffentlichkeit in ihr selbst und mit ihr selbst finden. D.h immer auch, Öffentlichkeit als ein kommunikatives Verfahren der Selbstorganisation zu formulieren (= Selbstthematisierung) und als Verfahren der Grenzsetzung zur Systemumwelt zu bestimmen (= Selbstpositionierung). D.h. aber auch, dass Öffentlichkeit ein zirkuläres Phänomen der Selbstbeobachtung sozialer Systeme ist.

Wichtig ist hier der Hinweis, daß Öffentlichkeit in die Programmierung (s.o.) eingreifen soll und kann (vgl. J. R. Benninger 1986: 66ff), also eine normative Änderung kultureller „Programme" bewirken können muß. Allerdings ist dies nicht allgemein zu verstehen im Sinne einer völligen Neuschrift der Bestandsbedingungen. Im Sinne der Kommunikations- und Interaktionsinhalte mit kurzer (situativer) und mittlerer (identitätsbestimmter) Reichweite kann diese normative Änderung selbst nur zeitlich und bereichlich begrenzt sein.

Interesse ist demnach als Umwelt des Problems und zugleich als Problemteil zu verstehen. Insofern kann Öffentlichkeit auch hiervon nicht gelöst entworfen werden. Sie kann keine abgeschiedene Kontrollsystematik sein, wie es im kybernetischen Modell 1. Ordnung gedacht wird. Dies konzeptionell zu lösen wird umso dringlicher, wie die mediale Bindung von Kommunikation und Interesse diese unter den Druck unverfügbarer Zeiten setzt. Nicht nur das Fernsehen ist *ein schnelles Medium*, sondern jede Verbindungen von *Media- und Elektrosphäre* fügt dem Kommunikationsprozeß *neue, ungeläufige und personal nicht ausgleichbare Zeiten hinzu.*

Insofern grenzt sich die Frage nach Öffentlichkeit auf thematische Räume ein, in denen Meinungen geäußert und aufeinander bezogen werden können, in denen Menschen frei informieren und ungehindert ihre Meinung äußern können.

9.4. Medien und Öffentlichkeit - Freie Machtbereiche

Mit der Etablierung vielfältiger Netze elektronischer Erreichbarkeit und Anwesenheit sind soziale Zusatzräume entstanden, deren Grundlage die beispiellosen Kombinationsmöglichkeiten von Speicher-Prozessor-Oberfläche sind.

Um also Telekooperation, Fernanwesenheit oder elektronische Erreichbarkeit als Elemente sozialer Verfassung diskutieren zu können, muß die Transformation der Informations- und Kommunikationsmöglichkeiten als soziokulturelle Veränderung verstanden werden, - als *Veränderung und Neuzusammensetzung der Kultur des Gebrauches von Kommunikation.* Dies geschieht in den vorliegenden Theorien noch selten.

Mehrheitlich wird der computertechnologische Umbau der Vermittlungskapazitäten als '*technischer*' Prozeß verstanden, und nicht als *mediale Veränderung der Selbstbeschreibung* sozialer Systeme. Es dominiert noch die ideale Rhetorik der Mensch-Mensch-Interaktion und die das Konzept einer Mensch-Maschine-Relation. Weder medien-, technik- noch öffentlichkeitstheoretisch durchformuliert (und damit empiriefähig gemacht) ist Mensch-Computer-Interaktion als kultur-technologisches Verteilungs- und Beziehungsmuster von Aufmerksamkeit, Wahrnehmung, Informationsauswahl usw. Erklärungen werden in Begriffen technischer oder instrumenteller Rationalisierung gesucht (in Anlehnung an M. Webers 'abendländisches' Rationalisierungskonzept - so in der Techniksoziologie bei B. Joerges, I. Braun et.al; oder auch bei B. Heintz); oder aber die mediale (Manipulations-)Technik wird als Bedrohung der abendländischtextlich-sprachlichen Aufklärungspädagogik (hier z.B. N. Postman) ausgelegt. Allerdings haben einige medientheoretische Ansätze, wie die oben schon angesprochenen von F. Kittler, N. Bolz, F. Nake u.a., den Fragenrahmen deutlich erweitert.

Meine Frage lautet nun:

Wie ist das Verhältnis von telematischer Medialität und Öffentlichkeit empirisch zu beobachten und theoretisch zu bestimmen, ohne in die Technikfalle zu geraten rsp. Interaktion als Mensch-Mensch-Ideal weiter durchzuspielen?

Bei der Beantwortung der Frage wird ein systemisches Konzept zugrundegelegt. Damit ist die Entscheidung verbunden, Öffentlichkeit als Teil medientechnologischer, d.h. nutzungskultureller Prozesse zu verstehen. Das Spektrum dieser Entscheidung sei an drei Bereichen skizziert:

- Maßgebliche Teile des Gestaltungsprozesses informeller und kommunikativer Infrastruktur werden entweder aus den Anwender- oder Herstellerbereichen hinaus verlagert in internationale Gremien der Standardisierung und Normierung (wie ISO / CEN / NET ...)[1]

- Für die elektronische Infrastruktur öffentlicher Ordnung gibt es keinen kulturellen Entstehungsprozeß, der den bisherigen uns bekannten sozialen Transport- und Beziehungsmustern wie Straße, Plätze, Kaffees, nicht einmal der ARD und dem ZDF vergleichbar wäre.

- Computergestützte Kommunikation führt weg von der Massenproduktion und -Verteilung hin zur individualisierten Interaktion im Umgang mit Wissen, Dialogbedingungen und virtuellen Gesellungsformen. C. J. Tully hat in seiner Arbeit 'Lernen in der Informationsgesellschaft' diesen Prozeß der Individualisierung mit der *allmählichen Verbreitung informeller gegenüber formeller Lernformen* zusammengeführt und die wachsende Bedeutung der Subjekt für das Gelingen sozialer Anpassungsleistungen dargestellt.(1994: 21)

Diese kurzen Hinweise mögen zur Verdeutlichung des systemischen Zusammenhangs von Kapazität-Kompetenz-Kommunikation an dieser Stelle hinreichen. Dieses Argument der systemischen Einbindung von Öffentlichkeit ist durch ein wichtiges strukturelles Ar-

---

[1] CCIT - Comité Consultatif International Télégrahpique et Téléphonique
CEN - Comité Européen de Normalisation
ISO - International Organisation of Standardisation
NET - Norme Européene de Télécommunication

gument zu ergänzen. Wir können heute (nach der Auflösung des staatlichen Nachrichtenmonopols im elektronischen Bereich, der Privatisierung von Telefon, Fernsehen und Rundfunk) davon ausgehen, daß *Medien und Öffentlichkeit freie Machtbereiche* sind. Sie sind keine amtlichen, keine staatlichen Bereiche.

Informatik ist in den Rang der Allgemeinbildung gerückt, Computing hat zum Ende der 1980er zum Alltagshandeln aufgeschlossen, Wissen ist gegenüber den überlieferten passiven Speicherstrukturen Buch, Bibliothek, Blaupause usw. dynamisiert. Selbst wenn viele Zeitungen seit ca. 6 Jahren einen Computer-Textteil haben und sich Journalisten in den textlichen Endlosschleifen über CD-Rom-Sex oder in den aggressiven Sprachschnüren von Nettalk-Beschimpfungen verheddern, ist damit das Verhältnis von Computer und Öffentlichkeit ungeklärt. Oder umgekehrt gesagt: es gibt wenig differenzierte Öffentlichkeiten, die sich mit der Transformation der schwerindustriellen, bürokratischen und massenmedialen Gesellschaft in eine telematisierte Gesellschaft beschäftigen. Allerdings zeichnen sich Veränderungen in Richtung Thema: Netz in 'Die Zeit', 'Focus', 'Der Spiegel' u.a. ab.

9.5. Technologie, Öffentlichkeit, Menschenrechte

Der VEREIN DEUTSCHER INGENIEURE veröffentlichte 1980 unter dem Titel „VDI - Zukünftige Aufgaben“ einen auch heute noch bemerkenswerten Text über den Zusammenhang von wirtschaftlicher Verflechtung, globaler Information und technischen Möglichkeiten. Festgestellt wurde, daß Technik „ nicht nur Teil spezieller Kulturen (ist), sondern (...) darüber hinaus den wesentlichen Beitrag zur Konstituierung einer modernen Weltkultur (leistet).“ Länder der „Dritten Welt“ reklamierten „Wissenschaft und Technik als gemeinsames Erbe der Menschheit. Die Technik ist die Grundlage für eine interkulturelle Verständigung.“(VDI 1980:29) Seiten später heißt es dann: „Wissenschaft und Technik also können erst die praktischen Voraussetzungen für die Realisierung der Menschenrechte schaffen.“ (1980: 34) Waren Menschenrechte und Technik, wie H. Höcherl auch in den VDI-Nachrichten schrieb, „in ein existentielles Bündnis eingetreten“?

Damit war die Frage eröffnet, ob die bisherigen Konzepte von Verantwortung, Planung oder Entwurf überhaupt noch griffen, ob aus tatsächlichen und prinzipiellen Gründen nicht ganz andere Fragen nach den Zusammenhängen von Technik, systematischen und komplexen Anwendungsentwürfen (=Technologie), Kultur und Zivilisation gestellt werden müßten, als dies bis zu diesem Zeitpunkt der Fall war.

Wir müssen hier nicht den ethischen Implikationen dieser Thesen und Überlegungen nachgehen.(A. Huning 1993; H. Lenk & G. Ropohl 1993) Allerdings wäre es einmal lohnend, die Grenzen der Öffentlichkeit zu untersuchen, die sich den technikethischen Fragen stellt und stellen kann. Die Frage, der hier nachgegangen werden soll ist die, wie sich die Gewichte im Spannungsdreieck von Kapazität - Kompetenz - Kommunikation zur Zeit verteilen und welche Anhaftung öffentlichkeitstheoretische (als kommunikationstheoretische) Positionen haben können. Gehen wir zuvor kurz auf die codifizierte Ebene der Menschenrechte zurück.

ARTIKEL 19 der "Allgemeinen Erklärung der Menschenrechte" der United Nations vom 10.12.1948 besagt:

"Jeder Mensch hat das Recht auf freie Meinungsäußerung; dieses Recht umfaßt die Freiheit, Meinungen unangefochten auszuhängen, Informationen und Ideen mit allen Verständigungsmitteln, ohne Rücksicht auf Grenzen zu suchen, zu empfangen und zu verbreiten (...)"

Ein verheerender Weltkrieg war gerade zu Ende gegangen; der Kalte Krieg und die Blockbildung waren voll im Gange. Das Radio war gerade seinen Kinderschuhen entwachsen, Television in Europa noch nicht eingeführt. Dies geschah erst 1952. Video gab es nicht; die uns heute geläufige Zusammenstellung von CPU/Monitor/Eingabeeinheit für den privaten Gebrauch von Computern war noch nicht erdacht (erst Ende der 1960er); an elektronische Notebooks oder portable Bildtelephone war nicht zu denken. Und dennoch hat diese 'Allgemeine Erklärung' eine unverzichtbare Aktualität.

Heute scheint für die meisten Entwickler und Verbreiter von Computern der Blick auf das Faktum, daß sie computergestützte oder computerverstärkte Informations- und Kommunikationsumgebungen 'verbreiten' , ein Randthema zu sein. Wir gehen aber davon aus, daß Computertechnologien in einem beispiellosen Ausmaß material, organisatorisch und inhaltlich in die sozialen und kulturellen Verfassungen aller Systembereich von Sozialität eingreifen: durch sie werden Freiheiten und Unfreiheiten über die Verbindungen von Kompetenz und Befugnis neu gebildet und zusammengesetzt. Geschwindigkeit der Veränderungen, Komplexität der digital-informationeller Prozesse und deren weltweite Aktivität erfordern von den Nutzerinnen und Nutzern, 'verbunden zu sein', connected. Connection ist zum Synonym für globalem, transkulturellem Zusammenhang geworden.

Wer kennt nicht die viereckigen gelben Schilder an Baustellen, auf denen mit schwarzer Schrift steht: "Unbefugten ist der Zutritt verboten. Eltern haften für ihre Kinder." Unbefugte, wenn sie dennoch eintreten, können was erleben, - woran sich vielleicht manche Leserin oder mancher Leser noch erinnern können. Will man virtuelle Welten als 'Unbefugter' betrachten, so erlebt man das, was 3Com zum Werbespruch machte: 'Unbefugte werden nichts erleben'. Der Nachsatz lautet: 'Connect or not connect - that's the question'. 'Unbefugt sein' ist zu einer Ortsbestimmung in Netzwerken geworden. Der Unbefugte ist off-line, ist zwar im wirklichen Leben, aber von den "elektronischen Grenzgebieten da draußen", wie Mike Godwin die neuen sozialen Räume erläutert, abgehalten.

'*Connect or not connect*' entscheidet also über die Teilnahme an sehr unterschiedlichen Systemen elektronischer Kommunikation, von denen ich hier nur Aspekte computerverstärkter Prozesse betrachte. Dennoch ist die Teilnahme nicht vorrangig ein technisches Connections-Problem. Sie ist eingewoben in einen pragmatischen Zusammenhang von Speicherung, Sendung (oder bezogen auf Computertechnologie: Prozessierung), Information und Kommunikation. (Interconnectivity) D.h.: nicht die technologische Medialität im instrumentalen Sinne bestimmt ausweglos über Befugnisse. Was, wann, wie und warum verbunden wird, ist eingewoben in ein vielschichtiges soziales System der Anwendung von Kommunikation. Daran wird aber deutlich, daß Kommunikation, wenn sie denn pragmatisch sein soll, kein kulturfreies Gut ist, - und erst recht kein sozialimmunes Gut.

Betrachtet man die Fülle computer-medialer Veröffentlichungen im elektronischen Netz und außerhalb, so liegt die weitreichendste Irritation, wenn nicht gar Krise in den Fragen: Wie erreiche ich das Individuum? Wie mache ich es elektronisch anwesend? Wie ist Individualität gegenwärtig aufgebaut? Wie konstruiert sich das Individuum in Netzen unterschiedlichster Ausdehnung, Materialität und Zeitlichkeit? Was erreicht das Individuum im Kommunikationsnetz?

Um ein wenig das Umfeld dieser Fragen zu beschreiben, sind folgende Aspekte hilfreich.

Die Medienentwicklung, die durch computerverstärkte und computergenerierte Kommunikationsumgebungen geprägt ist, unterscheidet sich von den bisherigen Prozessen (neben anderen Aspekten) in einem zentralen Punkt: sie ist nicht an die sende- oder kulturhoheitlichen Zulassungsverfahren gebunden, mit denen Schrift, Bild, gesendeter Ton, gesendetes Bild usw. verbunden waren. Die derzeitige Medienentwicklung ist nicht durch eine enge Bindung von Institution und Medialität geprägt, sondern durch Industrie-Medialität einerseits und experimentale Nutzungen-Medienselektion andererseits. Eine Folge hiervon sind die 'nachrückenden' ergonomischen, nutzertechnischen oder konnetions-technischen Standardisierungen; eine andere Folge sind die Kontrolldebatten um Sendeeinschränkungen in elektronischen Netzen (Sexismus-, Pornodebatte oder Kriminalitätsargumentation). Nachdrücklich wird nun versucht, die alte etatistische Sendehoheit wieder herzustellen, z.B. über Clipper-Chip, Master-key-Regelung für die NSA/USA oder den Verfassungsschutz in Bundesrepublik Deutschland. Dies ändert die nutzungsstrukturellen Bedingungen nicht: elektronische Kommunikation ist derzeit nicht durch ein Modell der institutionellen, staatlichen Sendehoheit bestimmt. Vom Verbraucherschutz bis zu Fragen der Tradierung von Wissen, von kulturellen und normativen Entwicklungen, ist elektronisch verstärkte Kommunikation in das Netz von Industrie und Nutzerpopulationen eingewoben. Es ist eine *global hidden agenda* für kulturelle Neuorganisationen entstanden.

Computertechnologien sind nicht nur Informations- und Kommunikationsmedium, sondern Konstitutionsmedium. Sie führen durch ihre tägliche milliardenhafte Nutzung zu neuen Verfassungen sozialer, ökonomischer, kultureller und transkultureller Normalität.

Diese Aussage bezieht sich nicht auf das einzelne Gerät, das auf dem Bürotisch, auf dem Küchentisch, im Zug auf dem Schoß oder irgendwo steht. Vorausgesetzt sind hier elektronische Systeme verteilten Wissens, Mehrplatznutzungen, Rückkanäle, also Nutzungsgeflechte oder Netzwerke. Will man über Nutzungskapazitäten von Computern sprechen, kann man dies nur schlüssig tun, in dem man die Netzwerke, deren Teil ein einzelner Computerarbeits- oder Nutzungsplatz ist, untersucht. Und, was für meine Themenstellung zentral ist: *wer über Öffentlichkeit redet, muß über elektronische Netzwerke und ihre Nutzungsmöglichkeiten sprechen.* (M. Rost 1996; P.

Horvath 1994; N. Heap, R. Thomas, G. Einon, R. Mason, H. Mackay 1995)

Akzeptiert man diese Arbeitsplattform, so ist ein weiterer Schritt unumgänglich: man muß sich in der Analyse von der vielleicht gut gemeinten, aber herrischen Pädagogik des gedruckten, vorliegenden Textes lösen, der 'schwarz auf weiß' entschlüsselbare Wahrheit speichert, und, was viel wichtiger ist: man muß die aufklärerische Diskurs-Dauerehe von Text-Kommunikation durch intelligente Bilder, multi-mediale Integration der Verständigung erweitern. Dies bedeutet auch, daß 'gelingende Kommunikation', wie sie Jürgen Habermas als diskursiven Leitwert festgeschrieben hat, sich gegenüber weltweit ausgelegten Informationsfluß und ebensolche Kommunikationsereignisse beweisen muß.

Mit der digitalisierten elektronischen Integration der angesichtigen und textlichen (Wissens-)Mitteilung und deren Umformung in einen telepräsenten Schaltungszustand *endet die Objektivität als nichtbeteiligt-sein*. Es endet aber auch die Übereinkunft als eine dauerhaft abschließbare Selbstregulierung. Die Dinge geschehen, weil sie durch Nutzung des Mediums gemacht werden. Und in Netzwerken geschieht immer etwas. Der Gebrauch von Kommunikation ändert sich, weil ihr materialer und logistischer Aufbau sich ebenso ändern, wie die Medienkompetenz und die Nutzererwartungen. *Wer über Öffentlichkeit und Kommunikation redet, darf also über computerverstärkte oder computergenerierte Umgebungen und deren Vernetzung nicht schweigen.*

Spätestens mit der Markteinführung des Personalcomputers 1982 ist der Strukturwandel von Öffentlichkeit neu 'gestartet'. Rasch hat sich seit dieser Zeit eine ON-LINE-World herausgebildet, in die Text, Bild, Ton, elektronische Reichweiten, Fernanwesenheit und elektronische Erreichbarkeit integriert sind. Die intelligenten elektronischen Umgebungen von Produktions-, Forschungs- oder Konsumbereichen führen zu harten Lernprozessen, von denen ich hier vier Haupttypen anspreche:

-Der erste Lernschritt besteht meist darin, daß man begreift, daß der Computer nicht extern angewandt wird, sondern daß jeder einzelne, jedes soziale System den Computer auf sich selbst anwendet und durch die Informations- und Zeitordnung sich ändert.

-Der zweite Lernschritt besteht dann darin, daß versucht wird, das neue Verhältnis von Mensch-Computer-Interaktion langfristig unter Kontrolle zu bekommen.

-Der dritte Lernschritt folgt rasch: er besteht im Ende des Planungs- und Kontrollparadigmas und der unabweisbaren Einsicht, daß intelligente Umgebungen gerade in ihrer Vernetzung nicht zu kontrollieren sind.

-Der Fortschritt besteht dann in der Umsetzung der Einsicht, daß die Verteilungs- und Aufmerksamkeitsmuster sehr kurze 'Lebensdauern' haben, und daß immer wieder neu ausgewählt und entschieden werden muß.

Intelligente Umgebungen führen mit zwingender Logik zu einem lernenden Anpassungsprozeß. Wird dieser nicht vollzogen, fallen die jeweiligen Systeme ins Folkloristische, ins Antiquierte oder Funktionslose zurück.

K. W. Deutsch hatte in seinem Buch '*Politische Kybernetik*' bereits darauf aufmerksam gemacht, daß eine Gesellschaft sich nur dann selbst steuern kann, wenn sie in voller Stärke fortlaufend einen dreifachen Informationsfluß empfangen kann: (i) Informationen über die Außenwelt; (ii) Informationen über Vergangenheit, also mediale Gedächtnisleistungen - sprich: Speicherstrukturen, und (iii) Informationen über sich selbst. (1966: 193)

Für uns bedeutet dies, daß "Informationsfluß in voller Stärke" nur möglich ist unter Anwendung intelligenter Kommunikationsstrukturen auf sich selbst. Bezieht man diese Überlegungen auf den eingangs zitierten Artikel 19 der "Allgemeinen Erklärung der Menschenrechte", so ist das Menschenrecht auf Informationsfreiheit zugleich eng verbunden mit dem Bestandserhalt einer informationsgesteuerten Sozietät: Eine sozial - und rechtsgeschichtlich brisante Situation.

Innerhalb der Informationsnetze entstehen neue Gattungen von Kollektiverzählungen, von Privatheiten und Öffentlichkeiten. Es geht nicht mehr um die Gegenüberstellung eines (wie auch immer bestimmten) Subjekts und der Masse, was ja ein Lieblingsthema etlicher Broadcasting-Analysen ist. Es geht um Individualität und Anonymität, letztlich um die Spannung von einzelnem Ort und Globalität.

Um dies technologisch richtig zuzuordnen, möchte ich auf folgendes aufmerksam machen:

bis in die späten 1980er Jahre begrenzten technische Beschränkungen die Leistungsfähigkeit der Medien. Um ein Bild hoher Qualität über herkömmliche Telefonkabel zu übertragen, benötigte man 10 Minuten bei einem Modem mit 2400 baud oder 2 Minuten bei einem

Modem mit 9600 baud. Es war nicht möglich, *real time moving images* zu senden. Die große Begrenzung bestand darin, daß Bilder von einer kleinen Anzahl von Sendern an eine große Zahl von Empfängern geschickt werden konnten, - ob durch die Luft oder über Koaxialkabel. Interessant ist, daß in den bisherigen Analysen elektronischer Medienentwicklung das Telefon nicht auftauchte, obwohl es seit fast einem Jahrundert das einzige dezentrale und annähernd universal einsatzbare Übertragungsmedium war, - und zudem noch erschwinglich. Allerdings muß man zur Entlastung sagen, daß in Deutschland die soziale Diffusion des Telefons bei 80% erst Ende der 1970er erreicht wurde. Das Telefonsystem stellt die Basis des globalen Systems elektronischer Erreichbarkeit dar. Die Vernetzung mit Fiber-Glas und ISDN stellt einen Quantensprung in den Übertragungsleistungen und den Interaktionskapazitäten dar. Nicht nur, daß statt nur 60 ungefähr 500 video-audio Kanäle zur Verfügung stehen. Realtime Kommunikation ist nun möglich, weil die Systeme schnell genug sind, um 24 Video-Frames per Sek. zu übertragen, begleitet von einer Audiofrequenz von 20-20.000 Herz.

Dieser kleine Ausflug sollte nur darlegen, daß erst seit wenigen Jahren die Kapazitäten für mehrkanalige, übertragungsstarke und medial vielfältige Interaktivität gegeben sind, und dies vor allem in terrestischen Netzen. Bei satelliten-gestützten Netzen sieht die Sache noch ziemlich kümmerlich aus. Berücksichtigt man dies, so können Kritiken, die sich auf unidirektionale einkanalige Sender-Empfänger-Modelle beziehen, nur noch sehr begrenzt verwendet werden.

9.6. Öffentlichkeiten zwischen Netzwerk und Sinnofferten

Diese allgemeinen Bemerkungen bedürfen einiger empirischer Ergänzungen.

Fast selbstverständlich ist inzwischen der Hinweis darauf, daß die Geschwindigkeit, in der sich die computergestützten Netzwerke ausdehnen und festigen, immens ist. Man geht zur Zeit von einem 15%-20%igen Zuwachs der Population der Netzwerknutzer aus. Die Ungenauigkeit der Angaben hat zum einen mit der sehr dynamischen Konkurrenzlage zwischen den Netzwerk-Anbietern zu tun und mit der Möglichkeit der Nutzerinnen und Nutzer, rasch die Netze zu wechseln. Daneben gibt es bislang keine Untersuchung, die die Entwicklung der Netzwerke nach ihren physikalischen Ausdehnung unterscheiden und beforschen (zumindest ist mir keine bekannt).

Ich vermute, daß die Dynamiken der terrestrischen Metropolitan Area Networks mit einer Reichweite von bis zu 200 km, sich sehr von denen der Wide Area Networks mit 1000 Km Reichweite und den satelliten- und kabelgestützten Global Area Networks unterscheiden. Eine besondere Kategorie bilden dabei die Local Area Networks, die als firmeninterne Netze weitgehend der empirischen Untersuchung (noch) entzogen sind. Derzeit liegt das publizistische und ökonomische Hauptaugenmerk auf Netzen wie INTERNET, COMPUSERVE, FIDONET oder auf den diversen ON-LINE-SYSTEMEN. Welche sozial- und öffentlichkeitstheoretische Bedeutung diese haben, läßt sich an folgenden Daten erkennen:

man kalkuliert derzeit, daß über das Internet täglich 180 Mio private Nutzer und ca. 850 Mio berufliche Nutzer erfaßt sind. Im Bereich Unterhaltung und Interessengruppen versorgen über das USENET 3.500.000 hosts insgesamt 35 Mio potentielle Nutzer. Weltweit existieren 2002 ca. 40.000 Netze als Teilnetze des Internet. Das WWW warb 1996 in den USA damit, daß es in Europa 200 Mio Konsumenten für Video-on-Demand erreicht und in Europa, daß es in Amerika 250 Mio Konsumenten erreicht.

D. Kovacs hat 1996 eine Untersuchung über aktuelle wissenschaftliche elektronische Konferenzen abgeschlossen, in der sie 4.000 Konferenzen, mailing-lists, electronic journals, discussion-groups aufführt. Im Unterhaltungsbereich wurde von S. Beck und A. Bahl eine Zahl von 20.000-30.000 Newsgroups angesetzt. Nach Schätzungen der Electronic Messaging Association (EMA) wurden 1993 von ca. 50 Millionen E-Mail-Nutzern annähernd 6 Milliarden Nachrichten mit einer Durchschnittslänge von 500 Worten verschickt.

Es gibt inzwischen ein Fülle selbstorganisierter lokaler, metropolitaner und globaler Netzwerke, die sich nicht nur thematisch spezialisieren, sondern eigene automatisierte Nachrichtenpakete verbreiten. 1991 gab es in Europa 75 Mailboxen in einem einheitlichen Datennetz, dem COMLINK. Es wurde über GreenNet in London betrieben und war mit der Association of Progressiv Communication verbunden. Interessant sind Konzepte wie der des PANTON EUROPEAN MEDIA ART LAB, das die Rückkanäle über Merhfachfrequenzauswahlsverfahren (über touch tone dialing) einsetzt, um Nachrichtenauswahlen über Telefon, Bildtelefon, Mails, Chatbox, News-Ticker zu ermöglichen. Oder es werden elektronische Mail- und Chatboxen eingerichtet, in denen bis zu acht Nutzer sich einwählen und parallel zu einem laufenden Programm eine Unterhaltung führen. Auch hier erfolgt die Steuerung über touch ton dialing.

Dies sind einige Beispiele für das, was ich anfangs die materiale Bestimmung von Öffentlichkeit und Beispiele über deren Veränderungen in den letzten 10 Jahren nannte. Läßt man die Netze einmal beiseite und betrachtet den Markt für ReadOnlyMemory, für die NurLeseSpeicher, also die CD-ROM und berücksichtigt die Prognose, daß 2005 alles bisherige explizite Wissen digital zur Verfügung steht, so setzt sich sozio- und politischkulturelle Bedeutung der 'Turing Galaxis' selbst auf die Tagesordnung. Selbst wenn man noch 15 Jahre drauflegt und auch die Frage nach der Definition von 'explizitem Wissen' mit der Frage nach 'Relevanz', 'Selektion' und politischer Entscheidung verbindet, bleibt der Druck, sich über die Speicherungen und über Öffentlichkeit als ein Modus der Prozessierung von Information zu verständigen.

An diesen wenigen Ziffern läßt sich der soziale Durchsetzungsgrad von computergestützten Umgebungen, wie er in den USA/ Kanada und Europa erreicht ist, erkennen. Daß dies erst der Beginn tiefgreifender Veränderungen ist, bedarf kaum besonderer Hervorhebung.

Erkennbar ist aber auch, daß die *infographischen Räume*, die durch Netzwerktechnologien bereitgestellt werden, keineswegs unbevölkert sind. Das Leben in und mit der Matrix, mit dem weltweiten Geflecht von Computernetzen, wird alltäglich und verlangt erhebliche Anpassungsleistungen. (vgl. M. Faßler: Netzwerke, UTB 2211 / 2001, Kap. III)

Spröde, sperrige Vergangenheiten, ob sie in Fabriken, Bürotrakten, Maschinenparks oder Ausbildungsordnungen 'verkörpert' sind, lassen sich nicht mehr ohne erhebliche kulturelle Anstrengungen übersetzen. Bedeutungsordnungen, die die Abstände zwischen Mensch und Maschine, Natur und Kultur oder Nähe und Ferne fixierten, vergreisen zusehends. Nicht nur früher 'blühende Industrielandschaften' werden ökonomisches und kulturelles Brachland, auch 'blühende' philosophische, kulturelle, soziale Aussagesysteme setzen Patina an, weil sie nicht mehr 'gebraucht' werden. Struktur und Bedeutung, jene unverzichtbaren Koordinaten menschlicher Unterscheidungs- und Reflexionsfähigkeit, werden derzeit tiefgreifend verändert.

Kultur findet in Zukunft, wie G. Sapelli schreibt, zwischen Netzwerk und Sinngebung statt. Die Netzwerke, also die virtuellen Räume sozialer Kommunikation, führen zu einer eigenen und eigenständigen Modellierung von Denken und Handeln, zu einer veränderten Projektierung von einzelnem oder kollektivem, ökonomischem oder politischem Handeln. Akzeptiert man diesen Gedanken, so sind heutige Technikvisionen zugleich mentale Modelle vielgestaltiger, anonymer, uneinsehbarer aber ansprechbarer verteilter Kommunikationsorte. Es sind Modelle virtueller Marktplätze und Forschungslabors, virtueller Dörfer und Gemeinschaften. Sie beschreiben Wissen, Körper und Orte über die Einbindung in netztechnologische Zustände. Darüber hinaus stellt sich mit ihnen die Anforderung, Ort, Wissen, Beteiligung, Kontrolle und Wechselseitigkeit über den einzelnen Menschen und über Menschengruppen im Netz neu zu bestimmen.

Urbanes Verhalten wird zu einer Grundbedingung und zu einer Qualität der Software/Nutzer-Inszenierung und diese Inszenierung wird zur *Bedingung ortloser Demokratie, also einer demokratischen Funktionsebene außerhalb nationaler Körperschaften*. 'Urban' meint dabei vor allem die Anerkennung, daß jeder Mensch, den ich treffe, dieselben Rechte besitzt wie ich, ganz gleich, ob er aus einer erreichbaren Ferne (=Komplexität) oder einer unerreichbaren Ferne (=Heterogenität) in's Rampenlicht der Interaktion tritt. Urbanität und Demokratie sind keine geographischen, sondern topologische Kategorien. Wie bezieht sich dies auf Computertechnologie?

Kommunikation bezieht sich in zunehmendem Maße auf *nicht-angesichtige, elektronisch-fernanwesende, netz-technisch mit einander verbundene Sender und Empfänger*. Sie wird dominiert werden von den quartären Mediensystemen. Die rasante Entwicklung und Stabilisierung von Netzkommunikation unterschiedlicher Reichweiten löst Medialität endgültig aus der Hoheitsfunktion eines staatlich kontrollierten Sendens und massenhaftes Empfangens. Kommunikation und Produktion werden "de-massified", wie es A. Toffler in '*Die dritte Welle*' nannte. So stehen wir vor der irritierenden Situation, daß die Bedeutung der angesichtigen Kommunikation für Wissensvermittlung etc. abnimmt und individuelles Wissen, einzelmenschliche Erfahrungen und soziale Kontakte in einem zunehmendem Maße über anonyme oder zumindest herkunftsungleiche Gesprächspartner oder elektronische Agenten geprägt werden.

Eine neue Ebene der Selbstbeschreibung sozialer Systeme festigt sich: die der *telematischen Kommunikation und der telematischen Integration*. Ich fasse dies unter dem Leitgedanken zusammen:

Unter den Bedingungen computerverstärkter Kommunikationsumgebungen suchen Menschen Medien, die für eine gewisse Zeit Gemeinschaft und Öffentlichkeit ermöglichen. Sie suchen aber keine Gemeinschaft oder Sozialität, die den Gebrauch von Medien festlegen.

Dies ist der harte mediale Kern dessen, was allenthalben der Prozeß der Individualisierung genannt wird. Medien sind immer Teil des Dilemmas, durch Ordnungsgewinn (in und durch symbolische/ abstrakte Weltbilder) in der Vermittlung, (konkret-gegenständliche, körperlich-sinnliche, sinnlich-soziale) Wirklichkeitserfahrung zu verlieren. Medien stehen durch den Gebrauch immer in der Spannung, daß sie entweder Wirklichkeitserfahrungen intelligent verstärken (intellektualisieren) oder den sinnlich-gegenständlichen Zusammenhang von Wirklichkeitserfahrung unterschlagen (entsozialisieren). *(Ordnungs-) Gewinn* meint hier, daß die Verfahren für die (globale, transkulturelle, bereichsübergreifende) Verständigung verbessert werden; *(Erfahrungs-)Verlust* meint hier, daß die Erfahrung direkter körperlich-sinnlicher Gesprächsbindung ersetzt wird durch medial vermittelte und erzeugte Sinnlichkeit, die ihren eigenen Kontext mit Befindlichkeit und Intelligenz hat.

(Ich halte folgende sozialisations- und wahrnehmungstheoretischen Forschungsfragen für unverzichtbar: Wie lernt man Telefonieren? Was lernt man dabei? Wie lernt man Radio hören? Was lernt man zu hören? Wie und woran lernt man lesen? ....)

9.6.1. Virtuelle Regierung

"*Deutschland bekommt eine Virtuelle Regierung*" lautete die Überschrift eines Artikels in FRANKFURTER RUNDSCHAU, 15. Oktober 1994, auf Seite 6. Auf 3/4 einer Druckseite wurde das Projekt POLIKOM dargestellt, ein ISDN-Breitband gestütztes Verfahren der (Bild, Ton, Text, Konferenz) Telekooperation für den Öffentlichen Dienst (d.h. der ministerialen Verwaltungsebenen), eingerichtet zwischen Bonn-Berlin, gefördert durch Bundesmittel, Zentrum Netzwerkforschung IBM Heidelberg, Institut Verwaltungsinformatik Koblenz, Betriebswirtschaftliches Institut für Organisation und Automation (BIFOA) Uni-Köln.

Abschluß des Projektes: 1998.

Ziel war, langfristig die Infrastruktur für elektronische Erreichbarkeit aller Städte zu entwickeln.

Interessant ist daran zunächst zweierlei: die Sparte, unter der der Artikel erschien, war "Wissenschaft und Technik"; die Einführung einer 'virtuellen Regierungsebene' wurde nur andeutungsweise als demokratietheoretisches, verfassungstheoretisches oder kulturelles Problem angesprochen. Dies ist kein Zufall.

Sieht man sich z.B. die Debatten um das "Zukunftskonzept Informationstechnologie" an, die 1990 auf Parlaments-Ebene stattfanden, oder die regionalpolitische Begleitung länderspezifischer Konzepte zur 'Datenautobahn' z.B. Baden-Württembergs 1994, oder auch die vom Büro für Technikfolgen-Abschätzung beim Deutschen Bundestag vorgelegte Auswertung der Texte des Office of Technology Assessment (Juni 1994), so fällt auf, daß die Voraussetzungen und die Folgen des Zusammenwachsens von Informatik, Elektrotechnik, Infrastruktur von Kommunikation und Öffentlichkeit kaum diskutiert werden. Merkwürdig ist auch, daß die vielfältigen Konzepte der Selbstbeschreibung, mit denen Nutzerpopulation in Datennetzen die von ihnen erzeugten Sozialsphären verstehen und begrenzen wollen, nicht berücksichtigt werden. Sicherlich sind virtuelle Marktplätze, Nachbarschaften, Gemeinschaften, Dörfer keine hinreichenden Modelle um überregionale oder transkulturelle Kommunikation und die Netztechnologien[1] dauerhaft zu erfassen.

Die Fragen nach den Möglichkeiten und Notwendigkeiten sozialer Selbstbeschreibung nicht zu bedenken, -- weder als elektronische grassroots-Bewegung noch als informelle Öffentlichkeiten --, unter-

---

[1] Netze: Global Area Network (GAN), -Satellitengestützt, keine räumlich Begrenzung, derzeit niedrige Interaktivität

Wide Area Network (WAN) - terrestisch, leitungsgebunden, länger als 1000 Km

Metropolitan Area Network (MAN) - terrestisch, leitungsgebunden, bis 200 Km

Local Area Network (LAN) - Betrieb, privates Gelände

Very Local Area Network (VLAN)- Ausdehnung in m oder cm; Clusterbildung für Rechner.

Unter dem ordnungspolitischen Begriff des öffentlichen Netzes ist das Weitverkehrsnetz oder WAN einzuordnen.

läßt es, prozedurale Bedingungen von Demokratie unter veränderten Infrastruktur-, Wissens- und Informationskapazitäten neu zuformulieren. Zu einer dieser Prozeduren gehört Öffentlichkeit, sowohl beschreibend wie normbildend. Allerdings bedarf es einer erneuerten Forschung hierüber, da wir mit dem "Ausbleiben einer Soziologie der Öffentlichkeit" zu tun haben, wie dies F. Neidhardt/J. Gerhards 1990 feststellten. Fast ein viertel Jahrhundert beschied man sich mit dem Blick auf Öffentlichkeit, die sich zwischen dem gedruckten und dem angesichtig gesprochenen Wort ansiedelte, und dem gesendeten Bild ebenso ablehnend oder zurückweisend gegenüberstand wie der materialen Zusammensetzung medialer Umgebungen.

Mehrheitlich wird der computertechnologische Umbau der Vermittlungskapazitäten als 'technischer' Prozeß verstanden, und nicht als mediale Veränderung der Selbstbeschreibung sozialer Systeme. Es dominiert noch die ideale Rhetorik der Mensch-Mensch-Interaktion und des Konzeptes einer Mensch-Maschine-Relation. Weder medien-, technik- noch öffentlichkeitstheoretisch durchformuliert (und damit empiriefähig gemacht) ist Mensch-Computer-Interaktion als kultur-technologisches Verteilungs- und Beziehungsmuster von Aufmerksamkeit, Wahrnehmung, Informationsauswahl usw. Es ist also wirklich kein redaktioneller Zufall, daß die 'virtuelle Regierung' in der Rubrik 'Wissenschaft und Technik' landete, und nicht bei 'Politik', 'Kultur' oder 'Wirtschaft'.

9.7. Elektronische Kolonien

Der historisch bestimmte Ort für Öffentlichkeit ist nicht der Sessel, nicht die Fernsehmulde, sondern die Stadt. Sie ist der Ort des Fremden, des Heterogenen, der zählbaren und überraschenden Arten und Weisen sozialer Anwesenheit. Ihr zwischenmenschliches Medium ist die gesprochene Sprache, ihre vorrangige ortsverbindende und zeitüberbrückende Medialität ist das gedruckte Wort, die Zeitung, das Flugblatt, das Buch als passive Speicher endlicher Texte. Mit der Entwicklung massenmedialer Grundversorgung wird der reale Ort Stadt umgeschrieben in eine großräumige Territorialität der Massenverteilung, des Massenvertriebs.

Theoriegeschichtlich interessant ist, daß die Konzentration auf Massenmedien zu einer merkwürdigen Indifferenz gegenüber der gesellschaftlichen Selbstthematisierung und -beschreibung über oder als Öffentlichkeiten/Publikae führte. Dies entwickelte sich zu einem theoretischen Notstandsgebiet, je länger Medien- und Sozialtheorie sich von der Neubildung sehr differenzierter Öffentlichkeitsformen in nationalen und internationalen Datennetzen fernhielten.

In herkömmlichem Funktionsmodell ist Öffentlichkeit bestimmt über:

Sammlung, Verarbeitung, Verwendung von Informationen unterschiedlichster Herkunft, über die Themen, Meinungen, Selbstbeschreibung sozialer Systeme, über episodische Kommunikation. Das hier vorgeschlagene Modell integriert den Gebrauch von und damit die Teilnahme an computerverstärkten sozialen Umgebungen. Berücksichtigt man dies, so werden die *medial-technologischen, die subjektiv-kompetenzgebundenen und die sozio-kulturellen* Voraussetzungen für Öffentlichkeiten (egal in welcher Ausprägung) zum zentralen Thema. Ist die Integrität der realen örtlichen, realen nachbarschaftlichen, der realen arbeitsplatzbezogenen Handlungsvoraussetzung nicht mehr 'ausschließlich' entscheidend für Kommunikation und Interaktion, so wird entscheidend, wie stark ein medientechnologisches Modell informell-normativer Öffentlichkeiten sozial verankert ist.

Um Öffentlichkeit begrifflich neu zu fassen, ist es nicht so sinnvoll, sich auf die im letzten Jahrzehnt so eindringlich geführte 'Beschleunigungs-Debatte' zu konzentrieren (P. Virilio/P. Weibel/et.a.). Die Geschwindigkeit des Neuen hat sich sicherlich mit der Medienentwicklung verändert. J. Wilke zeigt (1984) auf, daß 1622 mehr als 3/4 der Nachrichten älter als zwei Wochen waren, 1906 aber mehr als 90% vom Vortag kamen. Radio, Fernsehen und CNN auf Internet haben dies nochmals verdichtet; Echtzeitsimulationen sind in interaktiven Spielen längst geläufig. Die Geschwindigkeit des Neuen ist alltäglich (sowohl in der Produktfolge, im Komplexitätszuwachs, der Informationsfülle und den Turbulenzen der Banalisierung), ist als Thema zurückgedrängt.

In den Vordergrund rücken die *elektronische Erreichbarkeit*, die *Auswahl aus Informationen, aus der unübersehbaren Menge von Datenflüssen, der Unterschied zwischen kommunikativer (offener) und synthetischer (normativ, professionell, ökonomisch geschlossener) Anwesenheit* und die *anonyme Fernanwesenheit* jedes einzelnen, in jedem sozialen Zusammenhang, jedem Gebäude, jeder Stadt. Reichweite und Erreichbarkeit sind die Steuerungsgrößen innerhalb des elektronisch-medialen Zusatzraumes. Sie beschreiben die Topologie der Netze und bilden auch das Basiskonzept des eingangs zitierten PoliKom-Forschungskonzeptes.

Der so beschreibbare *Zusatzraum ist eine Art kommunikativer Selbstkolonisierung* der territorialen Sozialsysteme. Es werden elektronische Kolonien gebildet, die im Moment ihrer Entstehung bereits eine *netztechnische Eigengeschichte* bilden. Sie ersetzen nichts, sondern sind eine neue eigenständige Form sozialer Nähe und sozialer Abstände, von Telearbeitplätzen, Cyber-law und Nachbarschaften: ein medialer und zugleich ein mentaler Raum.

Der virtuelle Raum ist inszeniert zwischen der prinzipiellen mathematischen Unendlichkeit des "*rechnenden Raumes*" [K. Zuse] und der prinzipiellen Endlichkeit des sozialen Raumes, aus der eine jeweils spezifische Auswahl an Daten, Beteiligungen, Adressierungen usw. folgt. Er ist Kolonie, leerer Raum, kurzzeitiges Territorium, Besucherraum, Wissensraum; ein zeitflüchtiges Raumereignis, in dem/ über den dennoch die politisch-konstitutionelle Auseinandersetzung um Versammlungsfreiheit, Pressefreiheit, Meinungsfreiheit und das Copyright begonnen hat.

Mit den virtuellen elektronischen Räumen sieht sich Kommunikationstheorie einem transkulturellen Fragenbereich, sogar einem kulturevolutionären Fragenrahmen gegenüber. Verbunden mit dem zitierten Zusammenhang von Technologie und Menschenrecht steht die Notwendigkeit auf der Tagesordnung, ein *unterscheidungsreiches Modell von Kommunikation ausgehend von Weltkommunikation empirisch zu entwerfen.* Aber dies wäre ein anderes Buch.

10. INDIVIDUALISIERUNG, MEDIENINTEGRIERTE GEMEINSCHAFTEN, GLOBALITÄT ALS DAUEREXPERIMENT

„Lernen plus Evolution ist das Grundprinzip für Kultur. Möglicherweise können Lernen und Verhalten Information genauso an die Gene weitergeben, wie die Gene Information an Lernen und Verhalten weitergeben können. Ersteres heißt genetische, letzteres kulturelle Anpassung.

Die Menschheitsgeschichte ist die Geschichte kulturellen Wandels. Während sich die Gesellschaften entwickeln, werden die biologisch vererbten Fähigkeiten und Gedächtnisinhalte ständig von der gemeinsamen Fähigkeit zu lernen und zu lehren enteignet...Nach und nach wurde die Biologie des Menschen abhängig von seiner Kultur und unterstützte zunehmend die weitere Kulturalisierung – denn die Kultur übernahm einige biologische Funktionen...

Aus der Sicht des menschlichen Körpers erscheint diese beschleunigte Evolution in Richtung eines auf Information basierenden Systems wie eine biologische Verkümmerung. Aus der Sicht von Büchern und Lernen sieht es nach Selbstorganisation aus – Kultur dehnt sich auf Kosten der Biologie aus. Ebenso wie das Leben die Materie erbarmungslos infiltriert und sie dann für immer entführt, entführt das kulturelle Leben die Biologie. Genau genommen vertrete ich die These, daß Kultur unsere Gene modifiziert."

Kevin Kelly, Das Ende der Kontrolle. Die biologische Wende in Wirtschaft, Technik und Gesellschaft, 1997, S. 505-508

10.1. Kommunikation = Welt ausprobieren

Mit dem 9. Kapitel endete die erste Ausgabe von „Was ist Kommunikation?". Inzwischen sind vor allem die medientechnologischen Bedingungen, unter denen Kommunikation angesprochen werden kann, erheblich verändert worden. Und mit ihnen ändern sich die erkenntnistheoretischen Fragestellungen, unter denen sich Kommunikation empirisch, ethnographisch, erkenntnistheoretisch durchformulieren läßt.

Zwei wissenschaftliche Beschreibungskonzepte gewannen dabei an Bedeutung: (Kultur als) *Evolution* und (Kultur-) *Anthropologie*.

Wissenschaften und Technologien trennen sich von der Erzeugung und Steuerung großer Massen von Dingen und Zuständen, von Kultur *en gros*. Sie haben die Phase des *molaren*, des unreflektierten Massenerzeugnisses verlassen. Sie werden *molekular*, wie Pierre Levy (1997) schreibt, *mikrologisch*, orientiert an der Beherrschung der materialen und informationellen Bedingungen von Leben.

Es ist ein schwieriger Wechsel für die sozialen Figuren und Rhetoriken der Öffentlichkeit, Anwesenheit, Identität. Bühne frei für Mischinszenierungen. Es sind Griffe nach einer neuen Allgemeinheit der techno-evolutionär geprüften *source codes*. R. Kurzweil hat in „homo s@piens" in beeindruckender Weise sowohl die Processoren-Entwicklung dargestellt, als auch in einer Zeittafel, die bis 2099 und

„in ein paar Jahrtausenden..." reicht, den vermuteten evolutionären Dynamiken bedrückende Nüchternheit entgegengesetzt. 2099: „Der Begriff 'Lebenserwartung' hat im Zusammenhang mit intelligenten Wesen keine Bedeutung mehr." (453)

Eine Spannung baut sich auf zwischen *globalen Standards des Singulären* und *einzelmenschlicher Singularität.* Zwischen ihnen gibt es keine Grenzen mehr, nur mehr Ränder; - technomorphes und mediamorphes (Roger Fidler) Geschehen. Sollte Kultur sich auf diese Ränder einstellen? Ich meine ja. Eine *boundary spanning unit* werden? Ja, warum nicht. „Maximiere die Randzonen" (K. Kelly: 1997 / 594)

Der Auftritt des Menschen vor sich selbst löst sich immer mehr von den vorindustriellen, industriellen, agrarischen, urbanen, kirchlichen, nationalen Bindungen. Für den einzelnen Menschen, nennen wir ihn traditionell unteilbar, individuell, ist dies wichtig. Freiheitszusagen realisieren sich in der Entfernung zum soldatischen Nationalismus, zur Zugehörigkeit als Verfolgungsmuster. Er, der einzelne Mensch, ist überall, global. Zur gleichen Zeit löst sich der Auftritt des Menschen auch von dieser existenziell-individuellen Bühne, kehrt der Herkunft, der Abstammung den Rücken, setzt auf Werden, ohne wirklich zu wissen, was er dafür wissen müsste. Hat eine lange Reise ins Irgendwo begonnen, von den empirischen Bedingungen des Lebens und es Todes in die (noch) nichtempirischen Bedingungen von Leben?

Erneut geht es nicht um ihn, den einzelnen Menschen. Geht es überhaupt um uns, wenn wir von Menschheit reden? Wahrscheinlich nicht. Immerhin soweit noch, daß (menschliches) Leben sich als Leben beobachtet, als singulärer Ausdruck, als vorhandenes Leben. Aber der Verlust der Wissensgrenzen zwischen natürlich und künstlich ist offensichtlich. Das entwerfende Denken des Menschen bewegt sich auf tiefe Komplexitäten zu, die sich nicht von selbst verkörpern, die werden müssen, die leben müssen, um beobachtet und verstanden zu werden. Leben als Teststrecke des Unbelebten? Medienwelten als menschgemachte Evolutionslabors?

Etwas sperrig wird von „Medienepistemologie" (S. Weber) gesprochen, was wohl bedeuten soll: menschliche Kulturen vorrangig über Medientheorie zu erklären, wissend und hoffentlich bedenkend, daß dies selbst wiederum in Medien stattfindet. Berücksichtigt man, daß (a) Medien gemacht sind und weiter gemacht werden und daß (b) Medien sich erst durch kommunikative Verfahren als kulturelle

Netzwerke organisieren und darstellen, ist eine einseitige Festlegung auf Medien nur begrenzt hilfreich. Es sind nicht Medien für sich, die evolvieren, sondern die gesamten Systeme, die in der Matrix von

- Materialität – Medien – Menschen
- Information – Interaktivität – Individualität
- Kommunikation – Konsens – Knoten

bestehen.

Eine solche systemische Beobachtung, wie sie in dem Buch bisher vorgelegt wurde, übersetzt *Prozess* und *Evolution* hin auf Entwurf, Experiment, Entscheidung und Ausbeutung. Ein Terminus führt diese Handlungsdimensionen unterhalt der Schwelle von Evolution zusammen, und dies ist *Kooperation*. Kooperation ist keineswegs abhängig von einer gnädigen oder wohlwollenden Zentralautorität, auch nicht von einem legitimierten Staat, wie dies seit Thomas Hobbes (1651) in den unterschiedlichsten Politik- und Integrationsmodellen behauptet wird.

Kooperation ist, wie ich noch verdeutlichen werde, ein *Lebensimpuls*. Er ist grundsätzlich unvollständig, auf kein Ziel festgelegt, sondern ein pragmatisches Geschehen, das gleichwohl Kalküle verwirklicht.

Alles, was in den Kooperationen geschieht (lernen, anpassen, konkurrieren, bekämpfen), erhält sich nur unter den Bedingungen von Häufigkeit, die auch im Gewand von Macht, d.h. kontrollierter Wiederholbarkeit auftreten kann.

Dies ermöglicht, zwei Thesen ausdrücklicher zu fassen, die auch den bisherigen Argumenten unterlegt war:

1. Gesellschaft ist wahrscheinlich ein Wahrscheinlichkeits- und statistisches Phänomen. Eingebettet sind die Formen in die Dynamiken menschlicher Gemeinschaften, die in sich abstrakt-symbolische Unterscheidungs- und Konstruktionsleistungen entwikkelten (Zahlen, Grapheme, Bilder, Rechenverfahren, Bezeichnungs- und Bedeutungsverfahren) und ihnen Realitätsstatus beimessen. Dies nennen wir Kultur.
2. Wir nehmen an, daß Kulturen die source codes für Gesellschaften enthalten. Diese source codes können in bestimmter Weise koordiniert werden und ermöglichen dann die hinreichend komplexe Verdichtung als Ökonomie, Rechtsordnung, Systemwissenschaft oder „moderne“ Gesellschaft. Daß sich die Verbindung von Geldverkehr, Warenwirtschaft, Urbanisierung, evolutionären

Klasseninteressen, antitraditioneller Verweltlichung, Rationalitätscluster (doppelte Buchführung, Produktionsorganisation, Arbeitsteilung, wirtschaftliche Strategie) nochmals so ergeben wird, wie für die sog. Moderne, ist eher unwahrscheinlich. Das Verschwinden von Gesellschaft bedeutet also nicht das Verschwinden von Kultur, sondern eine veränderte Zusammensetzung wahrscheinlich möglicher Strukturen.

Der Hinweis auf „Weltkommunikation" im letzten Kapitel bereitet im Ansatz diese kulturwissenschaftliche Position vor, die sich vorrangig an systemischen

- *ko-aktionalen* Prozessen (zwischen Menschen, Codessystemen, Medien, Technologien; sie beschreiben die Verlaufsformen), an
- *inter-aktiven Prozessen* (richtiger: an inter-aktionalen Prozessen zwischen Menschen und Medien, Medien und Medien, Mensch-Medien-Mensch beziehen; dies beobachtet vorrangig die absichtliche oder programmierte Bindung der Reaktion), und an
- *ko-evolutionären* Prozessen (auf verändernde Anpassung / anpassende Veränderung, Entwurf, Perfektionierung der Merkmale) orientiert.

In dieser Beobachtungssprache steckt eine weitere These, die für die folgende Argumentation ebenso wichtig ist.

3. Die Wahrscheinlichkeit von Gesellschaft und der tendenzielle Bedeutungsschwund von Gesellschaft für die Entwicklung von Kultur deutet darauf hin, daß soziale Systeme nicht als 'Wirt' funktionieren, sondern zu den Selbsterhaltungsbedingungen von Kultur unter spezifischen Bedingungen gehören. Dies wäre schon aufregend genug, um es theoretisch und empirisch zu prüfen. Aber die Steigerung liegt in der These, daß die wichtigste Eigenschaft des Lebens „nicht die Vermehrung der Invarianz, sondern der Instabilität" (David Layzer: 1995) ist. N. Luhmann sprach von der „Steigerung der Abweichung".

In dieser Position stehen nicht Institutionalisierung und Festschreibung, sondern entwerfen, ausprobieren und ausbeuten im Vordergrund. Vor allem der Aspekt des Ausprobierens wird uns in diesem Abschnitt etwas intensiver beschäftigen. Er folgt dem Gedanken, daß *Kommunikation immer ein Experiment* ist und dem spieltheoretischen Gedanken, dieses Experiment von einzelnen Menschen für den sofortigen Gewinn 'ausgebeutet' werden kann; die andere Handlungsweise bestünde darin, für den zukünftigen Gewinn weiter zu experimentieren, auszuprobieren. (Axelrod, R. 1991)

Um die Verbindung von Medientechnologie, Anwendung, Kommunikation und Evolution ein wenig zu verdeutlichen, beziehe ich mich im folgenden Text auf das Ausprobieren. Eingeschränkt wird dies hier auf einige Aspekte der Web-Entwicklungen, die ich im Rahmen meines internationalen Forschungsprojektes „CYBERPOIESIS“ quantitativ und qualitativ untersucht habe.

10.2. Anstrengungen und Allianzen

Die angesprochene Spannung von Kultur und 'Soziales System' soll mit drei Thesen etwas verdeutlicht werden.

-> Die erste These besagt:

Die enormen historischen Anstrengungen, die über gut 300 Jahre aufgebracht wurden, um das Modell 'bürgerliche Gesellschaft' und 'partizipatorische Öffentlichkeit' wenigstens in die Denkgewohnheiten einer großen Zahl von europäischen und us-amerikanischen Menschen einzuführen, verändern ihren Charakter. Sie werden nun beerbt von den Anstrengungen, vernetzte, nicht-territoriale Medienräume und territoriale, national-politisch und nationalistisch / ethnisch-kulturell organisierte Gesellschaften zusammen zu fügen.

Diese *on-line / off-line Architektur der Kommunikation* erfordert veränderte wissenschaftliche Aufmerksamkeit gegenüber den Prozessen, Zusammenhänge zu erzeugen (technologisch, kompetenzbezogen, normativ), zu erhalten (speichern, archivieren, institutionalisieren, aus der Veränderungsarena 'herauszunehmen') und zu tradieren (gruppentypisch, ökonomisch-strukturell, erzieherisch, identitätsbezogen weitergeben). Bei diesen Aspekten kann nicht übersehen werden, daß weder Medialität noch Kommunikationsregime ohne sie begleitende und begründende ökonomische, militärische, strategische und hegemoniale Machtstrukturen einhergehen. Versteht man allerdings Ökonomie als Dimensionen unserer Kultur(en), so sollte *Kommunikations- und Medientheorie als Kultur- und Gesellschaftskritik* verstanden und praktiziert werden (sofern Gesellschaft sich überhaupt noch operativ sinnvoll beschreiben lässt).

Dies betrifft nicht allein die Kritik an Berlusconi oder Gates als Personifizierungen von Medienkapital. Umgekehrt: diese Personen sind Beispiele und Symptome dafür, daß die *Ökonomisierung indivi-*

dueller und globaler Kommunikation über die Beherrschung kultureller Komplexitäten geht. Damit meine ich, daß in den sog. Ideenökonomien und Wissensgesellschaften die *Mobilisierung der neuwertschaffenden Kräfte über die Ressourcen kultureller Aufmerksamkeit, abstrakter Unterscheidungsfähigkeit, Lust und Interesse an medialer Unterhaltung, über bildliche und schriftsprachliche Aufmerksamkeit* geht. Hiergegen die Chancen für die Reformulierung grundsätzlich gemeinter Demokratie einzubringen, ist bislang nur wenig versucht worden. Websites von Parteien, Homepages von Politikern, Chats über Parteiprogramme müssen ebenso auf den Prüfstand wie Hacker- Kultur, open source, offene Netzwerke.

→ Die zweite These besagt:

Die herkömmlichen politisch-institutionellen Regelsysteme für innergesellschaftliche Kommunikation (= Schulpflicht und Hoheit der Länder oder des Staates / Alphabetisierung durch Schule / normative Orientierung durch Familie / alltagsweltliche elterliche Verfügungsstrukturen über Medien wie z.B. Fernseher, Radio, Video, Plattenspieler und Telefon im Wohnzimmer / berufliche Ausbildung/ Universitäten), sind zu langsam für die raschen Neuzusammensetzungen von Kommunikationsumgebungen. Es ist zu vermuten, daß zwischen den dynamischen Medienökonomien und individualisierten Kommunikationsmustern ein *eigenes globales medienkulturelles Feld* der Anpassung, Lernforderungen, organisierter Neugier, Ideen- und Innovationsökonomien entsteht. Es scheint zu dem, daß die professionelle Politik diesen Vorgang entweder duldet, befördert oder billigend in Kauf nimmt. Denn anders ist nicht zu erklären, daß zwar über deutsche Lehrerinnen mit Kopftuch heftige Berufs-, und Kultusverbotsdebatten stattfinden, über die medientechnologische Transformation, Selektion und Neuarretierung der Wissensbestände aber kein Wort verloren wird. So haben wir zwar in Deutschland noch die nach-faschistische Kulturhoheit der Länder, aber keine noch so kulturell gaukelnde Partei betreibt Wahlkampf für eine mediale Neubestimmung und Neuzusammensetzung von Bildung und Wissen. Und Medienbeiräten, in denen alle ´gesellschaftlich relevanten Gruppierungen´ sitzen, scheint es zu viel Arbeit zu sein, sich mit Standardisierungspolitiken und education programms der Internet Society, der Direction 13 der EU (zuständig für Standardisierungen im Telekommunikations- und Netzbereich) oder des WWW-Consortiums auseinander zu setzen. So wird es für eine weiterführende wissenschaftliche Theoriebildung über die gegenwärtigen kulturellen Praxen von

Kommunikation unverzichtbar, sich den Kommunalisierungsprozessen zuzuwenden, die in diesen *deregulierten globalen medienkulturellen Feldern* entstehen.

→ Die dritte These besagt:

Wenn mediale Welten zu existentiellen und strukturellen Umgebungen in Beruf, Lebenswelt, Ausbildung, Lehre, Lernprozessen geworden sind, müssen *alle Netz- und Medienprozesse als 'kulturelle Aktivitäten in Gänze'* anerkannt und beobachtet werden. Das entscheidende Wort dabei ist 'Aktivität', die ich, wie schon früher angesprochen, als ein ko-aktionales Feld zwischen Menschen und Medien (bestehend aus Tastatur, Bedienungsfähigkeit / Monitor und Sichtbarkeit, Lesbarkeit / funktionierende Speicher- Verarbeitungs- und Verbreitungsfunktionen im Medium sowie Perzeptions-, Reflexions- und Entwurfsfähigkeit beim Menschen / Immersivität / technologische Freiheitsgrade und die Idee von individueller Freiheit auf der Basis globaler Standardisierungen / Virtualisierungsfähigkeit / Fiktionalität usw.) beschreibe.

10.3. Net und Web – full scale cultural behavior

Was besagt nun der Gedanke 'kulturelle Aktivität in Gänze'?

Mit ihm wird zunächst unterstrichen, daß keine Handlung, keine Speicherung, keine Verarbeitung, kein Expressivität getrennt von den Umgebungen beobachtet werden kann, in denen sie einen Unterschied markieren. So ist Mathematik kein Ersatz, kein Trost für die Mühen der Darstellungen und der Vorstellungen, die erbracht werden müssen, um Expressivität oder Verständigung zu vorzubereiten und erreichen. Oder: Text ersetzen kein Bild, Visualität ersetzt keine Schriftlichkeit, direkte sinnliche Erfahrung ersetzt keine abstrakte Reflexion.

Weder Kalkulation, Technik noch Medien sind 'ersetzende' Dienstleistungen. Tatsächlich weist nichts darauf hin, daß in elektronischen Virtualitäten 'von sich aus' komplexe, emergente, eigenwertige Prozesse von Kultur entstehen könnten. Das Faktum, daß die Sprache Mathematik ein kulturelles Produkt ist, besagt nicht, was und *wie* mit ihr *weiter gedacht* und *gemacht* wird. Erst in den Anwendungen von Transistoren und elektronischen Schaltungsimpulsen, von kommunikativen Reichweiten und medialen Anwesenheiten, Spielen und Computer-Simulationen wurde und wird zusammenhängendes, kulturelles Verhalten möglich. Mit Computertechnologie stellen sich Menschen weltweit einen unübersichtlichen Reichtum möglicher räumlicher, spielerischer, designspezifischer, planerischer, organisatorischer, künstlerischer, wissenschaftlicher, experimenteller Synthesen zur Verfügung. Erst die Anwendung schafft 'Übersicht', für den Moment.

Diese Unübersichtlichkeit wird nicht gern gesehen, vor allem nicht von jenen, die auf mathematische Eineindeutigkeit oder auf Invarianz von Bedeutung und Sinn setzen. Nun ist es nicht mehr zu ändern: *Ränder, Abweichungen, Irritationen, Überraschungen, mehrfache Kontingenzen* (überraschende Umdeutungen und unerwartete Nutzungen) *bestimmen die Realität kommunikativen Geschehens*.

Zwischen Mensch und Materie, Mensch und Medientechnologie sind Bereiche entstanden, die ihre eigenen Entwicklungsvarianten erarbeiten und herkömmlich unter dem Aspekt der zunehmenden Komplexität oder der mehrwertigen Logik (eine bislang nicht eingelöste Konzeption) beschrieben werden. Aus meiner Sicht erfordern die entstandenen Medienräume *veränderte Beobachtung von und Zugänge zu Kommunikation, Schein, Identität, Vertrauen, Verlässlichkeit, Intelligenz, zu Gruppe, Gemeinschaft, Individualität.*

Anstatt nur der Empirie der Großen und Kleinen Zahlen nachzugehen, den Skalierungen und Clustern zu folgen, wird versucht, den Anwesenheiten 'im Netz' als „full-scale cultural behavior“ (C. Turnbul: 1990, 50-81) näher zu kommen. Ich habe mit einigen Kolleginnen und Kollegen im Rahmen eines Forschungsprojektes dieses Thema empirisch und theoretisch zu fassen versucht. Die quantifizierende Empirie und die qualitativen Interviews unserer Forschung ist gespeichert unter > www.cyberpoiesis.net <. Schauen Sie nach. Aus diesem Forschungszusammenhang zum Netz, zu dem von mir auch ein UTB-Buch unter dem Titel „Netzwerke“ vorliegt, greife ich den Aspekt des WEB speziell heraus.

Warum diese Unterscheidung hier zwischen Net und Web? Sie ist eingeführt und beschreibt den Unterschied zwischen Net einer Ansammlung von zumeist Local Area Networks (ca. 40.000 weltweit), die entweder keine direkten Verbindungen aufweisen oder über komplizierte Schaltungsstufen die Protokolle übertragen, und Web einer auf Integration aller Datenformate und Übertragungsprotokolle ausgelegten Technologie, deren kommerzielle Geschichte 1992 mit dem World Wide Web begann.

Es stellt das Vorhaben dar, die speziellen Anwendungsprotokolle und –programme des Internet in einen Medienrahmen zu integrieren. Internet Relay Chat / IRC, USENET, FIDONET, listenbasierte Mail-Communities usw. wurden im Web-Rahmen angeboten. Zugänge wurden vereinfacht, wodurch viele Menschen 'sich im Netz anwesend machen konnten': wurde zugleich die Kommerzialisierung vorangetrieben. Präsentationsräume entstehen. Sie sind meist unidirektional, mit zeitversetzten Kommunikationsmöglichkeiten (über Mitteilungen am black board oder in Briefkästen) ausgestattet. Dies scheint dennoch nicht für intensive, vor allem entwicklungsorientierte WEB-Projekte hinderlich zu sein.

WEB ist vielleicht das *populärste Meta-Genre der virtuellen Szenarien*, betrachtet man nur die weiter expandierenden Zahlen der Domain-Anmeldungen, Homepages, der elektronischen Verbindungsadressen (links) und der angehängten Datenbanken. WEB bündelt einzelmenschliche Auftritte, bindet sie an die symbolischen Codes der Mathematik und die des wahrnehmbaren Verhaltensauftritts, zieht Anwesenheitserwartungen in globalen Räumen auf sich und verarbeitet zugleich die extremsten Formen der Distanz: die Binarität. WEB ist verzweigt und zugleich (zu) offensichtlich, in ihm organisieren sich Kriminalität und politische Meinung, lächerliche Selbstausstellung mit Hilfe von Web-Cams und brillante audiovisuelle Präsenz z.B. von Weltreisenden, die sich über web-basiserte audiovisuelle Telepräsenz als Welt-Gruppe (der 'backpacker') organisieren.[1] WEB ist nicht skandalös. Es ist auf dem besten Wege, eine Globalroutine zu werden. Zugleich bündelt sich in ihr die Spannung zwischen globalen Mediensystemen und neuartiger Medialität.

Das gibt uns die Chance, über die zukunftsgerichteten Ansätze zu berichten, die in der medialen Virtualität nicht nur Funktionen erkennen, sondern offene, ästhetische, kognitiv und ökonomisch produktive Realitäten wahrnehmen und wahr machen. Auf der anderen Seite steht: WEB ist instabil. Das erfordert eben mehr als Quantifizierung. Es verlangt von den Beobachtern und Beobachterinnen, die Vielzeitigkeit und die Vielräumlichkeit der Vernetzungen denken zu lernen, Zug um Zug, auch wenn man das Metaspiel (noch) nicht kennt. Diese Spannung beruht auf einem mächtigen Gegensatz:

---

[1] Derzeit erforscht Mag. Jana Binder solche Welt-Gruppen am Institut für Kulturanthropologie und Europäische Ethnologie / J.W. Goethe – Universität Frankfurt

Die rasche Verbreitung von Netztechnologien in einzelnen Gesellschaften und weltweit steigert die physikalisch Kapazitäten der Speicherung, Verarbeitung, Verbreitung von Daten. Diese „Externalisierung des Wissens“ wird nicht begleitet von einer auch nur annähernd intensiv betriebenen „Internalisierungs-Praxis“. Enorme Belastungen entstehen durch globalisierte technologische Standardumgebungen, Ökonomisierung des Wissens, Kommerzialisierung der Kommunikation und Individualisierung, da die Vermittlungsgefüge und Bindungsmuster hierfür nicht entwickelt sind. Was wir soeben 'Globalroutine' nannten, beruht auf diesem Dilemma und beschreibt Ansätze, über netzinterne Entwicklungsgemeinschaften in andere Wissens- und Kommunikationsarrangements zu gelangen.

Der G-8 Gipfel in Kyushu-Okinawa vom 21-23. Juli 2000 reagierte mit seinen Nine Principals for the *Global Digital Opportunity* auf diese Situation. In der Presserklärung hieß es:

> „A gap in the availability of Internet access will have a multilier effect and create an even more significant divide in critical areas such as education, job tranining, literarcy, public health and economic prosperty“.

Punkt 1 der “Principles” lautete:

> “The G-8 should take a leadership role by advancing, together with devoloping countries, a positive vision of global digital opportunity and by organizing a coordinated effort, backed by high-level support, to assist developing countries in its realization.”

Dies ist eine offizielle Reaktion, die sich zumindest um die politische Thematik des *Digital Global Divide* bemüht. Es bleibt abzuwarten, ob dies irgend eine Folge hat, die die Regulierungs- und Entwicklungskompetenzen der Internet Society oder des World Wide Web Consortiums positiv unterstützt. Stefan Sonvilla-Weisz ist da radikaler: er sieht in der Stellungnahme der G-8 Zynismus. Dies ist nicht von der Hand zu weisen, nehmen die medientechnologischen Dynamiken Prozesse doch inzwischen ganz andere Richtungen als die der politischen Kontrolle ein. Die nutzenden Menschen werden entscheidend, aber die Regeln für den Zugang zu den globalen Medien- und Wissenstechnologien sind die des Marktes, der individuellen Einkommensgrößen, die für den Kauf und die updates / upgrades eingesetzt werden können, Bildungsniveau und kulturelle Aktzeptanz.

Fruchtbarer scheint für updates / upgrades, für das lernende Erweitern der medialen Räume und medialer Anwesenheit die Netzkultur der Open-Source zu sein, da sie nicht mehr vom Computer als gesondertem Einzelobjekt und vom Netz als gesonderter Übertragungsstruktur ausgeht. Hier gilt, daß Netz das benutzungs- und entwicklungsintensivste Feld globaler Prozesse ist.

Zur Zeit gibt es immer präzisere Versuche, die kulturelle Organisation der Matrix / Netze zu erfassen. Die „Jagd nach dem goldenen Link", wie FOCUS 19/2002 titelte, das Auffinden von 'wertvollen' spezialisierten, nachrichtenfähigen Informationsquellen im WEB, zielt auf ein unterscheidungsreicheres und zugleich anwendungsbezogenes Informationssortiment. Diese „Weblogs" könnten die Suchmaschinen herkömmlicher Art ablösen, da sie laufend von einer zerstreuten Redaktion aktualisiert und sortiert angeboten werden, d.h. sie werden nicht durch das individuelle Nutzungsverhalten organisiert, sondern durch gruppenkulturelle Interessenarrangements. (>>www.antvill.org<< ; >>www.userland.com<< ; >>www.noahgrey.com/greysoft <<)

10.4. 'Making Sense within the Articial'

Ted Friedman betitelte 1995 einen Buchbeitrag „Making sense of software" (1995 / 73-89). Ihm ging es darum, Software als Grundlage beispielloser Selbstorganisation sozialer Prozesse beobachten zu lernen. Basis waren für ihn Spiele, ihre Logiken, ihre strategischen Ebenen, ihre Variationsbreiten. Er kam mit seiner Argumentation nahe an jene Konzepte von Spielen heran, die von einer „evolution of cooperation" (R. Axelrod: 1991), der kulturanthropologischen Kleinarbeit des „homo ludens" (J. Huizinga: 1955) oder auch der integrierten Sicht mathematischer Spieltheorie auf Maschinen, Strukturen, Evolutionen, Verhalten und Intelligenz (J. v. Neumann 1967) ausgehen. K. Kelly (1997: 509f) fasste die spiel- und evolutionstheoretischen Schritte zusammen. Evolution unterscheidet er in den Schritten

„ - Autogenese von Systemen
- Reproduktion
- Genetische Steuerung
- Somatische Plastizität
- Gedächtniskultur
- Selbstgesteuerte Evolution."

Erweitert man den Terminus Software um den der Information, wird der Aspekt der sinnvollen Selbstorganisation im Rahmen künstlicher Evolution deutlicher.

Information stellt einen Formalismus dar, um ein zeitliches Geschehen zu erzeugen. Sie wird, sofern sie für den Menschen erforderlich ist, von diesem wahrnehmbar gemacht, in ein zeitlich-gegenständliches, körperlich-sinnliches, reflexiv-abstraktes Geschehen versetzt, wird Form. Genau genommen 'wird' sie nicht 'von sich aus' Form, sondern zu dieser erst im Geschehen der Nutzung, Verwendung, Anwendung, Auswahl 'gemacht'. Form, - z.B. Schriftbild, Bildschrift, Verknüpfungsmuster, Animationen, Raumsimulationen - , wird erst durch kommunikative Entscheidungen in den künstlichen Raum platziert, und diese Platzierung erzeugt diesen Raum. Man hatte sich in den 1980ern und 1990ern rasch an diese technogenetischen Verläufe der künstlichen (gegenständlichen) Re-Formierung von Informationen gewöhnt. Simulationen der Formen, Spiele ohne gegenständliche Grenzen, eroberten sich Marktanteile. Durchschreitbare virtuelle Küchen, 'testweise' tragbare Kleider und Haartoupets, bis zu Autoangeboten: der Eindruck, daß Computertechnologie den Formenerwartungen 'angepasst' werden konnte, beruhigte.

Weniger rasch gewöhnte man sich an daran, daß mit Informationstechnologie Räume hergestellt werden konnten, die Verständigungsweisen ohne Rücksicht auf Geografie, soziale Schichtung, Geschlecht, Behinderung, Alter, Hauptfarbe ermöglichten. Viele Untersuchungen liegen hierzu inzwischen vor. Margret Wertheim beschrieb in ihrem sehr lesenswerten Buch „Die Himmelstür zum Cyberspace“ (2000), wie sich die Raumkonzeptionen in den letzten vier Jahrhunderten vor allem unter dem Einfluss von Wissenschaft und Medien veränderten. Ihre Schlußfolgerung ist über aus interessant und wirft, neben den Fragen wissenschaftlicher oder technischer Dominanz von Raumfiktion, die Frage nach der euro-amerikanischen Zentriertheit medientechnologischer Ordnungsvorstellungen auf.

> „Mit jeder Veränderung unserer Konzeption des Raums entsteht auch eine entsprechende Veränderung in unserer Konzeption des Universums – und damit unseres eigenen Ortes und unserer Rolle innerhalb des Universums. In letzter Analyse ist unsere Konzeption von uns selbst unauslöschlich verbunden mit unserer Konzeption des Raums. Wie ich am Anfang dieser Arbeit sagte, können Menschen, die sich sowohl im physikalischen Raum als auch im spirituellen Raum eingebettet sehen, gar nicht anders, als sich

> *selbst* als dualistisch betrachten, als physische und spirituelle Wesen. Menschen dagegen, die den Raum in rein physikalischen Kategorien wahrnehmen, sind praktisch gezwungen, sich als rein physikalische Wesen zu betrachten...Menschen nichtwestlicher Kulturen haben völlig andere Möglichkeiten."(342)

Was uns hier interessiert ist nicht das Faktum, daß Form und Raum digital sichtbar gemacht werden konnten. Wichtig scheint es uns, beobachten und beschreiben zu können, wie in den *ikonisch arretierten Räumen (z.B. bei Spielen)* oder den *interaktiv erst entstehenden Räumen* Visionen zwischenmenschlicher und kultureller Verständigung im künstlichen Raum entstehen.

David Gelernter (1991) nennt dies die Suche nach „den intrinsischen (wesensmäßigen) Merkmalen von Software", die die künstliche Welt der Ideen, Abstraktionen, Visionen, Codes, Simulation handlungsnah weiter leben lässt. Konnten die *Formen noch beruhigen*, so *beunruhigten die Räume* und ihre Ausstattung doch sehr. Denn durch die Belebbarkeit von digitalen virtuellen, künstlichen Räumen verharrt das, was Information und Form sein könnte, im Künstlichen; sie verlassen nicht den Cyberspace. Unter den Bedingungen sich selbst erzeugender freier Felder und freier Räume verstanden sich die Bewohner als Pioniere: pioneering in cyberspace, Kämpfer an der „Electronic Frontier". John Perry Barlow schrieb seine „Declaration of the Independence of Cyberspace", Florian Rötzer dachte über "Final Frontier Space" nach und ich selbst vermutete die Entstehung einer „Renaissance der Nahwelt im Cyberspace".

10.4.1. 'Künstliche' Gemeinschaften

Friedman sprach mit der Verbindung von codierten Regeln, programmiertem Spiel, Spielen als Verhaltensprogramm und Community einen Zusammenhang an, der uns gegenwärtig noch intensiver beschäftigt: *the emergence of Community* auf der Basis komplexer werdender Spielumgebungen. Die weltweit stattfindenden Local Area Network – Parties (LAN-Parties), an denen lokal bis zu tausend und weltweit bis zu drei Millionen Menschen teilnehmen, weisen darauf hin, daß sich die Regelwerke, über die Koalition, Vertrauen, Verlässlichkeit, Gruppenverhalten und Verantwortung gelernt werden, tiefgreifend verändern. Wir werden hierauf noch zurückkommen.

Eine neue Typologie von community schien zu entstehen. Kurzzeitige, gedanklich und in den pragmatischen Imaginationen eng mit einander verbundene Generationsfolgen von *game communities* rückten in den Blick der Kultur- und Sozialwissenschaften. Sollte es möglich werden, Gesellschaft aus der Logik der Spiele zu erlernen? Welche Gesellschaft würde dies sein? Wo bliebe dann die Freiheit des einzelnen? Wo bliebe die Selbstbestimmung einer Kultur, wenn die Logiken der Spiele über die Technostandards und den Markt global würden? Worin bestünden die Chancen, die Verbindung von Programm als technologisch-schaltbarem Codeensemble und Programm als kulturell-schaltbarem Verhaltensensemble zu bedienen und dennoch Veränderung denken und machen zu können?

Die Befürchtungen, daß Computertechnologie (die seit den frühen 1990er dann auch als Medientechnologie geführt wurde) nicht nur die Vergangenheit verstauben ließe, sondern die Medienevolution auch ihre intelligenten Kinder fressen würde, waren verbreitet. Da wirkten jene Ansätze fremd, die als Paradox daher kamen, als 'pragmatische Utopien', im Kleid der 'Gegenwart als Imagination' oder 'beleben wir das Künstliche'.

'Sinn' als Dimension von Software zu beschreiben, fiel auf. Noch mehr fiel auf, daß Sinn innerhalb künstlicher Umgebungen der „Cybersociety" als 'machbar' eingeführt wurde. Mit Software verband Friedman nicht nur datentechnologische Leistungsbreite, sondern die Erwartung, sinnliche und sinnvolle Verwendung und Einbindung in individuelle, soziale oder kulturelle Erzeugung von Bedeutung. Game und Community waren pragmatisch und fiktional vernetzt. Friedman sprach damit die zeit-räumliche Qualität der binären Phänomene an.

Künstlichkeit erhielt u.a. durch die Verbindung von Spielen und Gruppe / Gemeinschaft, das Zeugnis, *Sinnform sein zu können.* Künstliche Sinnform / die sinnförmige Künstlichkeit (virtuelle Spielwelten) wurde machbar und kulturell bedeutend (virtuelle Unternehmen). (W. Davidson 1992). Dieses 'mach was draus', das von vielen Menschen in der Forschung, der Computerentwicklung, der visuellen, audiovisuellen oder akustischen Kunst geteilt wurde, bildete einen auffordernden Kontrapunkt gegen kollektivistische Sinnimperative.

10.5. Globalität: eine Ansammlung von Kommunikationsexperimenten

Etwas Neues schien möglich geworden zu sein, etwas, das zwischen den überlieferten Raum- und Zeitregimes territorialer Gesellschaften, den zu eng gewordenen Mustern angesichtiger Kommunikation, erzieherisch überlieferten Sinnkanons einesteils und dem Universum mechanischer, kinetischer Maschinerie anderenteils bereits entstanden war. Die Formen, die das 'Neue' annehmen könnte, waren unklar. Die sprachliche Absetzung von Vergangenem war die beliebteste Geste: post-modern schienen die Prozesse, post-industriell, post-materiell, post-fordistisch. Daß es selten darum ging, sich die Vergangenheit vom Halse zu halten, sondern an den Zusammensetzungen der Gegenwarten und möglicher Zukünfte zu arbeiten, fand wenig Eingang in die Beobachtersprache. Z.B. Boris Frankel (1987) hatte es mit dem Buch „The Post-Industrial Utopians" versucht.

Die Erfahrungen damit, was machbar sein könnte, waren den (programmsprachlichen) Arbeiten an 'den Bedingungen der Möglichkeit von Erfahrungen' verpflichtet. Es waren Konkretionen auf Widerruf, erweitert durch ernsthafte technologische, künstlerische, kognitionstheoretische, medienwissenschaftliche, neurophysiologische Forschungen, - um nur wenige hier anzusprechen. Die Worte, die diese scheinbar a-morphen Entwicklungen beschreiben konnten, sollten noch mal in Erinnerung gerufen werden: „Virtuelle Realitäten" (Jaron Lanier), „Cyberspace" (William Gibson), „Hypertext" (Ted Nelson). Sie entzauberten alle Idealisierungen angesichtiger Kommunikation, und verzauberten zugleich die Welten, in denen computerverstärkte, -erweiterte oder –unterstützte Kommunikation stattfinden könnte.

Trotz allen 'Zaubers' suchte man Halt in dieser als referenzlos gedachten Welt binärer Schaltungszustände. Für etliche Gruppen war Text der ideale Wahrheitsträger im Netz. Wenn man schon nicht genau wußte, was alles digital möglich war, so sollte doch die klassische bildungsbürgerliche und schulisch-universitäre Referenz für Wissen in den Cyber-Szenen abgesichert werden. Wort, Schrift, Text zogen große Teile der Bedeutungsfragen und Sinnantworten auf sich. Die textliche Präsenz im Netz schien für viele die einzige legitime und richtige Form zu sein, Computer und deren Vernetzung zu nutzen. Vor diesem Hintergrund sind auch die heftigen Streits um Auftauchen und Zulassen von Bildern im Internet um 1986-87 zu verstehen.

10.5.1. Von mono- zu multimedialen Experimenten

Die Computer-Euphorie war anfänglich eine monomediale Euphorie. Eingespannt in die klassischen Gegensätze von Wahrheit und Fälschung, wurde in der Verbindung von Bildlichkeit und Digitalität ein Pakt gegen die Wahrheitskoalition von Zahl, Technik und Text befürchtet, - „digital woes“ oder in deutscher Übersetzung: „digitales Verhängnis“.

Daß die mathematisch-physikalischen Gesetzmäßigkeiten der im Nano- und Femto-Bereich möglichen Veränderungen (gerne Manipulationen genannt) für jede Medienfunktion gilt, war schon im Gespräch. Und ebenso bekannt war, daß das digitale Original ebenso wenig beobachtbar war, wie die Kopie, die Veränderungen usw. War der Unterschied von Original und Kopie weder im elektronischen Zustand zu beobachten noch an der Performance zu erkennen, wurde die kommunikationsethische Zwanghaftigkeit des Text-Bild-Konfliktes fraglich.

Zu bedenken bleibt eben deshalb, daß der im Oktober 1968 in Stanford gestartete historische Vorlauf der elektronischen Textübertragung den normativen Gedanken gefestigt hatte, buchstäbliche (also textliche) Wahrheit läge weit vor der bildlichen Wahrheit. Es ist hier nicht der Ort, dies ausführlicher zu debattieren. Interessant ist für die vorliegende Darstellung allerdings, daß der Konflikt aus den Entwicklungslabors und den Testwelten des Cyberspaces ausgelagert wurde. Er fand entweder innerhalb des Internet statt, und wurde zugunsten einer Text-Bild-Integration entschieden; oder aber er wurde Konferenz-Thema von Literatur- und Geisteswissenschaften.

In den gestalterischen Experimenten hingegen wurde es wichtig, auf die multisensorischen Körper der Menschen eingehen zu können, also individuell befriedigende multisensorische Umgebungen und informationell-kommunikativ zufriedenstellende multimediale Umgebungen zu testen. Zahlreiche Experimente, Software-Versuche, nicht funktionsfähige Programme, folgten und werden noch folgen.

Künstlerinnen und Computerwissenschaftler, Cybernauten und Hacker legten viel Energie darein, die Sichtbarkeit und Hörbarkeit zu erreichen, die die Visionen multisensorischer Fern-Anwesenheit versprachen. Man kann diese Anstrengungen als unschätzbare Praxis beschreiben, sich der beabsichtigten oder ungewollten Konzepte der „Eindimensionalität des Menschen“ (Herbert Marcuse) zu entziehen. Die Ideen, die damit verbunden waren, reichten sehr weit, bis hin zu künstlichem Leben, künstlichen Umwelten. Und zugleich veränderten die Testwelten, die nach diesen Ideen entwickelt und verbreitet wurden, Organisationen, Ökonomien, Forschungsverläufe, Kinderzimmer, Innenarchitekturen.

Jedes Büro, jeder Bankschalter, jede Designer-Arbeitsplatte, jedes Feld wurde zum Labor. Wir lernten, (virtuelle) Realitäten experimentell herzustellen und gewöhnten uns daran, ihnen Sinn zuzuordnen, selbst wenn es nur der Sinn der Irritation, der Lernaufforderungen, der Kritik an der Schwäche der Programme war.

Labor, Experiment, (Beta-) Test begannen ihre Cyber-Karriere.

Ihre Herkunft ist unsentimental, den naturwissenschaftlichen, maschinen-technischen, industriellen Erkenntniswegen eigen. Ihnen standen über Jahrhunderte die wesentliche Begründung von Mensch als Schöpfung, (geistiger) Kultur, (humaner) Gesellschaft entgegen. Schritt für Schritt, Software für Software, Programm für Programm wurden die alten Grenzen zwischen (testfreier) Sicherheit und Experiment weggeschoben. Gesellschaften begannen mit sich selbst zu experimentieren, veränderten sich von Industrie- zu Informations-Gesellschaften, zu computer-medial geprägten Ideenökonomien und Wissenskulturen. Die Logiken ihrer Selbstorganisation nahmen Abschied von den alten Modellen, von strategisch vorauszudenkenden 'neuen Ordnungen'. Sprach Ernst Bloch (1975) prinzipiell von dem utopischen Experimentum Mundi, die im „Realen“ des Sein enthaltene „Möglichkeit des Seins“, so gewinnt in den medientechnologischen möglichen Welten das Experimentum Mundi eine pragmatische Machbarkeit. Die Verantwortung fällt aus der Zukunft auf die gegenwärtig lebenden Menschen zurück.

Auf diese Dynamiken bezieht sich Friedmans Aussage. Man musste lernen, aus Software 'etwas Sinnvolles zu machen', sie 'sinnvoll zu machen'. Nun hatten die Experimente mit den Reichweiten der Computertechnologie u.a. eine Folge, die in der anfänglich nicht mitgedachten Dynamik von Vernetzung bestand. Es entstanden vorher unbekannte Labor-Szenen, Milieus kultureller Experimente, in die sich Informatiker /-innen ebenso wie Künstlerinnen und Künstler, Wahrnehmungsforscher ebenso wie Kommunikationstheoretiker begaben. Es bildeten sich rasch wachsende Netzwerke, in denen Experiment, Entwurf, Test, Variation zum täglichen Handeln gehörten und gehören, in denen neue Konventionen der Verständigung, der Verlässlichkeit, des Vertrauens, der Anwesenheit, Beteiligung, Individualität und Identität erdacht wurden. „Making sense *within* software”, könnte man als Titel dieser Prozesse wählen, oder auch: „stop making society“ by „making sense with software“.

10.6. WEB-ware (?)

> „Wer aber bereit ist, auf einen zweckrationalen Zugang zu verzichten, und neugierig, dem öffnet sich das WWW per Mausklick von ganz allein – was man vom Rest des Internet nicht behaupten kann. Im Vergleich zu diesem Rest ist das Web eine Art Luxus-Limousine mit Panorama-Blick.“
>
> Natscha Adamowsky (2000)

Zusammenhänge denken, entwerfen und bewerten zu können, auch dann, wenn man sie nicht sehen, greifen, verschieben, beobachten kann, ist eine der zentralen evolutionären Leistungen der Menschengeschichte. Zu ihr gehören die geistigen Fähigkeiten, die Verbindungen, Kanäle, wechselseitige Abhängigkeiten denken zu können, die selbstverständlich ebenfalls nicht den Sinnen verfügbar sind. Zu ihr gehören auch die Fähigkeiten, sich Unsinnliches 'sinnlich zu vergegenwärtigen' oder gedanklich zugänglich zu machen.

Jedes gedankliche und kommunikative, reaktive oder entwerfende Handeln des Menschen ist mehrfach codiert, gerade auch quer zu allen materialen Ordnungen. Diese Mehrfachcodierungen aus taktilen, emotionalen, logischen, affektiven, formalen, materialen, gegenständlichen, prozessualen Codes finden sich dann zusammen in Programmen wie „Stuhl bauen“, „Buch schreiben“, „Kühe züchten“, „Autofahren“, „Koalitionen bilden“, „Familie schützen“, „Abendland retten“, „Theorie verteidigen“. Dabei werden Skripte für Werkstatt, Büro, Bauernhof oder Karten für die Lage des eigenen Feldes, die Räume der Anwesenheit, für die Grenzbereiche eigenen oder fremden Wissens aktiviert.

Eine der großen Anforderungen der letzten beiden Jahrzehnte ist die schon angesprochene Beziehung von *Sinnlichkeit und Abstrakti-*

on sowie von *Abstraktion und gestalteter Künstlichkeit.* Für das vorliegende Buch sind weniger die individuellen Gestaltungsspielräume am Personal Computer interessant, als die Frage danach, welche kooperativen Ebenen auf der Basis der Vernetzung entstanden sind, entstehen oder unmöglich sind.

Für die Beantwortung könnten zwei Vorbemerkungen hilfreich sein:

- die erste geht davon aus, daß die Beobachtungswerte von Gesellschaft, Kultur, System usw. Gedankenregelungen sind. Sie beruhen auf Glaubwürdigkeitsschulungen. Ihr Programm besteht darin, daß Menschen ihre Zugehörigkeit zu etwas vermuten, behaupten oder befürchten, das sie nie 'zu Gesicht bekommen werden', eben Gesellschaft und Kultur. Folglich muss jeder Ausdruck, der einen verallgemeinernden Bezug herstellen soll, eine Art glaubwürdiger und anwendbarer Gesichts- und Gedankenmaschine sein. Ändert sich der Aufbau der Glaubwürdigkeit, der Orientierungsanstrengungen oder auch der Anwendbarkeit von Abstraktionen, - wie das gerne mit Revolutionen verbunden wird -, müssen auch die Sprachregelungen verändert werden, sofern es noch um Zusammenhangswissen gehen soll.
- Die zweite Vorbemerkung folgt diesen Gedanken. Nimmt die Fähigkeit innerhalb eines sozialen Gefüges oder in kulturellen Feldern zu, *die Abstraktionen mit Abstraktionen* zu versorgen und diese Zusammenhänge für den Erhalt aller Bereiche 'wichtig' oder 'bedeutend' zu machen, baut sich die Logik um, nach der Realität denkbar gemacht werden kann.

In unserem kommunikationstheoretischen Feld standen wir nicht nur vor den Fragen, worin sich die digitalen-elektronischen Vernetzungen von den analogen der Nachbarschaften und Verwandtschaften, der Geheimbünde oder Freundschaften unterscheiden. Uns ging es vornehmlich um die Fragen, welche Dimensionen kultureller Zusammenhänge durch Netztechnologien, vorrangig durch das WEB ermöglicht werden.

Oder in der Sprache von David Gelernter: Welche „intrinsischen Merkmale" für das Verhältnis von einzelnem Menschen und künstlichen Welten lassen sich in den Konzepten medialer Netzwerke finden?

- Entstehen in Netzwerken Sinnprovinzen, auf die sich Menschen in verschiedensten Nutzungs- und Anforderungssituationen beziehen (können)?

- Läßt sich in Netzwerken klar unterscheiden zwischen Sinnprovinzen, die durch *Hol-Kommunikation* und solche die durch *Bring-Kommunikation* entstehen?
- Gibt es so etwas wie eine Web-ware, die aus der Kombination vielfältiger Software entsteht, mehr zufällig als gezielt, aber dennoch insgesamt den kulturellen und transkulturellen Erwartungsrahmen für Nutzerinnen und Nutzer bilden?
- Welche Wertigkeit ist den vielen Netz-Projekten für die Neuzusammensetzung medial-technologischer Szenen oder für die Verfassung medialer Kulturen zuzuordnen?
- Welchen Stellenwert für die kulturelle Selbstorganisation haben synchrone und asynchrone Anwesenheits- und Kommunikationschancen?

Immerhin scheint die Asynchronität innerhalb der Web-Communities jenes Zeitbudget bereit zu halten, das für die nachdenkliche Bearbeitung von Antwort und Auftritt erforderlich ist. Dies ist eines der zentralen Argumente von Nicolas Negroponte in 'Total Digital', mit dem er für globale digitale Vernetzungen wirbt. Asynchronität entlastet vom Zwang der zeitnahen Interaktivität, führt aber andererseits dazu, den visuellen oder audio-visuellen Auftritt rsp. die Textlichkeit rascher zu verändern, da die WEB-Performance gerade das hauptsächliche Argumentationsfeld ist. Aus der Asynchronität entsteht eine Art Wettbewerb um den (visuell und audiovisuell) vorbereiteten Auftritt. Es hat den Charakter von künstlichem Schminken und schick machen, virtuelles make up.

Erwartet wird dabei nicht nur medientechnologische Kompetenz und künstlerische Qualität, sondern auch Sensibilität im Feld des virtuellen ‚making sense'. In Gesprächen mit Web-Entwicklerinnen und - Entwicklern wird dies immer wieder angesprochen.

Sprechen wir hier von *Performance*, so wird nicht nur die realkörperliche Bewegung des Tanztheaters mit dem Konzept des situationsgebundenen sozialen Verhaltenereignisses zusammen gedacht.

Mit *Performance im Netz* wird beschrieben:

- (audiovisuelle) mediale Fernanwesenheit (der sog. Netz-Auftritt) verbindet die körperliche Expressivität und die soziale Integration zu einer neuen Verhaltensqualität. Sie ist unhintergehbar verbunden mit der *These von Kommunikation als kulturellem Experiment* und der *These der Individualisierung des Kommunikationsrisikos*.

Mediale Anwesenheit setzt das neu zusammen, was wir als reale Anwesenheit (angesichtig, gegenüber, im selben Raum, im selben Bus) und als imaginierte Anwesenheit (in Literatur, Liebesbriefen) kennen. Wir Nutzerinnen und Nutzer gebrauchen den medialen Raum / die medialen Räume, in dem wir die Abstraktionen (Zeichen, Grapheme, Codes, Interfaces) für uns optimieren, in unser Ausdrucks- und Mitteilungsverhalten nicht nur integrieren, sondern dieses in die künstlichen Räume der Medien einfügen.

Allerdings stellt sich die mediale Performance der Anwesenheit gegen die Verarbeitungs-Zeit-Kodes der Chips in einen verlangsamten, *sich replizierenden Raum*. Dieser erhält sich als gespeicherter Schaltungszustand, während der sinnlich-abstrakte Darstellungsraum die Körpergeschwindigkeiten nicht hinter sich lassen kann. Interaktive Medienräume sind folglich Felder extremer Ungleichzeitigkeit, die in der Performance verlangsamt werden. In dieser Ungleichzeitigkeit entstehen mediale Oberflächen, tiefe mediale Oberflächen, wie man in Erinnerung an Vilém Flusser sagen kann. Ihre ´Tiefe´ besteht als imaginierter Raum, als virtueller Raum, als Raum-Hybride.

Sabine Fabo (1997) hatte die Spannung von Hybridität und Distanz schön beschrieben:

> „Hybride Arbeiten vereinen somit im Augenblick zwei recht gegensätzliche Tendenzen. Zum einen steht hinter den Bemühungen um umfassende Mediensynthesen auch der romantische Wunsch nach einer Vereinigung des Getrennten. Alle Medien werden Brüder – so ließ sich Schillers Ode an die Freude vielleicht in Richtung elektronsicher Gesamtkunstwerke verlängern. Zum anderen impliziert das Konzept der Interaktivität die aktive Teilnahme des Benutzers. Insofern ist das völlige distanzlose Abtauchen in multimediale Fluten nicht das eigentliche Anliegen, denn aktive Teilhabe beinhaltet Auswahl- und Ausschlussverfahren, ein gewisses Maß an Kontrolle, kurzum Verhaltensweisen, die zunächst Distanz schaffen.“

Daß gerade diese Distanz dann bedroht ist, wenn die Medientechnologie aus welchen Gründen auch immer nur einseitig, d.h. von Anbieterseite genutzt wird, beschrieb Ursula Hentschläger (1999) in ihrer Forschungsarbeit.

10.6.1. Spontane Ordnungen, spontane Kulturen?

Geht man, wie ich es tue, von einem systemischen, oder wie ich oben sagte, medien- und matrix-gebundenen Verständnis von Kommunikation aus, wird es wichtig, das geistige Konzept der jeweiligen programmierten / programmatischen Welt-Optionen zu erfassen.

Wir entschieden uns in dem Cyberpoiesis-Projekt vorrangig dafür, den wissenschaftlichen, künstlerischen, kulturellen Konzepten nachzugehen. Daß diese nicht ohne verwendete Software, nicht ohne Technik, Mechanik, Optik zu beobachten und beschreiben sind, ist uns aus unserer Praxis geläufig. Wir suchten also nicht nach ausdrücklichen Funktionalitätsideen, nicht nach maßgeschneiderten elektronischen Agenten, sondern nach dem geistigen Reichtum, den Imaginationen, den orientierenden Ideen, in die die Funktionalitäten und mathematischen Eineindeutigkeiten eingebettet sind.

Hieraus ergab sich eine überaus produktive Spannung aus zwei Fragefeldern:

- Welche Folgen für Phantasie, Entwurf, Abstraktion und kulturell-kommunikativen Erwartungen haben elektronische Programme? Wie lassen sie sich beobachten und beschreiben?

Und auf dem gegenüberliegenden Feld die Fragen:

- Wie ist das Zusammenwirken von Programmen zu beobachten, für das es kein ausdrückliches Modell gibt, weder in regionalen Kulturen, noch in globalen Umgebungen?

Die Vermutung war, daß es in jedem Menschen eine unübersichtliche, heterogene, nicht absichtlich synchronisierbare und nicht ausdrücklich darstellbare Fülle kultureller Befähigung gibt. Ihre Quelle sind die zahllosen stillen oder ausdrücklichen Ereignisse oder Strukturen kultureller Praxis. Sie ermöglicht es ihm, auch ohne ausdrücklich vorgestellten Plan, optimale und für seine Umgebung plausible Nutzung des ihm zugänglichen Medienensembles zu erreichen.

Die zweite Vermutung war, daß auf dieser Grundlage auch in den ökonomischen, erzieherischen, administrativen, künstlerischen Medienlandschaften Verfahren enthalten sind, die eine Kombination der individuellen Befähigungen zu einer eigenwertigen Kulturleistung ermöglichen.

Die Überlegung, daß es zwischen ungeschriebenen Regeln kommunikativen Verhaltens und ausdrücklichen Modellen (von Blaupausen bis expliziten Softwareprogrammen) Verbindungen gibt, war nicht neu, obwohl für die binären Medienbereiche ungewohnt. Bart Kosko (1999) spricht allgemein von „modellfreier Funktionsapproximation“, was auch mit lernender Funktionserkennung oder auch mit unscharfer Logik der Verständigung übersetzt werden könnte. Neu war und ist allerdings das Faktum, daß weltweit Verbindungen von modellfreien, formativen und nicht-ausdrücklichem Verhalten rasch in die Netz-Tat umgesetzt wurden, also ein *globaler Netzpopulismus* entstand, für den es nun wirklich keinen Plan gab.

Das beliebte Wort von der „Netzrevolution“ schmückte so manchen unserer Arbeitszettel, erzeugte aber eher Unzufriedenheit.

Diese bestand hauptsächlich darin, daß der dynamische Wandel auf Technologie bezogen wurde. Damit wurde nahegelegt, eine durchgreifende Determination von Technologie auf Kultur anzunehmen (was eine unverständliche Opposition von Technologie und Kultur behauptet), oder zumindest wird nahegelegt, die Nutzung von (Informations-, Kommunikations-, Medien-) Technologie als unausweichliche operative Kopplung anzunehmen. Beides war uns unschlüssig. Dabei bestand das Problem nicht in der Unterschätzung der technogenen Felder und der medientechnologischen Räume, mit denen wir selber tagtäglich zu tun haben.

Uns fehlte in den Forschungen und Diskussionen der Bereich der innovativen, verändernden, verbindenden Nutzung, der Experimente, der Phantasielabors, der Variationen, der Widerrufe, der vorläufigen Entscheidungen – oder etwas anders gesagt: uns fehlten die vielschichtigen Bilder von den und über die Menschen, die ihre Wünsche, Reflexionen, Erwartungen, Hoffnungen und kreativen Fähigkeiten jedweder Art in die Entwicklung neuer Kommunikations- und Lebensräume einbringen.

Nur auf den ersten Blick schien dies mal wieder der Konflikt zwischen Wissenschaft und Kunst, aktuell in der Gestalt von (universaler) Technologie gegen (individualisierter) Kunst, oder strikt sich gebender Systemtheorie gegen Kunst, die die Komplexität der Welt zu unterschätzen schien. Beim häufigeren Beobachten dieser Prozesse wurde uns deutlich, daß eine einseitige Entscheidungsoption nicht möglich war.

Friedrich von Hayek, Wirtschaftswissenschaftler und Nobelpreisträger, hatte vor Jahren das Konzept der „spontanen Ordnung“ eingeführt (1971). Mit ihm beschrieb er die Evolution und den Erhalt von Sozialsystemen oder Ökonomien. Dieser Gedanke wird auch hier verwendet werden, wobei wir unsere Beobachtung auf die Personen und Gruppen richten, die 'die Entwicklung' von Netzwelten zu 'ihrem Projekt' gemacht haben. Ihnen ist gerade dieser Spannungsbogen von Emergenz (überraschendem Auftreten von Ideen, Techniken, Codes), Evolution (im Sinne spontaner Ordnung) und eigenem Projekt (im Sinne der dynamischen Variationen und Veränderungen) bewusst. Bart Kosko beschrieb diesen Zustand der spontanen Organisation prägnant:

> „Diese Systeme wachsen beziehungsweise entstehen durch Handlungen und nicht durch Planungen." (B. Kosko S.304)

Für die Beobachtung von WEB-Räumen ist dies eine methodisch entscheidende Weichenstellung: mediale Netzwerke entstehen durch Handlungen und nicht durch Planungen. Ein solche Ausrichtung vermeidet die Überbetonung eines techno-strategischen Feldes, und sie vermeidet eine handlungstheoretische Bevollmächtigung von Künstlerinnen, Politiker, Informatikerinnen und ähnlicher Gruppen.

Die Kulturen, von denen wir sprechen und berichten, entstehen und erhalten sich durch die Karrieren von Nebensächlichkeiten.

10.7. Kooperative Kulturen, *cross intelligent*

Der Gedanke „spontaner Ordnung" half zunächst, die grundlegende Spannung zwischen geplanter hochtechnologischer Grundstruktur und 'exponentiellem Wachstum' der Netzausdehnungen und der Nutzerinnen- und Nutzerzahlen in einen beobachtungsfähigen Zustand zu überführen. 'Netz geschieht spontan', 'emergiert', 'taucht plötzlich' auf: so auch die Formeln auf besuchten Tagungen und in Gesprächen.

Die Fragen nach den Elementen dieser Spontaneität, nach den Bezügen von Netz, Web, künstlichen Umgebungen, Medienlandschaften, nach künstlichem Leben waren damit aber nicht zufriedenstellend zuzuordnen. Wir konnten die Debatten um Künstlichkeit nicht ignorieren. Wie aber sollten sie in der Forschungsanlage berücksichtigt werden? Wenn es um spontane Ordnung geht, wäre das, was wir als Intelligenz der Netzwerke beobachten, *spontane Formation von Intelligenz*. Damit ist die Frage nach Intelligenz und ihrer beobachtbaren *performance* nicht beantwortet. Immerhin weist ein solcher Gedanke darauf hin, daß die Verdichtungen kommunikativen Verhaltens eher mit der „Evolution von Kooperation" (J. Axelrod) zu tun haben, als mit unverrückbarer Substanz. Oder anders gesagt: realistisch setzten wir *intelligentes Verhalten* und *Medienkompetenz* ebenso voraus, wie die *intelligenten Strukturen 'selbstreplizierender Bitfolgen'*, die John von Neumann beschrieben hat.

Wir sahen uns aufgefordert, den Terminus der künstlichen Umwelten und die Idee der intelligenten Selbstorganisation spontaner Ordnungen, aufzuteilen. Dabei standen wir vor der Frage, ob die Wechselfälle jener Entscheidungen, die zu bestimmten Intelligenzauftritten führten, überhaupt beobachtbar waren. Wir nannten dies das *Beobachtungsdilemma autopoietischer Prozesse*. Es trifft auch das Konzept von Kommunikation als Verfahren. Es unterscheidet sich etwas von der systemtheoretisch und konstruktivistisch immer wieder betonten Unbeobachtbarkeit der Welt. Zwar können Formeln, Formate und Formationen in großer Exaktheit dargestellt werden, aber die ereignisorientierten oder ereigniserzeugenden Verbindungen sind der Beobachtung nicht zugänglich. So haben wir zwar schaltkreis*gesteuerte Informationsnetze*, aber allenfalls schaltkreis*gestützte Intelligenznetzwerke*. Bezieht sich das erste auf Computer-Computer-Kommunikation, so berücksichtigt der zweite Ausdruck die Grundidee der partizipativen Kommunikation, oder wie Cyrill Gutsch (Cream01 Federation, München / Zürich) es einmal nannte, die *Cross Intelligence der Netzwerksituation*.

Dieses Modell der Cross Intelligence bezieht sich einesteils darauf,

- daß die kulturelle Anerkennung medialer Erfahrungen und deren Reichweiten zugenommen haben. Mediale Erfahrungen erweitern die händischen, taktilen, mechanischen Realitätsmuster und bestimmen damit die Realitätsmächtigkeit von Medialität. (*These der Medienrealität*)

- Cross Intelligence anerkennt andererseits, daß es innerhalb der medialen Landschaften Wechselwirkungen der Sinne (multisensorische Medienumgebungen), der Wahrnehmungsfelder und der Logiken ihres Erhaltes und der Weitergabe gibt. So werden Informationen zwischen Buch, Zeitung, Rundfunk, Fernsehen, Netzen 'weiter gegeben', erfahren Veränderungen im Bedeutungsspektrum (zeitnah, glaubwürdig, geprüft, seriös) der Leser /-innen, Hörer/-innen und Seher /-innen, und medienspezifisch rsp. medienunspezifisch erinnert. (*These der multisensorischen und polylogischen Medienerfahrung*)

- Drittens ist mit dem Terminus Cross Intelligence der zunehmend größere Bereich von Kommunikation auf der Basis von Speichererfahrungen angesprochen. Kommunikation wird dabei als Verbindung von geistigen Inhalten mit gespeichertem Wissen beschrieben. Sie ist ein Vorgang der Vergegenwärtigung und diese ist stets Transformation, nicht Transfer. (*These der Speichererfahrung*)

Die *Transfer-Kommunikation* ist der Bereich der Computer-Computer-Austausche. Man könnte sie auch als Mitnahme-Kommunikation beschreiben, da angebotene Datenpakete oder Informations-Container mitgenommen werden.

Transformations-Kommunikation beschreibt demgegenüber die Prozesse der Überführung von Daten in Wissen, von Wissen in Daten, die Belebung von medialer Dreidimensionalität mit der Bedeutung eines Raumes, mit Anwesenheiten von Nutzern und Nutzerinnen, die (Selbst-) Inszenierung dieser als Bewohnerinnen und Bewohner der Netz usw.

Mit dieser Unterscheidung ist ein wichtiger theoriepolitischer Aspekt angesprochen.

Geht man von dem Modell der Transfer-Kommunikation aus, so wird ein Realismus der black boxes vorausgesetzt. Ihm genügt es, die Austausche rsp. die Mitnahmen zu beobachten. Ihr 'sinnvoller' Hintergrund wird dann ausschließlich in der Idee des Selbsterhaltes des Systems oder dessen lernender Anpassung gesehen. Die Grauzonen der Absichten, der entstehenden Entwürfe, der suchenden Projektideen, der experimentellen / experimentierenden Ästhetik, sind ausgelagert, allenfalls den psychischen Systemen zuzuordnen, wie dies Niklas Luhmann exzellent durchformulierte. In dem aber dies weggestellt wird, wird das Argument der 'lernenden Anpassung' fade, oder allenfalls out-put-orientiert.

Wir gingen in dem CYBERPOIESIS-Forschungsverlauf von einer anderen Realismusthese aus, nämlich der, daß wir uns ständig in den Grauzonen aufhalten, zwischen 'offensichtlichem Entwurf' (white box) und dem 'abgeschlossenen Prozess / dem verschlossenen System' (black box), daß Transformation also ein Vorgang ist, der nur unter Bedingungen der Unschärfe möglich ist, also nach fuzzy logic gelingt.

Cross Intelligence zielt also auf die Sinnförmigkeit von Speichererfahrungen und Erfahrungen in virtuellen Realitäten und diese Form entsteht erst in der Pragmatik der Programme.

Aus dem letzten Gedanken entstand die Unterscheidung zwischen gegenwartsfreien, formalen, strukturellen Intelligenzleistungen und gegenwartsgebundenen konnotativen Intelligenzleistungen.

Diese Unterscheidung von Struktur und Pragmatik (vgl. Kap. 4) anerkennt, daß unsere Medienlandschaften Teil des Zeitalters der berechenbaren Zahlen sind. Sie anerkennt zu dem auch, daß Strukturen keinem Jenseits von Geist entstammen, sondern erst durch Handlung entstehen und vergehen.

Für uns war es wichtig, daß durch diese Unterscheidung ein Freiraum entstand, in dem die *Intelligenz der Kooperation* (oder der Konnotation) / *kooperative Intelligenz* von der (denotativen) Schaltungsintelligenz getrennt beschreibbar wurde. Die Frage: Ist das Netz eine Sache, oder sind es zwei Sachen? wurde von uns in die pragmatische Ebene gelegt und zugunsten der 'zwei Sachen' entschieden.

Damit rückten wir nahe an die seit Thomas Hobbes (1588-1679) und Gottfried Wilhelm von Leibniz (1646-1716) geführten Debatten um die Verschmelzung von Zahl und Maschine und die Bestimmung, wie göttlich, wie natürlich, wie künstlich Geist, Wissen, Intelligenz, Kunst seien. Es konnte nicht Ziel der theoretischen Grundlegung unserer Forschung sein, den aktuellen Ausdehnungen der Debatten, Forschungen und robotertechnischen Modellierungen von Künstlicher Intelligenz nachzugehen. Die Frage, ob das Netz intelligent sei, beantworteten wir in der Forschungsanlage folglich so: wir können nicht den gesamten Status der Intelligenzfusionen aus völlig disparaten menschlichen, kulturellen, sozialen, funktionalen, technologischen Intelligenzereignissen und –strukturen beobachten. Sowohl natürliche als auch künstliche Intelligenz sind verteilte Formen der Modellbildung und Modellverarbeitung. So bleiben grundlegende Spannungen zwischen Handlung, Technik und Evolution, die nach den Logiken der Kooperation, Innovation und des Lebenserhalts von menschlichen Kulturen zusammengehalten werden, - ganz gleich welche post-humanen Evolutions- oder Ordnungsfelder mit einbezogen werden.

10.7.1 Mensch+Maschine+Medium+Mensch = Künstlicher Stoffwechsel?

Unter den bereits angesprochenen Annahmen

(i) der spontanen Ordnung,
(ii) Evolution von Kooperation,
(iii) der schaltkreisgestützten Intelligenznetzwerke,
(iv) des Netzes als 'zwei Sachen' (expandierendes Universum des Künstlichen und lernende Anpassung des sinnlich-abstrakten und reflexiven Menschen) schien es schlüssig, für die Beobachtung der Netzdynamiken
(v) von einer evolutionär unauflöslichen Verbindung von Mensch, Medium und Maschine auszugehen.

Durch sie werden die Reichweiten menschlichen Sprachhandelns (Bild, Zahl, Schrift, Text, bewegte Bilder, Schaltungen, Codes) vergrößert. Interessant wird dies, wenn man Medien auf das sich festigende Universum der berechenbaren Zahlen bezieht, also der Frage nachgeht, ob es einen autonomen, oder souveränen Zahlenbereich gibt, der sich der sinnlich-reflexiven Beobachtung entzieht. Folgte man dieser These, würde man entweder einen nur in eine Richtung geöffneten Zahlenkanal annehmen. Oder aber man müßte von einem kulturell und kommunikativ evakuierten Bereich zwischen Mensch und Medium ausgehen.

Da wir das Denken nicht von Materie, Medien nicht vom Leben trennen können, ist unsere Rede über Künstlichkeit immer dann falsch, wenn wir versuchen, die co-evolutionären Bindungen zu leugnen oder ihre Quelle außerhalb des Menschen anzusiedeln. Materie, Medien und Maschinen befinden sich in zirkulären Bindungen, in denen ständig neue Ideen, Nutzungserwartungen, Reichweiten, Beteiligungshoffnungen erzeugt und reflexiv zurückgegeben werden. 'Außen' ist demnach eine zeitlich begrenzte Verarbeitungsweise; und 'Innen' ebenso. In welcher Netzwerkarchitektur diese Raum-Zeit-Zonungen verbunden sind, ergibt sich zufällig. In welchen Komplexitäten sich diese Verhältnisse ausdrücken können, ist nicht vorher bestimmbar noch beobachtbar. Zudem ist dies eine exponentielle Funktion, in der das erfundene Künstliche längst zur Lebensgrundlage geworden ist:

„In der grenzenlosen Neigung zur Komplexität nimmt die Natur unsere Schöpfungen inzwischen als ihre eigenen in Anspruch.“ (G. B. Dyson 2001:16)

Deshalb wird es immer wichtiger zu beobachten und zu bewerten, wie es den Menschen gelingt, unter den Bedingungen dieser strategie- und ziellosen Evolution, 'sinnvoll' beteiligt zu bleiben. Um dies überhaupt beobachten zu können, ist eine Sensibilität für den Wettlauf um Beteiligung an Komplexität zu entwickeln.

„Die Ursprünge des Lebens, wie wir es kennen, und des Lebens, wie wir es erschaffen, sind in der gegenseitigen Befruchtung zwischen selbsterhaltendem Stoffwechsel und selbstreplizierendem Kode zu suchen.“(G. B. Dyson 2001:37)

Menschen, die sich vornehmen, diese evolutionäre Sysiphos-Situation zu bedenken, in sie hinein einen ästhetischen, künstlerischen, programmatischen oder projekthaften Vorschlag zu formulieren, werden deshalb um so wichtiger. Mit ihnen lässt sich seismografisch besprechen und beobachten, wie sich die logischen, kommunikativen und kognitiven Szenen ändern und ändern lassen. Ob sie und wie lange sie dem durch uns selbst erzeugten Anerkennungsdruck künstlichen Lebens widerstehen können, ist nicht prognostizierbar. (N. Borrmann 2001; F. J. Dyson 2000)

10.8. Regeln schaffen Fiktionen – Fiktionen schaffen Regeln

Bei den Forschungen zu computerverstärkten Umgebungen ist, trotz aller Kritik, überraschend, daß die *randomized environments* die informativsten und attraktivsten Umgebungen geworden sind. Die Frage ist: warum? Liegt es an den ökonomischen Verbreitungsstrategien, an den Marketingkonzepten, an einem 'Bedarf' nach 'freier Information', an neuen Ideen globaler Wissensorganisation? Diese Einfluss- und Lenkungsebenen sind sicher nicht auszuschließen.

Ein Dilemma stellt sich bei diesen Fragen allerdings rasch ein: Wenn es keinen Masterplan für die Netzentwicklung gab und gibt, sind dann nicht alle Fragen, die im weiten Sinne auf Strategie zielen, unsinnig?

Sind dann auch Konzepte, die einen geschlossenen Netzraum erzeugen, der dann wie ein Treibhaus viele neue Ideen hervorbringen soll, wie zum Beispiel die firmeneigenen Intranets, falsch angelegt? Gespräche mit Unternehmensvertretern zeigen, daß die Intra-Netzwerke nicht den Ideen- und Innovationsschub erbringen, der erhofft war.

Hat das evtl. mit der Begrenzung oder dem Ausschluss nichtberufsgebundener Kommunikation zu tun?

Ist die informelle, ja auch die spielerische Dimension der Netzkommunikation unterschätzt worden?

Wie sind die Beziehungen zwischen high- und low-end-Standards, technologischer Infrastruktur, Medienkompetenz, zufälliger Entstehung von belebten Netzräumen, zielgerichtetem Verhalten, automatisierter Suche, einzelmenschlichem Verhalten und Gruppenprozessen beobachtbar? Lassen sich Muster solcher Beziehungen beobachten?

Eine solche Situation ist in einem Forschungsprozess ebenso schwierig, wie in jedem Gespräch. Man sucht nach Zusammenhängen, die, trotz aller Zufälligkeit, bedeutend gemacht werden könnten. Oder man sucht nach den materialen, kognitiven, individuellen, institutionellen, normativen, künstlerischen Anteilen, die im Feld der Zufälligkeiten inter-kooperativ Variationen, Auswahl, Orientierung bestimmen.

Die entstehenden Netzräume (virtuelle Räume) haben nichts Mysteriöses an sich. Sie sind in kooperativen Austauschprozessen gemacht. Ihre Basis ist das physikalische, mathematische, logische, kommunikative, anwendungsbezogene, gestalterische und räumliche Wissen darum, wie sie gemacht werden könnten. Dies nenne ich

> *Technologie* = die kulturelle Anwendung und Entwicklung instrumentaler Gefüge mit dem Ziel der Replikation der Codes und Programme (der Wahrnehmungslandkarten, der Skripte und Muster) und der Reproduktion der Lebensbedingungen.

Es ist nutzlos, den Begriff der Netzräume oder Medienräume über den des Technologischen hinaus zu erweitern. Weder Wissen, noch Erkenntnis, noch Identität sind Kunststücke jenseits dieser Technologien. Sie bleiben diesseits. Aufregend ist, daß Technologie, die wir beobachten und die wir anwenden, Medientechnologie ist, fälschlich oft als Maschine beschrieben wird. Im Einzugsbereich dieser Medientechnologie wird derzeit versucht, den naturwissenschaftlichtechnischen „Raum der Gesetze“ mit den kommunikativen Kulturpraxen des „Raumes der Gründe“ zu verbinden.[1]

Die möglichen 'Verbindungen' sind uns nicht bekannt, allenfalls die bereits realisierten.

Aus den gemachten, erfahrenen, bewerteten und reflektierten 'Verbindungen' des *Raumes der Gründe* mit dem *Raum der Gesetze* entsteht jener für unsere Beobachtung neue Bereich des „Interfaces“.

Man könnte *Interface* den *Raum der Regeln und Fiktionen* nennen.

Roger Caillois hatte vor einiger Zeit in seinen Arbeiten zum Spiel darauf hingewiesen: „Rules themselves create fictions“ (1961:8). Für unsere Beobachtung hieß dies, den Regeln und den Fiktionen nachzugehen. Sie stellen Realität her, eine virtuelle, gespeist aus der kulturellen Praxis der Technologie und der kulturellen Praxis der Fiktionen (des real Hör- und Sichtbaren, des Zeig- und Beobachtbaren). Bei Caillois heißt es weiter: „The one who plays chess, prisoner´s base, polo, or baccara, by the very fact of complying with their respective rules, is seperated from real live where there is no activity that literally corresponds to any of these games.” Hierüber begründet er sein “as if”, man spielt als ob es Realität sei.

Eins zu Eins übertragbar auf die Mediensituation ist dies nicht. Hilfreich ist schon die Verbindung von „rules“ und „fiction“. Eingebracht in den medialen Prozess, ist die „fiction“ gerade der Realitätsstatus, den die Medialität als Vermittlungsraum erzeugt. Sie ist nicht 'als ob', sondern sie ist (Realität).

Interessant sind in diesem Zusammenhang einige Überlegungen zu Spiel. Jean Piaget stellte „the essential property of play“ als „deformation and subordination of reality to the desires of the self” for. Brian Sutton-Smith oder Richard Schechner war dies zu starr formuliert, zu eingrenzend auf ein Verhaltensziel. Schechner allgemein gegen den oft zu lesenden Terminus 'frame': „This is a rationalist attempt to stablize and localize playing, to contain safely within definable borders. But if one needs a metaphor to localize and (temporarly) stabilize playing, 'frame' is the wrong one. – it´s too staff, too impermeable, too 'on/off', 'inside / outside'. 'Net' is better, a porous,

[1] → in Abwandlung des „logischen Raums der Gründe“ und des „der Gesetze“ von Sellars: Wilfried Sellars (1956): Empiricism and the Philosophy of Mind, in: Minnesota Studies in the Philosophy of Science, hrsgg.v. H. Feigl & M. Scriven, Bd.1., 253-329

flexible, gatherer, a three-dimensional, dynamic flow-through container."

Damit sind wir nahe an dem, was wir eingangs 'überraschend', 'zufällig' nannten, aber noch nicht nahe genug. Ist Spiel eine „selfdefining activity", wie Helen B. Schwartzman schrieb, so ist das Interface zwar die Oberfläche, in der dies stattfindet, zugleich ist diese 'selfdefining activity' Quelle des medialen Handelns im Raum der Netze. WEB ist, so verstanden, sich selbstbestimmende, -beschreibende und selbsterhaltende mediale Aktivität der Menschen. Es ist Raum der Regeln und Fiktionen. Unter diesen Voraussetzungen lässt sich die Frage danach, wie durch die Medien-Technologie mögliche Vorstellungs- und Wahrnehmungsräumen entstehen, vorab so beantworten:

„Rules themselves create fictions."

und:

'Fictions themselves create rules.'

Wie lassen sich diese Regeln im fiktionalen Raum begründen und weitergeben. Die Modelle 'Gruppe', 'Gemeinschaft', 'Clan' wurden häufig angesprochen. Schauen wir uns dies etwas genauer an.

10.9. 'Gemeinschaften', content creators, Clans oder Stämme

Das Angebot, das Netznutzer /-innen selbst seit 1968 prognostisch und seit Anfang der 1990er erfahrungsbezogen machten, lautete 'community'. J. C. R. Licklider und R.W. Taylor sahen voraus:

> „What will on-line interactive communities be like? In most fields they will consist of geographically separated members, sometimes grouped in small clusters and sometimes working individually. They will be communities not of common location, but of common interest. In each geographical sector, the total number of users...will be large enough to support extensive general-purpose information processing and storage facilities...life will be happier for the on-line individual because the people with whom one interacts most strongly will be selected more by commonality of interests and goals than by accidents of proximity".

Die Erwartungen gingen also damals sehr weit. Sie waren eingefasst in der strategischen Idee, die Entwicklung von Computer-Umwelten werde schon bald ein *common interest* sein und die *commonality* werde die Erwartungen gegenüber *community* umkrempeln. Daß es neben den off-line „accidents of proximity” auch eine Vielzahl von on-line *accidents of anonymity* geben könnte, war nicht im Blick. Erfahrungen fehlten. Die wurden nachgereicht.

> „Wir tippten also das L ein und fragten am Telefon 'Seht ihr das L?' 'Wir sehen es' war die Antwort. Wir tippten das O ein und fragten 'Seht ihr das O?' 'Ja, wir sehen das O!' Wir tippten das G ein... und die Maschine stürzte ab.”

Leonard Kleinrock beschrieb so den ersten Versuch, zwischen zwei Computern eine Datenübertragung durchzuführen. Ort: Stanford Research Institute. Datum: 10.10.1969. Der Name des Projekts: *Interface Message Processor / IMP*. In den 1970ern lernte man, belastbare Netzstrukturen zu entwickeln, die Reichweiten zu vergrößern und immer mehr Forschungsinstitute anzuschließen. Die 1980er brachten dann jene von den Netzpopulationen selbst geführten Community-Debatten. Die Cyberfreaks gaben sich einen technokulturellen Rahmen. Die Selbstorganisation dieser 'community' wurde gedacht als nachrichtliche oder verständigungsorientierte Verbindung realer Orte (des Zuhauses) durch ein digitales Netz offener Übertragungskanäle. Bewegung und damit Treffmöglichkeiten wurden durch Datenübertragung erreicht, nicht mehr durch Spaziergehen, sich versammeln auf Plätzen, in Kneipen, bei Festen. Obgleich der informations-technologische Raum der Künstlichkeit als neue Topografie und Topologie gefeiert wurde, war das Kommunitäre von Anbeginn an glaubwürdige Konzepte des Zusammenhanges gebunden. Es waren (und sind) communities mit peer group –Charakter.

Ein Merkmal ist die Generationseinheitlichkeit oder sich nahe stehende Generationen. Nur dieses Merkmal ist weniger entscheidend als das Faktum, daß es um geistige, intellektuelle, experimentier- und entwurfsfreudige community ging. Es ging nicht darum, einen territorialen Flächenstaaten neu zu besetzen, nicht darum, das reale Nachbarschaftsklima zu verbessern, sondern um die *(techno-) morphe Realisierung eines neuen Kommunikationsideals*. Ob gut oder schlecht, man verstand sich als Erfinder-, Experimentatoren-, Entwicklergruppen, die in wechselnden Zusammensetzungen 'zusammenkamen'.

Einige dieser Merkmalsebenen lassen sich heute auch in Entwickler-Gruppen wiederfinden. Taugte dies aber für eine Netzanalyse? Wie sollte man *On-Line / Off-Line* – Erfahrungen und Erleben, die Mischungen von kultureller Praxis On-Line / Off-Line beobachten? Eine methodische Schlussfolgerung war, den Gedanken des *Medienmixes* und der *cross culture* für ein Konzept des *cross contents* und der mixed communities zu verwenden. Bevor ich dies näher erläutere, ist ein klein wenig Theoriegeschichte erforderlich.

Community / Gemeinschaft bezieht sich herkömmlich auf eine Gruppe von Menschen. Was sie zusammengeführt hat und zusammenhält kann dabei sehr verschiedene Gründe haben. Herkömmlich wird mit Gemeinschaft eine entweder ortsansässige oder gemeinsam wandernde, sich in der Fläche bewegende Gruppe gemeint. Sie können Jagd-, Versorgungs- oder Aufzuchtsgemeinschaften sein (Stämme, Sippen aber auch Familie gehören dazu) oder aber auch politische Gemeinschaften. Nicht selten wird mit Gemeinschaft eine höhere Wertigkeit an zwischenmenschlichen Beziehungen verbunden. Dies mag auf die Verklärung von Gemeinschaft seit Ferdinand Tönnies Ende des 19. Jahrhunderts zurückgehen. Aber der eine Mann ist nicht für alle Missverständnis zuständig. Daß Gemeinschaft häufig als ein Gegen- oder Alternativbegriff zu Gesellschaft gedacht wird, außerhalb der Legitimationsverfahren politischer Entscheidungsregeln, hat nicht nur mit Tönnies zu tun. Es weist eher auf ein Bedürfnis und Interesse, in direkter Weise, 'Dinge zu regeln', mit unter auch unter der verklärenden Vorgabe einer Kommunikation 'von Angesicht zu Angesicht'. In diesen Vorstellungen liegen prä-soziale Ideen, wie eine feste Territoriumsbindung, nahe bei Gesellschaft und Bedeutung.

Welche Auswirkungen hat es dann, wenn das Territorium als Lokalisierungsmuster innerhalb der mediascapes (für Gesellschaft und einzelne Menschen, für kulturelle Ansprüche und Kommunikationserwartungen) entällt und an dessen materiale Freistelle Kabel, Steckdosen, CPUs, Monitore, Backbones, Server treten?

Was beschreibt der Terminus 'Gemeinschaft', wenn er nur noch als Raum-Ereignis zu beschreiben ist, als dissipativ, zerstreut? Und wie ist diese Raumbindung zu bewerten, wenn der mediale Raum, in dem die kommunikative Raum-Gemeinschaft stattfindet, ein globaler und externer Raum ist?

Was beschreibt 'Gemeinschaft', wenn der Zeithorizont des Zusammentreffens nicht der von Gesellschaft (meist, entgegen der Empirie, hoffend in Jahrhunderten gedacht) ist, sondern von Experimenten, Projekten, Themen?

Die Fragen fordern heraus, Gemeinschaft zunächst als Anhäufung von Menschen und Funktionen zu verstehen, unabhängig davon, wo (Territorium, Raum) diese Aggregation erfolgt. J. Walls (1993) unterscheidet zwischen relationship focused und task focused groups. Dies führt die Diskussion weiter, die mit M. P. Effrat (1974) und seiner Gliederung nach 'community as solidarity institution, as primary interaction, as instituitionally distinct group' in Richtung einer größeren Distanz gegenüber Gruppe / Gemeinschaft begann.

Hilfreich ist es für die Analyse medialer Globalität, diese unter den Aspekten des kooperativen Lernens, der Intelligenzverstärkung, der Innovationszirkel zu betrachten.

Dadurch wird community / Gemeinschaft als ein Geflecht von Ideen, Kompetenzen, heterogener Zielsetzungen, Projektbindung, autonom widerrufbarer Beteiligung und Transitform beobachtbar. Virtuelle Gemeinschaften sind kaum von ihren Anfängen an als Netzwerke der Solidarität, der wechselseitigen Hilfestellungen oder des freundlichen Meckerns zu betrachten. Es sind *anonyme Gemeinschaften*, im vollen Sinne der damit empfundenen Paradoxie, - oder in Anlehnung an das Konzept 'versteckter Interaktion': infrastrukturelle Gemeinschaften.

Nach den sog. 'Grenzen der Gemeinschaften' in virtuellen Räumen zu fahnden, ist dann eher ein Bemühen, diesen dynamisierten Formen kommunikativer Selbstorganisation den Kontinuitätsspiegel territorial gebundener Gemeinschaften und Gesellschaften entgegen zu halten. Aber gerade diese Fahndung schafft den Anschluß an die Entwicklungen nicht. Um kultur- und sozialwissenschaftlich Netzwerke beobachten und bewerten zu können, benötigen wir eine differenzierte Sprache, die von den Bedingungen *anonymer, diskontinuierlicher, transkultureller und nicht-solidarischer, konkurrenzieller, entwicklungsorientierter* Gruppenorientierungen ausgeht. Wir nennen sie *informationelle oder infografische Gemeinschafen*. Sie befinden sich in andauernden Veränderungen der personalen Zusammensetzungen, der organisierenden Themen und der Neubestimmung des Gruppensinns.

'Informationell' bezieht sich auf die Dauerabhängigkeit der Gruppen von Nachrichten- / Datennachschub, und ist von externen Normen abgegrenzt.

'Infografisch' bezieht sich auf den künstlichen Raum, das künstliche Terrain, das als Treff-Region im Netz weltweit aufgebaut und genutzt wird.

Damit rückt der Gemeinschaftsbegriff an den des Entwurfs und des Experiments heran. Kommunikation wird als evolutionär bedeutender Prozeß erkennbar. Von einer gleichheitsproduzierenden Struktur kann man allerdings nicht ausgehen. Wie sich innerhalb dieser medienkulturellen 'Mit-Fahr- / Mit-Nutzer-Gemeinschaft' Überlieferung, Normierung, Normenweitergabe, Kontinuitäten bilden, scheint nicht mehr mit herkömmlichen Integrationserwartungen beschreibbar und kritisierbar zu sein. Kenntnis von Programmen, Abstraktionskulturen, optimierender oder innovativer Umgang mit Medien, Absicherung der Übertragungs- und Nutzungsstandards u.ä. bestimmen die zeitlich nicht sehr ausgedehnten Community-Verfassungen.

Inwieweit diese veränderte Formen von Gesellschaft erzeugen, veränderte Strukturen von Solidarität bewirken (gegenüber elektronischer Kontrolle z.B.), wie diese kulturelle Selbstorganisation beeinflussen, erfordert eine neue Diskussionen über den Zusammenhang von Empirie und Theorie, von strukturell entsprechender Beobachtungssprache und Beobachtung. Dabei ist wichtig, mit ethisch-normativ aufbereiteten Ordnungskonzepten sehr zurückhaltend umzugehen. Unter oben angeführten Aspekten des Experiments, der fuzzy logic, der Kontingenzen, der transkulturellen Medienräume haben netzbasierte Gemeinschaften keine ´Grenzen´; ihre Form der Selbstorganisation steht in keinem historischen Auftrag; ihre kooperativen Prozesse sind weder einem strategischen Kollektiv noch einer hochbewerteten Gesellschaftlichkeit verpflichtet. (Zu den Problemen soziologischer Theoriebildung und Empirie: Ch. Stegbauer 2001)

10.9.1 Tests und Spiele um Anwesenheit (Gruppe, Öffentlichkeit, Gemeinschaft)

Informationelle Gemeinschaften im Netz haben dreifache Funktionen:

- sie replizieren die Codes der Betriebssysteme, der Übertragungsprotokolle, der Programme
- sie strukturieren die Umgebungen für die Anwendung von Standards und entwickeln die kommunikativen, designspezi-

fischen, künstlerischen, informationsreichen Formen für Erhalt und Reproduktion der Community

- sie schaffen relativ geschlossene Speicher- und Erinnerungsräume für bestimmte Auswahl- und Nutzungsensembles

Sie sind kulturelle Areale, in denen Verbindungen zwischen numerischen Prozessen und (sinnlich-informationellen) Lebensfunktionen hergestellt und erhalten werden. Sie sind zu funktional nicht reduzierbaren Umgebungen und zu individuell und kollektiv unverzichtbaren Handlungs-Räumen geworden.

Eine idealisierende Überbetonung schließt dies zwar nicht aus. Eine solche ist immer und gegenüber allem möglich. Allerdings ist damit ausgeschlossen, die medienbasierte Anwesenheit mit dem Maßstab körperlich-angesichtiger Anwesenheit zu bewerten. Geht man davon aus, daß aus der *territorial organisierten Nähe des Angesichtes* (proximity) andere Formen von Kontinuität, Verläßlichkeit, Vertrauen entstehen, als aus der *mediale organisierten Nähe der Anonymität,* entfällt auch die Chance, Gemeinschaft als irgendwie geartete besondere Wertigkeit einzuführen.

Die Ergebnisse unserer qualitativen und quantitativen Untersuchungen zeigen, daß das Modell von Gemeinschaft bereits deutlich durch das Konzept der 'medial organisierten Nähe der Telepräsenz' bestimmt ist. Die Paradoxie dieser 'Nähe in der Telepräsenz' ergibt sich aus den Prozessen medienverstärkter Selektivität von Informationen (durch Web robots wie z.B. spiders, wanderers, knowbots, mailbots, chatterbots, clonebots, elektronische Agenten / Assistenten), Individualisierung und Vernetzung.

Die Formen der Individualisierung, die wir bislang kannten, entstanden gegen vorherrschende Institutionalisierungen. Sie organisierten sich in der Tradition textsprachlicher und verbalsprachlicher Verständigung als Öffentlichkeiten. Dabei war der verbalsprachliche Formalismus auf die Angesichtigkeit, der textsprachliche auf die autorengebundene mediale Vermittlung gerichtet.

Die Verbindungen von Angesichtigkeit + individuelle, kontinuierliche Autorenschaft + Öffentlichkeit stolpern sozusagen über die Netz-Kabel, in denen es um Anonymität / Pseudonymität + diskontinuierliche Autorenschaft + Telepräsenz / globale Anwesenheit geht. Dieses Sprachbild des ´Stolperns´ macht darauf aufmerksam, daß die Veränderungen nicht als klare Strategien geschehen. Inhaltlich heißt dies, daß Individualität, Öffentlichkeit und Gemeinschaft in ihren medialen Bedingungen betrachtet und kulturgeschichtlich verglichen werden müssten. 'Stolpern' beschreibt zu dem die Unachtsamkeit 'draußen'. Sie ist das Gegenüber der gerade angesprochenen Paradoxie. Zu ihr gehört eine weitere, für die Öffentlichkeitsdiskussionen erhebliche Verschiebung.

In den Öffentlichkeitskonzepten, die auf der Basis der Textkulturen entwickelt wurden und Politik in der Moderne absicherten (Kap. 9), war eine strikte Unterscheidung von Öffentlichkeit und Gemeinschaft festgeschrieben. T. Bender (1978) erinnert daran, wenn er schreibt:

> „Our public lives do not provide an experience of community. The mutuality and sentiment characteristic of communitiy cannot and need not to be achieved in public. We must be careful to distinguish between these two contexts of social experience."

Zwischen Öffentlichkeit und Gemeinschaft wurde ein radikales Rationalitätsgefälle bestimmt. Es stellte sich dar im Unterschied der Verhältnisse von *Medien und Institutionen* einerseits und *Gefühl und Gemeinschaft* andererseits. Die erste Paarung garantierte die politisch gesteuerte Reproduktion der Gesellschaft, die zweite die Integration des einzelnen in vertraute Nahräumlichkeit.

Ob dies im 19. und 20. Jahrhundert sinnvolle Erklärungsweisen waren, wollen wir hier nicht debattieren. Für die Netzanalyse sind diese keineswegs mehr sinnvoll, für die WEB-Analyse erst recht nicht. Warum? Zwei Hauptgründe sind anzuführen:

- Erstens sind die sog. Cyber-Communities / Virtual Communities entwicklungsbezogene, projektgebundene und auf Reproduktion orientierte Gruppierungen von Menschen. Sie sind weder im Sinne überlieferter 'mutuality and sentiment characteristics' noch im Sinne politisch-institutioneller Öffentlichkeit zu beschreiben.
- Zweitens sind sie Ausdruck einer historisch beispiellosen Koalition aus Wirtschaft, individuellen Entwicklern und Nutzern, Wissenschaft, Kunst, Markt. Es bildet sich eine Art netzinterner Entwicklungs- und Verbreitungs-Politik heraus. Sie nutzt die elektronisch kurzen Wege ebenso, wie die direkten Zugänge durch Websites, elektronischen Adressen usw.

Alle Befragungs- und Gesprächergebnisse legen nahe, den Terminus 'Gemeinschaft' beizubehalten ihn aber als 'infografische Gemeinschaft' zu verdeutlichen. Diese ist dann bestimmt durch

(a) die mathematischen, technischen, elektronischen und optischen Standardisierungen,
(b) die Durchschnitts- und Spitzenkompetenzen, mit digitalen Medien umzugehen,
(c) die Entlastungs-, Funktionalitäts- und Selbstbeauftragungen der Gruppen und 'Szenen',
(d) die Relationen von individuellen künstlerischen, wissenschaftlichen Entwürfen und kollektiven Prozessen
(e) die elektronischen Entwicklungsumgebungen außerhalb der Gruppen
(f) die Anforderungen und Erwartungen der off-line Sub-Kulturen

In Anlehnung an N. Adamowskys „ludische Medientheorie" lassen sich die Netz-Gemeinschaften als Spielräume beschreiben, in denen die technologischen und kulturellen Regeln der prozessorientierten Verständigung mit immer neuen Vorhaben verbunden werden. Es sind die Spiele der Reflexion, des Wissens, der Auseinandersetzung um Neues. Mathematische Axiome, technologische Schaltungsstandards, Übertragungsprotokolle, Netiquette, - Spielgemeinschaften, die in der Verbindung verschiedenster symbolischer Welten entstehen. Nutzer und Nutzerinnen sind *symbolic wanderers*, Wanderer zwischen den symbolischen Welten der Mathematik und den bild-, text- und raumsprachlichen Regeln von Kommunikation zwischen tele-präsenten Partnern.

Welche Folgen haben diese symbolischen Wanderschaften für die Beobachtung von Netz als Anhäufung von instrumentalen Automaten (Computer) und als „aggregation of personae, interacting with each other" (Howard Rheingold)? Welche Folgen hat das „ludic 'being-in-the world', von dem Brian Sutton-Smith (1997) spricht?

Versteht man *Interaktivität als einen performativen Zusammenhang menschlicher und nicht-menschlicher Programm-Aktivierer*, der nicht durch festgelegte Inhalte, Verständigungsformate und formalisierte Dispositive scharf umrissen ist, sondern vielmehr als einen ergebnisoffenen Prozess, hat man etwas mehr Beobachtungsspielraum, um Veränderungen, Neuigkeiten, Innovationen, schwierige unvorhergesehene Situationen im cross-over Bereich von On-Line X Off-Line zu beschreiben.

Vor dem Hintergrund der Mehrfachcodierung menschlichen Wissens und Handelns (s.o.), ist der *symbolic wanderer* ebenfalls ein mehrfacher Symbolcodierer. Dies ist in der Grundidee nicht neu, und seit etlichen Jahren in verschiedenen Ausprägungen der Symboltheorien angesprochen. Interessant ist allerdings nun, daß diese *symbolic wanderers* nicht nur fleißig lernende Symbolverarbeiter sind. In dem sie sich in medialen Räumen bewegen, die eine ungebrochene elektronische Symbolverarbeitung erfordern und einen ständigen Wechsel der Form-, Sinn- und Bedeutungsordnungen nahe legt, sind die *wanderers* auch *creators, content creators*.

Dies zeigte sich auch in der quantitativen Erhebung. Anfänglich hatten wir uns an den empirisch-faktischen Aspekten der Nutzerinnen / Nutzer, der Häufigkeiten bei e-mail, browser, Datenbank-Nutzung, an skalierten Erwartungen gegenüber der politischen Bedeutung der Netze orientiert. Es zeigte sich aber, daß die Verbindungen von Nutzung, Erwartung, Engagement, Partizipationsforderungen u.ä. die Kategorien der Netz-Bewohner / -innen, der Bürgerinnen und Bürger 'näher' an den Interpretationsbreiten lagen.

In den damit verbundenen Gesprächen sind die Kategorien der *content creators*, der *kooperativen Spieler die Spielerin*, der *kooperative Entwerfer / die Entwerferin* und der *Flaneure* eingebracht worden.

- Der 'content creator' sucht Formen, Verabredungen und Performances, die den Raum des Treffens und die Dynamiken der Kommunikation sichern, wissend, daß die offenen Beteiligungsregeln immer wieder Instabilitäten erzeugen und, daß Entwürfe auch von anderen kommen.
- Der 'kooperative Spieler' ist derjenige, der innerhalb des WWW Regeln der gruppenspezifischen und gruppenübergreifenden 'sozialen' Ordnung entwirft und anwendet.
- Der 'kooperative Entwerfer' ist derjenige, der Formen, Strukturen, Räume der individuellen und / oder partizipatorischen Anwesenheit im ständigen (auch konkurrenziellen) Rückbezug mit anderen Entwerfern / Entwerferinnen entwickelt.
- Der 'Flaneur' ist ein Seismograf, ein Beobachter und Kommentierer der Veränderungen, ein Erinnerungsträger, der nicht in das Programmiergeschehen eingreift, aber Inhalte auf- oder ab-

wertet, Gedächtnisempfehlungen (Speicherungsempfehlungen) formuliert.

Alle fallen unter die Hauptkategorie der *radical active members*, bilden allerdings sehr verschiedene Ensembles der individualisierten Mediennutzung und des Medienentwurfes aus. Mit ihnen entstehen neue Dynamiken *kulturevolutionärer Kommunikation*.

* *

Ich komme zum Schluß.

Die wenigen Beispiele aus Empirie, die skizzierten Interpretationen und die grundlagentheoretischen Erwägungen sprechen an, daß sich die Kommunalisierung durch Kommunikation strukturell, inhaltlich und in ihren Beziehungen zu kulturellen Kontinuitäten verändert hat. Fraglich ist, in welcher Weise die netzbasierten Gemeinschaften Bausteine für Gesellschaft sind, in welchem Verhältnis sie zu sozialen Systemen zu diskutieren sind oder ob sie eher Basis für universal verstreute kulturelle Selbstorganisation sind. Bedenkt man, daß nicht nur die Mitglieder transnationaler Konzerne mehr miteinander gemeinsam haben als mit ihren Herkunftskulturen, sondern dies in noch höherer Zahl auch für die Entwickler- und Nutzergruppierungen spezifischer medialer Netzfelder gilt, sollte die Communio-Funktion von Kommunikation auf ihre transkulturellen und globalen infrastrukturellen Dimensionen hin untersucht werden. Unter diesen Aspekten wäre dann die Frage: „Was ist Kommunikation" eng mit der Frage: „Was ist Evolution? " zu diskutieren.

Literatur

Abendroth, W., Lenk, K. 1968: Einführung in die politische Wissenschaft, Bern München

Adamowsky, N. 2000: Spielfiguren in virtuellen Welten, Frankfurt / New York

Adorno, Th. W. 1953: Prolog zum Fernsehen. In: 'Rundfunk und Fernsehen', Frankfurt/M (hier: drs.: Eingriffe, 1971)

Adorno, Th. W. 1954: Fernsehen als Ideologie, Frankfurt/M (hier: drs.: Eingriffe 1971).

Adorno, Th. W. 1976: Resumée über Kulturindustrie. In: Prokop, D. (Hrsg.) : Massenkommunikationsforschung Bd.1., Frankfurt/M.

Alexander, J. C. 1990: The Mass News Media in Systemic, Historical and Comperative Perspective. S. 323-366. In: J. C. Alexander und P. Colomy (Hrsg.).

Anderson, D. F. Foreword: Chaos in System Dynamics Models. In: System Dynamics Review 4, 1988.

Argyle, M. 1972: Non-Verbal communication in human social interaction. In: R. Hinde (ed.), Non-verbal Communication, Cambridge.

Arnheim, R. 1993: Gestaltpsychologie und künstlerische Form. In: D. Heinrich, W. Iser (Hrsg.): Theorien der Kunst, Frankfurt/M. 132-147.

Axelrod, R. 1991: Die Evolution der Kooperation, München

Baerns, B. 1987: Macht der Öffentlichkeit und Macht der Medien, S. 147-160. In: U. Sarcinelli (Hrsg.): Politikvermittlung. Bonn, Bundeszentrale für politische Bildung.

Baudry, J. L. 1986: The apparatus: Metapsychological approaches to the impression of reality in cinema. In: Rosen, Ph. (Hrsg.), Narrative Apparatus, New York

Baudrillard, J. 1987: Der symbolische Tausch und der Tod, München.

Baudrillard, J. 1978: Agonie des Realen, Berlin.

Beck, U. 1986: Risikogesellschaft. Auf dem Weg in eine andere Moderne, Frankfurt/M.

Bender, T. 1978: Community and social change in America, New Brunswick.

Benhabib, S. 1992: Models of Public Space: Hannah Arendt, the Liberal Tradition, and Jürgen Habermas, S.73-98 in: Craig Calhoun (Hrsg.): Habermas and the Public Sphere. Boston: MIT Press.

Berking, H. 1984: Masse und Geist, Berlin.

Bette, K. H. 1989: Zur Semantik und Paradoxie moderner Körperlichkeit, Berlin New York.

Biocca, F. 1992: Virtual Reality Technology: A. Tutorial. In: Journal of Communication, Autumn 1992Vol.42 No. 4, S.28.

Blackmore, S. 2000: Die Macht der MEME oder: die Evolution von Kultur und Geist, Heidelberg Berlin.

Bloch, E. 1975: Experimentum mundi. Frage, Kategorien des Herausbringens, Praxis. Ernst Bloch Gesamtausgabe Bd. 15, Frankfurt / M.

Blumer, J. G./Katz E. 1974: The Uses of Mass Communications, Beverly-Hills London.

Bolz, N., Kittler, F., Tholen, Ch. (Hrsg.) 1994: Computer als Medium, München.

Bonfadelli, H. 2000: Medienwirkungsforschung, Konstanz

Borrmann, N. 2001: Frankenstein und die Zukunft das Künstlichen Menschen, München

Borstnar, N. / Pabst, Eckhard / Wulff, Hans Jürgen 2001: Einführung in die Film- und Fernsehwissenschaft, Konstanz.

Braitenberg, V. 1993: Vehikel. Experimente mit kybernetischen Wesen, Reinbek b. Hamburg.

Bredow, W.v. (Hrsg.) 1990: Medien und Gesellschaft. Auf dem Weg zu einem Analphabetismus für gehobene Ansprüche, Stuttgart.

Bruckmann, A. 1992: Identity Workshops: Emergent Social and Psychological Phenomena in Text-Based Virtual Reality, MIT Mass.

Bryce, J. 1921: Modern Democracies. 2 Bd. New York.

Bühl, W. L. 1992: Vergebliche Liebe zum Chaos. In: Soziale Welt, Jg. 43, H. 1.

Bühl, A. 1996: Cybersociety. Mythos und Realität der Informationsgesellschaft, Köln.

Burkart, R. 1995: Kommunikationswissenschaft. Wien Köln Weimar.

Caillois, R. 1961: Man, Play and Games, New York

Calvin, W. H. 2000: Die Sprache des Gehirns. Wie in unserem Bewusstsein Gedanken entstehen, Stuttgart.
Cassirer, E. 1932: Die Philosophie der Aufklärung, Tübingen.
Cassirer, E. 1987: Zur modernen Physik, Darmstadt.
Chartier, R. 1989: Roger Chartier und die Geschichte des Lebens. In: Pariser Gespräche, Berlin.
Cherry, C. 1957: On human communication, Cambridge MIT Press,
Churchman, C.W. 1969: Realtime Systems and Public Information, Internal Working Paper, No 144 UCLA.
Claus, J. 1991: Elektronisches Gestalten in Kunst und Design, Reinbek b. Hamburg.
Cohen, J. L. und Arato, A. 1992: Civil Society and Political Theory. Cambridge, MM: Harvard University Press.
Coy, W. 1994: Die Entfaltung programmierbarer Medien. In: Digitales Fernsehen - eine neue Medienwelt, ZDF Schriftenreihe H. 50 Mainz.

Dangschat, J. & Blasius, J. (Hrsg.) 1994, Lebensstile in den Städten, Opladen.
Davidow, W.H., Malone, M.S. 1993: Das virtuelle Unternehmen. Der Kunde als Co-Produzent, Frankfurt/M New York, S. 84ff.
Davidson, W. H. & Michael S. Malone 1992: The Virtual Corporation, New York.
Derrida, J. 1976: Die Schrift und die Differenz, Frankfurt/M.
de Kerkhove, D. 1995: Schriftgeburten. Vom Alphabet zum Computer, München.
Deutsch, K. W. 1966: Politische Kybernetik. Modelle und Perspektiven, Freiburg i. Breisgau.
Dewey, J. 1929: The Public and Its Problems. New York: Holt, Rinehart & Winston.
Dierkes, M./ Hoffmann, U./ Marz. L. 1992: Leitbild und Technik. Zur Entstehung und Steuerung technischer Innovationen, Berlin.
Downing, J., Mohammadi, A., Sreberny-Mohammadi, A. 1995: Questioning the Media. A Critical Introduction, London.
Dröge, F. 1974: Medien und gesellschaftliches Bewusstsein. In: Baacke, D. (Hrsg.), Kritische Medientheorien, München.
Dröge, F. 1991: Massenkommunikation. In: Kerber, H./Schmieder, A. (Hrsg.) Handbuch Soziologie, Reinbek b. Hamburg.

Dyson, F. J. 2000 : die Sonne, das Genom und das Internet, Frankfurt / M.

Dyson, G. B. 2001: Darwin im Reich der Maschinen, Wien New York.

Eccles, J. C. 1987: Gehirn und Seele, Erkenntnisse der Neurophysiologie, Berlin Heidelberg.

Eckert, G. 1953: Die Kunst des Fernsehens, Emsdetten.

Effrat, M. P. 1974: The Community: Approaches and Applications, New York.

Ehrhardt, J. 1992: Allgemeines Netzwerk-Management. In: drslb. (Hrsg.), Netzwerk-Domensionen. Kulturelle Konfigurationen und Management-Perspektiven, Bergheim, 11-26.

Ellul, J. 1964: The Technological Society, New York.

Epstein, E. J. 1974: News from nowhere. Television and the news, New York.

Etzioni, A. 1967: Soziologie der Organisationen, München.

Executive Summary of The Statement Of The World Economic Forum Task Force, 2000; http//:www.weforum.org/centres.nsf/Documents

Fabo, S. 1997: Bild/Text/Sound – Hybride des Digitalen. In: Schneider / Thomsen (Hrsgb.): Hybridkultur. Medien Netze Künste, Köln.

Faßler, M. 1992: Gestaltlose Technologien? Bedingungen, an automatisierten Prozessen teilnehmen zu können. In: drslb. & Wulf R. Halbach (Hrsg.): Inszenierung von Information. Motive elektronischer Ordnung, Gießen, 12-52.

drslb. & Halbach, W. 1994: Cyberspace, München.

drslb. 1996 a: Mediale Interaktion, München.

drslb. 1996b: Privilegien der Ferne. In: drs., J.Will, M.Zimmermann (Hrsg.): Gegen die Restauration der Geopolitik, Gießen.

drslb. 1996 c: Stile der Anwesenheit. In: B. Felderer (Hrsg.), Wunschmaschine, Wien New York.

drslb. 1996 d: Öffentlichkeiten im Interface. In: R. Maresch (Hrsg.), Medien und Öffentlichkeit, München.

drslb. 1999: Cyber-Moderne. Medienevolution, globale Netzwerke und die Künste der Kommunikation, Wien New York.

drslb. 2001: Netzwerke. Einführung in Netzstrukturen, Netzkulturen und die Realität verteilter Gesellschaftlichkeit, München, W. Fink Verlag (UTB 2211).

drslb. 2001: Ungerichtete Gemeinsinn. In: Frohmann, Jürgen / Orzessek, Arno (Hrsg.): Zerstreute Öffentlichkeiten. Zur Programmierung des Gemeinsinns, München, S. 29-42.

drslb. 2002: Bildlichkeit. Navigationen durch das Repertoire der Sichtbarkeit, Böhlau – Wien (UTB 8221).

Faßler / Hentschläger / Wiener 2003: Webfiction, Wien New York

Faulstich, W. 1992: Öffentlichkeitsarbeit, Bardowski.

Felderer, B. 1996: Wunschmaschine Welterfindung. Eine Geschichte der Technikvisionen seit dem 18. Jahrhundert, Wien New York.

Federici, F. 1946: Der deutsche Liberalismus. Die Entwicklung einer Idee vin Immanuel Kant bis Thomas Mann, Zürich.

Fiske, J. 1985, Introduction to communication studies, London.

Fiske, J./Hartley, J. 1978: Reading television, London New York .

Fiske, J. 1987: Television culture, London New York.

Flavell, J.H. 1985: Cognitive development, Englewood Cliffs.

Flichy, P. 1994: TELE. Geschichte der modernen Kommunikation, Frankfurt/M.

Förster, H.v. 1985: Das Konstruieren einer Wirklichkeit. In: Watzlawik P.(Hrsg.): Die erfundene Wirklichkeit, München Zürich.

Frankel, B. 1987: The Post-Industrial Utopians, Oxford.

Frick, A. 1995: Der Software-Entwicklungsprozeß - Ganzheitliche Sicht, München Wien.

Friedman, T. 1995: Making Sense of Software: Computer Games and Interactive Textuality. In: Steven G. Jones (ed.): Cybersociety. Computer-mediated Communication and Community, London, p. 73-89.

Foucault, M. 1973 Archäologie des Wissens, Frankfurt/M.

Fuchs, P. 1992: Die Erreichbarkeit der Gesellschaft. Zur Konstruktion und Imagination gesellschaftlicher Einheit, Frankfurt/M.

Fuchs, P. 1993: Moderne Kommunikation. Zur Theorie des operativen Desplacements, Frankfurt/M.

Furth, H.G. 1981: Intelligenz und Erkennen. Die Grundlagen der genetischen Erkenntnistheorie Piagets, Frankfurt/M.

Gehlen, A. 1961: Anthropologische Forschung, Reinbek b. Hamburg.

Geiger, Th.1926: Die Masse und ihre Aktion, Stuttgart.

Geiger, Th. 1960: Die Gesellschaft zwischen Pathos und Nüchternheit, Kopenhagen.

Gelernter, D. 1991: Mirror Worlds or the Day Software puts the Univers in a Shoebox, Oxford

Gendolla, Peter 2001 (Hrsg.): Diagonal. Zeitschrift der Universität Siegen. Thema: Netz, Siegen

Gergin, K. J. 1991: The Saturated Sel: Dilemmas of Identity in Contemporary Life, New York.

Gerhards, J. 1994: Politische Öffentlichkeit. In: J. Neidhardts, a.a.O.

Giesecke, M. 1991: Der Buchdruck in der frühen Neuzeit, Frankfurt/M.

Gilbert, N. & Doran J. 1994: Simulation Societies. The Computer Simulation of Social Phenomena, London.

Glaser, H./ Werner Th. 1990: Die Post in ihrer Zeit. Eine Kulturgeschichte menschlicher Kommunikation, Heidelberg.

Glaserfeld, E.v. 1985: Konstruktion der Wirklichkeit und des Begriffs Objektivität. In: H. Gumin & A. Mohler (Hrsg.) Einführung in den Konstruktivismus, München.

Glaserfeld E.v. 1987: Wissen, Sprache, Wirklichkeit. Arbeiten zum radikalen Konstruktivismus, Braunschweig, Wiesbaden.

Göhring, Hans-Georg, Kauffels, Franz-Joachim 1993: Token Ring. Grundlagen, Strategien, Perspektiven, Bergheim.

Görz, G. 1987: Möglichkeiten der Automatisierung kognitiver Leistungen. Zur Problematik der 'Künstlichen Intelligenz'. In: G. Bechmann, W. Rammert (Hrsg.): Technik und Gesellschaft, Jahrbuch 4 Frankfurt New York 178-199.

Göttert, Karl-Heinz 1998: Geschichte der Stimme, München.

Goffmann, E. 1977: Rahmen-Analyse, Frankfurt/M.

Goodmann, N. 1982: Kunst und Erkenntnis. In: D. Heinrich, W. Iser (Hrsg.), Theorien der Kunst, Frankfurt/M.

Goodmann, N. 1973: Sprachen der Kunst. Ein Ansatz zu einer Symboltheorie, Frankfurt/M.

Güdler, Jürgen 1996: Dynamik der Medienforschung. Eine szientometrische Analyse auf der Grundlage sozialwissenschaftlicher Fachdatenbanken, Bonn, S.XI.

Gumbrecht, H.U./ Pfeiffer, K.L. (Hg) 1988: Materialität der Kommunikation, Frankfurt/M.

Habermas, J. 1961/92: Strukturwandel der Öffentlichkeit, Neuwied.

drslb. 1971: Vorbereitende Bemerkungen zu einer Theorie der kommunikativen Kompetenz. In: Habermas/Luhmann: Theorie der

Gesellschaft oder Sozialtechnologie - Was leistet die Systemforschung, Frankfurt/M.
drslb. 1976: Was heißt Universalpragmatik? In: Apel, K.O.: Sprachpragmatik und Philosophie, Frankfurt/M.
drslb. 1981: Theorie des kommunikativen Handelns, 2Bde., Frankfurt/M.
drslb. 1988: Nachmetaphysisches Denken, Frankfurt/M.
drslb. 1991: Erläuterungen zur Diskursethik, Frankfurt/M.
Halbach, W. R. Interfaces. Medien- und kommunikationstheoretische Elemente einer Interface-Theorie, München.
Hall, E. T. 1964: Silent assumptions in social communication. In: Disorders of Communication 42, 41-55.
drslb. 1968: Proxemics. In: Current Anthropology 9, 83-108.
drslb. 1976: Die Sprache des Raums, Düsseldorf.
Heap, N., Thomas, R. Einon, G. Mason, R. Mackay, H. 1995: Information Technology and Society, London.
Hebdige, D. 1997: Subculture. The meaning of style, London New York.
Henning, A. 1993: Technik und Menschenrechte. In: H.Lente & G. Repsohl (Hrsg.), Technik und Ethik, Stuttgart.
Hentschläger, U. 1999: Die Welt im Web. Zwischen kommunikationstechnischer Kontrolle und medialer Imagination, Inauguraldissertation, Uni Wien.
Hentschläger, Ursula / Wiener, Zelko 2002: Webdramaturgie. Das audio-visuelle Gesamtereignis, München.
Herder, J. G. 1952: Abhandlung über den Ursprung der Sprache. In: drs., Zur Philosophie der Geschichte, hrsgg. v. W. Harich, Berlin .
Hessen 80 1970: Großer Hessenplan, Wiesbaden.
Hick, Ulrike 1999: Geschichte der optischen Medien, München.
Hickethier, K./Schneider, I., (Hrsg.) 1992: Fernsehtheorien, Berlin.
Hickethier, K. & Schneider, J. (Hrsg.) 1990: Fernsehtheorien, Berlin.
Hickethier, Knut 2000: Medien in Deutschland Band 3: Film, Konstanz
Hiebel, Hans H. / Hiebler, Heinz / Kogler, Karl / Walitsch, Herwig 1999: Große Medienchronik, München.
Höller, H. 1993: Kommunikationssysteme - Normung und soziale Akzeptanz, Darmstadt.
Hölscher, L. 1979: Öffentlichkeit und Geheimnis, Stuttgart.

Hörning, K. H. & Ahrens, D. & Gerhard, A. 1996: Vom Wellenreiter zum Spieler. Neue Konturen im Wechselspiel von Technik und Zeit. In: Soziale Welt, Jg. 47, Heft 1, 7-23.

Holmes. J. E. 1980: Confessions of a Dungeon Master. In: Psychology Today, November 1980, S.84-94.

Horkheimer, M. 1930: Anfänge der bürgerlichen Geschichtsphilosophie, Stuttgart.

Horkheimer, M./ Adorno, Th.W. 1975: Kulturindustrie: Aufklärung als Massenbetrug. In: diess.: Dialektik der Aufklärung, Frankfurt/M.

Horvath, P. 1996: Online Recherche. Neue Wege zum Wissen der Welt, Braunschweig/Wiesbaden.

Hovland, C. J. 1959: Effects of Mass Media of Communication. In: Lindzey, G. (Hrsg.), Handbook of Social Psychology, Bd.2, Reading (Mass.) London.

Huhtamo, E. 1996: From Cybernation to Interaction. In: B. Felderer (Hrsg.), Wunschmaschine Welterfindung. Eine Geschichte der Technikversionen seit dem 18. Jahrhundert, Wien New York, 192-207.

Huizinga, J. 1955: Homo ludens: a study of the play element in culture, Boston

Illich, I. 1987: Schriften lesen im 12. Jahrhundert. Das Didascalion Hugos von Sankt Viktor. In: Einführungseinheit in die Ältere Geschichte, FernUniversität Hagen.

Illich, I. 1991: Von der Prägung des Er-Innerns durch das Schriftbild. In: Assmann, A./ Harth, D. (Hrsg.), Mnemosyne. Formen und Funktionen der kulturellen Erinnerung, Frankfurt/M.

Illich, I. & Sanders, B. 1988: Das Denken lernt schreiben. Lesekultur und Identität, Hamburg.

Innis, Harold A. 1997: Tendenzen der Kommunikation. In: drslb. (hrsg. V. Karlheinz Barck): Kreuzwege der Kommunikation, Wien New York, S. 95 –119

Ito, M. Cybernetic Fantasies: Extended Selfhood in a Virtual Community, WELL.

Jones, S. G. 1995: Cybersociety. Computer-mediated communication and community, Thousand Oaks London New Delhi

Kamper, D. 1995: Unmögliche Gegenwart. Zur Theorie der Phantasie, München.

Kausch, M. 1988: Kulturindustrie und Populärkultur. Kritische Theorie der Massenmedien, Frankfurt/M.

Keane, J. 1991: The Media and Democracy, Cambridge: Polity Press.

Kelly, K. 1997: Das Ende der Kontrolle. Die biologische Wende in Wirtschaft, Technik und Gesellschaft, Berlin

Keppler, A. 1985: Präsentation und Information, Tübingen.

Kepplinger, H. M. 1975: Realkultur und Medienkultur, Freiburg München.

Kiefer, M. L. 1987: Massenkommunikation 1964-1985. In: Media Perspektiven.

Kiesler, S., Siegel, J., McGuire, T. M. 1984: Social Psychological Aspects of Computer Communication. In: American Psychologist 39 (10). 1984 S. 1123-1134.

Kingdon, J. 1984: Agendas, Alternatives and Public Policies. Boston/Toronto: Little, Brown.

Klook, Daniela / Spahr, Angela 1997: Medientheorien. Eine Einführung, München

Kneer, G. 1990: Pathologien der Moderne. Zur Zeitdiagnose in der 'Theorie des Kommunikativen Handelns' von Jürgen Habermas, Opladen.

Knodt, R. 1985: Erkennen. Die Organisation und Verkörperung von Wirklichkeit, Braunschweig/Wiesbaden 1985.

Kosko, B. 1999: The Fuzzy Future, New York.

Kowalk, W. P. 1993: Korrekte Software, Mannheim.

Krippendorf, K. 1990: Eine häretische Kommunikation über Kommunikation über Kommunikation über Realität. In: DELFIN 7. Jg. H. 1 Dez. 1989/Jan. 1990.

Krippendorf, K. 1993: Schritte zu einer konstruktivistischen Erkenntnistheorie der Massenkommunikation. In: G. Bentele & M. Rühl (Hrsg.), Theorien öffentlicher Kommunikation, München.

Kurzweil, R. 1999: Homo S@piens. Leben im 21. Jahrhundert – Was bleibt vom Menschen?, Köln.

Lacan, J. 1973: Schriften I, Olten.

Lacan, J. 1980: Schriften III, Olten.

Lasswell, H. D. 1948: The structure and function of communication in society. In: Bryson, L. (Hrsg.), The communication of ideas, New York.

Lavroff, N. 1992: Faszination virtueller Welten. Erlebnisse, die unter die Haut gehen. München.

Layzer, D. 1995: Die Ordnung des Universums, Frankfurt / M Leipzig

Le Bon, G. 1895/1919: Psychologie des Foules, Paris/Leipzig.

Leeker, M. 1995: Mime, Mimesis und Technologie, München.

Leroi-Gourhan, A. 1984: Hand und Wort. Die Evolution von Technik, Sprache und Kunst, Frankfurt/M.

Lersch, P. 1965: Der Mensch als soziales Wesen, München.

Levy, P. 1997: Die Kollektive Intelligenz. Eine Anthropologie des Cyberspace, Mannheim.

Licklider, J. C. R. & R.W. Taylor 1968: Computer as a communication device. In, Science & Technolgy, 76, p. 21-31

Löwenthal, L., 1972: Literatur und Gesellschaft, Neuwied Berlin.

Lohmann, N. 1970: Öffentliche Meinung. Politische Vierteljahresschrift 11: 9-34.

Luhmann, N. 1975: Einführende Bemerkungen zu einer Theorie symbolisch generalisierter Kommunikationsmedien. In: Soziologische Aufklärung 2, Opladen.

drslb. 1981: Die Unwahrscheinlichkeit der Kommunikation. In: drs. Soziologische Aufklärung, 3 Opladen.

drslb. 1981: Veränderungen im System gesellschaftlicher Kommunikation und die Massenmedien. In: drs. Soziologische Aufklärung 3. Soziale Systeme, Opladen.

drslb. 1980: Gesellschaftsstruktur und Semantik, Bd.1. Frankfurt/M.

drslb. 1996: Die Realität der Massenmedien, Opladen ; drs. (1995): Kunst der Gesellschaft, Frankfurt / M

drslb. 1992: Beobachtungen der Moderne, Opladen.

drslb. 1984: Soziale Systeme. Grundriß einer allgemeinen Theorie, Frankfurt/M.

drslb. 1987: Autopoiesis als soziologischer Begriff. In: H. Haferkamp, M. Schmid (Hrsg.), Sinn, Kommunikation und soziale Differenzierung, Frankfurt/M.

drslb. 1987: Die Autopoiesis des Bewußtseins. In: A. Hahn, V. Kapp (Hrsg.) Selbstthematisierung und Selbstzeugnis: Bekenntnis und Geständnis, Frankfurt/M.

drslb. Selbstorganisation und Information im politischen System. In: Niedersen/Pohlmann a.a.O.
Lyotard, J. F. mit anderen 1985: Immaterialität und Postmoderne, Berlin.
Lyotard, J. F. 1986: Das postmoderne Wissen, Graz/Wien.

Maier, G., Wildberger, A. 1994: In 8 Sekunden um die Welt. Kommunikation über das Internet, Bonn Paris Reading, Mass.
Mambrey, P./ Tepper, A. 1992: Metaphern und Leitbilder als Instrument, GMD Schloß Birlinghofen.
March, J. G., Simon, H.A. 1958: Organizations, New York/London.
Marcinkowsky, F. 1993: Publizistik als autopoietisches System. Politik und Massenmedien. Eine systemtheoretische Analyse, Opladen.
Maresch, R. (Hrsg.) 1996: Medien und Öffentlichkeit, Positionierungen Symptome, Simulationsbrüche, München.
Maturana, H.R./ Varela, F.J. 1990: Der Baum der Erkenntnis. Die biologischen Wurzeln des menschlichen Erkennens, Bern München.
Maturana, H. Kognition. In: Schmidt, S.J. (Hrsg.) 1988: Der Diskurs des Radikalen Konstruktivismus, Frankfurt/M.
McLuhan, M. 1992: Die magischen Kanäle. Understanding Media, Düsseldorf Wien New York Moskau.
McLuhan, M. 1995: Die Gutenbeg-Galaxis. Das Ende des Buchzeitalters, Bonn Paris Reading Mass.
Mehrabian, A. 1992: Räume des Alltags. Wie die Umwelt unser Verhalten bestimmt, Frankfurt/M.
Merten, K. et.al. 1994: Die Wirklichkeit der Medien, Opladen.
Merten, K. 1977: Kommunikation. Eine Begriffs- und Prozeßanalyse, Opladen.
Meyrowitz, J. 1985: No Sens of Place, Oxford.
Meyrowitz, J. 1989: The generalised elsewhere. In: Critical Studies in Mass. Communications 6.
Michels, R 1926: Psychologie der antikapitalistischen Massenbewegungen. In: Grundriß der Sozialökonomik, Abt. IX, Teil 1, Tübingen.
Mihalo, M. 1985: The Microcomputer and Social Relationships. In: Computer and the Social Sciences, 1. 1985, S. 199-205.
Morley, David / Robins, Kevin 1995: spaces of identity, London New York

Morley, David 1992: Television, Audiences and Cultural Studies, London New York

Morris, B. 1994: Anthropology of the Self. The Individual in Cultural Perspective, London.

Nake, F., Hoppé, A. 1995: Das allmähliche Auftauchen des Computers als Medium. Ergebnisse einer Delphi-Studie, Uni Bremen - Fachbereich Mathematik und Informatik, Bremen.

Neidhardt, F. (Hrsg.) 1994: Öffentlichkeit, öffentliche Meinung, soziale Bewegung, Opladen.

Neidhardt, F. 1994: Öffentlichkeit und die Öffentlichkeitsprobleme der Wissenschaft. S. 39-56. In: W. Zapf und M. Dierkes (Hrsg.) Institutionenvergleich und Institutionendynamik. WZB-Jahrbuch 1994. Berlin edition sigma.

Nelson. B. 1977: Der Ursprung der Moderne, Frankfurt/M.

Neumann, W. R. 1986: The Paradox of Mass Politics. Knowledge and Opinion in the American Electorate, Cambridge, MA: Harvard University Press.

Neumann-Braun, Klaus (Hrsg.) 1999: Viva MTV. Popmusik im Fernsehen, Frankfurt / M

Newell, A. 1980: Physical Symbol Systems. CMU-CS-80-110. Tittsburg.

Niedersen, U., Pohlmann, L. Komplexität, Singularität und Determinismus. In: dslb, Selbstorganisation. Jahrbuch für Komplexität, Berlin 1990, S. 27.

Nietsche, F. 1980: Also sprach Zarathustra. In: Sämtliche Werke, Kritische Studienausgabe in 15 Bänden hrsg. v. G. Colli & M. Montinari, Bd. 4, München.

Nowotny, H. 1996: Die Erfindung der Zwischenwelt. Zwischenräume, Zwischenzeiten, Zwischen Niemand und Jemand. In: B. Felderer (Hrsg.) Wunschmaschine, Welterfindung, a.a.O.

Oevermann, U. & Allert, T. & Konau, E. & Krambeck, J. 1979. Die Methodologieeiner 'objektiven Hermeneutik' und ihre allgemein forschungslogische Bedeutung in den Sozialwissenschaften. In: H.G. Soeffner (Hrsg.) Interpretative Verfahren in den Sozial- und Textwissenschaften, Stuttgart.

Oevermann, U. 1986: Kontroversen über sinnverstehende Soziologie. In: St. Aufenander & M. Lenssen (Hrsg.): Handlung und

Sinnstruktur. Bedeutung und Anwendung der objektiven Hermeneutik, München.
Oevermann, U. 1991: Genetischer Strukturalismus und das sozialwissenschaftliche Problem der Erklärung der Entstehung des Neuen. In: St. Müller-Doohm (Hrsg.), Jenseits der Utopie, Frankfurt/M.

Papadakis, A./ Steele, J. 1991: Architektur der Gegenwart, Paris. A. Papadakis, J. Steele 'A Decade of architectural Design' 1982).
Park, R. E. 1904: Masse und Publikum: Eine methodologische und soziologische Untersuchung, Bern.
Peters, B. 1994: Der Sinn von Öffentlichkeit. In: J. Neidhardts, a.a.O.
Piaget, J. 1973: Einführung in die genetische Erkenntnistheorie, Frankfurt/M.
Piaget, J. 1974: Biologie und Erkenntnis. Über die Beziehungen zwischen organischen Regulationen und kognitiven Prozessen, Frankfurt/M.
Plessner, H. 1980 Anthropologie der Sinne. In: drs. Gesammelte Schriften, Frankfurt/M.
Popper, K R. & Eccles, J.C. 1989: Das Ich und sein Gehirn, München.
Postman, N. 1988: Die Verweigerung der Hörigkeit, Frankfurt/M.
Postman, N. 1992: Das Technopol, Frankfurt/M.
Prigogine, I. 1986: Wissenschaft und neue Rationalität. In: H.J. Sandkühler & H.H. Holz (Hrsg.) , Dialektik 12, Köln.
Prigogine, I., Stengers, I. 1980: Dialog mit der Natur. Neue Wege naturwissenschaftlichen Denkens, München Zürich.
Pross, H. 1972: Medienforschung, Darmstadt.
Rammert, W. 1988: Das Innovationsdilemma, Opladen.
Regehly, Th./ Bauer, Th. (Hrsg.) 1993: Text-Welt. Karriere und Bedeutung einer grundlegenden Differenz, Gießen.
Reimann, H. & Giesen, B. & Goetze, D. & Schmid, D. 1975: Basale Soziologie. Theoretische Modelle, München.
Reimann, H. 1992: Transkulturelle Kommunikation und Weltgesellschaft, Opladen.
Rheingold, H. 1994: Virtuelle Gemeinschaften, München.
Rheingold, H. 1993: The Virtual Community – Homesteading on the Electronic Frontier, Menlo Park

Riedl, Rupert 2000: Strukturen der Komplexität. Eine Morphologie des Erkennens und Erklärens, Berlin Heidelberg New York

Riegas, V., Vetter, Ch. (Hrsg.) 1990: Zur Biologie der Kognition, Frankfurt/M.

Rieff, Ph. 1973: The Triumph of the Therapeutic. Harmondworth: Penguin Books.

Riffkin, J. (1988), Uhrwerk Universum. Die Zeit als Grundkonflikt des Menschen, München.

Rogers, E. M. und Dearing J.W. 1988: Agenda-Setting Research. Where Has It Been, Where Is It Going? S. 555-594 in: J.A. Anderson (Hrsg.): Communication Yearbook 11.

Ronell, A., Video, Fernsehen, Rodney King, in R. Maresch (Hrsg.).

Rorty, R. (Hrsg.) The linguistic turn, Chicago.

drslb. 1991: Kontingenz, Ironie und Solidarität, Frankfurt/M.

drslb. 1992: Cosmopolitanism Without Emancipation: A Response to Lyotard. S. 59-72 in: Scott Lash und Jonathan Friedman (Hrsg.) Modernity and Identity, Oxford.

drslb. 1993: Eine Kultur ohne Zentrum. Vier philosophische Essays, Stuttgart.

Rosenberg, M. S. Virtual Reality: Reflections of Life. Dreams and Technology. An Ethnography of a Computer Society. In: WELL msr@casbah.acns.nwu.edu; 04.05.93,p.4.

Rost, M. 1996: Die Netz-Revolution, Frankfurt/M.

Sapelli, G. (1991) Netzwerkgestaltung als Planungsaufgabe. In: J. Ehrhardt (Hrsg.), Netzwerk-Dimensionen. Kulturelle Konfigurationen und Management-Perspektiven, Bergheim.

Schechner, R. 1988: Playing. In: Play & Culture No. 1

Schelhowe, H. & Nake, F. 1994: Der Computer als instrumentales Medium. In: F. Nake (Hrsg.): Zeichen und Gebrauchswert. Beiträge zur Maschinisierung von Kopfarbeit. Informatik Bericht Nr. 6, Bremen, 15-28.

Schmidt, S. J. & Weischenberg, S. 1994: Mediengattungen, Berichterstattungsmuster, Darstellungsformen. In: K. Merten/S.J. Schmidt/S. Weischenberg (Hrsg.) Die Wirklichkeit der Medien. Einführung in die Kommunikationswissenschaft. Opladen.

Schmidt, S. J. (Hrsg.) 1987: Der Diskurs des Radikalen Konstruktivismus, Frankfurt/M.

Schmidt, J.S. 1988: Der radikale Konstruktivismus. Ein neues Paradigma im interdisziplinären Diskurs: In: drs., Der Diskurs des Radikalen Konstruktivismus, Frankfurt/M. S. 25ff.

Schmidt, S.J. 1994: Kognitive Autonomie und soziale Orientierung, Frankfurt/M.

Schmidt, S.J. (Hrsg.) 1991: Gedächtnis, Frankfurt/M.

Schmidt, S. J. 2000: Kalte Faszination. Medien – Kultur – Wissenschaft in der Mediengesellschaft, Göttingen

Schmitt, C. 1926: Die geistesgeschichtliche Lage des heutigen Parlamentarismus, Berlin.

Schütz, A. 1991: Gesammelte Aufsätze Bd. 1, The Hague.

Schulz, W. 1971: Kommunikationsprozeß. In: E. Noelle-Neumann & W. Schulz: Publizistik. Frankfurt/M. 89-109.

Schumpeter, J. 1950: Kapitalismus, Sozialismus und Demokratie, Bern.

Schweizer, H. (Hrsg.) 1985: Sprache und Raum, Stuttgart.

Schwemmer, O. 1990: Glanz und Elend der Medienkultur. In: W.v. Bredow (Hrsg.), Medien und Gesellschaft, Stuttgart.

Séror, A.C. 1994: Simulation of complex organizational processes: a review of methods and their epistemological foundations. In: N. Gilbert, J. Doran (Hrsg.): Simulationg Societies. The Computer Simulation of Social Phenomena. London S. 19-40

Shannon, C.E., Weaver, W. 1949: The Mathematical Theory of Communication, Illinois.

Shotter, J. 1984: Social accountability and selfhood, Oxford.

Simmel, G. 1908: Soziologie. Untersuchungen über die Formen der Vergesellschaftung, Leipzig .

Simon, H.A.: The Sciences of the Artical. Cambridge 1981 (Die Wissenschaft vom Künstlichen. Wien New York 1994).

Smith, J. Frequently asked questions. jds@mathk.okstate.edu, 1991.

Sombart, W. 1913: Der Bourgeois; zur Geistesgeschichte des modernen Wirtschaftsmenschen, München Leipzig.

Sontheimer, M. Maresch, R. 1996: In der selbstreferentiellen Medienwelt den Kontakt zur Szene verloren. In: R. Maresch (Hrsg.).

Spangenberg, P, Komplexitätsebenen moderner Öffentlichkeit, in R. Maresch (Hrsg.).

Stegbauer, Chr. 2001: Grenzen virtueller Gemeinschaft. Strukturen internetbasierter Kommunikationsforen, Wiesbaden

Stehr, N. 1994: Knowledge Societies, London Thousand Oaks New Delhi.

Stieler, G. 1929: Person und Masse, Leipzig.

Stiftinger, E.; E. Strasser 1997: Zukunfts- und Kulturwerkstätte (Hrsg.): Binäre Mythen, Wien 1997

Stuiber, H.-W. 2000: Medien in Deutschland Band 2: Rundfunk, Konstanz

Sutton-Smith, B. 1997: The ambiguity of play, Cambridge, Mass.

Tholen, G.Ch., Scholl, M.O. (1990) Temporale Zäsuren. In: Tholen/ Scholl (Hrsg.), Zeit-Zeichen, Darmstadt.

Thomas, F. 1996: Telefonieren in Deutschland, Franfurt/M.

Thompson, E. P. 1991[1963]: The Making of the English Working Class, Harmondsworth

Tirri, H. 1995: Replacing the Pattern Matcher of an Expert System with a Neuronal Network. In: Suran Goonatilake, Sukhdev Khebbal (Hrsg.): Intelligent Hybrid Systems. Chichester, 46-62.

Toles-Patkin, T., Rational Coordination in the Dungeon. In: Journal of Popular Culture, 20, 1986, S. 1-14.

Turing, A.M. 1987: Intelligence Service, Berlin.

Turkle, S. 1986: Die Wunschmaschine. Der Computer als zweites Ich, Reinbek b. Hamburg.

Turkle, S. Life of the Screen, New York.

Turnbul, C. 1990: Liminality: a synthesis of subjective and objective experience. In: Richard Schechner & Willa Appel (ed.) By Means of performance. Intercultural studies of theatre and ritual, Cambridge / New York, S. 50-81

Ungeheuer, G. 1969: Kommunikation und Gesellschaft. In: Nachrichten für Dokumentation, 20 Jg. 1969, Nr. 6.

Varela, F. J. 1990: Kognitionswissenschaft - Kognitionstechnik, Frankfurt/M.

Villinger, I. 1996: Wo liegt Berlin? in: R. Maresch (Hrsg.)

Vierkandt, A. 1931: Kultur des 19.Jh.s und der Gegenwart. In: Handwörterbuch der Soziologie, Stuttgart.

Vleugels, W 1930: Die Masse. Ein Beitrag zur Lehre von sozialen Gebilden, München.

Völz, H. 1994: Information verstehen. Facetten eines neuen Zugangs zur Welt, Braunschweig/Wiesbaden.

von Hayek, F. A. 1971: Die Verfassung der Freiheit, Tübingen von Neumann, J. / Morgenstern, O. 1967: Spieltheorie und wirtschaftliches Verhalten, Würzburg

von Neumann, J. 1948: General and Logical Theory of Automata, New York

Walls, J. 1993: Global networking for local development: Task focus and relationship focus in cross-cultural communication. In L. M. Harasin (ed.), Global Networks, Cambridge, p. 153-166

Watzlawik, P. & Beavin, J. & Jackson, D.D. 1969: Menschliche Kommunikation. Formen, Störungen, Paradoxien. Bern Stuttgart.

Watzlawik, P. (Hrsg.) 1990: Die erfundene Wirklichkeit, München.

Weber, M. 1956: Wirtschaft und Gesellschaft. Grundriß der verstehenden Soziologie, Tübingen.

Weber, M. 1956: Staatssoziologie, Bern.

Welsch, W. 1993: Auf dem Wege zu einer Kultur des Hörens? In: PAPAGRANA. Internationale Zeitschrift für Historische Anthropologie Bd. 2, H. 1-2, Berlin 87-103.

Wertheim, M. 2000: Die Himmelstür zum Cyberspace. Von Dante zum Internet, Zürich

Wiener, L. R. (1994), Digitales Verhängnis. Gefahren der Abhängigkeit von Computern und Programmen, Bonn; Paris; Reading, Mass.

Wiener, N. 1950: The Human Use of the Human Being, Boston.

Wilke, J. 1984: Nachrichtenwahl und Medienrealität in vier Jahrhunderten, Berlin / New York.

Williams, R. 1981: Culture, Glasgow

Wilson, K. G. 1988: Technologies of Control. The New Interactive Media for the Home, London.

Winograd, T. & Flores, F. 1989: Erkenntnis Maschinen Verstehen. Zur Neugestaltung von Computersystemen, Berlin.

Wunderlich, D. 1985: Raum, Zeit und das Lexikon. In: H. Schweizer (Hrsg.), Sprache und Raum, Stuttgart.

Personenregister